U1021355

东吴史学文丛

丛书主编 王卫平 池子华

江南近代民间生活

——小田自选集

小 田◎著

苏州大学出版社
Soochow University Press

图书在版编目(CIP)数据

江南近代民间生活:小田自选集 / 小田著. —苏州:苏州大学出版社,2014.5
(东吴史学文丛 / 王卫平,池子华主编)
ISBN 978-7-5672-0677-9

Ⅰ.①江… Ⅱ.①小… Ⅲ.①社会生活—史料—华东地区—近代 Ⅳ.①K295

中国版本图书馆 CIP 数据核字(2014)第 086274 号

书　　名	江南近代民间生活:小田自选集
著　　者	小　田
责任编辑	倪浩文
出版发行	苏州大学出版社 (苏州市十梓街 1 号　215006)
印　　刷	苏州工业园区美柯乐制版印务有限责任公司
开　　本	700 mm×1 000 mm　1/16
印　　张	17.25
字　　数	319 千
版　　次	2014 年 5 月第 1 版 2014 年 5 月第 1 次印刷
书　　号	ISBN 978-7-5672-0677-9
定　　价	43.00 元

苏州大学版图书若有印装错误,本社负责调换
苏州大学出版社营销部　电话:0512-65225020
苏州大学出版社网址　http://www.sudapress.com

总　序

苏州大学是国家“211 工程”重点建设高校和江苏省属重点综合性大学，其前身为创建于 1900 年的东吴大学。1952 年全国院系调整时，东吴大学与苏南文化教育学院、江南大学数理系等合并为苏南师范学院，同年定名为江苏师范学院，在原东吴大学校址办学。1982 年经国务院批准改名为苏州大学。迄今为止，苏州大学已是一所拥有 6 个校区、113 年办学历史的著名高校。

历史学是苏州大学的传统学科之一，其源头可以追溯到东吴大学时期。1952 年江苏师范学院成立之初，设历史专修科；1955 年，原北京师范大学历史系主任、著名史学家柴德赓教授受命南下，创建了江苏师范学院历史系。

“文革”结束以后，历史系在学科建设、教学研究、人才培养、学术交流等方面均取得长足发展。在此期间，中国史中的太平天国史、江南社会经济史等逐步成为历史系的特色研究领域，出版了《太平天国在苏州》《左宗棠评传》《苏州手工业史》《六朝史》等颇具影响的学术著作；世界史教师也通力合作，先后编写了《世界古代史》《世界近代史》《世界现代史》《世界当代史》等系列教材，在高校历史学界产生了较大影响。

继 1983 年中国近现代史、世界史成功申报硕士点后，1991 年中国近现代史专业开始招收博士研究生，并于 1994 年正式取得博士学位授予权。1993 年以后，中国近现代史学科还被江苏省政府列为重点建设学科。1995 年，结合苏州大学院系调整，历史系更名为社会学院。

现在的社会学院包含了 5 个系 8 个本科专业，而历史学系无疑居于龙头地位。进入 21 世纪以后，苏州大学历史学科的发展更为明显，学科建设和科研水平不断提高。2005 年，历史学被评为一级学科硕士点；2007 年，获评历史学博士后流动站；2008 年，历史学专业成为江苏省品牌专业，中国古代史获评江苏省精品课程；2010 年，历史学被评为一级学科博士点，后因一级学科的变化，调整为中国史一级学科博士点和世界史一级学科硕士点。与此相应，中国史成为江苏省一级学科重点学科。而历史学科教师承担的国家社科基金课题每年均有斩获，成为科研中的一个亮点。

从“九五”时期开始，历史学科即参与苏州大学“211 工程”建设项目，并作出了积极贡献，先后出版了“苏南发展研究丛书”、“苏南历史与社会研究丛书”、“吴文化研究丛书”等系列研究成果。在此过程中，我们积极落实学校“服务社会”的办学宗旨，努力服务于地方经济与社会发展，为各级政府部门既提供了有效的决策咨询服务，又承担了多项大型文化工程的建设任务，如：《苏州通史》（编纂）、“苏州文献丛书”（古籍整理）等；还构建了“江苏省吴文化研究基地”、“江苏省红十字运动研究基地”等重要科研平台。所有这些，都为学科建设和人才培养打下了坚实的基础。

苏州大学历史学科的发展，源于长期办学的深厚积累，得益于学校领导及相关职能部门的大力关心和支持，更是与广大教师的辛勤耕耘、努力工作分不开的。为此，2012 年 9 月，经历史学科诸同仁的充分商讨并得到社会学院的同意，我们决定编辑出版“东吴史学文丛”。“东吴史学文丛”收录了我校历史学科多位在职教授的研究成果，每位教授的成果单独成集。它们在一定程度上反映了各位教授的成长历程和治学特色。

在“东吴史学文丛”的编辑出版过程中，王玉贵教授付出了大量的劳动，苏州大学出版社的领导和各书稿责任编辑给予了大力支持，在此一并表示感谢！

苏州大学社会学院院长

王卫平

2013 年春节

目　录

Contents

共同体关系

日常意义

问题与方法

- 论社会史的整体性
- 社会史的田野气息
- 近代歌谣：村妇生活的凭据
- 漫画：在何种意义上成为社会史素材

论社会史的整体性

【内容提要】 什么是社会史的整体性？言人人殊；但一个明显的趋向是，社会史总是围绕着完善“历史的结构”书写而展开。与传统史学对制度性历史要素的理解不同，社会史更重视个体意义上的日常生活要素，并以此为中心确定社会结构的边界及其核心要素。在社会边界内尽可能多地充实相关日常要素，使历史趋于全面化，成为整体性的第一重要义；在地方世界中（典型者如共同体）更方便地体现诸多日常要素之间的深层结构性联系，使历史趋于具象化，成为整体性的第二重要义；在人物、事件和时空等历史维度内部和之间更明显地建立起呼应关系，使历史趋于谱系化，成为整体性的第三重要义。以整体性为追求的社会史通过这些方面明显区别于传统史学，亦给未来社会史以“理性的指示”。

【关键词】 社会史；整体性；社会结构

一、问题之由来

“整体史”书写是20世纪史学革命的重要成果，而革命宣言便是所谓“新史学”。1902年梁启超在《新民丛报》以“新史学”为题，力陈旧史学之弊，揭橥“史界革命”之帜。约略同时稍晚，美国史家鲁滨孙(J. H. Robinson)以同样的标题出版著作，要“脱去从前那种研究历史的限制”，让史学“跟着社会同社会科学同时变更”。[1]让中外两位史家先后揭竿而起的一个重要理由是旧史学的残缺。在1922年初版的《中国历史研究法》中，梁启超明确表达了历史所应具有的整体性：“史也者，人类全体或其大多数之共业所构成，故其性质非单独的而社会的也。”[2]鲁滨孙亦称：“历史是一种研究人类过去事业的广泛的学问。”[3]与梁启超被并誉为“中国新史学派领袖”的何炳松1921年在翻译鲁氏著作时，非常赞同历史的广泛性，而对残缺不全的旧史学啧有烦言：“旧日史学家又有偏重政治史的毛病。实则政治一端哪能概括人类活动的全部

〔1〕 鲁滨孙.新史学(1912年)[M].何炳松，译.桂林：广西师范大学出版社，2005：12.

〔2〕 梁启超.中国历史研究法(1922年)[M].上海：上海文艺出版社，1999：2.

〔3〕 鲁滨孙.新史学(1912年)[M].何炳松，译.桂林：广西师范大学出版社，2005：1.

呢？此外还有一种专述惊心触目的事实的趋向。其实历史这样东西，并不是小说；而且几件特别的事实，断不能代表人类各种事业的全部。又以为人类是处于一治一乱的循环里面的。历史家对于乱事津津乐道，对于平时轻轻略过。”[1]当1929年法国年鉴派史家吕西安·费弗尔(L. Febvre)和马克·布洛赫(Marc Bloch)创办《经济和社会史年鉴》时，“新史学”开始冠之以“社会史”，而整体性则成为社会史最突出的徽识。两位创始人考虑到“历史的整体”而选定了“社会”一词，并认为，“经济和社会史其实是不存在的，只有作为整体而存在的历史，就其定义而言，历史就是整个社会的历史”。[2]据此不难看出，整体史，其实也可称为“整体社会史”或“社会整体史”，社会是其主词，而整体是其特征；显示了社会史的一种追求。然“整体史”何谓？或问：什么是社会史的整体特征？至今言人人殊，正如众说纷纭的“新史学”和“社会史”一样。反观一个多世纪以来的史学实践，可以发现，尽管社会史研究并非完全同质，但一个明显的趋向是，社会史总是围绕着完善“历史的结构”书写而展开，从而与传统史学相区别。

二、全面的日常要素

作为特定社会结构的组成部分，历史要素纷繁复杂，社会史要求尽可能多地将其纳入考察范围。梁启超明确指出，历史学应校其人类“活动之总成绩……成绩云者，非一个人一事业成功失败之谓，实乃簿录全社会之作业而计其总和……历史上大圣哲、大英雄之出现，大战争、大革命之经过，是其类也。亦有……一社会一时代之共同心理、共同习惯，不能确指其为何时何人所造，而匹夫匹妇日常饮食之活动，皆与有力焉，是其类也。吾所谓总成绩者，即指此两类之总和也”[3]。他统摄精英与平民两极，强调历史要素的“总和”。后来尽管他浸渍佛教颇深，认为“史迹是人类自由意志的反影”，但“总和”历史观基本未变；他说“自古及今从没有同铸一型的史迹”，斑斑皆应入史，因为“历史是整个的”。[4]因为致力于对传统史学的纠偏，社会史更热衷于打开某些史学的冷门。在英国，以社会史名义出现的一些论题都不是“一般历史学家研究的兴趣所在”，诸如贫困、愚昧和疾病等社会问题史，家庭、工作场所和社区中的日常生活史，普通人或工人阶级的历史，与妇女、儿童等相

[1] 何炳松.新史学·译者导言(1921年)[M]//鲁滨孙.新史学(1912年).何炳松，译.桂林：广西师范大学出版社，2005：4－5.

[2] 雅克·勒高夫.新史学(1978年)[M]//J.勒高夫，等.新史学.姚蒙，编译.上海：上海译文出版社，1989：6.

[3] 梁启超.中国历史研究法(1922年)[M].上海：上海文艺出版社，1999：2－3.

[4] 梁启超.中国历史研究法(1922年)[M].上海：上海文艺出版社，1999：153.

关的私域史,等等。[1]二十多年来的中国社会史也在类似的领域扩张,而这些,在过去似乎是针对"野蛮"群落的人类学论题,像食品、身体、传说、性、仪式、社群关系……如今在社会史的旗帜下都找到了自身的生发空间。

明显地,这些要素体现了与传统史学不同的关怀:前者更重视个体意义上的日常生活要素的生产和再生产,如衣食住行、婚丧嫁娶、日常交往等,而后者更关注社会意义上的政治、经济等制度性要素,如国家层面上的经济基础、政治运行和意识形态等;一是个体意义和层次上的"行为—经历"史,一是社会意义和层次上的"过程—结构"史。[2]匈牙利哲学家赫勒(A. Heller)指出,"没有个体的再生产,任何社会都无法存在",日常生活就是"那些同时使社会再生产成为可能的个体再生产要素的集合"。[3]长期以来,我们习惯于从制度性结构的角度理解社会的生产和再生产,而与活动于结构中的主体无涉,但是,按照经典作家的意思,物质资料的生产活动首先表现为日常生活:"人们为了能够'创造历史',必须能够生活。但是为了生活,首先就需要衣、食、住以及其他东西。因此第一个历史活动就是生产满足这些需要的资料,即生产物质生活本身。同时这也是人们仅仅为了能够生活就必须每日每时都要进行的(现在也和几千年前一样)一种历史活动,即一切历史的基本条件。"[4]基于此,李泽厚先生认为,"历史的主要部分本就应是这些衣食住行、日常生活的记录和记述"。所谓"历史本体",不是某种抽象物体,不是理式、观念、绝对精神、意识形态等,而只是每个活生生的个体的日常生活本身。[5]

社会史追求历史要素的全面性,然而,全面不等于所有,亦不同于普遍。数十年来的西方史学特别是社会史,从挑战政治—军事—外交史的统治地位开始,"极大地扩展了它的求学范畴,不再是只有某些事实才有资格入选的领域……一切都变成了历史"[6]。实际上,对于社会史来说,"一切"只是个目标:任何历史都不可能穷尽所有的要素,最关键的,任何历史都不应该将"一切"作为考察的对象,我们应该放弃"由于不能具有而从未具有过的""普遍史"的想法,因为"普遍史"是指向事物本身的,克罗齐(Crose)斥之为关于"物自体"的幻觉[7],而历史却是对既往事物即史实的选择。近人陈衡哲女士对

[1] 约翰·托什.史学导论[M].吴英,译.北京:北京大学出版社,2007:112.
[2] 于尔德·科卡.社会史:理论与实践[M].景德祥,译.上海:上海人民出版社,2006.
[3] 阿格妮丝·赫勒.日常生活[M].衣俊卿,译.重庆:重庆出版社,1990:3.
[4] 马克思,恩格斯.费尔巴哈[M].马克思恩格斯选集(第1卷).北京:人民出版社,1972:32.
[5] 李泽厚.历史本体论[M].北京:生活·读书·新知三联书店,2002:24.
[6] F·菲雷.社会科学方法与"全面的历史"(1983年)[M].陈象淦,译.//蔡少卿.再现过去:社会史的理论视野.杭州:浙江人民出版社,1988:80.
[7] 贝奈戴托·克罗齐.历史学的理论与实际[M].傅任敢,译.北京:商务印书馆,1997:38.

此有一段很好的意见：

> 历史既是人类全体的传记，他的范围当然很广。拿破仑的事业固然是历史；法兰西乡下的一个穷妇人的生活状况，也何尝不是历史。但我们又决不能把所有人类在空间里和时间的一切思想事业，都当作历史看待。我们须在那漫无限制的历史材料里，整理出一个历史来。

在撰写《西洋史》时，她给出的“历史取材的标准”非常值得参考：“我们当把文化作为历史的精髓。凡是助进文化，或是妨害文化的重大事迹和势力，都有历史的价值。”〔1〕

这里的“文化”几同于人类生活方式。表面上看，这只是在确定标准，甚至在作者本人确实也只是为了确立标准，但是，只要这一标准以人类的生存为中心，它便在理念上具备了一个结构，一个人类社会生活的结构，或简称为社会结构。在社会结构话语中，所谓要素，指的就是社会要素，从属于社会结构，一切与人类生活没有关系，或者尚未发生关系的要素，都是浮云，不在讨论之列；以人类生活为中心而确立的标准，则成了社会结构的边界，社会边界内的要素才是历史要素。

人们或许对某个标准有不同的看法，但必须有标准，否则无以选择史实。如此，社会史的所谓“全面”，应该理解为社会结构要素的充实。很明显，要素贫乏的社会，只能是结构简单的社会——那是人类学和考古学重点考察的对象；面对业已十分复杂的人类社会，历史学自然需要充实要素；进入社会边界内的要素愈多，则社会结构的面目愈清晰，社会史愈趋向全面。作为对传统史学的反动，与个体生活相关的日常要素则是追求整体性的社会史优先选择的方面。

以上其实就是自年鉴派史学而来的一以贯之的思路：

> 年鉴学派所做的就是，尽可能把历史从政治史狭窄的描述中恢复出来，恢复到当时可能是什么样子，所以不再将社会变动的原因仅仅围绕着政治、经济、军事这些在历史上被记载得非常突出的情况而是考虑到各种各样的因素，这些因素被集合起来，成为全景的、整体的历史。〔2〕

证之以后来社会史发展的实际，学者们所“考虑到(的)各种各样的因素”明显偏向于日常生活。

三、实在的结构关系

追求整体性的社会史所强调的不仅仅是历史要素的全面，更重要的是

---

〔1〕 陈衡哲．西洋史(1924 年)[M]．北京：东方出版社，2007：2.

〔2〕 葛兆光．思想史研究课堂讲录：视野、角度与方法[M]．北京：生活·读书·新知三联书店，2005：32.

诸多要素之间的关系及其方式,所谓结构性联系。究竟怎样的联系?新史学的思路并不一致。在1920年代的梁启超那里,结构性史学被称作"普遍史":

> 今日所需之史,当分为专门史与普遍史之两途。专门史如法制史、文学史、哲学史、美术史……等等;普遍史即一般之文化史也。治专门史……决非一般史学家所能办到,而必有待于各学之专门家分担责任……普遍史并非由专门史丛集而成。作普遍史者须别具一种通识,超出各专门事项之外而贯穴乎其间。夫然后甲部分与乙部分之关系见,而整个的文化始得而理会也。是故此种事业又当与各种专门学异其范围,而由史学专门家任之。[1]

梁启超所称"普遍史",或"一般之文化史",与后来西方诸种社会史界定中的一种观点——社会的历史(societal history)——非常相似:

> 这种观点认为,政治史、经济史、军事史和其他各种专门史只是研究社会的某一个方面。假如要理解整个社会,那就必须把各种专门史纳入一个单一的框架中去。

对于类似构想的实质,英国学者J·布雷维里有一个非常深刻的剖示:

> 把历史的不同分支纳入一个单一框架的更有希望的方法是把不同的范围区分开来,分成诸如政治的、经济的、意识形态的,然后把这些不同的层次联系在一起。马克思主义的历史就是这种尝试的最好的例子。韦伯所倡导的传统同样可以导致相同的趋势,尽管两者有着重要的区别……把这种探讨视为社会史或社会的历史的典范是讲不通的,(但)仍然可以假定最终目的是理解"整体的社会"或一种"社会的模式",但是这种假定对这些专门史来说并不是实质性的。实质性的问题在于如何规定这些不同的研究范围,然后把它们与各种材料联系起来,并把他们相互联系起来。[2]

直到今天,试图以社会学意义上的社会关系作为统括历史、进而取代历史的设想,亦不过是布雷维里在这里所分析的,表面上看是为了理解"作为一个整体的社会",实质上是愤然于传统史学的要素割裂,而致力于建立历史要素之间的结构性关联。

如果社会史的结构仅止于强调历史要素之间的纵横交错关系,那么秉持唯物史观的中国史学对此毫不陌生,因为马克思主义经典作家一再指出这种历史的联系:社会—制度意义上的抽象要素而非个体—日常意义上的具体要

---

〔1〕 梁启超.中国历史研究法(1922年)[M].上海:上海文艺出版社,1999:43-44.

〔2〕 J·布雷维里.何谓社会史(1985年)[M].肖朗,译.//蔡少卿.再现过去:社会史的理论视野.杭州:浙江人民出版社,1988:145-146.

素之间的关联；由年鉴学派一脉而来的社会史强调的是后者，另一种结构性关联。

“第三代年鉴学派的核心人物”雅克·勒高夫特别指出，历史“应当研究……几十年来人们称之为‘结构’的东西”[1]。这东西是什么呢？他的前辈布罗代尔曾有过解释，“‘结构’是指社会上现实与群众之间形成的一种有机的、严密的和相当固定的关系”，其中，“有些结构因长期存在而成为世代相传、连绵不绝的恒在因素”，比如，某些地理格局、生物现实、生产率限度和思想局限等。[2]勒高夫则更强调“精神状态”，或称“习俗”“心态”。[3]从地理到生物而意识，布罗代尔试图说明它们与“群众”生活的关系状态：

> 最易接受的例子似乎是地理限制。在几百年内，人们困守一定的气候、植物、动物和文化，以及某种缓慢形成的平衡，脱离开这种平衡，一切都会成为问题。例如在山区，山民有按季节易地放牧的习惯；在沿海地带，海上活动总是集中在某些条件比较优越的地点。城市的建立、道路和贸易的通畅、文明地域的范围，都是惊人地持久和固定。[4]

这里的“结构”所显示的，已经接近日常生活的关系状态。布罗代尔自称

---

[1] 雅克·勒高夫.新史学(1965年)[M]//J.勒高夫，等.新史学.姚蒙，编译.上海：上海译文出版社，1989：27.

[2] 从社会史的结构性联系视角可以看到，布罗代尔著名的“长时段”理论，表面上看是关于时间的，其实是关于社会结构的。与一般史家完全不同，在《菲利普二世时代的地中海和地中海世界》(第一版序言，1949年初版，1966年和1979年修订；商务印书馆1996年，唐家龙等译)中，他首先论述的是“一种几乎静止的历史——人同他周围环境之间的关系史。这是一种缓慢流逝、缓慢演变、经常出现反复和不断重新开始的周期性历史”。这里的“周围环境”指的是地理环境，接着他补充了“气候变化”——气候变化与地理环境的变迁一样，都属于长期缓慢型的，因而“也是长时段研究的好题材”。到了《十五至十八世纪的物质文明、经济和资本主义》(1979年；详细出版信息见下文)中，布氏又探讨了1400年—1800年间长时段的生物性特色。其间，布罗代尔也注意到了思想观念的长时段性：“广阔无垠的文化领域也具有相同的稳定性或残存性……吕西安·费弗尔的《拉伯雷和16世纪的非信仰问题》力图说明拉伯雷时代法国人的思维工具，即在拉伯雷以前和以后的长时期内曾左右着生活方式、思想方式和信仰方式的一系列概念，这些概念事先严格地限制了自由思想家的思想探险。”从长时段要素的不断变化中，我们能够明显体会到，长时段与其说涉及时间，不如说更深层地涉及影响社会历史要素的结构。费尔南·布罗代尔.长时段：历史和社会科学(1965年)[M]，顾良，等，译.衣俊卿.社会历史理论的微观视域，哈尔滨：黑龙江大学出版社，北京：中央编译出版社，2011：94.

[3] 雅克·勒高夫.新史学(1965年)[M]//J.勒高夫，新史学第35、27页。按，根据葛兆光的勾勒，年鉴学派关注的历史要素侧重点经历了一个变化：从20世纪20年代末至1968年是所谓“从阁楼到地窖”时期，研究的重心从上层的、中心的、精英的政治史、经济史、大事件、大人物，转到社会生活、环境、经济这些看起来很形而下的、普通的东西；1968年以降是所谓“从地窖到阁楼”时期，研究的重心从社会经济转向社会文化，如心理、心态、精神等要素。葛兆光.思想史研究课堂讲录：视野、角度与方法，25－26.

[4] 费尔南·布罗代尔.长时段：历史和社会科学(1965年)[M].顾良，等，译.//衣俊卿.社会历史理论的微观视域.哈尔滨：黑龙江大学出版社，北京：中央编译出版社，2011：94.

"结构主义者",作为历史学家,他的结构主义"与在同一名称之下烦扰人类的其他科学的提问法风马牛不相及。它不是把人引向表现为函数的关系的数学抽象,而是引向生命的根源,引向生命所具有的最具体的、最日常的、最坚不可摧的、最不具名的和最人道的事物"。[1]布氏的这个解释体现了社会史一再强调和实践的两个结构特征:

一是日常要素的关联。在《地中海》中布氏"根据地理观察的框架和脉络仔细寻找了地中海历史的局部的、持久的、不变的、重复的事物……他们之中最重要的、涉及每天的生活的事物"[2]。从后来的"文化场"概念中,我们能感受到,他对日常要素的关注明显受到了人类学的影响:

> 按人类学家的说法,"文化场"是一所房屋。在这所相当宽敞(从不过分狭窄)的房屋内,摆着各种各样的"财产",具有形形色色的文化特征:从房屋的材料和形状到屋面上的尖顶,从当地的方言、烹饪口味到特殊的技术,从信仰或情爱形式到指南针、纸张、印刷术,如此等等。某些文化特征在特定场所的存在、集合和汇聚是构成某种文化的最起码的表现。[3]

二是稳态的深层结构。布氏是在构建"长时段"理论中注意到"结构"的,因而他的"所谓结构,实际上就是那些不受急风暴雨(或用汤因比的话说,'急进和猛退')的影响而长期存在的东西";[4]深层的结构稳态,正是"长时段";因此,结构是在"长时段问题中居首位"的关键词,"为长时段历史指引了方向和提供了……一把钥匙"。[5]

如何进行结构史的书写?选择"首先与地理学对话"[6]的年鉴学派,指引着社会史走向地方社会。布罗代尔的"经济世界","只涉及世界的一个局部,它在经济上独立、基本能自给自足,内部的联系和交流赋予它某种有机的整体性"。局部地域的方便就在这儿:"同时涉及历史的全部实在,涉及整体的所有组成部分:国家、社会、文化、经济等。"16世纪的地中海恰是这样"一个

〔1〕 费尔南·布罗代尔.菲利普二世时代的地中海和地中海世界(下卷)结论[M].吴模信,译.北京:商务印书馆,1996.

〔2〕 费尔南·布罗代尔.菲利普二世时代的地中海和地中海世界(下卷)结论[M].吴模信,译.北京:商务印书馆,1996.

〔3〕 费尔南·布罗代尔.文明史:过去解释现时[M]//衣俊卿.社会历史理论的微观视域.哈尔滨:黑龙江大学出版社,北京:中央编译出版社,2011:117.

〔4〕 费尔南·布罗代尔.文明史:过去解释现时[M]//衣俊卿.社会历史理论的微观视域.哈尔滨:黑龙江大学出版社,北京:中央编译出版社,2011:123.

〔5〕 费尔南·布罗代尔.长时段:历史和社会科学[M]//衣俊卿.社会历史理论的微观视域.哈尔滨:黑龙江大学出版社,北京:中央编译出版社,2011:94.

〔6〕 费尔南·布罗代尔.文明史:过去解释现时[M]//衣俊卿.社会历史理论的微观视域.哈尔滨:黑龙江大学出版社,北京:中央编译出版社,2011:120.

单独的天地，一个整体”的世界。[1]然而，布氏的经验表明，整体史的理想不可能在像地中海这样巨大的历史舞台上实现，布罗代尔意识到：“必须把这个地域分小，分析它们的不同和差异，画出轴线和‘分水岭’……但太平洋规模太大，不便于我们去分析，即使比它小一点的例子也不容易着手。值得注意的是，每个文化场始终包括几个社会或社会集团。因此，我再说一遍，必须尽可能地注意最小的文化单位。”[2]于是，“地中海区域最终也局限在法国南部的蒙塔尤”，[3]成就了法国史家勒华拉杜里（E. Le Roy Ladurie）《蒙塔尤》（1975 年）这样的社会史典范之作：以中世纪时法国南部奥克西坦尼的一个小山村作为考察对象，“试图把构成和表现 14 世纪初蒙塔尤社区生活的各种参数一一揭示出来”。[4]它“并不局限于经济领域，而是在一个总体结构中把一种总体历史的各不同层次结合起来”。[5]勒氏相信，社区微观世界是当时整个法国社会的一个缩影。该书扉页所引《奥义书》上的一段文字表明，它与人类学的路数是一致的：通过一团泥便可以了解所有泥制品，其变化只是名称而已，只有人们所称的“泥”是真实的。

在人类学功能论者看来，地方（尤其是共同体）的结构性联系是真实可感的，因而其间的意义也是真实的：“一个特殊社区的社会生活的各方面，均系密切地相互关联着，或为一个统一的整体，或体系中的各部分。任何一方面，除非研究它和其他一切别的方面的联系，不易正当地明了……这样可以说，每一种社会活动都有一种功能；而且只有发现它的功能，才可以发现它的意义。”[6]

社会史的结构性联系就这样在具体的地方社会中与传统史学重视的抽象的制度性联系区别开来。

四、社会维度的谱系

“新史学”革命起初不过是抱怨旧史学的政治—精英板式，革命一旦开

〔1〕 费尔南·布罗代尔．十五至十八世纪的物质文明、经济和资本主义第三卷[M]．施康强，顾良，译．北京：生活·读书·新知三联书店，1992：1－2．

〔2〕 费尔南·布罗代尔．文明史：过去解释现时[M]//衣俊卿．社会历史理论的微观视域．哈尔滨：黑龙江大学出版社，北京：中央编译出版社，2011：118．

〔3〕 米歇尔·伏惟尔．历史学和长时段[M]//J．勒高夫，等．新史学．上海：上海译文出版社，1989：135．

〔4〕 埃马纽埃尔·勒华拉杜里．蒙塔尤：1294—1324 年奥克西坦尼的一个山村（1975 年）[M]，许明华，马胜利，译．北京：商务印书馆，2007：2．按，国内亦有将 Le Roy Ladurie 译作勒·罗瓦·拉杜里或勒鲁瓦·拉迪里。

〔5〕 米歇尔·伏惟尔．历史学和长时段[M]//J．勒高夫，等．新史学，姚蒙，编译．上海：上海译文出版社，1989：139．

〔6〕 拉德克利夫·布朗．对于中国乡村生活社会学调查的建议[M]//拉德克利夫·布朗．社会人类学方法．夏建中，译．北京：华夏出版社，2002．

始,不同的天地随之洞开。发展至20世纪70年代的第三代年鉴学派直抒抱负:历史学不能满足于在这里或那里开辟一些新的视野,它要求史学全部领域的更新,表现整体的历史。[1]结果,鼎成社会史的时间、空间、人物和事件等社会维度衍生出相应的谱系。

首先是特定维度内部的谱系。勒高夫在说明社会史整体性时说:"这里所要求的历史不仅是政治史、军事史和外交史,而且还是经济史、人口史、技术史和习俗史;不仅是君主和大人物的历史,而且还是所有人的历史;这是结构的历史,而不仅仅是事件的历史;这是有演进的、变革的运动着的历史,不是停滞的、描述性的历史;是有分析的、有说明的历史,而不再是纯叙述性的历史;总之是一种总体的历史。"[2]在此,每一维度自成谱系:政治—日常构成事件维度谱系,精英—民众构成人物维度谱系,动态—静态构成状态维度谱系,价值判断—述而不作构成态度维度谱系……纲举维度的两端,就演生出全景式的历史场面,是为整体史。

从历史维度的内部谱系中,我们可以清楚地看出,作为历史维度之一端,传统政治—精英史在历史中所具有的不可或缺、无法取代的地位。从研究领域看,政治史与社会史存在着间接反对关系,所以英国学者G.M.特里维廉在《英国社会史》中提出,社会史即为"撇开政治的人民的历史",但是,"撇开政治"绝不意味着政治史与社会史在历史领域中的对立,而是互补。他所希望做的一切是去"公平处理",复原部分历史,复原那已经被严重忽视的日常生活的历史。对于特里维廉和他的现代同道来说,社会史补充并增补了传统史学。[3]这样的"增补"恰恰是社会史的整体性追求:通过弥补民众—日常生活事件的缺项,而与精英—政治事件交相辉映,形成历史研究的整体。尽管一些中外社会史学者对政治史一直颇有微词,那不过是在发泄对其垄断地位的不满,在他们看来,推翻垄断而相应地增添日常生活的内容,便显示了社会史的整体性,或者更准确地说,显示了整个历史的整体性。事实上,我们也无法想象在历史事件维度中缺失政治事件之维,正如日常事件之维的缺失一样。布罗代尔在写完《地中海》的一、二两部分之后,"经过长期犹豫不决",认为还是不能缺少第三部分,即传统历史热衷的"事件、政治和人";在他看来,"一部总体历史,的确不能把它自身减缩到只对稳定的结构或者缓慢的发展演变进行研究",尽管这些研究"提供了人的过去的本质事物……但是,这种本质的

---

〔1〕 雅克·勒高夫.新史学[M]//J.勒高夫,等.新史学.姚蒙,编译.上海:上海译文出版社,1989:5.
〔2〕 雅克·勒高夫.新史学[M]//J.勒高夫,等.新史学.姚蒙,编译.上海:上海译文出版社,1989:19.
〔3〕 格特鲁德·希梅尔法布.新旧历史学[M].余伟,译.北京:新星出版社,2007:37.

事物并不是全部”。[1]政治—精英与日常—民众维度的融汇，必然带来整体历史的彼此照应，推进史学的更生。行龙先生立足于社会史，提出了民众—日常史研究中应有的精英—政治史照应：

社会史研究者，即使以“自下而上”的视角去书写普通民众的历史，也应该关注到那些对大历史发展进程起着决定性影响的精英人物、国家政治、典章制度等方面的作用和在场。这也是追求“总体史”的一种内在体现。[2]

历史维度谱系也出现在不同维度之间；往往牵一维而动他维。茅盾先生等人在1936年四五月份，以即将到来的5月21日发生的“具有意义”的事件为对象，向全国各阶层征文，留下了一部“一日史”。一日意味着一种历史的时间要素极端，笔者发现，其他历史维度随之发生相应的变化：历史人物由社会精英变成普通民众，庞杂的个体扮演着无数的社会角色；历史事件由重大变成日常，重复的琐事敷演为碌碌生活；生活空间由抽象的世界变成具象的社群，通过众生互动活现出历史情境。[3]“一日史”所凸显的维度谱系之间，桴鼓相应，以鲜明的平民史观，区别于传统精英史观。历史维度谱系之间端绪呼应，合成整体史。需要辩解的是，按自然时间的尺度，这里的一日只是历史长河中的瞬时，但此日太过平常，而与无数个日子几无二致，所以本质上它是一种长时段：是日的事件曾经发生过，还会继续发生，变动缓慢，大多由平民百姓在他们的共同体里经历。如此，就形成了这样的谱系：长时段—日常—民众—共同体—平民史观……

事实上，这样的谱系还在伸延。当史家开始关注社群百姓的日常生活时，立即发现史料的缺乏——传统历史编纂很少以它们为记注对象；年鉴学派说，文艺素材可以作为史料，后来的社会史学者将仪式、口传、影像、实迹等非文献资料纳入了史料范围。问题接踵而至：这样的史料需要对其中的虚构、想象等成分进行滤化；如何滤化？传统史学缺少相应的处理手段，而勒高夫提出“优先与人类学对话”，[4]英国史家巴勒克拉夫在《当代史学主要趋势》中昭示：“在所有的社会科学中，社会学和人类学在观点上与历史学最为接近。”[5]因此，在社会史学者那里，跨学科对话显得尤为迫切。这样，非常规史料和跨学科的加入进一步拉长了上述历史维度谱系的清单。如果对照

---

〔1〕 费尔南·布罗代尔.菲利普二世时代的地中海和地中海世界（下卷）[M].吴模信，译.北京：商务印书馆，1996：415.

〔2〕 行龙.中国社会史研究向何处去[J].清华大学学报：哲学社会科学版，2010(4).

〔3〕 小田.“一日史”的意义[J].河北学刊：2010(6).

〔4〕 雅克·勒高夫.新史学[M]//J.勒高夫，等.新史学.姚蒙，编译.上海：上海译文出版社，1989：36.

〔5〕 查弗里·巴勒克拉夫.当代史学主要趋势[M].杨豫，译.上海：上海译文出版社，1987：76.

另一份清单,社会史的革命性愈加鲜明:短时段—政治事件—大人物—精英史观—抽象空间—常规档案—史学理论……

社会史维度之间的谱系固然凸显了对传统史学的革命性,然而,“纯粹的(行为—)经历史从根本上说要比纯粹的(过程—)结构史更为片面与抽象”,〔1〕一部分社会史学者因为太过强调社会史维度之间的自身联系,结果出现了所谓的“碎片化”现象:

最古老的观点认为社会史是关于生活方式、闲暇状况和一系列社会活动的历史,这种历史所包含的内容不受政治制度、经济制度、军事制度和另一些制度的支配,因为这类制度是各种专门史所要研究的内容。这是把社会史视为政治活动、经济活动、军事活动以外的社会活动所构成的历史。伴随着这种观点而来的一个问题是,那些研究妇女、家庭、闲暇状况和教育的历史学家缩小了自己的研究范围,并把自己所研究的领域发展为一些专门的学科。

在这里,社会史力图摆脱“制度的支配”,而自绝于“政治活动、经济活动和军事活动以外”,“缩小自己的研究范围”,自划“专门的学科”牢笼,一句话,“由于把政治、经济等各种观念排斥在研究的范围之外,结果使自身变得琐碎而浅薄”。〔2〕这就是“行为—经历”史的现实,而摆脱目前困境、赢得历史的整体性胜利的另一半虎符却掌握在传统的“过程—结构”史手里。科卡说,两种历史的现实“不是相合关系而是相交关系”:社会史没有个体的“行为—经历”史可以说是片面的、不完整的,反过来,社会的“过程—结构”史又不能在“行为—经历”史中得到充分的展现,它是远远大于“行为—经历”史的。在“行为—经历”史内部形成的“综合性阐述”,终究还是个体意义上的,不能作为另一选择来取代传统的“过程—结构”史。〔3〕

历史的否定注定要走过这一段:不向特定的社会史维度倾斜,无以区别于传统史学;与传统史学维度的过分离异又导致了史学的碎片化,而碎片的整理则最终有赖于社会史维度与传统史学维度的关联。纵观这一否定之否定过程,不难发现,其目标指向非常明确,那就是整体性:前一个否定为了构建整体性,后一个否定为了完善整体性。

革命干劲高涨的社会史,由要素到结构而维度,从部分到全面而一般,由分化至自立而回归;全方位的变化正在进行。仅此而言,它已经足以区别于传统史学。循着社会史的逻辑,把握其特征,一些史学的论题便不觉得怪异,一些史料的应用便不会被横加指责,一些学科的借鉴便显得必要,总之,它们

〔1〕 于尔德·科卡.社会史:理论与实践[M].景德祥,译.上海:上海人民出版社,2006:85.
〔2〕 J·布雷维里.何谓社会史(1985年)[M]//蔡少卿.再现过去:社会史的理论视野,1988:145.
〔3〕 于尔德·科卡.社会史:理论与实践[M].景德祥,译.上海:上海人民出版社,2006:82.

是顺理成章的，是螺旋式上升过程中的顺理成章。

如今的社会史正处于十字路口，对社会史的各种指斥，尤其是所谓“碎片化”，可能会让有些人不知所措。在这种情况下，回顾已经走过的路显得十分重要。其实，揭示社会史的特征只是面对问题的必要步骤，下面该做什么？美国社会学家英克尔斯(A. Inkeles)界定概念及其特征的方法对我们颇有启发：首先要问“创始人说了些什么？”是为“历史的途径”。接着问“当代社会学家在做些什么？”称为“经验主义的途径”。最后当问“理性的指示是什么？”即“分析的途径”。[1]社会史研究向何处去？既往经历已经内含了最重要的“理性的指示”：完善社会史的整体性。

〔1〕 亚历克斯·英克尔斯.社会学是什么？[M]陈观胜，李培茱，译.北京：中国社会科学出版社，1987：1-2.

社会史的田野气息

——倾向于江南的案例

【内容提要】 社会史理应对充满田野气息的人类学予以重视。“田野”首先意味着空间;对于其空间特征的揭示,有助于培养历史学家的疏离感和想象力,认识不同社群对于地域社会完整性的意义。“田野”其次意味着地方;人类学特别重视“地方小事”及其存在环境的价值,并将存在于特定环境中的事件的意义视为一种“地方性知识”加以理解,所有这些,与社会史的“整体性”追求暗合。“田野”还意味着缩影;人类学对于困境中的“社会缩影论”的省思及其实践,重新梳理了“小地方与大社会关系”,不但使社会史的社群研究获得了理论支撑,也明晰了从地域中国到全盘中国的具体考察路径。

【关键词】 地域;社会史;田野工作

绝对一点说,历史研究中的地域化倾向一直存在于史学史。当社会史学者视线下移,转向底层百姓和日常生活,地域社会随之进入他们的视野;一个简单逻辑是,地域是民众生活的日常空间。近来有学者提醒:作为整体社会史意义上的“区域史研究”与研究中的“区域化取向”不是一回事。〔1〕紧接着的问题是,做出来的是不是社会史?怎么做才可能是社会史?我的体会是,如果旁顾一下相邻的人类学范式,对地域社会史研究的深入是有益的。〔2〕甚至有民族史家这样说:历史学必须在人类学或一无是处之间作出选择。〔3〕说这话的虽说是治民族史学者,但社会史,尤其是与人类学同样留意空间的地域社会史,理应对人类学更加垂青才是。

人类学实践的单位被称为“田野”,他们所做的也就是所谓“田野工作”,“田野”的地位如此重要,“日益成为人类学传统唯一用于区分人类学与其他学科的组成要素”,在重新思考人类学与其他学科的边界,以及研究它们的内

〔1〕 王先明.“区域化”取向与近代史研究[J].学术研究:2006(5).

〔2〕 不过,我可不愿意将之贴上“历史人类学”的标签;不说别的,根据中国的词法,这个名称怎么看怎么像个人类学的分支;不爽。

〔3〕 庄孔韶.文化与性灵——新知片语[M].武汉:湖北教育出版社,2000:32.

容时不能不面对“田野”这个概念。[1]有意借鉴人类学思想和方法的历史学者，不妨也来到“田野”，闻一闻另一股清新的气息，吐故纳新，相信这是有益于地域社会史健康发展的。

需要指出的是，在人类学的众多学派中，(结构)功能主义对中国的影响至大，以此观照地域中国的成果也最有影响。作为反(人类学)进化论学派的产物，功能主义的共时性框架，因其在某种程度上漠视了社群制度的历史以及人的能动作用，[2]从其诞生后不久，便受到来自学科内外的诟病。不过，在我看来，以分析整体的底层社群结构—功能见长的功能学派对于并不缺少历史性的地域社会史来说，更有借鉴价值；至于如何克服功能主义的历史清淡，无论历史学本身，还是“功能派”的反思，甚至人类学内部“反功能派”的批评，都是地域社会史可资享用的思想资源。

一、概念中国与地域中国

历史特别关注时间，对空间素来含糊。在古今中外汗牛充栋的史学论著中，冠以民族—国家的叙述大多是个虚幻的概念，没有多少人较真其空间所指，所谓“以点带面”其实就是以偏概全。对此，人们熟视无睹，习以为常，认为不值一提。接触到人类学，让我们汗颜。与大多数学科不同，人类学家把社会文化的差异视为研究前提，沿着他们的视线，多姿多彩的生活在各个层次的空间中得到淋漓尽致的展现；“田野”原本就带有浓烈的空间底色。

那么，且看人类学的空间，并就地省思它对地域社会史的意义。

最初，人类学家并没有说一定要去哪儿才能实现自己的学术目标，只是一般地感觉，那应该是异域，但后来发现，他们的田野似乎有了一个约定俗成。首先，那是一个远离都市的地方——资本主义竞争时期的工业化都市，下“田野”就意味着到农区、草原或者“荒野”等地方去，也许是被耕作过的地点，但不会太远离自然。[3]其次，那是一个与“家乡”不同的地方：研究者的“家乡”被认为是文化雷同之地，不易觉察差异，因而不适合做人类学的研究；

---

[1] 古塔，弗格森(Akhil Guptq and James Ferguson). 学科与实践：作为地点、方法和场所的人类学“田野”[M]// 古塔，弗格森. 人类学定位：田野科学的界限与基础. 北京：华夏出版社，2005.

[2] 作为功能主义的传人，费孝通先生也说，“功能派始一反(进化论、历史特殊论等——笔者)陈旧观念，略文化形式之变异，而重文化对于人类生活之效用及功能”(马凌诺斯基著(B. Malinowski)：《文化论》，华夏出版社 2002 年，译序)。费孝通注意到功能主义的历史缺失之“弊”；根据他后来的认识，马林诺夫斯基曾以 20 世纪 30 年代末的非洲土人生活为素材，表达过他的“不成熟的”“文化动态观”，遗憾的是，它“像一块石头落入水中沉入大海了，它并没有在社会人类学的学术世界里引起过多大影响”。(费孝通. 读马凌诺斯基《文化动态论》的体会[M]// 马戎，周星. 二十世纪：文化自觉与跨文化对话，北京大学出版社，2001.)

[3] 古塔，弗格森. 学科与实践：作为地点、方法和场所的人类学“田野”[M]// 古塔，弗格森. 人类学定位：田野科学的界限与基础. 北京：华夏出版社，2005.

最好是国外，对于西方学者来说，太平洋的群岛、非洲的部落，亚马逊丛林……在这些与世隔绝的社区做田野更符合人类学的原型。不难看出，人类学专注的空间具有等级性，此其一；而这一特征是以特定空间与研究者之间的距离远近为标准的：越是不熟悉的、越是异样的、越是他乡的、越是文化简单的社会，越受到人类学者的青睐。说到底，那些地方之所以受到重视，是因为那是“异类”所在地，所谓“他者”，形象地传达了研究者与被研究者之间的疏离感。

距离产生感觉，这就是田野等级性产生的依据之一：“人类学对异国情调的专注……本质上是用来排遣由于亲近而产生的乏味感的方式；这种亲近使我们对自己互相感知和沟通能力的神秘性熟视无睹。”〔1〕看来，问题的实质在于，研究者应该保持与研究对象之间的距离，避免自说自话。这样的自觉意识在传统史学那里是淡漠的。正像最近有学者指出的，到目前为止，研究本国史的学者“创造”历史的现象仍屡见不鲜；比如我们对晚清政府的判析，比如我们对近代革命运动的研究，都常常有这类感觉。这是因为，我们没有与历史产生疏离感。〔2〕

其二，人类学专注的空间呈现首属性。这是就空间中的人际关系而言的。在这样的空间里，人们之间存在着亲密的、面对面的交往和合作关系。很明显，这只能是规模较小的空间。所以，人类学总是倾向于认为，田野最合适的地点是那些小型社区，这种观点基于文化和社会结构在小型社区可以最好地被观察的信念；〔3〕——关于首属关系状态的观察。所以，格尔兹说，“你可以在不同的地方研究不同的东西，有些东西……最适合在有限的地区进行研究”。〔4〕田野地点是由研究对象所决定的。

当社会史的眼光转向底层，人类学家便将其视为基本研究单位的社区，推荐给了历史家。1935 年，英国结构功能主义大师拉德克里夫·布朗(A. R. R. Brown)来到中国，他特别指出，对于(复杂文明的)中国社会，可以尝试功能主义方法：最好择定一个小小社区，应用如人类学家考察初民社会的方法而考察这社区。〔5〕像中国，最好从“户”的研究开始。〔6〕仅仅从时间维度上说，当时人类学研究的内容就是民国史的一部分；为什么民国史研究也要关

---

〔1〕 克利福德·格尔兹.文化的解释[M].上海：上海人民出版社，1999：16.

〔2〕 黄国信，温春来，吴滔.历史人类学与近代区域社会史研究[J].近代史研究：2006(5).

〔3〕 德思·策尼.定位过去[M]//古塔，弗格森.人类学定位：田野科学的界限与基础.北京：华夏出版社，2005.

〔4〕 克利福德·格尔兹.文化的解释[M].上海：上海人民出版社，1999：25.

〔5〕 林耀华.从人类学的观点考察中国宗族乡村[M]//凌纯声，林耀华，等.20 世纪中国人类学研究方法与方法论.北京：民族出版社，2004：86.

〔6〕 拉德克里夫·布朗.社会人类学方法[M].北京：华夏出版社，2002：182.

注社区？原因可能会很多，但这是肯定的：社区的历史是具体的直接交往的历史，而不是抽象的间接牵扯的历史。由此，我们可以明白，社会史为什么特别强调“身体在场”。常态的身体在场，只能在社区中实现。这一点，英国学者吉登斯(A. Giddens)给了我们一个历史社会学的解释：

在所有的文化中，仅仅在几百年前，具有较高在场可得性的社区还都是由彼此身体密切接近的个人构成的聚集体。导致这种较高的在场可得性的原因有这么三点：行动者的肉体存在，他在各种日常活动的绵延构成的轨迹中的身体活动所受到的限制，空间的物理性质。在这种情况下，沟通媒介也就相当于交通媒介。即使采用了快马、船只和长距离强行军等方式，空间上的长距离总还意味着时间上的长距离。〔1〕

这就是历史社区，史学家当然也可以去，当代史学者尤其有可能。可是，大多数历史学者能去的其实是一个去历史化的物理空间，即使当代史学者也不可能想象自己一直都处于“当代”之中。因此，对于史学家来说，他所面对的只能是档案文献。不过，对于档案文献，人类学有话要说：

来自于过去记录的档案文献是一个有缺陷的沉积物。正在遗漏什么，一个人有时仅仅知道什么正在遗漏而不知道究竟遗漏了什么。一个人……(能够——笔者按)发现回答人们疑问的档案文献，但是一个人不能要求这个档案整个都保持沉默或要求他们对沉默的事实本事发表评论。〔2〕

对此，史学家无话可说；他们确实没有田野工作者所拥有的对材料发号施令的权利。那么，档案文献与田野有对话的可能吗？换言之，史学家有必要去田野吗？格尔兹给人类学的一些敬告，史学家不妨也听一听：

要人们关注一个民族志记述的理由，不在于作者能够从遥远地区捕捉原始事实，然后像面具或雕刻那样把它们带回家，而在于他能够在何种程度上澄清这些地方的情况是什么，从而减少出自求知背景的求知行为自然会造成的疑惑——这是一些什么样的人？……这就向我们提出了某些严肃的“证明”问题……换句话说，你如何区分好的记述和差的记述……我们在衡量自己解释的说服力时所必须依据的，不是大量未经阐释的原始材料，不是极其浅薄的描述，而是把我们带去接触陌生人生

〔1〕 安东尼·吉登斯.社会的构成：结构化理论大纲[M].北京：生活·读书·新知三联书店，1998：197－211.其中，“身体活动所受到的限制”指：人的身体的不可分性、“向死而生”的自然生命规律、时空的容纳能力、完成任务的时间绵延性等。因此，身体在场的首属空间仍然是传统社会(当然也是传统地域)绝大多数人活动的具体空间。

〔2〕 古塔，弗格森.学科与实践：作为地点、方法和场所的人类学“田野”[M]//古塔，弗格森.人类学定位：田野科学的界限与基础.北京：华夏出版社，2005.

活的科学想象力。[1]

想象力也是史家应当具备的一种能力;"历史想象并不是一触即发的,它要靠很多的条件",要有引发想象力的媒介,其中之一是物证的刺激。[2]田野当是一种物证。这样,历史学家尽管去吧,去田野面对社区,自然地进入一个有限的空间;但无论如何不能首先在书斋里纠缠于社区的概念。因为在理论上,人类学的社区富有弹性。此其三。

社区的弹性在"社区"概念的发明者斐迪南·滕尼斯(Ferdinand Tonnies)那里就是存在的:可以是一个家庭、一个望族、一个部族,也可以是一个邻里、一个村庄、一个市镇。[3]前者侧重于社会关系空间的规模,后者侧重于物理空间的规模;无论哪种情况,它们都可以向外延伸。费孝通先生在不同的场合曾经就两种延伸分别进行过分析;前者的延伸,以社区内的"分子"(个人)为核心:

> 社区是通过社会关系结合起来的群体,在这种人文世界里谋取生活的个人已不是空间上的一个点,而是不断在扩大中的一堆堆集体的成员,就是在幅员可伸可缩的一堆堆集体中游离的分子。[4]

而物理空间规模的拓展以社区节点为中心,表现为社区腹地的膨胀,超过"市镇"层级时,社区的概念常常被地域所取代;从经济成长的过程看就是:

> 社会发展到了小农经济阶段,若干以亲属为基础形成的农户,聚居在一地形成了村落,进行类似的采集、农耕和副业的生产活动,互通有无的交易还是极为有限的。社会分工的发展,使各村各户有了交换不同产品的需要,于是发生了日出而作、日入而散、"日中为市"的临时市场,也就是至今在我们内地还可以看到的赶场或赶集。又经过了一段历程,才发生作为农副产品集散和销售工业制造品中心的市镇,它们各自拥有为其服务的若干农村,在我家乡(按:江苏吴江)称作乡脚,即市镇的腹地。经济继续发展,有些市镇上升为城市,有些小城市上升为中大城市,直到特大城市。[5]

如果是身体在场的直接联系,经济关系也好,社会关系也好,市镇及其腹地构成的"市镇社会"应该是传统中国人常态的生活空间,超过了这个空间,要么是偶发的,要么是抽象的;地域江南也不例外:不是传统江南人实态的生

〔1〕 克利福德·格尔兹.文化的解释[M].上海:上海人民出版社,1999:18.

〔2〕 杜维运.史学方法论[M].北京:北京大学出版社,2006:154.

〔3〕 斐迪南·滕尼斯.共同体与社会[M].北京:商务印书馆,1999:75-76.这里的"市镇",原文用的是"城市":"从外表上看,它无非是一个大的村庄、众多相邻的村庄或者由一个围墙环绕的村庄";意指市镇。

〔4〕 费孝通.重读《江村经济》序言[J].北京大学学报:社科版,1996(4).

〔5〕 费孝通.从实求知录[M].北京:北京大学出版社,1998:214.

活共同体。所以,地域社会史的考察应以社群史的考察作为基础。美国学者施坚雅(William Skinner)指出:"小农的实际活动范围,并不是狭隘的村落,而是一个基层集市所及的整个地区。"〔1〕根据江南的情形,我称之为"乡镇社会"。〔2〕

其四,整体性。作为功能学派的两位大师,马林诺夫斯基与布朗虽说在功能意义的理解等方面有差异,但都承认社区的整体性。以理论见长的布朗说,特定社区生活的各个方面,"均系密切地相互关联着,或为一个统一的整体,或体系中的部分"。〔3〕擅长于田野观测的马林诺夫斯基强调,"这些方面是如此错综复杂、以至不把所有方面考虑进来就不可能理解其中的一个方面",〔4〕所以他"力辟历史学派对于文化断章取义之惯技,而主张在一具体社区作全盘精密之实地观察",基本理由就是:"从生活本身来认识文化之意义及生活之有其整体性,在研究方法上,自必从文化之整体入手。"〔5〕

社区的整体性一方面让我们认识到社会史的社群个案解剖意义,从而缓解"鸡毛蒜皮的小事"〔6〕被质疑所带来的压力;另一方面,促使我们反思传统史学的所谓整体性。在一篇文章中,我曾批评过这样一种做法:从各个不同社群断章取义地摘取一些"要素",冠以"中国"或更大范围的字样,似乎就建立了某种要素之间的历史联系,表面看起来颇成一体;但那是一个虚拟的整体、抽象的整体。〔7〕对于"社群整体"怀有自觉意识的人类学家不能容忍这种做法。英国人类学家弗雷泽(J. G. Frazer)曾经被同行讥讽道:"如《金枝》那种文化研究及通常的比较民族学论著,都是对特质的分析性讲座并且忽视了文化整合的所有方面,婚配或死亡习俗是根据从极不相同的文化中不加区别地选择出来的细小行为予以论证的,这种讨论建造了一个机械的弗兰肯斯泰因式的庞然怪物:斐济的右眼,欧洲的左眼,一只腿来自火地岛,另一只腿来自塔希提,所有的手指、脚趾也来自不同的地区。"〔8〕在历史学面前,人类学简直是小巫见大巫了。事实上,在传统社会中,民族—国家更多地体现为意识形态意义上的思想共同体,而非实体的存在(社群),而意识形态共同体作为一般思想意识的集合,常常通过曲折的途径映射于实际社群中,它的一般性

〔1〕 黄宗智.华北的小农经济与社会变迁[M].北京:中华书局,1986:22.

〔2〕 小田.江南乡镇社会的近代转型[M].北京:中国商业出版社,1997.

〔3〕 拉德克里夫·布朗.社会人类学方法[M].北京:华夏出版社,2002:181.

〔4〕 马林诺斯基.西太平洋的航海者[M].北京:华夏出版社,2002:2.

〔5〕 马林诺斯基.文化论[M].北京:华夏出版社,2002:译序.

〔6〕 这里的小事应当指作为社区结构的要素的小事;如果纯粹是漫无边际的琐事列举,应该被质疑。

〔7〕 小田.乡村史研究的"社群"视野[J].中国农史:2003(2).

〔8〕 露丝·本尼迪克.文化模式[M].北京:华夏出版社,1987:38.

需要从特殊社群的亚文化中抽象出来,而不能将亚文化群体中某个要素直接当作宏大的意识形态共同体的要素,随意捏合成一个整体怪物。由此可以看出,实态社群案例的剖析理应成为一个基础;以展示社会生活实态为基本职志的社会史必须夯实这一基础。

在自成一体的地域社会中,社群构成地域的要素。关于地域中国的整体性,美国学者施坚雅从城市节点和经济要素联结的角度,日本学者斯波义信从“地文—生态”的角度,国内学者李伯重整合、完善了美日学者的看法,论述了江南地域社会的完整性。[1]“地域完整性”的结论是无可置疑的;从人类学对生态环境的特殊亲近感看,“地文—生态”的分析尤其得当。不过,注意到这一视角的国内外学者,还未将“地文—生态”原则贯彻到底、从实际出发看待区域江南的完整性。这一印象来自于我在江南社会研究中常常面临的地域史料取舍的矛盾。比如,徽州山村与浙西山村在许多方面非常相像,却被排斥于江南之外;浙东“三北”的余姚等地盛产棉花,与同样盛产棉花的濒临长江的江苏的江阴、常熟等地有什么内在联系吗?在江南研究中,许多人抛弃了绍兴,可是谁能无视它的许多文化要素与太湖水乡是那样的相似?谁敢说绍兴不是江南水乡,难道它是自成一格的?实际上,无论徽州山村,还是浙东“三北”,或者绍兴,它们就是江南,与江南的其他部分构成一个完整的地域社会;而它的完整性就是以自然生态为基础的。作为整体的区域空间结构,江南地理呈环形梯级分布:西边和西南边沿缘饰着山丘,有宁镇山脉、天目山、黄山、莫干山地;中部核心地带是苏南平原和杭嘉湖平原,地势低平,以太湖为中心,呈浅碟形;介于高低层级之间的是垄冈高地,从北部沿海而西而南而东,连属成环。徽州和浙西位于边缘山区,绍兴类于核心水乡,浙东“三北”为介于山区与水乡之间的高地。在完整的地域社会中,山村、水乡和高地等不同类型的社群以地势的形式加以呈现。考虑到地域江南的生态类型,社群史的研究,自然应选取不同类型的社群作为样本,以体现地域社会的整体性。

综上,我们在人类学的视野中更加明白地域社会史研究的重要意义,但这种意义不能简单认为社会史由此被赋予了空间,更重要的是,通过跨学科的沟通,我们赋予这样的空间以更加具体的内涵,并充分意识到地域社会中社群的社会史意义,以及社群不同类型对于地域社会完整性的价值。这样,在空间维度上将概念中国转换成地域中国、生活中国;它们一同构成整体中国。

二、中心事件与地方事件

与田野地点的选择相一致,主流人类学的研究内容也存在着潜在的等级

[1] 李伯重.多视角看江南经济史(1250—1850)[M].北京:生活·读书·新知三联书店,2003:附录.

性:越是地方的事件地位越高。所以,人类学家常常把他们自己描述为“地方”专家:关注地方权威,而忽略国家或者世界政治;热衷于家庭经济生活,而忽略国际金融。为此,他们需要在一个社群长期地参与观察,深度了解生活其中的普通人的日常事务,强调对文化模式进行辨识和分类,包括:社会组织的整体性原则、惯习实践,口述传统、身体法规、规则和禁忌系统——一句话,理解那些经得起时间检验的现象。[1]

在这一点上,它与史学的地域社会研究明显不同。站在社会风口浪尖的史学家们习惯于关注对历史产生重大影响的所谓“中心事件”,对于地方性事件,特别是地方琐事,他们本能地怀疑它们的价值。对此,人类学不以为然。比如,“普遍存在于世界各地的传统风俗,乃是大量琐细的行为……人们通常不把风俗视为任何重大事件的起因”,但本尼迪克特(Ruth Benedict)认为:“它们与任何个人在个体活动中能形成的行为相比,都更能令人惊叹不已……头等重要的是,风俗在人类经验和信仰中起着的那种支配地位的角度,以及它可能表现出的极为巨大的多样性。”[2]格尔兹将“地方小事”置于整个社会环境中进行比较辩护,其结论更显说服力:

> 典型的人类学方法,是通过极其广泛地了解鸡毛蒜皮的小事,来着手进行这种广泛的阐释和比较抽象的分析。人类学家所面对的宏大现实,和其他人——历史学家、经济学家、政治学家、社会学家——在更加决定性的环境中面对的宏大现实相同:权力、变化、信仰、压迫、工作、热情、权威、美感、暴力、爱、威信;但是人类学家面对这些现实的时候置身于偏僻乡里……这些司空见惯的人间常事,“那些让我们全都感到害怕的大话”在如此朴实无华的脉络中以朴实无华的形式表现出来。但这恰恰是优势所在。这个世界已经有足够多的深奥。[3]

什么对历史的影响更大些:大事,还是小事?在历史的因果关系上,人类学家与历史学家的分歧其实并不对立。法国年鉴学派史学家布罗代尔(F. Braudel)对于历史时段的区分有助于我们认识两者的不同:前者强调长时段中历史的深海暗流,而后者高度关注短时段,“一种短促和动荡的历史”,是历史的“潮汐在其强有力的运动中激起的波涛”。[4]在布罗代尔看来,“暗流”和“波涛”共同构成了历史的海洋,构成总体的历史,亦即所谓社会史。由此看来,存在于地域社会中的“鸡毛蒜皮的小事”对于社会史来说同样重要。这是

---

〔1〕 马尔基.新闻与文化:瞬间现象与田野传统[M]//古塔,弗格森.人类学定位:田野科学的界限与基础.北京:华夏出版社.

〔2〕 露丝·本尼迪克.文化模式[M].北京:华夏出版社,1987:2.

〔3〕 克利福德·格尔兹.文化的解释[M].上海:上海人民出版社,1999:24.

〔4〕 费尔南·布罗代尔.菲利普二世时代的地中海和地中海世界[M].北京:商务印书馆,1997:序.

区别传统史学的区域史和社会史意义上的地域研究的很重要的一个尺度。

值得注意的是，在田野工作中，以及在“民族志”写作中，人类学家总是“倾向于寻找那些反复发生的、持久的、长时期存在的形式”，捕捉“某种让人看起来在时间上具有某种程度的稳定性的东西”，而不是随意撞上的“小事”。这种诉求似乎在具有完整结构的地方社会中更容易实现，因此，人类学家总是“希望所研究的对象不仅仅是在偶然环境下随意聚集在一起的一群陌生人，而是希望他们组成一个更为持久、稳定、通常地方化的社区”。[1]如果社会史看重“小事”，同样应该深入社群世界，微观日常生活；如此，社会史学者在档案文献中也应该注意这样的“小事”以及“小事”存在的地方环境。从这个意义上看，地域社会研究成为构建新兴社会史的不二法门。事实上，传统中国社会的特征也要求我们这样做；一方面，两三千年以前便粗略地形成了的生活模式，直到民国时代，“还大部分地在民间传承着……大略仍然保存着昔日的形影。它的主调没有根本的变动……在旷远的时间、空间等上面保持着一种关联的线索”——明显地具有结构性；但另一方面，“民俗的生活模式不是抽象的、呆板的、单纯的东西。它是具体的，是活动的，是复杂的。它因时、因地、因人而异形”——明显地具有地方性。[2]结构性与地方性就这样胶着为一体。

然而，就连人类学家内部也有不同的看法：“关注持久结构或结构并没有错……问题是，简单地说，将持久结构作为分析的中心(或者说，我们通常把结构看成是持久的)，会使其他一些现象——那些瞬间的、不具代表性的、异常的现象——散落在我们的视野之外。结果，使我们很难通过分析看出，持久的结构和瞬间的现象之间是(或不是)如何发生联系的。”这种抱怨是对的。从地域社会史的立场看，仅有显现为“持久结构的日常事件”确实也构建不了整体史。像难民营这样的社区，美国学者马尔基说，它不是生成的，而是偶然的；关注的重点应该是，难民之所以成为难民的异常事件，以及难民营里的非典型的临时境况。正是这些“异常”和“临时”把本来不可能在一起的人带到一起，让他们在其生命的历程中相遇了。[3]在这里，不是社区规定事件，而是事件构成社区；这类历史事件也具有社区—地域性，但地域的意义仅止于提供了一个发生的场所。1937 年 11 月中旬，日军打过来了，湖州南浔人纷纷开始了逃难。听说徽州山丛水险，日军进不去，大家都向皖南方向逃。方锡琴那年 11 岁，父亲还要安排

---

〔1〕 马尔基.新闻与文化：瞬间现象与田野传统[M]//古塔，弗格森.人类学定位：田野科学的界定与基础.北京：华夏出版社.

〔2〕 钟敬文.民众生活模式与民众教育[M]//钟敬文文集(民俗学卷).合肥：安徽教育出版社，1999：559.

〔3〕 马尔基.新闻与文化：瞬间现象与田野传统[M]//古塔，弗格森.人类学定位：田野科学的界定与基础.北京：华夏出版社.

商号里的事情，脱不开身，便把她投入难民流中，伴涌至安徽歙县。当时有钱人家都来到黄山脚下；人们总说乡下生存空间大些，于是他们又跋涉到祁门山城。[1]这样的事件既是中心的，也是地方的；地域社会史自不应忽略。只不过，在关注它们时，更多地突出事件对于地方的选择性。

对于事件所内含的意义，传统史学提供的常常是一种纵向因果关系的说明，而人类学，尤其是功能派人类学，倾向于在事件发生的横向结构中进行阐释。缘于对特定研究对象和地点的讲究，这样的阐释便成为一种所谓的对于"地方性知识"的解读：

> 人类学知识体系的建构或许比其他任何学科都更依赖于地域专业化，学科中许多核心概念和争议都是在地域上有限的社区内产生。与其他学科……相比较，人类学家通过长期居住在"田野点"来学习评议地方性知识。地方性知识就这样被纳入人类学的研究。[2]

"地方性知识"之所以是地方的，因为它从属于这类知识存在的特殊空间，许多人类学将之喻为一张"由他们自己编织的意义之网"；知识的意义需要在那里获得解释："将他们置于他们自身的日常生活之中，使他们不再晦涩难解"；"地方性知识"就这样与人类学融为一体，"描述必须依照特定一类人对自己经验的阐释，因为那是他们所承认的描述；这些描述之所以是人类学的描述，就是因为人类学者事实上承认他们"。[3]不难看出，"地方性知识"的获得关键是重视一种观察事件的视角；在人类学中它有许多相似的表达，如"从角色观点看问题""从文化持有者的立场观测事件""主位观"[4]"他者的看法"等，是为"方位感"。人类学家批评，在许多社会科学研究中，缺失的正是这种方位感；他们认为："知识不可避免地具有'有关某处'和'来自某处'的特性，知识者的特定方位(location)和生活经历在某种程度上对于知识的产生类型是重要的。"[5]

应该说，传统史学并不忽视"知识者的特定方位"。精密的中国史料考证学，总是提醒人们注意史料"创造者"的身份、产生史料的环境，西方近代史学家常常谈

---

〔1〕 汪建红，小田．通津桥外贩船多——南浔[M]．北京：中国林业出版社，2007：30．

〔2〕 古塔，弗格森．学科与实践：作为地点、方法和场所的人类学"田野"[M]//古塔，弗格森．人类学定位：田野科学的界限与基础．北京：华夏出版社，2005．

〔3〕 克利福德·格尔兹．文化的解释[M]．上海：上海人民出版社，1999：16－17．

〔4〕 主位观(emic approach)和客位观(etic approach)是观察文化的两种不同方法，前者指研究者努力习得被研究者所具有的地方性知识和世界观，置于被研究者的立场上，去了解、理解和研究问题，它强调能用本地人的观点来理解当地人的文化，而后者是以研究者本身的立场为出发点来理解文化。麻国庆．走进他者的世界[M]．北京：学苑出版社，2001：34．

〔5〕 古塔，弗格森．学科与实践：作为地点、方法和场所的人类学"田野"[M]//古塔，弗格森．人类学定位：田野科学的界限与基础．北京：华夏出版社，2005．

及“投射”“同情”“移情”等,都是理解历史的方法。[1]但是,就我的感觉而言,所有这些理解,并不强调史学家与“知识创造者”在一定历史时空内的视角一致性,从而重视“知识创造者”自身的看法,并检视这种看法的存在理由和历史合理性。与人类学家明显不同的是:“考证史料时,史学家像法官……根据广泛搜集的证据以下考证的结论。”[2]“地方性知识”在史学家那里仅是被拷问的对象,“当地人”永远成不了历史的主角。当我们意识到社区—地域是社会史不可或缺的空间维度时,“地方性知识”应该得到应有的尊重。

需要明确的是,人类学并不一味依赖“主位观”和“地方性知识”,而是认为,从主位和客位(研究者)“两种角度都可以作出科学、客观的评价”。[3]如此看来,人类学并没有放弃研究者的裁量,它与传统史学所不同的,是更加重视在裁量中的被裁量者的权利。注意到这一点,社会史没有理由放弃富有特色的法官角色,而且,因为掌握了确定“知识者的特定方位”的行之有效的“主位观”,而获得了更多的认识往昔的维度,正是这些维度的进入以及与旧维度的融通,更新了传统史学,产生了整体的社会史。

在这里,政治精英与普通百姓,政治事件与日常行为,与之相对应的,还有中心事件与地方事件,它们之间的界限,当然可以看作明析新旧史学的泾渭,但同时,两者融汇于整体社会史之河。

三、社会缩影与社会全盘

仅从人类学对社会文化差异的专注,我们还看不出它的独特性,因为这一主题与其他许多学科存在着很大部分的重叠。在现代学术制度中,人类学的独特性与其说是主题,还不如说在于其使用的揭示和理解文化差异的独特方法,即田野中的社区观察。而恰恰是这一方法使其备受责难,其中最大的责难是:依据社区观察展示的族群场景究竟具有多少普遍价值?当它将结构复杂的文明社会纳入自己的写作范围内之后,就必须回答:微观社区究竟在多大程度上代表宏大社会?当人类学“历史化”之后,又需要回答:社群日常生活与社会关键事件存在着怎样的关联?简言之,小地方与大社会是个什么关系?

人类学家意识到这些问题,并且坦言:

> 如何走向宏大的民族文化景观、时代、大陆或文明,这个问题是难以含含糊糊地褒扬具体实在和朴实无华,就能轻易绕过去的。对于一个诞生于印第安部落、太平洋群岛和非洲世系群、后来变得雄心勃勃的学科

---

〔1〕 杜维运.史学方法论[M].北京:北京大学出版社,2006:125-126,145-146.

〔2〕 杜维运.史学方法论[M].北京:北京大学出版社,2006:119.

〔3〕 马文·哈里斯.文化人类学[M].北京:东方出版社,1988:16.

来说，这成了一个主要的方法论问题，并且大多处理得不好。

一般地说，人类学家用来使自己“从地方真理转向普通视角”的做法是一种关于预设的辩白：小地方是大社会的缩影。对此，格尔兹的自醒一针见血：

> 认为可以在所谓“典型的”小镇或乡村中找到民族社会、文明、大宗教或任何总括和简化现象的精髓这样一种观点，显然是无意义的谬见。我们在小镇和乡村里获知的是（很遗憾）小镇或乡村生活……它们并不因为这样一种以小见大的预设而具有重要性。[1]

是的，问题并不会因为事先的预设而消失，特别是将原型社区研究法应用于中国社会时，问题愈加显露。首先，作为结构复杂的“文明社会”，中国与现代遗存的初民社会存在着深刻的差异；其次，作为世界体系的一分子，近几个世纪以来，中国经历了与西方几乎同步的变化。对于这样的社会，似乎难以用部分代表整体，尽管某一社区是整体中国的一部分。“社会缩影论”面临着困境。如果历史学认为人类学的社区观察法有其可取之处，那么，我们与人类学一起思考。

说真的，社会史离不开社区—地域的维度。早在1939年，费孝通先生所导引的社会考察步骤，几乎是所有人文社会科学绕不过的路径：“以全盘社会结构的格式作为研究对象，这对象并不能是概然性的，必须是具体的社区，因为联系着各个社会制度的是人们的生活，人们的生活有时空的坐落，这就是社区。”这当然也包括历史学：“如果历史材料充分的话，任何时代的社区都同样可作分析对象。”[2]

至此，可以认为，社会史的社区考察是必要的，但不是它的全部。当费孝通的《江村经济》发表之初，就有人指出：“解剖这么一个小小的农村，怎样戴得上《中国农民生活》这顶大帽子？”费孝通说：“这样的批评是可以的，因为显而易见的，中国有千千万万个农村，哪一个够得上能代表中国的典型资格呢？可是人对事物的认识，总是从具体、个别、局部开始的。”起步于江村，然后到了云南三村：禄村、易村和玉村……费孝通以其几十年的社会人类学实践从一个侧面完善了“社会缩影法”：

> 我们能对一个具体的社区，解剖清楚它社会结构里各方面的内部联系，再查清楚产生这个结构的条件，可以说有如了解了一只“麻雀”的五脏六腑和生理循环运作，有了一个具体的标本。然后再去以观察条件相同和条件不同的其他社区，和已有的这个标本作比较，把相同和相近的归在一起，把它们和不同的和相远的区别开来。这样就出现了不同的类型或模式了。这也可以称之为类型比较法。应用类型比较法，我们可

---

〔1〕 克利福德·格尔兹.文化的解释[M].上海：上海人民出版社，1999：24－27.

〔2〕 费孝通.乡土中国 生育制度[M].北京：北京大学出版社，1998：92.

以逐步地扩大实地观察的范围,按着已有类型去寻找不同的具体社区,进行比较分析,逐步识别出中国农村的各种类型。也就由一点到多点,由多点到更大的面,由局部接近全体……这样积以时日,即使我们不可能一下认识清楚千千万万的中国农村,但是可以逐步增加我们对不同类型的农村的知识,步步综合,接近认识中国农村的基本面貌。

点—多点—面—全面,即一类型社区—多类型社区—地域—中国,从费孝通先生走过的社会人类学轨迹,我们可以明确地回答,小地方与大社会就是个别与一般的关系。如何从小地方去认识大社会,路径就如上述;他说:"我不敢说这是科学研究社会的最好的办法,只能说是我在半个世纪里通过实践找出来的一个可行的办法。"[1]如果历史学者也不愿这样一步步地去做,那还指望谁呢?史学有理由这样做,社会史应该这样做,区域社会史只有这样做。

确定了社区—地域史在整体史中的地位,还有一个需要解决的问题:专门的社区—地域史叙述如何体现大社会?也就是说,某人在地方除了研究地方,也可以立足于一个"地方性"的田野点来研究非"地方性"的现象。据人类学的综述:"几十年来社区研究的发展所表现出来的演进线路,是……避免人类学者把社区看成自我封闭的体系,把社区置于社会大场域中,注视国家与社会的关系,历史与现实的关系。"[2]这种叙述视角被称为"国家—社会互动模式"。原则性的列举,比如在对社群横向结构的分析中,强调在社区中展示地方性文化—权力网络与超地方性的行政细胞网络的联接点,重视"自上而下"的社会"大传统"在民间被重新阐释和意义改造现象;在对社群纵向变迁的梳理中,用一种宏观的历时性的社会转型理论作为社区变迁的"断代"工具,[3]以国家—社会力量的消长反映社区的历史变迁,而以这些变迁显现社区结构的地域差异,关注传统中国社会变迁过程中的变动缓慢的泛时性社会现象。[4]

在社会史学界,也有学者具体进行过这方面的实践。比如,唐力行先生曾经以活跃于江南的徽商为对象,勾划出他们在江南的中心苏州以及江南市镇形成的一个由行商、坐贾与海商所构成的商业网络,经济和社会的关系便在此网络中相互牵引而动:中心城市的互动带动平原与山地、江南与大海的

---

〔1〕 费孝通,张之毅.云南三村[M].北京:社会科学文献出版社,2000:6-7.

〔2〕 王铭铭.社会人类学与中国研究[M].上海:生活·读书·新知三联书店,1997:58.

〔3〕 诸如英国的盖尔纳(E.Gellner)的"民族主义"和吉登斯(A.Giddens)的"民族—国家"理论,参见厄内斯特·盖尔纳的《民族与民族主义》(中央编译出版社2002年)和安东尼·吉登斯的《民族—国家与暴力》(生活·读书·新知三联书店1998年)。

〔4〕 王铭铭.社会人类学与中国研究[M].北京:生活·读书·新知三联书店,1997:51-60."泛时性"概念笔者是对类似社会现象的概括,参见论"社会时间"[J].河北学刊:2007(2).

互动、中国与海外的互动。以主体在地域网络内外的互动为线索，清楚地揭示了近世以来江南地域社会的革命性变迁，所谓“资本主义萌芽”便孕育其中。[1]对于江南市镇的资本主义萌芽，学者们早就关注过，徽商的活动也是徽学研究者探讨的重点问题之一，然而，笔者以为，只有将几者联系起来，立足于市镇社群，同时将这些关系置于一个广阔的时空中，按图索骥，才能清楚说明徽商的经营与苏州市镇资本主义萌芽的关系。

社会史学者当然更重视社区—地域的变异。近世以来的地域中国变异，当然要注意西方社会的影响。林耀华的思路显然是人类学的：“要知道西化影响的成分，就得择定受着西化影响程度高低不同的社区分头考察，按步研究。”[2]另一位美国人类学家罗伯特·雷德菲尔德(R. Redfield)的田野实践对我们有更直接的启迪。他在墨西哥尤卡坦州选择了四个规模和复杂程度不一的社区，它们从海滨的梅里达城到内地的偏僻山村，形成了一个地理连续体，连续体的一端是封闭、同质的社会，另一端是变动、异质的社会，通过区别和比较来说明乡村社会与都市社会发生接触并受其影响时所发生的一切。这被称为“城乡连续体”(folk-urban continuum)研究。克来德·伍兹(C. Woods)认为，如果谨慎地使用这一概念，它对社会变迁也能给予理论和方法的指导，而且也的确产生了某些有益的成果。[3]

数十年来的人类学变向当然有利于自身的发展，但其包括“历史化”在内的种种变向，事实上也为历史学的人类学借鉴、从而为社会史的理论建树提供了思路。当社会史将空间维度纳入自己的视域而致力于区域社会史研究的时候，不但空间维度，与空间相关的其他社会史维度及其研究视角都要求在相应的理论体系中形成统一，这样的理论体系，自然应该在整个人文社会科学的发展脉络中获得灵感和思路。在这里，人类学尤其值得重视。这是社会史实践所昭示的当代史学发展的一个重要趋势：“历史学家首先应当面向人类学和社会学去寻找新方向是毫不足怪的。在所有社会科学中，社会学和人类学在观点上与历史学最为接近。”[4]

---

〔1〕 唐力行.明清以来徽州区域社会经济研究第二编第四章[M].合肥：安徽大学出版社，1999.
〔2〕 林耀华.从人类学的观点考察中国宗族乡村[M]//凌纯声，林耀华，等.20世纪中国人类学研究方法与方法论.北京：民族出版社，2004：86-87.
〔3〕 克来德·伍兹.文化变迁[M].昆明：云南教育出版社，1989：89-91.
〔4〕 查弗里·巴勒克拉夫.当代史学主要趋势[M].上海：上海译文出版社，1987：76.

近代歌谣:村妇生活的凭据

——以江南为例

【内容提要】 江南歌谣以民间—民众—乡村—妇女—地方—日常的黏着性可以成为村妇生活的凭据,但歌谣首先依循艺术理路:聚焦实际生活,着意渲染情感,凸显主要特征。对歌谣的史料学考量,一方面需要从歌谣中析出相关元素,解构原有歌谣,滤化艺术情感,抽象民众观念,进行"去艺术化"处理;另一方面,依据歌谣的内容和歌谣的存在环境及其存在方式对其进行时代性确认。所有这一切,要求我们在史学与艺术的跨学科对话中进行。

【关键词】 歌谣;历史凭据;江南村妇;艺术

历史的科学性基于生活性,即历史的依据来自于生活的客观事实。不过,历史指向既往,往昔的生活永远不再,史家只能循着历史的印迹重现生活,这印迹或是文献记录,或是物质遗存,或是口传口述……在在表明往昔生活的存在方式。因此,历史的真实就在于它的"可证实性";其中至为关键的,是往昔生活的凭据。历史家面前必须有凭证;克罗齐说:"谈什么没有凭据的历史就如确认一件事物缺乏得以存在的一个主要条件而又谈论其存在一样,都是瞎说。一种与凭据没有关系的历史是一种不能证实的历史。"[1]热衷于精英—政治生活的传统史家因为有皇家起居注录、档案文献资料等作为凭据,自信地认为,历史可以堂皇地跻身社会科学的行列。然而,眼光向下的社会史没有这样的底气,因为偏居一隅的百姓生活没有那些可以依凭的证据。

关注民众生活的顾颉刚先生找到了一些凭据,不是从档案里,而是在田野;田野里有一种史料叫歌谣,歌谣中有一类"乡村妇女的歌",[2]仿佛是她们"生活的最亲切的写真"。[3]但直接作为史料,历史家对于包括歌谣在内的所谓艺术作品,态度还是相当谨慎的:"对于非传统史料,不能拿过来就用,必

〔1〕 贝奈戴托·克罗齐.历史的理论和实际[M].傅任敢,译.北京:商务印书馆,1997:4.

〔2〕 顾颉刚.《吴歌甲集》自序[J]//北大歌谣研究会:歌谣,1925-06-28.

〔3〕 顾颉刚,吴立模.苏州唱本叙录(1921年7月)[M]//顾颉刚,等.吴歌·吴歌小史.南京:江苏古籍出版社,1999:683-684.

须进行史料学的研究和处理。”[1]在我们依据歌谣重构江南村妇生活时,首先得进行史料学的检讨。

一、歌谣的民间性与村妇生活

歌谣关乎于民间。周作人认为,歌谣这个名称在学术上与“民歌”同义。[2]他引英国人弗兰克·凯夫登(Frank Kifdon)的话对民歌进行界说:民歌是生于民间,并且盛行民间,用以表现情绪或抒写事实的歌谣,所以民歌也不妨称之为民谣。由此可以看出,内存于歌谣中的“民”,既指民间,亦即民众:

> “民间”这意义,本是指多数不文的民众;民歌中的情绪与事实,也便是这民众所感的情绪与所知的事实,无非经少数人拈出,大家鉴定颁行罢了。所以民歌的特质,并不偏重在有精彩的技巧与思想,只要能真实表现民间的心情。[3]

明末冯梦龙将之所编江南歌谣“别之为”《山歌》,着意强调的也是其与精英的对立,“言田夫野竖矢口寄兴之所为,荐绅、学士家不道也”。[4]

歌谣的作者明显地以妇女居多,是典型的民众。从歌谣的口传性上就可以看出,歌谣与女性的关系似乎更密切些:

> 我国的妇女,自少至老,自生至死,几乎是处处受轻视,时时受虐待……文人学士向来是不管闲事的;名卿大儒更是“变本加厉”,“助桀为虐”;于是我们旧式的妇女,乃真成“哑叭吃黄连,有苦说不出”了! 多亏妇女还有一副脑筋、一张嘴巴,自己会编几句韵语,唱几首歌谣,将自己所受的苦处描写出来;而我们所以能关于她们的苦处多知道一些,也就“独赖此篇之存”。[5]

尽管闺阁才女们留下了不少呶呶唧唧的诗文文本,并且受到了学者们的重视,但毫无疑问,比起口传的歌谣来,无论在绝对数量,还是所反映的生活广度,它们都处于劣势。所以刘经庵先生说:“民众的文艺,尤其是歌谣的一部分,妇女的贡献要占一半,且其中又多是讨论她们本身的问题的——妇女的文学与妇女的问题。”在另一处他直接就说:“妇女是歌谣的母亲、歌谣的大师,亦不算太过罢。”[6]

---

〔1〕 冯尔康.中国社会史概论[M].北京:高等教育出版社,2004:150.

〔2〕 周作人.歌谣[M]//钟敬文.歌谣论集.上海:上海书店,1927:31.

〔3〕 周作人.中国民歌的价值[M]//刘复.瓦釜集.附录.北京:北新书局,1926.

〔4〕 冯梦龙.叙山歌[M]//冯梦龙.山歌.南京:江苏古籍出版社,2000.按:20世纪30年代,寿生先生解释,“山歌”的“山”字实在是“山野”的意思,与“山人”“野老”“村夫”等含义相同。见寿生.我所知的山歌的分类[J].北大歌谣研究会:歌谣,1937-01-09.

〔5〕 杨世清.从歌谣看我国妇女的地位[J].北大歌谣研究会:歌谣,1924-03-23.

〔6〕 刘经庵.歌谣与妇女[M].上海:上海书店,1925:自序,4.

歌谣的民间性在乡村体现得更充分。“民谣一出来便是属于乡土的东西。有的民谣口传口的互相传着,离开本土很远的,但是所传到的地方都会渐渐的传上这个乡土的风习……这个就是所谓民谣这东西从头至尾都是乡土的证明。”〔1〕我们说歌谣与女性关系密切,在某种意义上强调的是其中的乡村妇女。从歌谣本身一面看,徒歌无须乐器伴奏,更容易在实际生活中发生,尤其在乡村。清末民初风靡于上海、苏州坊间的时新小曲《五更相思》,表达了一位少妇对外出生意郎的思念,流播至乡村,乡民们就把它变成山歌(徒歌)。相类似者如《劝郎叹五更》《五更十送》和《五更送郎梳妆台》等。〔2〕从吟咏者方面,更明显地看出歌谣与乡村女性的关系。顾颉刚在《吴歌甲集》中将“乡村妇女的歌”与“闺阁妇女的歌”相提并称,实际意味着闺阁歌谣的民间性之淡薄:在形式方面,歌谣给“识字的妇女做了,便接近到诗及弹词上面去;在意义方面,说私情的不及说功名的多,大都希望夫婿以科第得官;或者说自已竭力振顿家事,求得丈夫面上的威光,这种情境,实在是乡村妇女所想不到的”。〔3〕这是因为,村妇们“没有受过多大的腐儒们的礼教的薰冶,所以思想较为自由”。〔4〕“自由的”村妇赋予了歌谣的民间特色:把民众的感情热烈质朴地表达出来;“赤裸裸的人性,率真的心声,只民歌里有”。〔5〕

地方性黏附在民间性之中,体现出歌谣的个性。与精英诗歌不同:“歌谣是以民众地方作单位的,不是以个人作单位的。所以歌谣的个性,应当从一个地方的人群看起,这一群人的歌不是那一群人的歌,和那曹子建的诗不是杜工部的诗一样……(歌谣)各类的特色和地方的特色,是歌谣的个性。”〔6〕民众生息于地域共同体;特定的共同体生态便为歌谣着上了相应的文化底色:

> 新打大船出大荡,大荡河里好风光。船要风光双支橹,姐要风光结识两个郎。〔7〕

船、橹、荡、河……这些地域文化符号是江南歌谣生成的风土,而其中最富特色者莫过于方言。方言的本义,包涵着俚调、语句和词字;俚调的地域性不必说,如果将方言“用文字和音标写出来,(也)能表现出这地方的语句词字和别地方有不同样的色彩”。〔8〕江南歌谣以其方言的独特性,更显出与地方

〔1〕 野口雨情.“乡土童谣”与“乡土民谣”[J].北大所歌谣研究会:歌谣,1936-11-14.
〔2〕 金煦.中国·芦墟山歌集[M].上海:上海文艺出版社,2004:71.
〔3〕 顾颉刚.《吴歌甲集》自序[J].北大歌谣研究会:歌谣,1925-06-28.
〔4〕 刘经庵.歌谣与妇女[M].上海:上海书店出版社,1925:3-4.
〔5〕 李素英.吴歌的特质[J].北大歌谣研究会:歌谣,1936-04-11.
〔6〕 卫景周.歌谣在诗中的地位[J].北大歌谣研究会:歌谣,1923-12-17.
〔7〕 刘复.瓦釜集.北京:北新书局,1926:77.
〔8〕 董作宾.为方言进一解[J].北大歌谣研究会.歌谣,1924-04-06.

的有机联系。1925年胡适称:“要寻完全独立的吴语文学,我们须向苏州的歌谣里寻去。”〔1〕胡适所谓“独立”指的是,口传的鲜活歌谣几乎完全采用方言;芦墟歌手陆阿妹唱《五姑娘》道:

> 俉末喜欢什介唱,伊末相信几介论,倍要唱五姑娘搭徐阿天格私情事,伊拉两个结识私情受尽折磨吃尽苦。〔2〕

有许多歌谣,或许内容和主题非常相似,但方言表达告诉我们,正在流行的歌谣属于某个共同体。

歌谣倾向于表现人类质朴本能的行为,从而在表现对象上显示民间性。受弗洛伊德和达尔文学说的影响,朱光潜先生解释,性欲是人类“最强的本能,带有最丰富的情趣,民歌多以男女恋爱为‘母题’,也不过因为它比较有趣罢了”。〔3〕事实上,在江南歌谣中,数量最多者即是情歌。明陆容《菽园杂记》云:“吴、越间好唱山歌,大率多道男女情致而已。”〔4〕近人顾颉刚在搜集吴歌时亦发现,“乡村女子歌里,情歌最多,亦最好”。〔5〕精英对这类题材常常躲躲闪闪,率真的乡村人则大肆铺陈,“唯诗坛不列,荐绅学士不道,而歌之权愈轻,歌者之心亦愈浅,今(——明代)所盛行者,皆私情耳”。〔6〕

江南歌谣充分表现了乡村私情,但我们不能就此认为,歌谣的“中心思想,专在恋爱”。〔7〕事实上,历史上遗留下来的歌谣,除情歌外,还有名物歌、劳动歌、仪式歌、谐趣歌、历史歌、时政歌、社会关系歌、传说故事歌等。如此多的歌谣类属,说明了江南歌谣题材之广泛,换言之,江南歌谣的表现对象一定不会局限于私情。大致而言,凡是近于人类本能的方面,诸如衣、食、住、行、用、趣等,都进入了歌谣。而这些方面,即与社会再生产相对应的“个体再生产”行为,就是社会史所谓的日常生活领域。〔8〕在这里,歌谣的表现对象成为史学刻画日常生活的指示器:对象所及,即日常生活所向:“吃饱穿衣等事是全人类所共有的;所以研究各民族特有的文明,要彻底了解各民族的真际,非求之于吃饱穿衣等事之外不可。而民歌俗曲,却便是这项最真实

---

〔1〕 胡适.《吴歌甲集》序一(1925年9月)[M]//顾颉刚,等.吴歌·吴歌小史.南京:江苏古籍出版社,1999:11.

〔2〕 姜彬.江南十大民间叙事诗(长篇吴歌集)[M].上海:上海文艺出版社,1989:173.按:俉,你们;什介,这样;伊,他;几介,那样;倍,我;搭,和;格,的;伊拉,他们。

〔3〕 朱光潜.性欲“母题”在原始诗歌中的位置[J].北大歌谣研究会:歌谣,1936-11-28.

〔4〕 陆容.菽园杂记卷二[M].北京:中华书局1997年。

〔5〕 顾颉刚.《吴歈集录》的序[J].北大歌谣研究会:歌谣,1923-04-22.

〔6〕 冯梦龙.叙山歌[M]//冯梦龙.山歌.南京:江苏古籍出版社,2000.

〔7〕 周作人.中国民歌的价值[M]//刘复.瓦釜集.北京:北新书局,1926:附录.

〔8〕 匈牙利哲学家赫勒指出,如果个体要再生产出社会,他们就必须再生产出作为个体的自身,因此,他把“日常生活”界定为“那些同时使社会再生产成为可能的个体再生产要素的集合”。赫勒.日常生活[M].重庆:重庆出版社,1990:3.

扼要的材料。”〔1〕需要我们特别注意的是,歌谣表现的这些本能行为本身“是非历史的”;历史家“对于人们的吃和睡、恋爱,因而也就是满足他们的自然嗜欲的事实并不感兴趣;但感兴趣的是人们用自己的思想所创立的社会习惯,作为使这些嗜欲在其中以习俗和道德所认可的方式而得到满足的一种结构。〔2〕这种结构,歌谣名之曰‘风土’,社会史称之为‘日常’”。

歌谣就这样以民间—民众—乡村—妇女—地方—日常的黏着性展示了村妇的日常世界。这是一种民间姿态,它所黏着的种种展示维度,正是我们构建“整体”社会史时特别在意的;以歌谣为凭据的江南村妇生活叙述将自然地开启一方整体社会史的视野。

二、村妇生活的艺术展示

不管歌谣与村妇生活的关系如何密切,史家都不应忽略歌谣的艺术身份。作为艺术,歌谣对村妇生活的表现总是依循着特定的艺术理路。大而言之,主要有两种表现方式:

聚焦生活 法国艺术哲学家丹纳认为,艺术的目的在于彰显事物的主要特征;在给定的社会生活中,事物的主要特征不会主动显现,即使显现也非常不充分,为了使特征支配一切,艺术创造者常常进行必要的加工:“特别删节那些遮盖特征的东西,挑出那些表明特征的东西,对于特征变质的部分都加以修正,对于特征消失的部分都加以改造。”〔3〕从凸显生活特征的角度说,艺术加工就是生活的聚焦。

生活聚焦首先意味着典型场景的展示。以事件为中心,可称之为片断场景,如男女偷情被猫打断:

短命瘟猫一声叫,情哥吃惊魂出窍,小阿妹心跳肉匣抖,胜过仔一只八角描龙金边花碗杀生头里地上抛。〔4〕

以人物为中心,可称之为个体场景,如相思少女:

半夜起来纺棉纱,织布做件长大褂,人是衣衫马是鞍,让伲郎哥着仔新衣体体面面到我家。〔5〕

---

〔1〕 刘复.《吴歌甲集》序五(1926年3月)[M]//顾颉刚,等.吴歌·吴歌小史.南京:江苏古籍出版社,1999:31.

〔2〕 柯林武德.历史的观念[M].北京:商务印书馆,1997:304.

〔3〕 丹纳.艺术哲学[M].北京:人民文学出版社,1963:23-27.按:丹纳说,哲学家称“主要特征”为本质,所以他们说艺术表现事物的本质。丹纳认为,“本质”是专门(哲学)名词,可以不用,我们只说艺术的目的是表现事物的主要特征,表现事物的某个凸出而显著的属性,某个重要观点,某种主要状态。

〔4〕 马汉民,高福民.水乡情歌[M].苏州:古吴轩出版社,2006:248.按:匣,也;仔,了;杀生头,突然。

〔5〕 马汉民,高福民.水乡情歌[M].苏州:古吴轩出版社,2006:216.按:伲,我。

这些典型场景体现了村妇生活的一般:在现实生活里,个别虽然也是与一般相联系而存在的,但由于种种原因,不能充分地显示出一般。典型形象与现实生活中形象的区别,就在于通过艺术家对生活的能动的反映,使个别集中地体现出一般,从而使生活的本质较之生活本身更为鲜明和强烈地呈现在人们的眼前。[1]

生活聚焦其次意味着代表性事物的选择,或称虚构。虚构不是虚假,前苏联学者季摩菲耶夫说:"虚构不是别的,而是一种媒介或手段,作家凭此选择那对于生活最有代表性的东西。就是说,它主要是作家所选择的材料底综合。"[2]如吴江《养媳妇》:

> 姆妈娘心肠硬,七岁拨倍做个小梅香,早晨吃口隔夜粥,点心吃口饭泡粥,夜里吃口正当粥,一日吃仔三顿粥,饭打扦子粥打印,小菜碗里做记认,早起夜打铺,柴薪戳倍小屁股。[3]

梅香即童养媳,其生存状态的主要特征,借着歌谣所选择的以上这些稀粥、扦子、记认、地铺、柴薪等"代表性的东西"的"综合",而被洞烛。

生活聚焦还意味着对生活多多少少的损益。姑嫂关系是多面的,但出于表现主要特征的需要,许多歌谣极力表现姑嫂勃豀。在张家港河阳一带的"大山歌"中,许多篇都出现了这样的巧合:"夜深沉,秋风凉,巧逢大嫂出来张。便叫阿婆来看见,床上一对野鸳鸯。"[4]嫂嫂将发现的小姑私情大肆张扬,挑拨离间家庭关系,最后导致小姑自杀。相类似的如婆媳牴牾:"有媳妇,讲媳妇;无媳妇,讲猪婆。"[5]难道所有的婆婆都是这样?实际上,这些描述有意损减了姑嫂关系、婆媳关系中的和谐一面。

诉诸情感 面对生活,艺术与历史的处理方式是不同的。艺术"不用大众无法了解的定义,而用易于感受的方式,不但诉诸理智,而且诉诸感官和感情",从而"把最高级的内容传达给大众"。[6]诉诸情感在某种意义上可以看作是歌谣因为凸显生活特征的需要而进行的情感渲染。

歌谣渲染情感的手法很多;最常见的是比兴,此所谓诗体。朱熹云:"兴

---

〔1〕 王朝闻.美学概论[M].北京:人民出版社,1981:167.

〔2〕 季摩菲耶夫.文学原理[M]//朱彤.美学与艺术实践.南京:江苏人民出版社,1983:85.

〔3〕 金煦.中国·芦墟山歌集[M].上海:上海文艺出版社,2004:82.按:姆妈,妈妈;拨,让;正当:正式;点心,午饭;饭打扦子粥打印,在饭粥上打上记号;记认,标记。

〔4〕 张家港市文联.中国河阳山歌集[M].上海:华东师范大学出版社,2005:280.按:河阳一带山歌手将100至400句之间的山歌称作"大山歌";此处引文题为《红菱私情》,与此情节雷同的,他如《十别投河》《嫂捉奸》和《东南风起打斜来》等。

〔5〕 林宗礼,钱佐元.吴歌己集[M]//顾颉刚,等.吴歌·吴歌小史.南京:江苏古籍出版社,1999:476.

〔6〕 丹纳.艺术哲学[M].北京:人民文学出版社,1963:31.

者,先言他物以引其所咏之词也。比者,以彼物比此物也。"[1]自然界可以为歌谣作比兴的事物不胜枚举;或以天上的星星而兴:

天上星多弗不明,河里鱼多水弗清,情郎多仔犯事体,油盏火亮只靠一个芯。[2]

或以地上的牌坊而比,如《不要牌坊要丈夫》:

开口叫声好婆婆,请你不要把门锁,你一心要把牌坊立,可知寡妇心中苦,牌坊只是石头做,我不要牌坊要丈夫。[3]

夸张在情感渲染中也比较普遍。在艺术构思过程中,艺术创造者"努力捕捉那些最为生动和微妙地体现了一般的个别,把它们加以集中和组合,这就具备了在观念中再造出一个通体都活生生地体现了一般的个别的可能性。"[4]《十个新妇》将媳妇个体场景加以"集中和组合",创造了另外一种典型场景,其中有"能上台面"的媳妇:

第一房新妇一枝花,人来客去会烧茶;客人未到茶先到,外头传说好人家。

有懒惰媳妇,如:

第五房新妇邋遢精,灶上灰尘三寸深;摸着蜣螂当枣子,摸着蜒蚰当海参。

第七房新妇摇棉花,动起手来说空话;三年织出一匹布,东邻西舍把口夸。

有勤快媳妇:

第八房新妇会绣花,提起花名件件拿;绣出龙来龙戏水,刺出凤来凤穿花。

有孝顺媳妇:

第九房新妇起孝心,孝顺公婆敬双亲;保佑公婆年千岁,门前大树好遮荫。[5]

这样的"集中和组合"其实是夸张:把分散的生活事象集中起来,廓大人物的内心世界,透视某某事件背后隐藏着的真相和涵义。[6]

想象的运用渲染了情感,是一种对现实生活"在观念形态上的再造或创

〔1〕 朱熹.诗集传·关雎[M].上海:上海古籍出版社,1980.
〔2〕 马汉民,高福民.水乡情歌[M].苏州:古吴轩出版社,2006:254.
〔3〕 张长弓.试谈杭州歌谣的常用手法及其它[M]//高福民,金煦.中国·吴歌论坛.苏州:古吴轩出版社,2005:474.
〔4〕 王朝闻.美学概论[M].北京:人民出版社,1981:167.
〔5〕 林宗礼,钱佐元.吴歌己集[M]//顾颉刚,等.吴歌·吴歌小史.南京:江苏古籍出版社,1999:476-477.
〔6〕 朱彤.美学与艺术实践[M].南京:江苏人民出版社,1983:73.

造”,[1]突出体现了歌谣的艺术性。如:“桑树园里凉悠悠,哥妹两人着一头,天做帐子地做床,看看天浪织女对准牛郎腊嗨招招手。”[2]色彩之浪漫,想象之丰富,敷陈一幅生活的虚像。

在渲染村妇生活情感的过程中,象征起着非常微妙的作用。象征不同于一般的比喻,它具有比一般的比喻更为深广的内容,并且更有概括性。[3]明歌谣《被席》:“红绫子被出松江,细心白席在山塘。被盖子郎来郎盖子我,席衬子奴来奴衬子郎。”[4]席子和被子之所以成为被象征物,不是因为其本身所具有的日常含义,而是因为其符号意义;但它与“纯粹的符号不同……一旦被提升到审美领域,一个对象就再现,即是说,它变成象征的”,获得了一种“通常为传统所反映和所尊崇的价值”。[5]席子和被子再现的其实是性爱。

江南歌谣中的虚隐,类似于传统绘画中的“虚实相生法”,具有浓厚的艺术色彩:“人但知有画处是画,不知无画处皆画,画之空处,全局所关,即虚实相生法。”[6]冯梦龙《山歌》中相对含蓄的性事描述常常采用虚隐法,如《老公小》:“老公小,弗风流,只同罗帐弗同头,搭宅基、一块好田只吃你弗会种,年年花利别人收。”[7]看起来是在说小丈夫不解风情,其实虚隐了童养媳与“别人”的偷情。

所有这些情感渲染,都是为了凸显生活的主要特征。聚焦生活,诉诸情感,这是江南歌谣作为艺术自然依循的理路,但它一刻也没有离开过村妇生活的过程,或许可以说,表现生活主要特征、进行情感渲染的过程,也是展示村妇生活的过程。很明显,这样的展示是一种艺术展示;艺术展示从根本上不同于历史再现。

三、村妇生活的元素提取

经过对歌谣的艺术理路梳理,不难发现,社会史所要展现的实际生活与歌谣世界存在着不小的差异:歌谣“比普通的实际生活更高,更强烈,更有集中性,更典型,更理想,因此就更带普遍性”。[8]换言之,歌谣对实际生活的“各个部分之间的关系”进行了加工,以“使一个主要特征在各个部分中居于支配地位”,[9]是为艺术加工。歌谣的艺术加工首先针对实际生活的元素,

---

〔1〕 王朝闻.美学概论[M].北京:人民出版社,1981:172.

〔2〕 马汉民,高福民.水乡情歌[M].苏州:古吴轩出版社,2006:236.按:天浪,天上;腊嗨,助词,置于动词前,表状态。

〔3〕 王朝闻.美学概论[M].北京:人民出版社,1981:192-193.

〔4〕 冯梦龙.山歌[M].南京:江苏古籍出版社,2000:39.按:子,同“仔”,着。

〔5〕 阿格妮丝·赫勒.日常生活[M].重庆:重庆出版社,1990:152.

〔6〕 汤贻汾.画筌析览(影印本)[M].嘉庆十九年刻本.南京图书馆藏.

〔7〕 冯梦龙.山歌[M].南京:江苏古籍出版社,2000:37.按:宅基,房基;花利,利息。

〔8〕 毛泽东.在延安文艺座谈会上的讲话[M]//毛泽东选集(一卷本).北京:人民出版社,1964:818.

〔9〕 丹纳.艺术哲学[M].北京:人民文学出版社,1963:28.

或删节，或挑选，或修改，或添加，等等，在此基础上，通过不同元素的整合而形成艺术的生活结构；在元素整合中，通过情感的渲染蔚为艺术的生活情状。然而，不管歌谣塑造的生活结构及其情状如何艺术，从根本上说，它们都来源于实际生活的元素。在这一意义上，社会史的往昔生活构建，与歌谣的艺术生活塑造是一致的——既在程序上，更在元素上。只是：歌谣依赖"加工"过的元素，而社会史依赖原生元素。如果我们要使歌谣成为村妇生活的凭据，只有从歌谣的艺术结构及其情状中提取元素，舍此别无他途。

问题是如何提取。在提取过程中碰到的问题可能很具体，但可以确定的基本原则应该有：

首先，析出基本意群，解构原有歌谣。从文本看，组成歌谣的元素单位有字、词、句、意群等；一首歌谣可能包含多个意群，社会史以"基本意群"作为提取单位。所谓"基本意群"，是发挥一定意义功能的意群，它构成歌谣的最小功能单位，而组成意群的更小的元素则不能视为基本意群。这里以江南歌谣《佃主来》[1]说明歌谣元素的提取单位：

意群单位	意群内容	意群意义
基本意群 1	一声佃主来，爸爸眉头皱不开；一声佃主到，妈妈心头毕卜跳；爸爸忙扫地，妈妈忙上灶。	佃户面对佃主紧张
基本意群 2	米在桶，酒在坛，鱼在盆，肉在篮，照例要只鸡，	招待佃主的菜单
过渡句	（照例要只鸡），没有怎么办？	
基本意群 3	本来预备两只鸡，一只被贼偷，一只遭狗咬，真正不得了！	农家禽畜的损失方式
基本意群 4	阿二来，和你商量好不好？外婆给你那只老母鸡，养到三年也太老，不如借给我，明年还你一只雄鸡能报晓！妈妈泪一揩，阿二嘴一翘："譬如贼偷和狗咬，凭他楦得大肚饱。别说什么借和还，雄鸡雌鸡都不要。"	共同体内部的挪借
基本意群 5	"做的饿，不做的饱，世间哪里有公道！"	世间观念不公
基本意群 6	妈妈手乱摇："阿二别懊恼，小心佃主听见了，明年田脚都难保。"	佃户担心佃主夺佃

整个《佃主来》除了一句简单的过渡，由 6 个单位意群组成，每个意群表达相对独立的意义，形成一个意义功能单位。这一单位包含多个元素，但单个元素本身不能形成独立的意义，因而从意义功能上说，这 6 个意群是组成《佃主来》的最小单位；是为基本意群。

〔1〕 中国科学院江苏分院文学研究所．江苏传统歌谣[M]．南京：江苏文艺出版社，1960：47－48．按：楦，制鞋时用的模型；这里作动词，"撑"之意。

以基本意群作为歌谣元素的提取单位是历史真实性的必然要求。一方面，社会史的素材单位起码是意群，而组成意群的字、词、句等元素因为不具有独立意义、不能完整地表达一个行为（事件）或观念，就如《佃主来》中的过渡句，无法作为社会史素材；其他6个意群以相对完整的意义表达，再现了江南乡村的种种片断：租佃关系（基本意群1、2、6），物质生活（基本意群3），借贷方式（基本意群4），阶级观念（基本意群5）等，这些片断以实际地域社会生活的不同面相，成为社会史复原村妇生活的凭据。另一方面，只有以歌谣的最小功能单位作为提取对象，才能最大可能地减少歌谣的艺术性，而接近生活的真实。从结构上看，歌谣的艺术性主要不是源自单个的基本意群，而是由多个相互联系的意群经过整合之后产生的"结构效应"，因此，基本意群的艺术性是非常有限的，它的独立意义常常直接来自实际生活，或者就是直接生活的写真。以最小单位进行提取，也就是最大限度地对歌谣进行去艺术化处理。

将基本意群从歌谣整体中析分出来，强调基本意群的独立形态，实际是在解构歌谣，其结果便去除了单个意群叠加的结构效应，包括结构性的艺术意义及其情状。看《佃主来》：6个基本意群本来都有其独立的意义，经过整合，便产生了新的结构性意义，即基本意群5所表达的"世间不公"的佃户观念。需要特别提醒的是，作为歌谣结构的一部分，基本意群5是一种艺术表达；而作为独立的基本意群，它可以成为社会史叙述的元素。

其次，析出写实元素，滤化艺术情感。与精英社会中以精致修辞为追求的诗文不同，民间歌谣对于生活的处理显得拙稚而直白。那么，"村农、田父、犴童、野叟、怨女、旷大……偶然间顺口唱了几个曲，随便的传出几句话，怎么就会有莫大的价值？这完全是因为他们所唱的并不是滥调，所说的并不是空谈。确切地出于天然，不假人为，真真白白是当时的人情风俗，社会状态，政治的好坏，国家的兴衰，以及天时人事上的种种关系、种种经验、种种道理"。[1]以两首歌谣为例；其一："摇细纱，织杜布，一天要织三丈五。"[2]其二："豆腐店姐妮儿会赚钱，黄昏浸豆五更牵。雪白笃笃格豆腐撩勒郎篮里，细眉花眼接郎钱。"[3]前者描画棉织妇，仅一个意群，直接提取就可作为社会史素材；后者描写豆腐店村姑，可以将其析分为两个基本意群，但这并不妨碍将它们在社会史叙述中前后相连，形如一个意群。类似的歌谣，基本意群十

---

〔1〕 李皜.歌谣谚语注释引言[J].北大歌谣研究会：歌谣，1921-04-15.

〔2〕 林宗礼，钱佐元.吴歌己集[M]//顾颉刚，等.吴歌·吴歌小史.南京：江苏古籍出版社，1999：455.

〔3〕 李白英.江南民间情歌集[M].上海：（上海）光华书局，1929：59.按：牵，牵磨；笃笃，白嫩；姐妮，女子的昵称；勒，在。

分写实,与其说是析出元素,无宁是完全提取。

与完全提取相对应的是部分提取。部分提取意味着对基本意群中的艺术加工和情感渲染成分保持足够的警惕,截取其中符合生活实际的内容。读到湖州南浔歌谣《大脚》:"杴部大脚,一跨跨到盛泽,盛泽姑娘笑煞。"〔1〕谁都明白,女人的脚不会大到杴部(农具)那样;尽管南浔与(苏州)盛泽两镇相邻,但再大的脚也无法一步"跨到盛泽";可以提取的部分就是"笑煞(大脚)"。另,常熟民歌:"常熟山头头对东,家家养囡一场空;养到十七八岁到夫家去,飘洋船歇勒得海当中。"〔2〕此首歌谣可析分为两个基本意群,从艺术性上可以判断,前一意群中的"常熟山头头对东"不过是起兴,可以剔除;"家家养囡一场空",明显夸张;前一意群中的"飘洋船歇勒得海当中"是个譬喻,没有实际意义。整个看来,后一意群中的"养到十七八岁到夫家去",给出了常熟乡村女子的婚龄,值得提取;前一意群中的"养囡一场空",隐含了男尊女卑的观念,需要抽象。笼统而言,歌谣为渲染情感所运用的比兴、夸张、想象、象征、虚隐等艺术手法都需要在"部分提取"中被过滤。

如果说基本意群的抽取是从总体上解构歌谣,那么,写实元素的析出则是从部分上过滤歌谣,两者服从于同一个目的:去艺术化。当歌谣中的艺术成分被最大限度地去除时,它就逐渐接近实际生活了。

再者,析出中心元素,倾听民众原声。将歌谣作为历史凭据其实是让生活当事人自己讲话:

> 奴家十五不知愁,嫁个丈夫是下流,天天在外赌,夜夜在外游。千苦万恼都不说,只恨婚姻不自由。〔3〕

这是村妇的独白,所谓"不知歌谣妙,声势出口心"。〔4〕值得注意的是,歌谣中发自村妇"口心"的原声常常不是无奈,而具有明显的反抗精神。私情暴露,女子竟然说:

> 古人说话弗中听,那了一个娇娘只许嫁一个人?若得武则天娘娘改子个大明律,世间啰敢捉奸情。〔5〕

从"黄连树底下苦操琴""若得武则天娘娘改子个大明律"等可见,歌谣的具体描述非常艺术,但它表达的观念却很清楚。这种观念的原声,在文本上很可

---

〔1〕 顾良.浙江歌谣·大脚[J].北大歌谣研究会:歌谣,1936-10-24.

〔2〕 周正良,陈泳超.陆瑞英民间故事歌谣集[M].北京:学苑出版社,2007:362.

〔3〕 江宁自治实验县县政府教育局.江宁歌谣集.按:本书未标注时间,根据江宁自治实验县存在的时间可知,印行时间应在1933年下半年至1937年下半年间;1933年2月10日,江苏省政府以"江宁地近首都,国际观瞻所系"为由,将江宁设为自治实验县,作为乡村改良运动的模范县;1937年12月南京沦陷后告终。

〔4〕 汪榕培,等.吴歌精华[M].苏州:苏州大学出版社,2003:26.

〔5〕 冯梦龙.山歌[M].南京:江苏古籍出版社,2000:14.按:那了,怎么;啰敢,哪敢。

能是一些关键词和关键句,如"(村妇)心里苦""世间啰敢捉奸情"等,这些关键词句是低于意群层次的元素,因为它体现了歌谣所要表达的中心思想,不妨称之为"中心元素"。观念的表达趋于紧凑,即使有些歌谣以一个基本意群表达中心思想,但真正的观念还是在其中的"中心元素"里。前涉《佃主来》的中心思想是通过基本意群 5 表达的,但实质性的观念是其中的元素:"世间哪里有公道!"通过元素表达足矣。

从处理对象上看,获取民众原声,所针对的已经不是作为艺术的歌谣本身,而是歌谣创作者或吟咏者的目的。不管歌谣的艺术性是浓厚还是淡漠,歌谣创作者或吟咏者总是通过诉诸情感,表达某种观念,一种与民间性相关联的民众观念,而民众观念正是社会史的主体内容之一。倾听歌谣中的民众原声,在具体手法上是析出中心元素,实际上也是"去艺术化":通过从歌谣本身到歌谣创作者或吟咏者的对象转换,实现"去艺术化"的根本目的。

对歌谣的历史考量,是社会史所要求的"去艺术化"过程;这是必需的,因为"从艺术作品的冥想中得到的一个时代的幻象总还是不完全的,问题太讨人喜欢,因而未免有误。必须从多种意义上进行修正";〔1〕修正的目标直追生活的真实。

当然谁都清楚,歌谣中的元素不等于真实的生活,元素提取之后,与同性质(歌谣)和不同性质(其他类型素材)的元素进行印证、比对、铺排……才能建构实际的社会史;不过这应该是另外的论题。

四、村妇生活的时代性确认

着意表现日常生活的歌谣常常淡化时间概念,唯其含糊时间,才能表现日常,于是,歌谣的目光总是有意无意地停驻于恒常、循环、稳定的日常事物,比如,作为自然存在物的本能意识、血缘关系、天然情感等,作为社会存在物的传统习俗、社会经验、生活常识等,即歌谣特别钟情于日常世界,而日常世界本身缺乏时间的刻度,因此,以歌谣作为凭据建构江南村妇生活,需要我们"给出"时间,确认时代。〔2〕

从歌谣内容出发确定村妇生活的时代是最基本的方法,是为"内在法"。极个别的歌谣明确给出了时间。以花边女红为例,民初三四年间,江南各地风起云涌,乃花边业全盛时代。此后形势起伏不定,尤其在 1930 年代,经营花

〔1〕 约翰·赫伊津哈.中世纪的衰落(1919 年)[M].杭州:中国美术学院出版社,1997:252.

〔2〕 杨鸿烈先生曾从史料学的角度强调时间性之于史料的重要;他说:凡宇宙间可以考察出其"时间性"的事物或现象都是历史的资料,简言之,即为"史料"。杨鸿烈.历史研究法[M].台北:华世出版社,影印本,1975:48.

边“已无余利”,常熟村妇“亦视此为鸡肋”。[1]1937年“八一三”淞沪抗战爆发,花边出口一时中断。此后情况如何缺乏资料记载,常熟《花边谣》道:

中华民国廿七年,村村巷巷做花边。小白牙齿镶金边,白小布衫黑坎肩。

戳骨洋伞当头面,照把车只缴花边。一车车到花边店,老板看见笑颜颜。[2]

这段歌谣不但弥补了战争年代江南花边业的空白,更重要的,它让我们对于宏观世界变动与乡土社会生活之间的关系,有了更为具体的了解和认识。

内在法面对的歌谣一般仅含隐性的时间,毕竟,给出确切时间的歌谣实在太少。语言里常常隐藏着时间。顾颉刚先生在考察歌谣语言变化规律时发现,三百多年的吴语和表现语音所用的文字和民初的已经不很相同了。从前的“来”变为“拉”,“要”变为“啥”,“聪”变为“替”,“那间”变为“奈哼”。[3]换句话说,冯梦龙给我们留下的《山歌》在某种程度上让我们仿佛听到了三百多年前太湖流域的吴侬软语,它们在一代代传承过程中发生的些微变异,不但让我们辨嗅出不同的时代气息,更使我们实际感受到了村妇们在每一时代“亲自”讲话的方式。

有时,事件本身就是时间:“哥哥去砌报恩碑,妹妹在家做针线。报恩报的忠王恩,针线做的太平衣。”[4]另南京乡村歌谣:“生了儿,姓蒋的;生了女,官长的;割了谷,保长的。”[5]前者名《报恩歌》,事件发生在常熟,内中“忠王”和“报恩碑”云云,表明那是有关太平天国的;后者能明显地看出,那是有关解放战争的。这种跟时代生活密切相联的歌谣,不少经过了文人的修饰,更多地流行于江南城市,称为时新小调;其中不乏涉及江南村妇生活的:“蹲在乡下住,日脚真难过,拼死拼活做,还要肚皮饿;没有办法想,出来寻工厂,一日一夜十二个钟头做。”[6]晚清以来日益严重的农民离村现象就是这样发生的。常熟泗州调《湖丝阿姐》:“左手拿把文明伞,右手还提小饭篮。在路上说说谈谈,哎呀哎呀在路上说说谈谈。”[7]生动再现了近代来自江南乡村的打工妹生活。时新小调的表达相对整饰,叙事趋于流行,多出现于晚清以后。钱静人先生在梳理从清乾隆皇帝下江南到人民共和国成立初期的苏南“历史

〔1〕 花边业复兴[J]:1937-04-23.
〔2〕 张家港市文联.中国河阳山歌集[M].上海:华东师范大学出版社,2005:158.
〔3〕 顾颉刚.《山歌》序(1935年8月)[M]//顾颉刚民俗学论集.上海:上海文艺出版社,1998:371.
〔4〕 常熟市文化局,文化馆.中国·白茆山歌集[M].上海:上海文艺出版社,2002:329.
〔5〕 钱静人.江苏南部歌谣简论[M].南京:江苏人民出版社,1953:17.
〔6〕 纱厂小调[M]//苏州市文学艺术界联合会.吴歌新集(未出版).1979:85.按:登,蹲。
〔7〕 张家港市文联.中国河阳山歌集[M].上海:华东师范大学出版社,2005:185.

歌(谣)"时,主要的依据就是不同时段歌谣中的事件信息,[1]不过这样的事件多涉及政治生活。毋庸讳言,与平民百姓相关的事件还是以日常行为居多。

与内在法相对应的"外在法",通过歌谣存在的环境及其存在方式来判断叙事时代。如常熟河阳山歌《东南风起白洋洋》:"东南风起白洋洋,抢亲一只进船浜,桅杆灯点起三盏火,篾台点火亮澄澄。"[2]晚清民国时期,江南城乡的抢亲现象普遍,[3]歌谣透露了其中的细节。晚清在上海嘉定的徐行、澄桥一带乡村,从事蒲鞋(凉鞋)编织的农民在中间商人控制下从事着资本主义家庭劳动,形成所谓"蒲鞋村";有歌谣道:

拔囡勿拔蒲鞋村,蒲鞋村里磨黄昏,月亮直南还未困,晓星未上催起身……蒲鞋老板发横财,籴米不够买糠米。[4]

这里,确定"蒲鞋村"的形成过程、理解"蒲鞋老板"(中间商)的剥削方式,比确定歌谣的流行时间重要得多,因为歌谣存在的环境与方式就是时代的标志。

外在法的主要依据是吟唱者,准确地说,是近代吟唱者与歌谣的互动。就歌谣反映村妇生活的状态而言,歌谣的时代性确认最重要的是歌谣的流行时段和流行地域。面对成千上万首歌谣,绝大多数我们都无法追溯它们的起源年代,但可以肯定的是,它们都在近代被不断地传唱,当然其中不少产生于前近代。[5]《看星》出现在冯梦龙《山歌》中:"小阿奴奴推窗只做看个天上星,阿娘就说道结识私情;便是肚里个蛔虫无介得知得快,想阿娘也是过来人。"[6]而近代村妇吟唱着一首十分相似的歌:

小妹妹推窗望星,姆妈一口说我有私情;姆妈为啥都晓得,莫非姆妈也是过来人。[7]

---

[1] 钱静人.江苏南部歌谣简论第三章[M].南京:江苏人民出版社,1953.

[2] 张家港市文联.中国河阳山歌集[M].上海:华东师范大学出版社,2005:60.按:篾台,用竹篾制作的火把。

[3] 小田.社会史视野中的"俗例"——以江南"抢亲"为例[J].史学理论研究:2006(4).

[4] 高步阶.嘉定草织工艺[M]//上海市嘉定区政协文史资料委员会.嘉定文史资料第9辑.1994.按:拔,嫁女儿。

[5] 有许多歌谣研究者喜欢追溯歌谣起源的时间;似乎搞清了起源,就可以说明歌谣反映的生活时代。实在地说,绝大多数歌谣都无法追溯其起源,因为歌谣的起源不是一个源头问题,而是一个条件问题:农人在田野间高唱秧歌,渔人在江湖间高唱渔歌,闺女小孩则在房屋中唱歌,游人旅客则在深林旷野唱歌,就都自然界的音响,以为志喜、遣怒、举哀、示惧、示爱、泄恶、排欲之具,消磨可喜、可怒、可哀、可惧、可爱、可恶、可欲之事情(邵纯熙.我对于研究歌谣的一点意见[J].北大歌谣研究会:歌谣,1923-04-8)。歌谣起源原本如此,谁能知道它的起源时间?我们可以知道冯梦龙搜集了那些山歌,但根本不可能了解它们产生于何时。关键的问题是,就歌谣反映社会生活的状态而言,我们无需知道歌谣的产生时代;我们更关心歌谣流行的时代和地域。

[6] 冯梦龙.山歌[M].南京:江苏古籍出版社,2000:10.按:做,当作;介,这么。

[7] 苏州文学艺术界联合会,江苏省民间文学工作者协会苏州分会.吴歌[M].北京:中国民间文艺出版社,1989:87.

歌谣通过传唱与近代村妇的生活发生了联系。表面看来,这不过是吟唱者对前近代歌谣的重复,实际上,通过重复,歌谣中的泛时情形被转换成近代日常;更关键的意义在于,作为重复者的江南村妇将前近代歌谣当成了描述近代生活情形、抒发自身情感的工具——前近代歌谣因为在近代遇到了“知音”而得以复活:“歌人所唱的那些情感,他自己实际感受著……一个少女,甚至于老妇,若是唱‘我的心已是碎了,全都是爱他的原故’的时候,我们可以断定她是脑里真有这种情感或这种记忆。”[1]在这一意义上,歌谣“是那些听着它唱着它的人们的著作;它是每个人的作品,同时不属于任何人……因为一切人全都是它的合法的主人,而没有人可以绝对的把它看成自己私有的东西。那些能够把它唱得很动听的,或是能够欣赏它的内容的人,都可以算是它的主人”。[2]吴江芦墟著名歌手陆阿妹说:“山歌唱来唱去唱弗清,各人各唱各人心。”[3]吟唱的村妇都在自说自话。常熟白茆歌手徐二囡有过一段包办婚姻的经历,她向采风者说,“白茆山歌中的句子是(有)道理,写的是真的”,她所唱的就是“自己的经历”。[4]另一位生于清末的白茆歌手陈爱宝,1986年还清清楚楚地记得120句的《快活长工》。山歌描述的是一个小地主的未亡人九娘与勤俭能干的长工汤环之间的爱情故事;陈爱宝年轻守寡,心底里像九娘一样充满着对爱情的渴望。她唱了半个世纪的《快活长工》,汤环就是她聊以自慰的梦中情人。[5]《快活长工》或许产生于晚清或者更早,但通过陈爱宝老人的演唱,我们有足够的理由认为,它已经属于陈爱宝,属于陈爱宝的那个民国时代。同样,冯梦龙的《山歌》虽说出现于近世或者更早,但它们在近代江南乡村流行,便在流行中获得时代的活力。

与往常不同,笔者在结束这次论说的时候,特别产生了需要整理思路并进行交代的冲动。对歌谣的考察始于问题:从整体社会史的理念出发,我们觉得,对处于江南社会底层的村妇生活的考察十分必要,但缺乏素材;我们想到同样以百姓日常为观察对象的人类学,它们的田野工作启发了我们对口传素材的重视,江南歌谣因此进入了历史视野。[6]紧接着被一个问题所困扰:作为一种艺术形式,歌谣显然不是可以直接拿来的素材,在这里,对歌谣进行

---

〔1〕 家斌.歌谣的特质[J].北大歌谣研究会.歌谣,(23).1921-06-17.

〔2〕 卡塔鲁尼亚·卡萨司.歌谣论[M].于道源,译.//北大歌谣研究会:歌谣,1936-10-24.

〔3〕 马汉民.漫谈吴歌[M]//马汉民,高福民.水乡情歌.苏州:古吴轩出版社,2006:352.

〔4〕 蔡琨,刘建生.白茆山歌的探索与研究[M]//高福民,金煦.中国·吴歌论坛.苏州:古吴轩出版社,2005:525.

〔5〕 温雪康.采风纪实[M]//高福民,金煦.中国·吴歌论坛.苏州:古吴轩出版社,2005:526-527.

〔6〕 早在世纪之初,在一篇关于“谣谚与新史学”的论文中,赵世瑜先生注意到:一方面对歌谣资料缺乏系统的搜集整理,另一方面由于视野的局限而缺乏研究的方法,我们至今还未见到利用谣谚之类民众口头资料进行历史研究的成果,而研究社会史,对于这方面资料的利用和分析几乎是不可避免的。赵世瑜.谣谚与新史学[J].历史研究:2002(5).

史料学的考量比其他一般史料重要得多,它几乎是歌谣能否成为史料的前提。这可不是一般的史料考辨。歌谣首先是艺术,艺术有艺术的理路;就歌谣而言,除了语言文字、艺术表现形式,还涉及思想观念等,单单这些,就要求我们的考量需得在史学与艺术(包括语言和哲学)之间进行。自觉不自觉地,我们这样走了过来。反顾这一心路历程,我们得承认,社会史的革命性面貌,绝不仅仅是研究对象的简单转换,伴随这种转换而来的,是历史素材、提问方式、观察视角、史学方法等一系列的更新,它们衍成谱系,共同塑造了社会史的新形象。

漫画:在何种意义上成为社会史素材

——以丰子恺漫画为对象的分析

【内容提要】 包括漫画在内的图像在何种意义上成为社会史素材?这不仅仅是一项单纯的史料辨伪工作,更是通过艺术与历史的跨学科对话,深刻把握社会史特征的过程。以丰子恺漫画为对象的考察可以发现:作为往昔社会生活的存留方式和认识理念,漫画以其独特的艺术话语,展现了一个时代日常角色在社群网络中的互动和流动场景,并让历史角色发出自己的声音,揭示了蕴含于底层—日常生活中的社会史意义,贡献了漫画作者自己的观念。通过艺术话语的历史转换,所有这些场景、声音、意义和观念,便构成了重要的社会史素材。

【关键词】 写实漫画;丰子恺;社会史;历史素材

以图像作为历史素材,不是什么新鲜事物。19 世纪中叶,德国历史学家约翰·古斯塔夫·德罗伊申(Johann Gustav Droysen)就曾偏激地断言过:“只有当历史学家真正开始认识到视觉艺术也属于历史材料,并能有系统地运用它们,他才能更加深入地调查研究以往发生的事件,才能把他的研究建立在一个更加稳固的基础上。”[1]在中国,自上个世纪 90 年代以来,随着史学的社会史转向,图像之于历史的特殊作用也逐渐为史学家所注意。但所谓图像,一般认为应该是那种精确存留历史记忆的制图、壁画、雕塑、照片等,至于漫画,固然也是图像,却很少有人会把它与史料联系起来。实际上,漫画能否成为史料,不在于它的图像形式,而在于其类型、形成过程、作者依循的思想路径和理性原则以及我们所要建构的历史对象。

符号—行为

在丰子恺的漫画中,最吸引史学家注意的是“写实法漫画”。所谓“写实法漫画”,按丰子恺的定义,“漫画家在日常生活见闻中,选取富有意义的现

〔1〕 约翰·古斯塔夫·德罗伊申.历史的基本原理[M]//曹意强.艺术与历史.北京:中央美术学院出版社,2001:72.

象，把它如实描写，使看者能在小中见大，个中见全”。〔1〕“点睛法漫画”其实也是写实漫画，它“与写实法（漫画）大体相同”，〔2〕所不同的是，其中的寓意要依靠题目来揭示。

写实漫画的关键之处是“如实描写”。这个“实”，即是生活真实；丰子恺曾声言：“我的画与我的生活相关联，要谈画必须谈生活，谈生活就是谈画。”〔3〕

1933 年春至 1938 年 1 月差不多 5 年的时间里，丰子恺在故乡（浙江桐乡）石门湾度过了一段悠闲的乡居生活。期间，他常常租赁一条“写生画船”，“把自己需用的书籍、器物、衣服、被褥放进船室中，自己坐卧其间。听凭主人摇到哪个市镇靠夜，便上岸去自由写生。”〔4〕1934 年 6 月初的一天，写生船停泊在一家小杂货店旁，店边的草地上，停着一副剃头担；丰子恺从船窗里可以望见剃头担的全部，“凝神纵目，眼前的船窗便化为画框，框中显出一幅现实的图画来”。不一会儿，船主人惊叫：“啊，画了一副剃头担！”——《野外理发处》。船主人又告诉他。“小杂货店后面的街上有许多花样：捉牙虫的、测字的、旋糖的、还有打拳卖膏药的……我刚才去采豆时从篱笆间望见，花样很多”，建议丰子恺明天去画。〔5〕丰子恺是否听从了船主人的劝说不得而知，但在他的画中有了《西法牙科》《诱惑》等。〔6〕在小杂货店门前，船一连停了三天，丰子恺“每次从船舱的玻璃窗中向岸上眺望，必然看见那小杂货店里有一位中年以上妇女坐在凳子上‘打绵线’。后来看得灿熟，不须写生，拿着铅笔便能随时背摹其状”。〔7〕于是有了《三娘娘》。一天晚上，写生船停靠的市镇正在举行“新生活运动提灯大会”，喧阗的鼓乐声，“具有一种奇妙的诱惑力，能吸引远近各处的人心”。〔8〕在《锣鼓响》中，一小孩拉了老太太要去看热闹；我们也能体会到那种“奇妙的诱惑力”。在那个乡人狂欢的夜晚，丰了恺还在速写簿上“描取（了）这般惊异的现状”——《鼓乐》：

一个孩子背着一面鼓向前跑，鼓手跟在后面一面打去，好像追杀败将一般。孩子跑得越快，后面打得越紧；孩子立停了让他打，他就摆开步

〔1〕 丰子恺．漫画的描法［M］∥丰子恺文集（4）．杭州：浙江文艺出版社，浙江教育出版社，1990：292．以下将“写实法漫画”径称为“写实漫画”。

〔2〕 丰子恺．漫画的描法［M］∥丰子恺文集（4）．杭州：浙江文艺出版社，浙江教育出版社，1990：309．

〔3〕 丰子恺．谈自己的画［M］∥孙冰．丰子恺艺术随笔．上海：上海文艺出版社，1999：176．

〔4〕 丰子恺．肉腿［M］∥丰子恺文集（5）．杭州：浙江文艺出版社，浙江教育出版社，1992：353．

〔5〕 丰子恺．野外理发处［M］∥丰子恺文集（5）．杭州：浙江文艺出版社，浙江教育出版社，1992：366－367．

〔6〕《西法牙科》：一些江湖医生使用麻醉药拔牙，在撑起的大洋伞上打起“西法牙科”的招牌，以招揽客人；抗日战争以前，石门湾一带常有这种“西法牙科”，当地人称之为“大洋伞捉牙齿”或径称“捉牙的”。《诱惑》：旋糖的小贩设摊，很吸引孩子们。

〔7〕 丰子恺．三娘娘［M］∥丰子恺文集（5）．杭州：浙江文艺出版社，浙江教育出版社，1992：368．

〔8〕 丰子恺．鼓乐［M］∥丰子恺文集（5）．杭州：浙江文艺，浙江教育出版社，1992：376．

位,出劲地痛打一顿。孩子背后受痛打,前面管自吃芝麻饼。饼上的芝麻跟鼓的'同,同,同,同'而纷纷地落下,他伸手接住了芝麻,慢慢地用舌舐食。[1]

1934年,江南大旱。8月15日,丰子恺坐船去赶火车,"从石门湾到崇德之间,十八里运河的两岸,密接地排列着无数的水车。无数仅穿着一条短裤的农人,正在那里踏水。我的船在其间行进,好像阅兵式里的将军。船主人说,前天有人数过,两岸的水车共计七百五十六架"。舍船登岸,"唯有那活动的肉腿的长长的带模样,只管保留印象在我的脑际"。[2]反映旱灾之年生活的一系列画作便产生了:《云霓》《施粥》《余香》《先吃藤条》《桂花蒸》《乘凉》和《风扇》等。1935年春,因某种机会,丰子恺在一位当乡村小学校长的朋友家里住了数天,耳闻目睹学校种种状况:校舍是会馆里面的三间祠堂屋;其进出须得通过会馆的停柩所;数十具大大、小小、新新、旧旧的棺材,分列两行,中间只留一条路。学校里聘请一位本地老先生做专任教师。此人驼背,每天早晨拿着长烟管和铜茶壶鞠躬如也地到校,中午又鞠躬如也地回家吃饭。[3]这副形象留在了《某乡的学校及其校长》中。

从丰子恺的散文,我们发现,他的写实漫画几乎都有其特定的实际生活背景。然而,这样的生活背景,却不能理解成"往昔生活事实"本身。如果以人物为中心,漫画中某个人物的行为,或许在"往昔生活"中有其很确定的生活原型,[4]却不能看作"此人"完全的生活实录。丰子恺曾"目击一个事实",留下了《去年的先生》:去年小学里当先生的,今年已改做小贩,挑着担子卖水果。因为那时候小学教师待遇太薄,竟有年俸大洋二十元、膳食自理的小学教师。于是小学里的先生不能生活,纷纷改业。无可攀援的,只得做小贩,挑着担子卖水果。[5]这位先生是丰子恺目击的那位吗?是的,但不完全是;他可以是"五爹爹"——丰子恺的一个远房叔父:当小学教师收入太少,口食难度;[6]也可以是《村学校的音乐课》(漫画)中拉胡琴的教师;还可以是《记乡村小学所见》中的驼背先生或者校长[7]……所以,"去年的先生"毋宁是那个时代的绝大多数乡村小学的先生们!

---

[1] 丰子恺.鼓乐[M]//丰子恺文集(5).杭州:浙江文艺出版社,浙江教育出版社,1992:376-377.

[2] 丰子恺.肉腿[M]//丰子恺文集(5).杭州:浙江文艺出版社,浙江教育出版社,1992:354.

[3] 丰子恺.记乡村小学所见[M]//丰子恺文集(5).杭州:浙江文艺出版社,浙江教育出版社,1992:382.

[4] 丰子恺长女丰陈宝曾撰文列举她所熟悉的丰子恺漫画中的人物原型,涉及画作29幅、人物17人;当然"很可能有漏掉的"。丰陈宝.我所知道的父亲漫画中的人物的原型[M]//浙江省桐乡市文学艺术界联合会,市文化馆.桐乡文艺(内部刊物)1988(下).

[5] 丰子恺.漫画的描法[M]//丰子恺文集(4).杭州:浙江文艺出版社,浙江教育出版社,1992:682.

[6] 丰子恺.五爹爹[M]//丰子恺文集(6).杭州:浙江文艺出版社,浙江教育出版社,1992:682.

[7] 丰子恺.记乡村小学所见[M]//丰子恺文集(5).杭州:浙江文艺出版社,浙江教育出版社,1992.

丰子恺的“乡村大娘”系列漫画，亦应作如是观。以丰家的“三大妈”为原型，《人造摇线机》记录了大娘们普遍的一项家庭生计：搓线纳鞋底；久雨时节，为家庭成员缝缝补补是大娘们的另一项女红，在《久雨》中，丰子恺让妻子和岳母做了正在从事这项劳作的大娘们的代表；《巷口》和《锣鼓响》中的“李大妈”与其说是丰家帮工，不如看作是许多江南乡绅家庭的帮工；像丰子恺的邻居莫五娘娘那样粗暴地对待自己孩子的大娘，被丰子恺速写在了《感同身受》中；有些大娘很有才干，被丰子恺留在《五娘娘》中：作为生活原型的“五娘娘”，是一位乡村塾师的女儿，她会描花、刺绣、剪纸等手艺，精通地方礼仪，有一肚子好听的故事和传说。〔1〕

事实上，以丰子恺的本意，这些画亦非着眼于某个特定人物。《三娘娘》中，“三娘娘”的称呼来自一种假定，“我从她的样子上推想她的名字大约是三娘娘”，〔2〕当然也可以称“二娘娘”，反正就是打绵线的乡村娘娘们。

写实漫画即使以某个特定时刻的生活状态为描取对象，同样也不过是某一时期常态生活的记录。丰子恺在说明《野外理发店》的诞生过程时说，他所要告诉人们的，是 20 世纪 30 年代初流行于江南乡间的一种时尚：“近来这种剃头担在乡间生意很好，本来出一角小洋上剃头店的人，现在都出十五个铜板坐剃头担了。”〔3〕

时尚行为长时段地持续出现，久而久之，便沉积为风俗。丰子恺的风俗漫画，没有明确的时空指称，却营造出某种特定情境。千百年来，出嫁的女儿回娘家省亲，就如《归宁》中的情形。七夕日，牛郎织女鹊桥相会的传说，在南朝宗懔的《荆楚岁时记》中就有记载，嗣后代代衍传，而传播的实际情形就如《牵牛织女星》中：夏夜的院子里，母子俩仰望银河，母亲一边摇着蒲扇，一边给儿子叙说；“牵牛与织女，是谁先过鹊桥来?”想必有孩子这样发问，这便成为另一幅漫画的题材(《牵牛与织女，是谁先过鹊桥来》)。

有些写实漫画所刻画的历史情境具体而实在，但作者所要传达的却不是这个“实在”的信息。《某父子》速描路上一洋装青年与一乡下老头子，丰子恺说，单看这姿态，称之为漫画也不够格，因为它只有形式没有内容，但画上加题了“某父子”三个字，便具有了很丰富的意义，〔4〕成为社会不平等的象征。《夫妻》中的夫妻，一对老父少妻；据丰子恺子女回忆，民国时代富人家无子嗣，一定要纳妾；当时十八九岁的扬州少女，常常嫁到石门湾富家为妾，年龄

〔1〕 浙江省桐乡市丰子恺纪念馆．丰子恺乡土漫画[M]．内部资料，1996：143－144．

〔2〕 丰子恺．三娘娘[M]//丰子恺文集(5)．杭州：浙江文艺出版社，浙江教育出版社，1992：368．

〔3〕 丰子恺．野外理发店[M]//丰子恺文集(5)．杭州：浙江文艺出版社，浙江教育出版社，1992：367．

〔4〕 丰子恺．漫画的描法[M]//丰子恺文集(4)．杭州：浙江文艺出版社，浙江教育出版社，1992：263．

甚有悬殊至四五十岁者。[1]如此说来,这幅画再写实不过了,但显然,它不是为了说明他们的夫妻关系,而旨在揭露这种关系的病态特征;作者以具体实在的情境,象征社会不平等的抽象意识。当然,要象征社会不平等的意识,假象法漫画更具优势。[2]

当丰子恺生活的时代渐行渐远,他留下的写实漫画便成为那个时代的生活印痕。现在的问题是,这印痕意味着什么?能够称之为历史吗?在传统史学看来,这只能定义为艺术;艺术来源于生活,却非生活本身。丰子恺写实漫画所描述的人物、事件、行为、观念,有着特定的生活背景,却不能视作特定时空中的往昔存在。然而他给我们提供了往昔存在的情境;出现在情境中的,不是某个个体,而是某类角色;发生在情境中的,不是特定的事件,而是常态行为;展示在情境中的,不是即时见闻,而是时代风尚;隐现在情境中的,除了具体实在,还包括"实在"所象征的抽象意识。总之,这些内容不是历史生活片断的单数实录,而是那些片断的复数整合。

应该认识到,上述特征的形成,不仅仅取决于漫画的艺术特质,也决定于漫画的生活来源。丰子恺认为,写实漫画"如实描写"的是"日常见闻"。不难发现,这些见闻的"日常生活"具有明显的重复性和恒常性;"复数整合"的写实漫画也反映了日常生活的这一基本特征;惯常状态的生活就是这样。

丰子恺无意于成为历史学家,但他依循着艺术和生活的必由之路,走进了历史的天地:将日常生活在历史情境中展现出来;这正是社会史的追求:按照日常生活自身的规律再现往昔面貌。这一思路,跟关注特定人物和特定事件的传统政治史不同。作为历史的新维度,社会史致力于展示普通民众的日常生活;如果说真实是历史学的生命,那么,日常生活史的真实是这样一种真实:日常角色在社群网络中的互动和流动。翟学伟先生曾经就两种历史真实进行过分辨:一种是"人物—事件事实",即何人、在何地、做过何事?或说过何话?另一种是"符号—行为事实",即一个时代中的人生活在何种文化网络之中,说些什么?做些什么?前者是特指,后者是能指。[3]"特指历史"的基本素材是文献、实物,而"能指历史"的基本素材不妨扩展到文学艺术品,因为文学艺术品展示的往往是"符号—行为事实"。毫无疑问,"能指历史"不但不排斥文献,而且还应当尽可能地将文学艺术品中的"符号—行为事实"与文献相参照;毕竟,这是不得已而为之,因为传统文献常常不屑于记载"生活琐事"。

---

〔1〕 浙江省桐乡市丰子恺纪念馆.丰子恺乡土漫画[M].内部资料,1996:75-76.

〔2〕 丰子恺《漫画的描法》第八章:所谓假象法漫画,假设一种世间所罕有或不能有的现象,用以表明漫画家所要说的事理。

〔3〕 翟学伟.中国社会中的日常权威——关系与权力的历史社会学研究[M].北京:社会科学文献出版社,2004:56.

底层—日常

历史不是万象事实的包罗，而是“人们对过去事实的有意识、有选择的记录。”[1]选择什么呢？有意义的；什么是有意义的呢？这一问题对于社会史来说尤其性命交关。

底层—日常生活是社会史所追求的“整体历史”的重要组成部分。在底层—日常生活领域，充斥其间的都是芸芸众生、微末琐屑，究竟什么内容可以进入史家的视域？丰子恺的选择独具匠心。

与社会史一样，写实漫画面临着一个棘手的问题：如何“在日常生活见闻中，选取富有意义的现象。”[2]在丰子恺的眼里，在底层—日常生活中，最富有意义的莫过于弱势群体的艰难处境。有学者注意到，丰子恺的画“仿佛全是清新有味的小品文，包括下层社会的种种相，他唤起阅者同情于不幸者的遭遇。他不画官僚之类的东西，却不忘在官僚压迫下挣扎的小民的苦难”。[3]其写实漫画既以底层—日常生活为背景，则所关涉的角色类别之多和角色外延之广，自非一般学者所能及。以“生意人”这一角色为例，丰子恺以广阔的外延来说明他们各自生活的艰难：

生意人	艰难处境	漫画名称
卖汤圆者	生意清淡，只好卖掉汤圆担	《大洋一元二角》
卖馄饨的	又大又高的馄饨担子将人“淹没”了	《馄饨担》
“卖洋布的”	行商步履维艰	《行商》
卖席者	卖席人忧心忡忡	《卖席》
卖藕者	一担藕，很新鲜；卖主手撑着腰，显得很累	《藕》
水果摊贩	小学教师失业卖水果	《去年的先生》
代笔文人	在路旁设“代笔”摊	《阿三夫君如见》
路摊主	一只蓝，倚着颓垣；拢着手，姜太公钓鱼	《店》
小吃摊主	路边设一吃摊，老夫妇忙碌不迭	《卖浆》
女摊主	摊主希望能赚几个小钱，给婴儿买条小抱裙	《守得三天生意好……》
卖花女	乡下小姑娘提篮小卖，走街串巷，小补家用	《卖花女》
儿童小贩	该上学的孩子，提篮叫卖，犹如高低二重唱	《叫卖》
提篮小卖老汉	年龄一把，降价出售，拚命叫卖	《拍卖》
算命的盲人	雇一小孩以棍棒为其引路	《向导》
旋糖担主	盯住小孩子的一丁点零用钱	《诱惑》

〔1〕 葛剑雄，等. 历史是什么？[M]. 北京：北京大学出版社，2002：72.
〔2〕 丰子恺. 漫画的描法[M]//丰子恺文集(4). 杭州：浙江文艺出版社，浙江教育出版社，1992：292.
〔3〕 季诚性. 子恺先生给我的印象[M]//钟桂松，叶瑜荪. 写意丰子恺. 杭州：浙江文艺出版社，1998：7.

在丰子恺所描画的种种社会相中,除了苦难和挣扎,常态生活是其常常表现的重要侧面。按照佛教的说法,对于世间生活有“显正”和“斥妄”两途;考察丰子恺的漫画历程,其画作题材有明显的阶段性。作为“斥妄”,他“当面细看社会上的苦痛相、悲惨相、丑恶相、残酷相,而为它写照,《颁白者》《都市奇观》《邻人》《鬻儿》《某父子》…… 便是当时的所作”。而在此之前,他的画基本上是“显正”之作。先是描写儿童的“人格完整”,接着描写“成人社会的光明的一面”;总之是欣赏的态度。[1]与“苦难”主题相比,常态生活的表现更有难度;难度在于如何析滤出洇化其中的意义和价值。

日常异化是另一种生活的苦难,只不过它将这种苦难分散至常态生活的细节中,分割进日常生活的分分秒秒之中,成为一种长久的折磨,不但在肉体上,更在精神里。“三大妈”(《人造摇线机》)为纳鞋底要摇多少线? 有人算了一笔账:一双布鞋,孩子穿穿只一个月,五个孩子每月要五双鞋,一年要做六十双鞋,再加两个大人的,她除了每天洗衣做饭外,就是搓线纳鞋底;连下雨天穿的钉鞋也是自己做的。[2]再看看三娘娘(《三娘娘》图 4)打绵线:

> 一挂一卷,手臂的动作非常辛苦!一挂一卷,费时不到一分钟;假定她每天打绵线八小时,统计起来,她的手臂每天要攀高五六百次。张开五六百次。[3]

简直如坐针毡!与此相对应的,劳动者休息时如释重负,成为日常异化的另一种表现形式。《冬夜工毕》很写实:两位为丰家舂米的雇工,隆冬之夜,一槌槌将米打白,机械得像“执行动物的机能”,工毕后,丰母一定供热水给他们洗足,让他们美美地睡一宿。[4]劳动的异化达到这种程度,结果,“人(劳动者)只是执行自己的动物机能时,亦即在饮食男女时,至多还在居家打扮等等时,才觉得自己是自由地活动的;而在执行自己的人的机能时,却觉得自己不过是动物”。[5]

日常生活中的高潮时段,如伴随着自然节律的岁时节令和切割生命历程的人生礼仪,打破了日常时间的均匀流驶状态,赋予其生动和变化的色彩,成为丰子恺关注的生活场景。丰子恺曾为鲁迅的《社戏》插图,其所依据的生活背景当为故乡石门湾。[6]抗日战争之前,石门湾附近的八泉乡萧王庙,每年

---

〔1〕 丰子恺.我的漫画[M].缘缘堂随笔集.杭州:浙江文艺出版社,1983:319.

〔2〕 浙江省桐乡市丰子恺纪念馆.丰子恺乡土漫画[M].内部资料,1996:137.

〔3〕 丰子恺.三娘娘[M]//丰子恺文集(5).杭州:浙江文艺出版社,浙江教育出版社,1992:371.

〔4〕 浙江省桐乡市丰子恺纪念馆.丰子恺乡土漫画[M].内部资料,1996:117-118.

〔5〕 马克思.1844 年经济学—哲学手稿[M].北京:人民出版社,1979:48.

〔6〕 从丰子恺“漫画阿 Q”中,可知《社戏》的生活背景:“画之背景应是绍兴,离吾乡崇德二三百里。我只经行其地一二次,全未熟悉绍兴风物。故画中背景,或据幼时在崇德所见。”丰子恺.《漫画阿 Q 正传》初版序言[M]//孙冰.丰子恺艺术随笔.上海:上海文艺出版社,1999:196.

清明前后,都搭台演戏。丰子恺的妹妹“雪雪”家住南深浜,近萧王庙,丰子恺小时一定看过这种戏。[1]抗日战争胜利后约两年,丰子恺住杭州里西湖静江路,每至春秋农闲时节,便可看见门口成批的乡下烧香客,往灵隐寺方向而去。这就是《不是急来抱佛脚,为乘农闲去烧香》中的情景。丰子恺认为:“乡亲们有这种信仰,农闲时出来逛逛西湖,是借佛游春,也挺有意思。”[2]个中的意思,就是日常生活的意义:打断了异化的日常生活节奏,与麻木、单调的生活决裂,在愉悦的感觉中度过一段时光。《中秋》之夜,月光如水,儿子和媳妇搀扶着老太太,携手孩子,月圆人圆,一派安详。前有中元节,后有重阳节,或许其间还夹着庙会,直线的日常生活因而跳跃。

有许多进入丰子恺视野中的生活画面,乍一看似乎没有什么特别意义。在《不宠无惊过一生》中,两个村姑,一个提篮,一个担筐,不紧不慢地走向集市去做点小买卖;在《南亩》中,春耕时节,母亲和孩子将饭菜茶水送至田间地头;在《晨兴理荒秽,戴月荷锄归》中,一位老农戴月荷锄而归,在茅屋前迎接他的,是妻儿的笑脸和摆放停当的晚餐;在《张家长,李家短》中,两位村姑一边洗衣,一边闲聊;同样的一幕出现在丰家“缘缘堂”中:我的亲戚老友常至我家闲谈平生,清茶之外,佐以小酌,直到上灯不散。谈话娓娓不倦。——《草草杯盘供语笑,昏昏灯火话平生》。

在这里,丰子恺想要表达的“富有意义”的内容在哪里呢?就在画题里。他“是用文字来点明画意”的。或许有人提出这样的问题:这些近乎本能的、经验式的日常生活行为究竟具有怎样的意义?在回忆“七夕乞巧”时,丰子恺觉得“甚有趣味,古人云:‘不为无益之事,何以遣有涯之生’”,趣味就在于此:以“无益之事”,“遣有涯之生”;这样的“事”其实并非无益:“遣有涯之生”就是它的益处,它延续了个体生命的存在。从人类社会的整体存在来看,“事情是这样的:以一定的方式进行生产活动的一定的个人,发生一定的社会关系和政治关系……社会结构和国家经常是从一定个人的生活过程中产生的”。[3]个体的生存和再生产是社会再生产的前提和基础。

面对社会生活的许多类似片断,艺术家通常选取最具典型意义的部分,作为与其他“类似片断”整合和艺术创作的基础。如何在日常生活中发现“典型意义的片断”?丰子恺追求“小中见大,个中见全”。他曾以诗言志:“最喜小中能见大,还求弦外有余音。”[4]《接婴》描写一贫民抱了婴孩,正要放进育

---

〔1〕 浙江省桐乡市丰子恺纪念馆.丰子恺乡土漫画[M].内部资料,1996:199.

〔2〕 丰陈宝,丰一吟.爸爸的画.第2卷[M].上海:华东师范大学出版社,2001:144-145.

〔3〕 马克思恩格斯选集.第一卷[M].北京:人民出版社,1972:29.

〔4〕 丰华瞻.《丰子恺漫画选》后记[M]//丰华瞻,戚志蓉.丰子恺漫画选.北京:知识出版社,1982:85.

婴堂接婴的大抽斗里去,墙下恰有一只母狗正在哺乳它的一群小狗;“这种画材,都是现成的,不须想象构成……只要你有眼光去选取。”[1]它是怎样的一种眼光?丰子恺以胡适论绝诗的一段话申论道:这好比向大树干上截取一片横断面,从这薄薄的一片中,可以由年轮看出大树的年龄,因而想象出大树根干的深大,枝叶的繁茂。这便是所谓的“小中见大”“个中见全”;具备这样的眼光确非易事:因为“人生社会的种种问题,往往隐藏在无形中,难得露出形迹来。漫画家要在森罗万象中捉取这种形迹,原是不易多得的”。[2]唯其不可多得,更需眼光。丰子恺很欣赏唐代诗人王维的眼光:“君自故乡来,应知故乡事。来日绮窗前,寒梅着花未?”这首诗,表面上看起来“好像天真烂漫的小孩子讲的零星细事。但并非真个无关大体的零星,却是可以小中见大,个中见全的”。[3]丰子恺的写实漫画处处显示出这种追求。前涉《牵牛织女星》描述的当然不仅仅是某人、某个夏夜,在某庭院,叙说着某个故事,因为在无数个夜晚,无数的长辈在不同的乡村公共空间,讲述着不同的话题。它或许是:

> 一个更深夜静的夏天的晚上,母亲赤了膊坐在床前的桌子旁填鞋子底,我戴个红肚兜躺在床里的篾席上,母亲把她小时所见的“鬼压人”的故事讲给我听:据说那时我们地方上来了一群鬼……[4]

鬼魂的印象和观念印入了幼小的心灵;也或许是:

> 每逢休日,工毕,或饭余酒后,几个老者会对着某张花纸儿手指口讲,把其中的故事讲给少年们听,叙述中还夹着议论,借此表示他的人生观。[5]

所谓“花纸儿”,一种传统年画,其内容,有三百六十行、马浪荡、二十四孝、十希奇,以及各种戏文的某一幕的光景等;还可能是戏文:

> (农民们)不看旧小说,也不看戏考,但他们都懂得戏情。他们的戏剧知识都是由老者讲给少者听,历代传授下来的。夏日、冬夜、岁时伏腊的时节,农家闲话的题材,大部分是戏情。[6]

---

[1] 丰子恺.漫画的描法[M]//丰子恺文集(4).杭州:浙江文艺出版社,浙江教育出版社,1990:293.按,此画又名《笑涡》。

[2] 丰子恺.漫画的描法[M]//丰子恺文集(4).杭州:浙江文艺出版社,浙江教育出版社,1990:293-295.

[3] 丰子恺.艺术修养基础[M]//丰子恺文集(4).杭州:浙江文艺出版社,浙江教育出版社,1990:80.

[4] 丰子恺.画鬼[M]//丰子恺文集(3).杭州:浙江文艺出版社、浙江教育出版社,1990:388.

[5] 丰子恺.深入民间的艺术[M]//丰子恺文集(3).杭州:浙江文艺出版社,浙江教育出版社,1990:381.

[6] 丰子恺.深入民间的艺术[M]//丰子恺文集(3).杭州:浙江文艺出版社,浙江教育出版社,1990:384.

大团圆的结局，忠孝节义的观念、怪力乱神以及迷信的故事，都是农民兴味浓厚的题材。

特别值得注意的是，个体的日常生存状态一旦被置于特定的社群之中，便显现出不易察觉的人类学意义。《三眠》中蚕乡的生计方式、《买粽子》中城镇人的交易方式、《归宁》中水乡人的交通方式、《和菜》中菜馆的生意方式、《话桑麻》中蚕乡人的交流方式、《都市之客》中山村人的生存方式……在在都使来自另一种文化氛围中的人感到新鲜乃至惊异。文化样式的多样性在特定社群生活中得以充分体现。

丰子恺的写实漫画以艺术话语揭示了蕴含于底层—日常生活中的意义，将这些话语转换成历史话语是社会史学者的责任。

主位—客位

让历史角色走到前台，发出自己的声音，是社会史的又一基本理念。这就要求历史编纂者不是作为历史的旁观者，而是设身处地，以当地人、当事人、当时人的观点来看待事物。人类学家称之为"主位观"(emics)。[1]在人类学看来，任何社群世界都是独一无二的，只有从该社群的眼光去观察，才能掌握其文化的真正含义。

一旦将丰子恺的写实漫画视作社会史素材，我们同时就从中"听"到了来自历史角色的声音。1935 年 4 月下旬的一天，丰子恺乘车游览莫干山，车子半路抛锚，停在"无边的绿野中间的一条黄沙路上"，路边有一座朴陋的茅屋。同车的两位"都市之客"与闲坐在茅屋门口的老妇人攀谈起来：

"你们这里有几份人家？"

"就是我们两家。"

"那么，你们出市很不便，到哪里去买东西呢？"

"出市要到两三里外的××。但是我们不大要买东西。乡下人有得吃些就算了。"

一会儿，"他们已谈得同旧相识一般"。听着老妇人的话，丰子恺十分感慨："我们一乡之中，这样的人家占大多数。我们一国之中，这样的乡镇又占大多数。我们是在大多数简陋的生活的人中度着啰嗦生活的人。"[2]"度着啰嗦生活的"丰子恺亲耳听到过"简陋的生活的人"的不同声音；以此为主题，

〔1〕丰子恺从小沉浸于古典人文世界里，喜谈与人生根本问题有关的话题；也许因为类似的话题包含着一种独特的叙事方式，养成了他观察问题的主位视角。例如，读"想得故园今夜月，几人相忆在江楼"，他便会设身处地地做了思念故园的人，或江楼相忆者之一人，而无端地兴起离愁。丰子恺．谈自己的画，孙冰编选．丰子恺艺术随笔，173。

〔2〕丰子恺．半篇莫干山游记[M]//丰子恺文集(5)．杭州：浙江文艺出版社，浙江教育出版社，1992：484.

有了《都会之客》。

丰子恺走进了乡野,无心插柳,开始了“田野工作”。其实,真正意义上的“田野工作”不但要求研究者在相当程度上参与到社群生活之中,以求近距离的观察,是为“参与观察”;而且要求研究者与研究对象进行无拘束的、发散性的、自由的交谈,是为“深度访谈”。[1]作为一位本土研究者,丰子恺与石门湾社群完全融为一体了:“住在乡间,邻人总是熟识的,有的比亲戚更亲切;白天门总是开着的,不断地有人进进出出;有了些事总是大家传说的,风俗习惯总是大家共通的。住在上海完全不然。邻人大都不相识,门镇日严扃着,别家死了人与你全不相干。故住在乡间看似安闲,其实非常忙乱。”[2]

丰子恺长期生活在江南小镇,熟谙乡村人的脾性、心理和声音,尤其熟悉日益向外部世界敞开的江南乡村。“当电灯开得闪亮的特别夜快通车的头等车厢载了正喷雪茄,吃大菜的洋装阔客而通过这些乡村的时候,在乡村人看来正像一朵载着一群活神仙的彩云飞驰而过。由此想见都会真是天堂一般的地方!然而,在他们是可望而不可即的。”[3]《到上海去的!》对乡村人的心理捕捉何其到位:到上海去的!艳羡之情溢于言表,于是,无数的乡下人,丢下锄耙,蜂拥至上海,在梦想中的天堂筑起一片琼楼玉宇,却发现没有自己的栖身一角。两位来自乡下的建筑工人坐在草地上,远远地指着那楼群中的瑶台翘檐:“我们所造的!”乡村人就是这样表达的。是自豪?不平?无奈?抑或辛酸?一切都浓缩在《我们所造的!》画中。顺沿着他们的视角,对于近代以来、特别是20世纪30年代前期的“人口离村”现象,我们应当有一个更加人性化的理解。

“言简意繁”是丰子恺漫画创作中的基本原则。[4]蕴含于漫画中的繁复意义,有时在丰子恺的纪实散文中有所交代,更多地则通过画题表达画面内容。《守得三天生意好,与尔买条小抱裙》中,一位设摊的妇女抱着赤裸下身的孩子,摊前不见一个买主;女摊主的心理活动就在画题中。其生活窘迫如此!与此类似的另一幅画:一位正在喂蚕的村姑,头扎三角巾,衣衫褴褛,脑海里想象着来年春游的情景,题曰:于蚕匾中窥见明年春游的服装。一幅抱裙、一件新装,这就是终日萦绕于乡村妇女脑际的理想和追求?是的。但传统的史学不想听,也听不到这样的声音,即使听到了,也会认为它们太琐屑,没有进入堂皇历史典章的资格。丰子恺听到了,让它们留了下来。当社会史学者走向底层—日常,身临其境,力求以主位的视角体悟历史角色的心灵时,

[1] 李亦圆.人类的视野[M].上海:上海文艺出版社,1996:12.
[2] 丰子恺,谈自己的画[M]//孙冰.丰子恺艺术随笔.上海:上海文艺出版社,1999:168.
[3] 丰子恺.都会之音[M]//丰子恺文集(5).杭州:浙江文艺出版社,浙江教育出版社,1992:458.
[4] 丰子恺.漫画艺术的欣赏[M]//丰子恺文集(3).杭州:浙江文艺出版社,浙江教育出版社,1990.

便会感受到民众声音的亲切和坦白,从而也就不难理解他们的理想了。

与主位观相对应的是客位观(etics):观察者从自己的立场出发发表对事件的看法,这种看法在历史学看来,也构成了一份历史,一份时人的观念史。丰子恺是一位理性面对艺术创作的艺术家,具有很自觉的主位一客位的差别意识。20 世纪 20 年代中期在上海的一段时间里,丰子恺妻子每天傍晚带着孩子到弄堂口等他回家,这时,他便"觉得自己立刻化身为二人。其一人做了他们的父亲或丈夫,体验着小别重逢时的家庭团圉之乐;另一个人呢,远远地站了出来,从旁观察这一幕悲欢离合的活剧;看到一种可喜又可悲的世间相。"〔1〕

有了这样的明确意识,丰子恺尽情地发表他作为一个旁观者的看法。在丰子恺写实漫画中,有两幅画,同一个题材,都以育婴堂为背景。江南乡村育婴堂的"接婴处"是个很特别的地方:在一堵墙上安一个大抽屉,墙外的人将婴儿放进抽屉,由墙内的人开了抽屉接了去收养。《笑涡》里,年轻的父亲准备将亲生骨肉送进抽屉时,"笑涡"荡漾在孩子的脸上;《最后的吻》里,年轻的母亲准备将亲生骨肉送进抽屉时,给了孩子最后的一吻。丰子恺实在不堪这样的场面,便在两幅画面上着意:在育婴堂的墙脚下,一只母狗正给小狗喂奶。这完全是作者借题发挥自己的想法了:一个"人不如狗"的时代和世界!狗是常见的家畜,伴随人左右;丰子恺以非凡的日常洞察力,以狗为背景,创作了一系列漫画,特写人类的"狗性"。《都市奇观》中:汽车里,一只狗逍遥地跟着车主人兜风,马路边,一老者背负重囊,蹒跚而过——来世不如投胎为狗;《率兽食人》中:一辆载着宠物狗的汽车撞倒了街旁的孩子——一条不如狗的生命;《势利的村狗》中:一条狗疯追衣衫褴褛、手拄拐棍的老妪狂吠——狗通了人性;《刑满恋监狱　出狱无食宿》中:一位刑满释放者因衣食无着而不愿离开监狱,被两个狱监轰出牢门——翘首一旁的狗无法理解人类的逻辑;《无人之处》中:面目狰狞的公务员在无人之处,摘下慈眉善目的面具,这一切被身旁的狗看在眼里——人类原来这副德性!

反映 1934 年灾荒的系列漫画基本上都是写实的,其中的《云霓》尤其传神:踏水车的农人天天仰首望天,十余日里,东南角上天天挂着几朵云霓,忽浮忽沉,忽大忽小,忽明忽暗,忽聚忽散,向人们显示种种欲雨的迹象,维持着他们的一线希望。

1934 年年终,荒年终于出现:"农人啖着糠粞,工人闲着工具,商人守着空柜,都在那里等候蚕熟和麦熟,不再回忆过去的旧事了。"丰子恺不能容忍这样的健忘,1935 年他写道:"现代的民间,始终充塞着大热似的苦闷和大旱似

〔1〕 丰子恺.谈自己的画[M]//孙冰.丰子恺艺术随笔.上海:上海文艺出版社,1999:169.

的恐慌,而且也有几朵'云霓'始终挂在我们的眼前,时时用美好的形状来安慰我们,勉励我们,维持我们生活前途的一线希望。"[1]

如果说这些观点还只是泛泛而论,对于打绵线这样的劳作,丰子恺的看法完全建立精细分析的基础上:"近来绵绸大贱,每尺只卖一角多钱。据说,照这价钱合算起工资来,像三娘娘这样勤劳地一天扭到晚,所得不到十个铜板……就算她每天赚得十个铜板,她的手臂要攀高五六十次,张五六十次,还要扭五六十通,方得一个铜板的酬报。"如果按照英国工人的工价计算,像三娘娘这样纯熟的技能,这样忍苦的工作,定她每天十个英镑,也不算多![2]

丰子恺的这些观点,在当时是一种时论,在今天,便成为一种观念,构成观念史的一部分。这种观念产生的社会背景和丰子恺的角色社会化过程,固然可以专门讨论,但作为历史素材,它们给历史学家认识底层—日常生活提供了另外一种参照。

伴随着社会史研究对象的逐渐明晰,包括漫画在内的图像资料开始进入史家的眼帘;这是一种非传统史料。"对非传统史料,不能拿过来就用,必须进入史料学的研究和处理,以便提高对它的利用质量",[3]就如传统史学对待史料的态度一样。但很明显,这种"研究和处理",不仅仅是一项单纯的史料辨伪工作,更重要的是,它通过艺术与历史的跨学科对话,认真把握社会史的特征,从而回答:图像在何种意义上成为社会史素材。以丰子恺漫画为对象的考察,让我们发现:作为往昔生活的存留方式,漫画展现了一个时代日常角色在社群网络中的互动和流动场景,是为"符号—行为事实";作为艺术话语,漫画以独特的方式揭示了蕴含于底层—日常生活中的种种社会史意义;作为社群认识的基本理念,漫画以"主位"的态度理解社群,留下了历史角色的声音,又从客位的视角去看待社群,留下了作者自己的观念。这些"声音和观念"构成了重要的社会史素材。

---

〔1〕 丰子恺.云霓[M]//丰子恺文集(5).杭州:浙江文艺出版社,浙江教育出版社,1992:453.

〔2〕 丰子恺.三娘娘[M]//丰子恺文集(5).杭州:浙江文艺出版社,浙江教育出版社,1992:370-371.

〔3〕 冯尔康.中国社会史概论[M].北京:高等教育出版社,2004:150.

农家生计

- 论近代性江南村落女红
- 近代江南乡村特种产品经济论
- 江南乡村庙市与近代农家生计
- 江南村妇职业结构的近代变动

论近代性江南村落女红

【内容提要】 囿于经典理论家的社会形态话语体系,与村落女红相关的问题意识十分有限。近代性女红的形成条件、特征及其对于平民生活的意义等基本问题,并未得到充分的阐释。以地域江南为案例的实证研究表明,近代性村落女红是地方传统女红纵向濡化与近代世界市场横向渗透相结合的产物,并作为关键性要素,与其他各种劳作形式相互依存,稳定着家庭经济结构的基本样态。在村妇,既已形成的经济结构或制度环境常常被视作毋庸考虑的自然事实,她们的常态行为,总是表现为源于日常生计驱动的对经济结构和制度环境的应时而对,从这一积极的意义上说,村落女红其实是村妇在经营属于自己的一份生活。比之于片面强调外在结构和环境对个体(村妇)制约的同情式批判而言,社会史更需要置身于实际地域和日常生活的同情式理解。

【关键词】 近代性;村落女红;日常生计

无数散居村落的妇女,待在家里,“加工从企业主那里领来的材料以取得计件工资”,[1]这种劳作几乎是一个世界性的历史现象:伴随资本主义发展的不同阶段,曾在西欧、在俄国、在中国广泛蔓延。而在近代江南,百姓视之为千百年来女红[2]的衍生,乡村妇女们对此更是情有独钟。作为近代资本附属物的家庭劳作,女红以其在近代中国经济结构中的一席地位早已受到特别关注,不过,这种关注基本上是在经典理论家的社会形态话语体系中进行的,由此而生的问题意识更多地围绕着近代经济结构的特征而展开。应该说,在近代中国经济结构中把握女红是完全必要的,倘若变换一下视角,在世

---

〔1〕 列宁.俄国资本主义的发展[M]//列宁全集(3).北京:人民出版社,1984:401.

〔2〕 女红,顾名思义,女性劳作,故女红之“红”发为 gōng 音,训为“工”意:劳作,另作“女工”;“红”又作“功”,亦“劳作”之义。既为女性之“红”,一般指为适合女性特点的纺织、刺绣、针凿等劳作,但在实际生活中,女红的上述内涵,依不同情况,表现出广泛的外延。明末清初浙江桐乡张履祥《补农书》卷下所记几乎囊括江南主要女红:“西乡女工,大概织棉绸素绢,绩苎麻黄草以成布匹;东乡女工或杂农桑,或治纺织。若吾乡(桐乡炉头)女工,则以纺织木棉与养蚕作绵为主。随其乡土,各有资息,以佐其夫。”此外,拙作涉及的余姚草帽、光福席子等特色女红不一而足。

界一体化市场体系中,在实际的地域生活中还原女红作为日常生计的本来面目及其固有特质,或许,对这一现象的叙述将更立体,对相关问题的理解会更全面,对相关史实的价值判断当更有利于认识当代中国道路的历史必然性。

一、作为农家经济结构的要素

19 世纪末 20 世纪初,在江南城乡,资本主义工场手工业和机器大工业渐次出现,小手工业时代就已存在的家庭劳动,与近代工业形式发生了重要联系,"变成了工厂、手工工场或商店的分支机构。资本除了把工厂工人、手工工场工人和手工业工人大规模地集中在一起,并直接指挥他们,它还通过许多无形的线调动着另一支散居在大城市和农村的家庭工人大军"。从生产关系性质上说,这种家庭工业"与那种以独立的城市手工业、独立的农民经济,特别是以工人家庭的住宅为前提的旧式家庭工业,除了名称,毫无共同之处";〔1〕它被赋予了近代性。

一个基本的事实是,近代性女红已经散布江南社群世界,进入千家万户,成为影响百姓生活的不可小觑的日常经济行为。据 1950 年资料,吴县光福镇从事刺绣业的妇女约占总户数(405 户)的 81.7%。〔2〕近代性女红,在经典理论家那里被称为"现代家庭劳动"或"资本主义家庭劳动"。〔3〕从家庭劳作前的冠名可见,无论是"现代"还是"资本主义",都强调劳作的生产关系性质,更具体地说,着重于家庭劳作的近代性,即资本主义性质。江南村落女红亦可作如是观。常熟棉织女红需要的手工布机,常常由工场主提供,俗称"放机":将布机放于工人之家,例如布厂以布机一百架,招女工一百人,此百人具保将厂中之布机领去,而置之自己家中,随时交货。〔4〕整个生产工序,商人或工场主事先置备原料和工具,之后回收制成品,村妇因此丧失了生产的独立性,实质上无异于雇佣劳动者了:不但产品完全为了出售,村妇的劳动力也变成了商品。女红的近代性以此体现出来。

确定村落女红的近代性,对于认识中国经济结构的性质,进而判明近代中国社会的性质无疑是有意义的,不过这样的意义,是在一番理论推导之后,事实上,与近代性女红关系更实在、也更为密切的毋宁是农家经济结构:近代性女红是农家经济结构的关键要素。这是近代江南村落经济生活的实态。1936 年 5 月 21 日,是邻近松江的经营性农场播种的第三天,周边四五里之内

---

〔1〕 马克思.资本论第一卷(上)[M].北京:人民出版社,1975:506.

〔2〕 华东军政委员会土地改革委员会.江苏省农村调查(内部资料)[M].1952:413.

〔3〕 拙作所称"近代性女红",与马克思《资本论》所谓"现代家庭劳动"和列宁《俄国资本主义的发展》所谓"资本主义家庭劳动"在劳动性质上是一样的,但在中国,尤其在江南,从事这种家庭劳作的以乡村女性居多,所以在术语上,笔者认为,"近代性女红"之谓更具体,也更贴近。

〔4〕 常熟之经济状况[J].中外经济周刊,(214):1927-06-04.

的村妇们,都成群结队地一黑早奔往那里:

> 她们平日除帮助父兄农作外,唯一的副业就是摇洋袜,有的直接到厂里去做,有的就拿到家里来做。普通摇一打是一角八分,断针等零星损失,全由自己负担,拿回家来的还需出一块钱一月的机租。据说摇得最快的,每天一刻不停也只能摇满二打;所以,在农场附近的,到场里有工做的时候,如播种呀,拔秧呀,稻田拔草呀,耘田呀……她们都停了摇袜,裸了腿奔集拢来了。〔1〕

在松江,两种农作与近代性织袜女红紧密联结:一是家庭农务;近代性女红以此附着于宗法性的自给生产之中。在这里,促使两者联结的生产关系因素是传统的土地分配制度。在半自耕农或佃农家庭,租佃关系中的农家不能专靠佃耕少量土地谋生,必须同时经营一些家庭副业作为补充,女红则是这样的副业,但在另外的意义上可以这么说,正是近代性女红维持着传统的租佃关系:"只有这种农工相混的乡土经济才能维持原有的土地分配形态……同时也使传统的地主们可以收取正产量一半的地租,并不引起农民们的反抗。"〔2〕

二是农场农作,这是近代性经营。在这一劳作中,农妇与农场主形成近代性的农业雇佣关系。近代性女红与农场劳作之间彼此推拉:农场之吸引村妇,"因为每天的工资是大洋四角,当然比摇袜好些",但是,季节性的"大洋四角"又无法满足生计所需,洋袜还得"每天一刻不停"地继续摇下去!在这里,促使女红与农作联结的生产关系因素是近代雇佣劳动。

近代性女红与传统女红的关联从浙江平湖村妇忙碌的身影中清晰可见:

> 除了农产的收获外,还有育蚕也是一种主要的副业。不过,担任这工作的,应该是妇女们,每年的春秋两季,就是伊们最忙的时候。妇女们除了育蚕,平时的唯一职业,便是织袜子了。你们只要有机会走到平湖去,那末在十家之中,至少会给你发现七八家,有几部织袜机的,而在每一个村庄里,都能够听到一片摇袜的机声。

平湖农家的收入构成主要有三部分:农产收获、育蚕和织袜所得。作为近代性女红,织袜收入"平均每月至多只有十多元",据1936年的当地生活水平,"十多元的收入在那儿是足够一个人的生活而有余了",〔3〕但养活不了全家,农妇还必须从事农作和育蚕。在这里,促使女红之间联结的生产关系因素是传统与近代劳动关系的丛集。

近代各种性质的经济关系是基本的社会事实存在,它们以个体无法抗御

---

〔1〕 更生.这一日在省农场[M]//茅盾.中国的一日.上海:生活书店,1936.
〔2〕 费孝通.乡土重建[M].上海:上海观察社,1948:48.
〔3〕 罗正.平湖妇女的生活[J].申报,1936-06-16.

的结构性力量，驱使着江南村妇编织劳作关系网络，以求自我保护。在日常经济生活中，这种力量实际凝聚为指向家庭生计的压力：众多劳作的任何一种都无法单方面满足居家生活的全部需要，对于整个家庭经济结构来说，各种劳作形式彼此需要；近代性女红就这样成为农家经济结构的关键要素之一。

结构性力量滋生的基本土壤是传统经济关系；需要追问的是，传统经济关系中内含什么样的因子长期滋长着结构性力量，从而让村妇将太平生计的念想寄托在女红上？依据以上分析，结合江南的情形大体可以得知，这其中，既含自然的矛盾，如人多地少；亦因生产能力的制约，如农业技术；还有经济制度的成分，如土地分配，等等。[1]如果说传统经济关系给了女红以必要的驱使，那么，近代性经济关系则给女红的发育提供了可能性。段本洛先生在考察近代苏南工业结构的层次时指出：在近代中国历史条件下，发展不充分的城市大型民族工业，不可能充分发挥机器工业摧毁手工业的历史作用，全部剥夺工场手工业和个体手工业的市场；相反，不仅需要中小民族工业、工场手工业以及个体手工业作为补充，而且还要以其作为生存和发展的条件，由此形成一个多层次的工业结构；[2]近代性女红很明显地处于这一工业结构的较低层次，但是，低层次的女红却自有其存在的现实理由："手工工场所以会产生，主要是由于资本家自己手里拥有能适应需求的每一变动的后备军，但这些手工工场又允许分散的手工业生产和家庭生产作为自己的广阔基础与自己一起并存下去。"[3]以苏州刺绣女红为例，1927 年北伐战争后，全国统一市场形成，绣庄营业额达 86 万元，为 1917 年的 4 倍，绣工近两万人。刺绣业的发展需要大量的贡缎和锦缎作绣地，而绣地的手工真丝原料凭借其特殊技艺，一时还没有被机器工业替代，这就为手织真丝绸缎留出了广阔的市场，从社会需求看，在丝织领域内不同手工业种类之间形成了必要的互补关系。

经济关系的结构力量，不论传统的，还是近代的，当它们涌向村妇，渗入地域，影响到日常，就幻化为农家经济结构，就如我们在松江和平湖所看到的那样。通常的江南农家，村妇劳作涉及一个家庭的全部劳作形式，如果将其全部劳作视为一个集域，村妇劳作的内部关系体现了一般农家的经济结构：勤快的江南村妇分别扮演着地主的佃农、农场的农妇、袜庄的工人、育蚕的劳力等诸多角色，多种角色之间并不冲突；各种劳作错落而成一体，其中，近代性女红始终处于很关键的地位，而与其他劳作相互依存，稳定着家庭经济结构的基本样态。

作为江南农家经济结构中的关键要素，近代性女红暴露出诸多传统性。

---

〔1〕 郭大力.生产建设论.附论十五"论农村副业"[M].北京：经济科学出版社，1947：234－235.
〔2〕 段本洛.历史上苏南多层次的工业结构[M].历史研究：1988(5).
〔3〕 马克思.资本论(1)上[M].北京：人民出版社，1975：517.

村落女红的近代性主要是就其雇佣关系而言的,但它并非专业化生产,操作仍是手工的,工作场所在家庭,从形式上看,与简单商品生产几乎没有差别。这种中世纪式的近代性劳作,在19世纪末的俄国乡村已经出现过:恶劣的工作环境、冗长的工作日、非常便宜的工钱等。[1]同样的情形出现在20世纪30年代的江南:"许多能力薄弱而年大的老妪们,和一般年幼的女童们,她们不能织布,又不会织袜,可是为了生活,不得不工作。缝袜头和剪贴商标,是她们藉以生活的唯一工具……剪得手肿生泡,每天也剪不到二十个铜板呀。"[2]

近代性女红的传统性,在日常生活中发挥作用,成为村妇必须承受的沉重负担;而在社会结构中产生影响,则构成经济发展的障碍。就近代性女红的兼业化而言,"一个人兼做许多种事情的结果,是减少劳动的熟练,从而,减少劳动的生产力。所以,工业发展的趋势,不是增加农村副业,只是农村副业从农民手中被剥夺。"[3]就村妇的工作环境和她们得到的可怜收入看,近代性女红最大限度地占有了她们的闲暇,牺牲了她们的健康,这样的占有和牺牲降低了近代性女红的产品成本,增强了它们对于近代工业的抵抗力,从这一意义上说,它壁立起资本主义扩张的一道障碍。在村妇的劳作空间上,近代性女红缩短了工作场所和生活空间的距离,同时也就更加离不开田间地头,不仅在生活社区中,更在抽象的经济学意义上将村妇束缚在土地上;村妇无法像"飞鸟一样自由",便只能屈膝于地主面前任其盘剥。

近代性女红的传统性及其对村妇的无情姿态,引发了人们不断的诟詈,这些诟詈很大程度上意味着对近代性的肯定。传统性也好,近代性也罢,不过都是现代人的价值判断;对史学来说,比价值判断更重要的,是关于事物发生必然性的探讨。

二、在市场中实现近代转换

作为农家经济结构的要素,近代性女红明显地承袭了传统女红的形式。

在传统江南乡村社会,丝棉纺织是村妇的主要女红,依地区而呈不同的分布。大体说来,环太湖流域的杭嘉湖和宁绍地区,以及苏锡乡村,以丝织女红为主;沿长江和东海的苏松地区,以棉纺织女红为主。当然,丝棉织造只是江南村落女红的基本概括,他种女红亦多有所在。

传统女红中的很大一部分是近代性女红的传承基础。历史悠久的宁绍席草帽编织,虽然在原料来源、工艺品质、产品样式,特别在组织形式等方面与传统女红存在着不小的差别,但因其基本技艺和民间传统等方面与近代性

---

[1] 列宁.俄国资本主义的发展[M]//列宁全集(3).北京:人民出版社,1984:402-404.
[2] 罗浑.江阴华墅的劳动妇女[J].申报,1935-06-02.
[3] 郭大力.生产建设论[M].北京:经济科学出版社,1947:234-235.

女红的内在统绪，面对民国时期金丝草帽女红的勃兴，人们宣称："编结草帽工业遂告复兴"，[1]"复兴"云云，其指向即为传统时代的席草帽女红。

女红在江南乡村的存在，体现了传统经济结构的一般特征，即小农业与家庭手工业的紧密结合，通常所谓的男耕女织，突出了家庭劳动的性别差异而显示的女红专门化，尤其适切近世以来的江南乡村。更重要的是，江南女红在农家经济结构中的地位非同一般：它不仅是地主制经济稳定运行的必不可少的要素，也成为富足一方的利益驱动器。[2]

传统村落女红及其农家经济结构一直维持到晚清时期，随着外国资本主义经济势力的不断冲击而渐趋解体。传统女红的败落是必然的。在近代大机器工业面前，无论是制作成本、出品质量，还是审美意象，传统女红的劣势都是非常明显的，缺乏与机制品的竞争力。竞争的结果似乎不公平，但人们欲言又止，因为这是市场的铁律，非人格的力量，应该无话可说。任何经济人只有认可既已成为事实的制度环境，投身于逐渐形成的市场体系，舍此别无他途。当资本拥有者涉足市场时，败零的女红让一部分人倍感亲切，意欲支配它们。

一些支配者是工场主。19 世纪末 20 世纪初，江南一部分商人、官僚和地主在一些乡镇兴办了一批手工工场。他们在进行工厂经营的同时，支配着村落女红。工场主本来就是工人的雇主，作为家庭女工的雇主，并不需要特别的身份转换。1935 年的江阴华墅，开有三家织布厂，其生产方式可分为两种不同的形态：一种是资本家把纱发给许多贫苦妇女，让她们使用自己的工具，织成布匹后，给她们一些津贴；另一种，资本家雇佣了两百多个工人在一个工场里工作。[3]前者是家庭手工业，后者是工厂工业。在雇佣关系上，从事家庭劳作的华墅村妇是工场的雇佣者，她们的雇主是典型的产业资本家。

大部分雇主明显是商人。在苏州传统的刺绣女红中，绣娘们所依附的是比较纯粹的商人。吴县西部的浒墅关、木渎、光福及香山一带村镇，民间妇女"类能操是业"，她们从顾绣庄领取绸缎绒线，在家中刺绣，以成品从绣庄那里计件领取工价。[4]1925 年，余姚长河镇小本商人范永全，将原料"金丝草分给妇女们，叫他们照他所指示的模型编制，编制好了，就由他出工资收回帽坯——未经漂白装带的帽子——运销到上海洋行里。"[5]至此，村妇的"经营虽还是手工业的，而且其历史也多半是封建时代传来，但他们早已为商业资

---

〔1〕 中国实业志(浙江省)第七编[M].南京:实业部国际贸易局,1933:695.

〔2〕 小田.江南乡村妇女职业结构的近代变动[J].历史档案:2001(3).

〔3〕 罗浑.江阴华墅的劳动妇女[J].申报,1935-06-02.

〔4〕 中国实业志.(江苏省)第二编[M].实业部国际贸易局.1933:74.

〔5〕 茅可人.余姚农村的续命汤——草帽业[J].东方杂志:32(12):1936-06-16.

本所买占，成为一种形式的手工工厂，而结合于资本主义经济体制了”。[1]

就一个行业来说，支配者并不纯然。在1920年代的常熟棉织业中，有全部进行工场生产的，也“有完全放机者；有一半放机，一半自置厂内者”，其中，“完全放机者”与商行主无异；他们的工场“仅一小事务所，已足办理，并无厂屋，亦不见布机”；[2]“一半放机”者应该是工场主。支配者总是基于利益最大化原则，进行不同形态的资本运作。

在这里，支配者是商人还是工厂主，已经没有多少分别的意义，因为他们套用着相同的利润计算公式，而被称作资本家。包工制度，实是工场主多方权衡之后的行为：一方面省却了工场的基本设施和管理成本，“无须备巨大之厂屋，实际上得多数人之工作……厂主只须备货栈数间，及批发所或发行所房屋三四间耳，是不啻将工场分寄于各织户家庭间，厂主即不备巨大之厂屋，又无须多数管工之员司及杂费等项”，[3]这样，业主“就可以不花费大量资本和很多时间去建造作坊等，而把生产规模迅速扩大到自己所期望的程度”。[4]

农家在市场中的窘迫，对于支配者来说就是控制村落女红的机会。村妇在市场中的步步退却与支配者的步步为营贯穿了村落女红蜕变的全部过程。1907年之后，当平湖刚刚出现来自上海洋纱的时候，村妇们发现，洋纱坚韧光洁，不像自纺土纱那样，粗松易断，时间也可以节省不少，于是洋经土纬，织而成布。不过，贫苦的农妇常常买不起洋纱，土布商便投其所好，将洋纱放给村妇，加工定织，包买出品，[5]这样割断了村妇与原料市场和产品市场的两端联系。资本主义生产方式的产生离不开市场参与者的两极分化，过程是如此顺理成章，强势的资本对弱势的村妇不断进行生产资料的剥夺，最终迫使其就范。脱离市场的枢纽，无法形成支配者与村妇之间对立的两造关系。伴随着村妇的被支配，江南村落女红完成了从传统向近代的转换。

村落女红的存留完全取决于市场规则：“在小工业和大工业竞争市场时，便要被打倒。但如果小工业作为大工业的外在部分，则被维持或创造出来了。”[6]所谓创造，实际表现为传统女红的更生。这种更生不可能是别的，必须植根于既往的乡土，承袭传统的合理成分，而又有所变化。土布女红的根本性变化是其劳动关系以及相应的与市场的联系方式，但它的传统连续性让已经纳入近代经济范畴的村妇并无明显的不适，因为，农工相辅的格局使这一地区的农民以及他们的妻子、女儿过去都曾是加工业的劳动者，因此他们

---

〔1〕 汪疑今．江苏的小农及其副业[J]．中国经济，4(6)：1936－06－15．

〔2〕 常熟之经济状况[J]．中外经济周刊，(214)：1927－06－04．

〔3〕 浙江平湖织袜工业之状况[J]．中外经济周刊，(147)：1926－01－23．

〔4〕 列宁．俄国资本主义的发展[M]．列宁全集(3)．北京：人民出版社，1984：406．

〔5〕 徐新吾．江南土布史[M]．上海：上海社会科学院出版社，1992：680．

〔6〕 汪疑今．江苏的小农及其副业[J]．中国经济，4(6)：1936－06－15．

可以对工业的性质与现代技术的发展一无所知，但这丝毫不影响他们参加工业劳动的热情。因为在江南农民最初的眼光里，乡村工业就是家庭副业，是他们自认为非常熟悉的东西。[1]

传统女红中的合理性成分，当然不会自行发挥作用，在很大程度上，它取决于近代市场条件下的资本嗅觉。资本触须所及，传统女红的潜质得以显露。以民间刺绣与编织传统为基础、吸收欧式抽纱技艺的花边业，是清末民初发展起来的为出口贸易服务的新兴女红。1923 年，江南花边女红已称发达，杭州萧山还未见此业。上海花边商判断，此地工资低廉，有利可图，便来萧传授花边织造之法，同时“发给花线，收买出品”，首先开办者称“沪越花边厂”，工人只有四五百名，四五年间踵起不歇，至 1930 年，萧山之花边厂几达三十余家，织造女工多至两万余人。[2]

近代性草帽女红亦赖人为努力不少。自海外新式麦秆草帽输入以来，宁波土产草帽日渐淘汰。1911 年，外人利用我土产衰落之际，把外国之金丝草、玻璃草、麻草发给工人，以低廉工资，并指示式样，编制欧美式草帽，浙省编结草帽工业遂告复兴，始在宁波西乡南乡，继推及余姚、慈溪等地，[3]乡村妇女，“不论老幼，均视编织草帽为副业”。[4]余姚“草帽之发达为全浙冠”，[5]在有着“草帽之乡”美誉的姚北长河镇，前清年间从邻近的鄞县传入了席草帽编织技艺。1923 年，章家路人陆志尧从宁波永兴洋行取少量金丝草到长河，交由村妇试编。[6]后又有范永全“偶然从鄞县西乡学来编制金丝草帽的方法，传授给一般邻近的妇女”。[7]姚北是棉区，村妇们本来精通经纬土布的技术，又有编织席草帽的基础，再说编织金丝草帽，“手续简便，易于学习，应用工具只立体圆木一块”，[8]聪慧的村妇编织技艺驾鄞县而上。1925 年，闻风而至的宁波美商代理沈德佑来到长河，在方东村诚富庵首开“坤和”金丝草帽商行，聘长河人卢福林经理放草和收帽业务。[9]几年内，小小一个镇的草帽行竟有百家之多。草帽行越多，对编帽妇女的需求量也越大，逐渐

---

〔1〕 沈关宝.一场悄悄的革命[M].昆明：云南人民出版社，1993：118.

〔2〕 中国实业志(浙江省)第七编[M].南京：实业部国际贸易局，1933：76－77.

〔3〕 中国实业志(浙江省)第七编[M].南京：实业部国际贸易局，1933：353.

〔4〕 上海之草帽业[J].申报，1936－04－15.

〔5〕 诸伯钧.余姚境域县政概略[M].香港：中国文化出版社，2006：202.

〔6〕 戴尧宏.长河草帽业[M]//浙江省慈溪市政协文史资料委员会.慈溪文史资料.第 4 辑(慈溪工商经济资料).1996－06.

〔7〕 茅可人.余姚农村的续命汤——草帽业[J].东方杂志，32(12)：1936－06－16.

〔8〕 上海之草帽业[J].申报，1936－04－15.

〔9〕 戴尧宏.长河草帽业[M]//浙江省慈溪市政协文史资料委员会.慈溪文史资料第 4 辑(慈溪工商经济资料).1996(6).

由长河市镇蔓延到县内各个村落。[1]有诗为证:十里长街无闲女,家家尽是编帽人。[2]草帽女红的转型让我们充分领略到市场的魔力。作为江南著名的土布产地,进入近代世界市场体系的余姚土布女红,依靠巨大的时间节省和成本节约,迤逦至20世纪20年代中叶,当"别省别县多半在闹穷,而且闹得很严重,余姚却因为草帽业的突兴显现出畸形的繁荣"。[3]女红的宠儿是在市场中成长的。

三、被纳入近代世界市场体系

在市场中实现近代转型后的村落女红,便成为近代世界市场体系中的一环。

近代性女红的原料市场已经不是传统女红时代的区域市场,即便其中的原料完全来自区域,那也是世界性市场的一部分,这对于19世纪70年代之后的江南来说尤其如此。传统时代的女红原料大多自产自销,丝棉纺织都是这样,特色女红常常亦取此道。据《鄞县通志》,唐代开元年间鄞西生长席草,远销他方,望春桥、黄古林、集仕港等乡都有较多出产。明代鄞县村妇编成的席草帽即取自当地原料。前清年间鄞县席草帽渐次传入姚北长河、高王、悦来市、道林等处时,原料也购自鄞县。[4]民国兴起的草帽女红,唯一的原料为金丝草,来自东南亚,由野生棕榈的叶茎加工而成,其他原料似无法取代。[5]宁波地方的金丝草帽女红,完全倚重于这种进口原料,而由女红支配者从上海洋行整箱批发,组织发料给村妇。这是村妇们无法操心、也无须操心的市场化运作。

像宁波草帽编织这样的外贸性村落女红,没有环环相扣的服务市场体系是无法想象的。民国而还,英美商人纷纷来到上海、宁波等通商口岸开设洋行,经营草帽的出口。最早来宁波经营此项业务的永兴洋行,由法国人开设,总行设在法国巴黎,菲律宾、上海、宁波设有分行。嗣后,华商经营的草帽出口行亦于宁波相继开设。当宁波洋行代理人来到余姚长河开设草帽商行时,草帽女红便与村妇及其农家生活紧紧联系在一起了。星居于村落的村妇,不会了解她手头的活计与消费者之间的重重关联。以草帽服务市场为例,上海出口行在纽约、伦敦、巴黎、汉堡均有代理人;出口行随时向国外各行报告货

〔1〕 茅可人.余姚农村的续命汤——草帽业[J].东方杂志,32(12):1936-06-16.
〔2〕 姚业鑫.姚江风情[M].北京:中华书局,2001:168.
〔3〕 茅可人.余姚农村的续命汤——草帽业[J].东方杂志,32(12):1936-06-16.
〔4〕 戴尧宏.慈溪草帽经营的变迁[M].浙江省慈溪市政协文史资料委员会.慈溪文史资料.第1辑.1986(10).
〔5〕 诸伯钧.余姚境域县政概略[M].香港:中国文化出版社,2006.戴尧宏.长河草帽业[M]//浙江省慈溪市政协文史资料委员会.慈溪文史资料.第4辑(慈溪工商经济资料).1999(6).

品价格，以电报协商，倘有成交，立即开出货单，记载花色、数额、价格及交货日期。一般规定，洋庄客户必须由银行电告开立银行信用状，亦有洋行信任国外客户，自行押汇或脱手发去草帽。[1]从中不难看出村落女红与无数资本形式之间的密切关系。列宁感叹道：没有大量商品经营资本和货币经营资本，发达的资本主义是不可想象的，“资本主义把这些市场联结起来，把它们结合成一个巨大的国内市场，以后又结合成世界市场”。[2]

外部市场的种种需求是通过资本家传达给村落女工的，近代土布女红对土布庄的不同隶属便反映了外部世界市场的需求。在平湖，放纱收布的品种规格，悉由布庄规定。由于各家布号经营特色不同，销场不同，放织的品种亦有所不同：葛寿康、顺康以放“二三套”为主，戈兴顺以“一六标”为主，恒泰祥有一六档，亦有“绍坯”，范泰记“新套”业务占五成，“二三套”占三四成，另有“一六标”“腰套”“二八套”等零星业务。一般每家商号必有一个主要品种，兼营其他品种。村妇必须按照指定的规格织制，否则会遭到拒收。[3]苏州刺绣女红的特长很明显地在不同乡镇之间分别出来，绣庄便根据客户的需求支配不同乡镇的村妇。苏州绝大部分绣娘分布在西南各乡，各有所长：平金在横塘，打籽在蠡墅，刻鳞绣龙在向街、白马涧，袍褂铺子在善人桥，被面、枕套在光福、西华、东渚，寿衣、寿被在香山。[4]资本支配者正是在市场需求与女红产品的矛盾中应运而生的。“在大市场上，销售应当是大规模的、整批的。因此，生产的小规模性质同大规模的、整批销售的必要性产生了不可调和的矛盾”，要解决这个矛盾，列宁认为，在近代社会经济条件下，在小生产者孤立和分化的情况下，“就只有由少数富裕者独揽销售，把销售集中起来”。[5]

事实上，面对如此复杂的外部需求、如此繁杂的村妇特长以及如此分散的空间格局，少数富裕者要想独揽销售，必须依靠层层负责的中间人。一个看起来并不复杂的火柴糊盒的发料加工，也有周密的网络：各发料点先将原料发给糊盒包头，再由包头将料发给城乡劳动者。[6]时人认为，苏州刺绣女红是“最为适当”的研究中(间)人制的实例。在苏州顾绣商号，锦绣先经号内工人剪裁整理，缀成各种品件之后，再分送于各种家庭女工刺绣。分送工作之事，往往由另一商号包揽，称为“代绣商号”。代绣商号“对于某妇娴于何等工作，以及各女工有无暇时之情形，知之甚悉”。所以，顾绣商号是通过代绣商号“再分配于技能适当之女工”的，“一俟各种货品制成之后，即由代绣商号

---

〔1〕 上海之草帽业[J].申报，1936-04-15.

〔2〕 列宁.俄国资本主义的发展[M].列宁全集(3).北京：人民出版社，1984：345.

〔3〕 徐新吾.江南土布史[M].上海：上海社会科学院出版社，1992：686.

〔4〕 朱凤.苏绣[M].北京：教育科学出版社，1993：9.

〔5〕 列宁.俄国资本主义的发展[M].列宁全集(3).北京：人民出版社，1984：325.

〔6〕 张圻福，韦恒.火柴大王刘鸿生[M].郑州：河南人民出版社，1990：28.

交予顾绣商号,以便出售”;代绣商号是其中的中间人。依顾绣商号“与中间人之工作契约论,中间人事实上为商人雇主(按:顾绣商号)之雇员,但有再与其他代理中间人或散处工人定立工作契约之自由”。[1]其中,“其他代理中间人”称“绣头”,与村落女工直接接触。据清末绣头陶幼亭1990年代初回忆,他专门承接宫廷订货。专办宫货的绣庄在北京有广源京庄,京庄在苏州设分庄。苏州绣庄承接宫货后,购料、打样、绘画,经朝廷钦差同意后,发画开料投产。绣庄制成绣片,交发绣人,有时发绣人委托绣头转发至村落绣户。[2]

与以上情况不太一样,在村妇与土布包买主之间,中间人仅仅发挥媒介的作用。在平湖,承担这一角色的是所谓“僟船主”。僟船,是在水网江南极为普遍的小型航船,每日往返于镇(城)乡之间。僟船主多系土著,因为工作关系,多方沟通,接触面广,熟悉情况,便充当起布商与村妇的中介人。村妇必须通过僟船主的介绍作保,始可向布庄开折领纱,织成布后凭折缴布,僟船主亦负有向逾期村妇催缴之责。海宁硖石的土布中介人称“领头人”,是乡里有一定威信的土著,村妇通过他在布庄开立户头,领取折子,成为某个布庄的机户。一个领头人可以介绍的机户多达一百多个。[3]

从遥远的外部世界到僻远的江南村落,通过无数的中间环节,近代性女红被纳入世界市场体系。余姚草帽出口海外,式样倏忽千变,时而高顶,时而平顶,“遇有变动,随时用传单或鸣锣通告,彼辈(村妇)亦乐于接受”,村妇在长长的市场链条末端感知着市场讯息;时人感叹不已:“此辈结帽女工,须富有艺术思想”。[4]村落女红的生命力,就孕育于这样的艺术想象力中。

与近代性女红相关的繁缛环节,是跟村妇的分散性联系在一起的,而分散性将近代性女红的“有害方面”暴露无遗:“家庭工人的分散性以及中间人的众多,自然要使盘剥盛行起来,要造成各种形式的人身依附。”[5]俄国曾经的情况在江南近代性女红中也不鲜见。常熟花边商可分三类,一类是现货花边商,自备材料,直接发出,直接运销;一类是订货花边商,即出口商委托发放;另一类是花边代发商,即代以上两者发放,中间剥削最多:从花边商到农户,要经过两三层的中间剥削。[6]类似的材料并不稀见,这就是所谓“商业资本的盘剥”例证。

进入近代世界市场体系的村落女红,便随着这种制度环境的变化,颠簸不已。其中,与外贸相关的草帽女红和花边女红表现尤为明显。以花边女红

---

〔1〕 方显廷.天津地毯工业调查[M]//彭泽益.中国近代手工业史资料(1840—1949).224.

〔2〕 朱凤.苏绣[M].北京:教育出版社,1993:9.

〔3〕 徐新吾.江南土布史[M].上海:上海社会科学院出版社,1992:685,700.

〔4〕 上海之草帽业[J].申报,1936-04-15.

〔5〕 列宁.俄国资本主义的发展[M]//列宁全集(3).北京:人民出版社,1984:404.

〔6〕 华东军政委员会土地改革委员会.江苏省农村调查(内部资料)[M].1952-12:408.

为例,民初三四年间,江南各地花边女红风起云涌,乃花边业全盛时代。第一次世界大战爆发,日形中落。大战告终,销路逐渐恢复,而尤以运美者为大宗。1922年后,美国政府采取关税保护政策,“成本既贵,销路随之困难”,[1]处于维持之中。1930年代初期,常熟“梅李一带,开设花边行殊多”,村妇以做花边为隙时唯一副业,嗣因供过于求,一度衰落,工价被压,村妇“已无馀利,亦视此为鸡肋”;[2]1936年左右,因上海洋庄畅销,急需各地供应,至1937年春天之“营花边者,犹如雨后春笋”。不意两个月后,销路呆滞,工价日跌:“致女工每日所得,尚不能维持生活,而经营者仍亏耗甚巨。”[3]1937年“八一三”淞沪抗战爆发,花边业出口一时中断;直至抗战结束后,销路复畅。民国终结前,常熟每月输出十五万美金,[4]接近太平洋战争爆发前正常年份的水平。

表面上,近代性女红的变化走势莫测高深,但其背后的决定性因素还是比较清楚的,主要有二:一为市场性因素,二为政治性因素。市场“无形之手”对近代性女红的影响体现了市场机制的作用,是市场经济的内中之义;而国际政治的变迁,亦不过是近代民族—国家间的利益之争。两者合而为一体,构成近代经济生活的制度环境。处于这种制度环境中的江南村落女红,命运之多舛是注定了的;认命?还是应对?村妇们所能做的非常现实,因为她们把近代性女红当作一种日常生计方式。

四、作为日常生计方式

要素缠结的农家经济结构让村妇们无奈,波谲云诡的市场环境让村妇们焦虑,由此,村落女红若不是因为其沾染的近代色彩,似乎就没有多少探讨的价值;或者不过就是为揭示近代经济结构的“封建”以及批判外国列强经济殖民提供佐证。批判是必要的,改变不合理社会结构需要这种批判。不过稍稍有些遗憾的是,倘若要寻找批判的素材,江南村落女红实在说不上典型。就事情的本身来说,它不过是个村妇家庭的生计问题,而有关底层民众的生计论题更宜在日常生活的层面上进行探讨。所有的问题都可以归结为一个常识性的公理,即包括村妇在内的所有人都有生存的权利,她们为此而付出的努力总是在可以为他人理解的逻辑下进行的,所以,同情式批判不能替代同情式理解,社会史更需要后者。在村妇,经济结构或制度环境常常被视作毋庸考虑的自然事实,她们的常态行为总是表现为村妇与经济结构和制度环境的互动;模式化的互动,便是日常生计方式。

---

〔1〕 中国实业志(浙江省)第七编[M].南京:实业部国际贸易局,1933:76.

〔2〕 花边业复兴[J].申报,1937-04-23.

〔3〕 花边业重遭败颓[J].申报,1937-06-08.

〔4〕 华东军政委员会土地改革委员会.江苏省农村调查(内部资料)[M].1952:58.

对于村妇与经济结构和制度环境的关系,有两种不同的思路,一者注重后者对前者制约,一者关注前者对后者的应对;或不妨分别为制约派和应对派。不同的思路对近代性女红的观点自然不一样,甚至截然相反。

在制约派看来,村妇手自编织的农家经济结构无异于作茧自缚。证据当然是十分有力的,因为在这样的经济关系中,村妇的工作环境是那样的恶劣,劳作时间是那样的漫长,酬劳是那样的微薄……总之,这是一个令人窒息的经济结构;变幻莫测的制度环境更让村妇们焦躁不堪。但另外的记录大为不同;1926 年—1936 年间,余姚北部以长河为中心的邻近十多个乡镇,编帽农妇的收入超过公务员、教师和工匠;[1]以 1930 年为例,"每人按月工资,平均可得二三十元"。[2]按一般情况,有人算过一笔账:假使一个普通的女工,赚普通的工资,一年编五十顶帽坯,就有一百元的收入,假使一个农家有一妻一女在编帽,那么她家里就添了两百元的收入,这岂不是比她们种十亩田的家长还多吗?[3]

在制约派眼里,这也就是不同时期的情况而已。是的;20 世纪 20 年代至 30 年代世界性经济危机波及前,近代性女红与整个中国经济状况一样,整体上是景气的;村妇较高的收入水平是社会宏观经济状况的反映。但在应对派看来,景气与萧条本来是经济和社会发展过程中的常态现象,没有一直的景气,也没有永远的萧条;这与成因无关。在任何情况下,生活总要继续,对于村妇来说,她们难得考虑生计以外的宏大经济问题。需要我们深思的是,在不景气的岁月里,村妇为什么还在既定的农家经济结构中谋生? 不假思索的回答是,她们无可奈何;信哉! 但还是制约派的思路。应对派认为,这其中定然存在可以谋生的空间;更进一步,如果把农家经济结构看作各种经济要素的组合,作为组合者的村妇其实不是完全被动的,或者具体地说,包含近代性女红的农家经济结构并不是唯一可以选择的组合,但是这样的农家经济结构却也包含着应对外部环境的韧性。这样的韧性不啻自然经济的保护层;然而,谁又能说它不是经济萧条境况下村妇的生活掩体呢?

在近代历史条件下,充当掩体的江南农家经济结构以其内部要素的权重变化不断进行调节。近代工商业促进了农业的商品化和专门化,农民投身农业经营,同时前近代的很多传统女红,"仍然是保存着的,所以一等到农业在其农业收入不能维持家庭时,手工业又博得器重了。"[4]传统女红中的一部

---

〔1〕 戴尧宏.长河草帽业[M]//浙江省慈溪市政协文史资料委员会,慈溪文史资料第 4 辑(慈溪工商经济资料).1996(6).

〔2〕 上海之草帽业[J].申报,1936-04-15.

〔3〕 茅可人.余姚农村的续命汤——草帽业[J].东方杂志,32(12):1936-06-16.

〔4〕 汪疑今.江苏的小农及其副业[J].中国经济,4(6):1936-06-15.

分在器重中被赋予近代性。在这一意义上说，对于农家来说，专业化的强化意味着风险的增大，而兼业则降低了风险。将近代性女红置于这样一个农家经济结构中，并给予其一个不确定的地位，对于村妇来说，就是应对；看起来是对付外在的环境，根本的意义在于：经营属于自己的生活。村妇孜孜矻矻的生活是对身边生活矛盾的解决。比如，近代性女红的兼业化，内中固然有租赋的压力，但在上海南汇，“农家村妇，不论是否为生活所迫，一到农闲时期，便从事生利的工作——挑制花边。十一、十二、一、三、四，这五个月是农闲时间，也就是挑花最忙时期。每日料理家常琐务外，就埋首工作，约计六七个小时……在农忙时期，不能胜任田间工作的幼女，仍都在家挑花，不过也须料理家务”。[1]可见在江南村妇，兼业化的近代性女红更便于解决日常经济生活的矛盾：农忙与农闲的矛盾；近代劳作与家务劳动的矛盾。

众所周知，农业劳动是有季节性的，农忙与农闲时间里的劳动力需求差别很大：即使农业在短时期内需要大量的劳动力，一年之中差不多有三分之二的时间也无业可就。这是一种隐形失业。[2]鉴于此，传统土布女红之所以与农家生活紧密结合，则极易明了了：农事是有季节性的，冬季收成后农民有极长时间的余暇，利用余暇来做工作是最合理、也是必然的结果，织布便是农隙工业之一，而因为习俗的重视，在各种农隙副业中尤占重要地位。[3]当土布女红被赋予近代性而整合于农家经济结构之中，仍然保持着季节性利用的特征。南京马群镇村妇以刺绣为主要职业，但“亦大多作为副业”；据该镇郭有滨 1935 年介绍，村妇刺绣的时间，概自国历十月中旬到来年四五月间止。[4]对于女红，村妇的姿态是主动的。

这种主动性同样有利于解决近代劳作与家务劳动的矛盾。所以，时人所称近代性女红惠及村妇及农家，不仅仅指工资，也包括了给家务劳动带来的便利。先是，平湖村妇“凡管理家务不能出外工作之妇女，亦多在家织袜，人人有生产之能力”。[5]在解决生活矛盾的同时，江南村妇实际给出了解决隐形失业问题的一份答案。

其二，村妇的应对是对日常劳作环境的选择。江南村妇将近代性女红纳入农家经济结构，也就意味着选择了一种劳作空间。近代社会为包括村妇在内的普通民众提供了许多新的职业，与宅院的分离是这些职业的一个基本特

---

〔1〕 蔡正雅．手工业试查报告[M]．彭泽益．中国近代手工业史资料（1840—1949）．北京：中华书局，1962：770．

〔2〕 上个世纪三四十年代，许多中国乡村问题专家都提到这种失业现象。费孝通先生在《中国绅士》（中国社会科学出版社 2006 年，第 77 页）称之为“季节性的失业”。

〔3〕 王子建．中国土布业之前途[M]//千家驹．中国农村经济论文集．上海：（上海）中华书局，1936．

〔4〕 郑林庄，柯象峰．实业部中业实验所附近二十三村农民职业调查[J]．中国实业，1(6)：1935－06．

〔5〕 浙江平湖织袜工业之状况[J]．中外经济周刊(147)：1926－01－23．

征,职业的流动与地理空间的流动相伴相随。因此,对劳作空间的选择从一个侧面表达了村妇对不同职业的看法,也体现了她对社会流动的态度。

与近代性女红不同的职业及其空间主要有两种类型可供村妇选择:一是江南大中都市,“伊们只能做女工佣妇”。[1]都市工业能容纳的女工实在有限,“在工厂找到女工工作,这要算是她们最大的幸运”。[2]在当地,也可以选择进厂做工。这一选择虽算不上异地流动,但与近代性女红相比,村妇们自有一番判断。在江阴华墅,因为有织袜女红可供选择,村妇们对进厂做工自然是不感兴趣的,而外地的村妇,就大批地跑到华墅来找出路;“做厂”,是他们维持生活的唯一出路。[3]比较之下,一般村妇宁愿家庭女红,除非迫不得已。资本对村妇剥夺的结果可以为大工业提供自由的劳动力,但剥夺的过程是需要村妇们实际承受的;逃避这一过程是一种本能,更是一种理性的选择。所以,对常熟土布“放机制”,调查者以为“法颇善也”:在村妇方面,既可免除每日往返之劳,且可兼顾家事,利益均沾。[4]

家务兼顾,工资待遇,区位差异,人格意识……村妇们对劳作空间的选择,其实包含着丰富的内容。江南村妇们的工作情状究竟怎样?这涉及村妇从事女红时的心态,历史学者不便臆测,但可以状描,在尽量逼近历史事实的状描中,村妇的生活观念从中显露。这是村妇应对外部环境的另一重表现。需要强调的是,这一应对,无关乎社会发展的宏旨,其意义仍然局限于日常生活领域。

试图从近代性女红的辐射过程展现村妇于此劳作的态度,探测其心态。以常熟花边女红在地方世界的传播为例。清光绪末年,上海徐家汇天主堂修女向“该地教民之妇孺”传授花边女红。[5]1917年,来自常熟北部问村的季根仙正在上海探亲,得便从外国修女那里学得花边工艺,回乡转授他人,附近的白宕、师桥、赵市等集镇最先受到影响。之后十年间,问村秦姓人家将绣法传给了梅李的陈月林,梅李的绣艺后又传入珍门。赵市的杨学仁在先生桥发放花边,扩散至塘坊桥、何村等地。1947年,先生桥有二十余家花边商,营业范围东至塘桥、梅李,南达周行、何村,西至王市、邓市。一位亲历者回忆:梅李始有花边约在民国十五年(1926),有一潘家老太太,其胞妹是浒浦“罗生花边公司”的老板娘,一时取来部分样品,借潘家廊下“张启盛”猪行的多余房屋,传播绣法。就这样,在常熟北部社区,花边商以镇为点,由点及村,连点成片,

[1] 忽戈.谈妇女职业[J].申报,1936-05-16.
[2] 陈碧云.农村破产与农村妇女[J].东方杂志,32(5),1935-03-01.
[3] 罗浑.江阴华墅的劳动妇女[J].申报,1935-06-02.
[4] 常熟之经济状况[J].中外经济周刊,(214).1927-06-04.
[5] 赵如珩.江苏省鉴(下册)[M].台北:成文出版社有限公司,1935:155.

层层深入；村妇之间，亲友相传，妯娌相学，姑嫂相长，姐妹互帮，学做结合，遍布闾巷，成为一项与家庭生计关系不小的技艺。[1]

从花边女红的传播方式和乡村妇女的学习热情，可以推知，村妇们对于花边业未必劳而无怨，但确实莫不乐为。常熟白茆山歌《窗前阿姐绣花边》咏唱劳作情景道：

一塘清水三分田，半亩竹园窗门前。窗前阿姐绣花边，小妹妹窗外衬丝线，针头戳出春风夏雨来，丝线穿过秋景冬雪去，小妹妹呀跟着姐姐学绣花，四季好花开在姐心里。[2]

源于社群生活的山歌所描述的工作环境应该是真实的，所透露的当地村民对花边女红的感受应该是真实的，而这种感受至少寄托了一部分村妇的生活希冀。在忙碌的操劳中，弥散于村妇心头的如果是生活的希冀，而不总是对于资本剥削的仇恨，那么，这是村妇生活得以进行下去的生理和心理基础。

在此基础上，近代江南村妇的生活态度也悄悄地发生了变化。1927 年—1930 年间，余姚织帽女工的装饰，就是草帽女红繁荣的标记：金戒指没一个人不带；绸衣服没一个不做；鞋子自己没工夫做，都到鞋子店里去买来；剪发的风气，本来进行得很迂缓的，也突然加速了。传统的礼教，也受了重大的震撼。草帽行的男伙计们，为着放草搜坯，一班一班不计其数地在农村的各家来往出入，毫不忸怩的和女工们谈价、搭讪、扭摸、追逐，女工们也时常艳装华服成群结队到街上去招摇。这时候儿女要择偶，竟可以自由，不受家长的拘束。[3]通体散发着生活气息；面对生活，一切学者式的悲天、悯人、伤时，恐怕是对村妇滥施同情了，不免多情总被无情恼。

---

〔1〕 罗汾庆，胡振青（常熟）．浒浦志（内部，1990 年）．80．（常熟）梅李镇志·梅李卷[M]．上海：上海辞书出版社，2006：292．（常熟）梅李镇志·赵市卷[M]．上海：上海辞书出版社，2006：292．（常熟）梅李镇志·珍门卷[M]．上海：上海辞书出版社，2006：221．

〔2〕 江苏省常熟市文化局．中国·白茆山歌集[M]．上海：上海文艺出版社，2002：43．

〔3〕 茅可人．余姚农村的续命汤——草帽[J]．东方杂志，32(12)：1936－06－16．

近代江南乡村特种产品经济论

【内容提要】 在独特的自然和历史条件下,凭借独到的技艺所创造的具有特殊品质的产品,即所谓特种产品,在近代乡村"内发型"发展过程中具有独特的意义。以近代江南乡村特种产品为透视点,可以发现,特种产品以旺盛的生命力长久地在乡村存在和发展,从一定意义上取决于比较完备的市场体系。攸关社区经济命脉的特种产品,重新组合了传统经济结构,促进了乡村产业结构的高度化,增加了社区经济总量,提高了村民生活水平,具有品簇拓伸的经济和社会意义,由此而成为现代乡镇工业和专业生产的历史依据。

【关键词】 江南乡村;特种产品;市场体系;经济结构

第二次世界大战结束以后,在全球范围内,特别是在不发达国家,各种现代社区发展模式异彩纷呈。由此,隐含着"西方中心论"的"现代化即西化论",遭到了许多从事发展问题研究的中外学者的质疑和批判。他们提出了诸多崭新见解,其中,日本社会学家鹤见和子教授的"内发型发展论"格外引人注目。内发型发展论特别强调,现代化追求必须依靠特定地区的人和集团依据原有的自然生态环境,根据自己的文化遗产,参照外来文明,自律地进行创造。[1]无疑,这一理论具有重要的思想方法和社会实践意义。那么,各地区自然、社会乃至思想的历史沉淀究竟是什么呢?近代江南乡村生动的现代发展给出了一份答案。笔者以其特种产品为透视点,连绾历史和现实,旨在从一个侧面把握它们之间的相互关联。

一、特种产品之特质

所谓特种产品,是指在独特的自然和历史条件下,凭借独到的技艺所创造的具有特殊品质的产品。构成特种产品的必要条件并不是所有这些特殊性的全部,其中任何一种或几种特殊性都可以成为其存在的理由。

某些特种产品只能产生在一定的自然环境里。奉化溪口镇,沿江面山;余杭南乡,地多山岭;安吉南部,山峦起伏;三地秀竹连绵。大自然的馈赠成

〔1〕 费孝通,鹤见和子,等.农村振兴和小城镇问题[M].南京:江苏人民出版社,1991:44.

为他们开发特种产品的资本。溪口"土产之笋,鲜如无比,刻(20世纪20年代末)已开设笋厂多家,聘技师精制,运销外埠。乡间之工业,亦渐萌芽矣";[1]安吉南乡的"包头"向业主承包竹笋山,于山间设厂,雇工加工,闻名江南的天目笋干由此诞生;[2]余杭南乡的竹山,"除少数造纸之苦竹外,余均笔管竹",这种"笔管竹异于他种竹,盖其产笋,无大小年之分,由此年年有竹可采(按竹之于笋,大都间年一产,产笋之年,曰大年;不产笋之年,曰小年)"。[3]塘栖枇杷名扬海内外,亦有赖于绝佳"风水"。塘栖一带成土母质主要是湖、河、浅海沉积物,富含磷钙;地形坎坷,田地分明。枇杷居高而生,傍水而长。生长这里的枇杷品种优变,蔚胜他乡。[4]草头,即苜蓿,是一种江南乡村常见的豆科类草本植物,但它对鹭山脚下的土地似乎情有独钟:其他地方所结的草籽只有两盘半,而且瘪的多,每个盘里只有2—3颗籽,而种在鹭山周围的草籽却有三盘半,饱满的籽粒有5—7颗。于是,从咸丰年间开始,外地客商便闻风而来。[5]说到惠山泥人,其制作技术甚为简单,但取料要求严格:"在惠山脚下有一块大约三十七亩左右的特殊性质的土地;这块土地的土质,是一种带有或黄或黑颜色的黏土。所有的'泥耍货'都是用这种黏土来制造的。"[6]

某些特种产品顺应历史的机缘和环境而生。嘉定黄草织物"自民国初年飞速发展,原因在于有远见者多方提倡"。[7]民间制作腐乳,本来极为普遍,绍兴腐乳能臻为上品,特别与绍兴人的饮食习惯相关。绍兴人素喜酵类食品,便有人悉心研制,风味独异的腐乳就在这样的背景中酝酿而成。[8]绍兴另外一种特种产品锡箔则建筑在广大人民迷信愚昧的基础上。在以毛笔为主要书写工具的时代,"湖州工笔,工遍海内,制笔者皆湖人,其地名善琏村"。[9]

高超技艺是一种特种产品的基础。吴江农民擅种黄草,"完全售于无锡之南方泉及许舍二处,因除该二处外,他处并无纺织黄草之技术"。[10]浒墅关农村种草织席的习惯可以追溯到春秋时期,当地农民经过长期的试验,才培

[1] 溪口近况[J].申报.1931-04-08.
[2] 吴志明.天目笋干[J].湖州文史(2):1985-04.
[3] 志余杭南乡之笔管[J].申报,1931-07-05.
[4] 王西林,等.塘栖镇志[M].上海:上海书店,1991:105.何富泉.软条白沙批把[M]//余杭名产古今谈(内部资料).1992-02.塘栖属浙江余杭县。
[5] 谢金良.名扬沪杭的鹭山草籽[J].张家港文史资料(13):1993-12.鹭山属江苏常熟。
[6] 钱志超.无锡的"泥人街"——惠山镇[J].东方杂志,33(2):1936-01-16.
[7] 陈传德,黄世柞,王熹曾,等.嘉定县续志·风土志·物产(5).1936.
[8] 严达三.绍兴名产咸亨腐乳[J].绍兴文史资料选辑(2):1984-12.
[9] 浙江土特产简志[M].杭州:浙江人民出版社,1985:186.
[10] 中国实业志(江苏省)(2).南京:实业部国际贸易局,1933:69-74.

育出草质优良的“梅里青”草种。[1]江宁花园金箔“薄于蝉翼轻于尘”:每张厚仅0.00106毫米,重0.1微克。如此轻薄的金箔竟是由厚重的金条、金块捶打而成的。[2]至于如枫泾“丁蹄”之类的名特产品,其技术,更是“不足为外人道也!”

需要指出的是,特种产品之特殊性,并不等同于唯一性。只此一家、别无分店的特种产品极为少见;更多的情况是,彼地虽有,但此处尤佳,执其牛耳。

我们这里讨论的特种产品也不同于一般所谓的地方特产。它们存在与否攸关单位社区的经济命脉。奉贤青村港镇“驳岸里水蜜桃”声播遐迩,只是占地32亩的延陵桃园出产,年上市鲜桃仅三百余担。[3]这样的规模只能作地方特产论。但是在原吴县焦山,只要听到“石码头”这一地名,“就可以知道这一地方是如何的靠着石头,才兴盛起来的”。[4]无锡惠山脚下的“居民差不多十之六七”操泥作业[5];浙西农民“除蚕桑作物外,以畜羊为最重要之副业……自蚕丝衰落后,畜羊实为农家唯一之生产”。[6]不难看出特种产品的兴衰与乡区经济结构和农民生活息息相关。

二、特种产品之市场

从一定意义上说,特种产品能以旺盛的生命力长久地存在和发展,取决于比较完备的特种产品运销的市场体系。

市场主体结构　特种产品经济的市场主体包括商人、经纪人、牙行、商行等。特种产品品类复杂,商行名目亦异常繁多:[7]

社区名称	所属县份	特种产品	商行名称
徐市、码头	常熟	草籽	草籽行
浒墅关	吴县	草席	席行
石码头	吴县	花岗石	石铺
焦溪	武进	蒲包	蒲行

〔1〕 殷岩星.浒墅草席历古今[J].吴县文史资料(9):1992-10.

〔2〕 窦天语.江宁金箔光灿四方[J].江宁春秋(6):1987-08.

〔3〕 邢汉良.(奉贤)青村志(内部资料)[M].1984-08.

〔4〕 张潜九.吴县焦山石宕访问记[J].东方杂志,32(16):1935-08-16.

〔5〕 苏锡生.无锡农民副业之今昔观[J].东方杂志,32(10):1935-05-16.

〔6〕 彭起.浙西的胡羊[J].东方杂志,34(15):1938-08-01.

〔7〕 分别见本文有关注释。其中,“山货行”《湖州文史》第8辑,第116页;“姜行”见《平湖文史资料》第4辑,第140页;“过塘行”见陆佐华《富阳镇志》,汉语大词典出版社1994年,第158页;“窑货行”陈鉴明.丁蜀镇志[M].北京:中国书籍出版社,1992:271.

续表

社区名称	所属县份	特种产品	商行名称
南方泉、许舍	无锡	黄草	黄草行
丁蜀	宜兴	陶瓷	窑货行
新市	德清	湖羊	羊毛行
梅溪	安吉	竹子	山货行
饭箩浜、沈家弄	平湖	竹器	竹行
新丰	平湖	生姜	姜行
南乡	余杭	笔管	笔管行
富阳	富阳	土纸	过塘行
枫泾	金山	枫泾猪	苗猪行

许多商行是随着产品市场的扩大逐渐发育成熟的。起初，嘉定澄桥镇农民织成了草织品，直接入市交易。随着需求的扩大，遂有中间商人收购成品，转售于消费者。[1]枫泾苗猪行更具代表性。明清时期，农户将苗猪水运至枫泾，停泊在河埠，等候主顾光临，直接洽谈，自由成交。苗猪上市量日渐增多，滞销待售的情况时有发生，一些熟稔苗猪行情者便为买卖双方牵线搭桥，撮合成交，中间人从卖主手中获取佣金，成为"牙纪"。当时，苗猪市场常因季节更替，吞吐难以平衡。1898 年，里人彭芝岩率先在枫泾镇界河里创办"彭恒义"苗猪行，取"牙纪"而代之。苗猪行属牙行性质，由官府发放牙帖，建有棚舍，供买卖双方寄养小猪，收取寄棚费，猪饲料自备或计价代喂。一旦苗猪售完，牙行便提取规定佣金。[2]1912 年，张引生在东市开设"张成泰"苗猪行，与"彭恒义"对峙经营。[3]在寄棚代售的同时，又收购自营，兼有牙行和商行两重性质。商行与牙行并存，在江南乡镇的特种产品市场是较为普遍的现象。

特种产品商行常常具有连锁性。鉴于营业规模的扩大，有的商行在外埠设立分行。嘉定徐行、澄桥等地的商行在上海开设草织物庄行[4]；余杭临平镇南门外，"设有笔管行数家，各行复于辽平汉粤等处设立分行，专销此物"。[5]同一社区的连锁商行，营业性质尽管不同，却表现出附着性。1901 年，彭芝岩又在枫泾东棚开设麸皮行。麸皮是猪饲料，货源来自沪锡，远销至

---

〔1〕 高步阶.嘉定的草织工艺[M]//嘉定文史资料(9):1994-03.
〔2〕 陈杰.枫泾猪与枫泾苗猪市场[M]//金山文史资料(10):1991-03.
〔3〕 华仁林.枫泾苗猪市场[M]//枫泾猪(内部资料).1992-11.
〔4〕 高步阶.嘉定的草织工艺[M]//嘉定文史资料(9).1994-03.
〔5〕 志余杭南乡之笔管[J].申报,1931-07-05.

平湖、嘉兴等地。[1]据统计,仅在光绪末至民初这一时期,枫泾就相继开设麸皮行40家。抗战后期达70余家,年售糙米40万石,最高日售量5000石,年销售数皮量70万担以上,最高日销量超过4000担。[2]

在特种产品商行众多的社区,为了把全行业团结起来,利用组织的力量,规范市场行为,参与市场竞争,成立了同业公所。民国初年,浒墅关席市秩序混乱,抗日战争中,50多家席行店铺联合组成席业公所。该公所规定:维护席市场的正常贸易秩序;有仲裁的权利;收取管理费和会费,作为各项开支来源;维护席农、商贩和会员的合法权益。[3]

市场客体结构 客体结构又称要素市场。社会化的商品经济必然同时存在着商品市场、金融市场和劳动力市场。在近代历史条件下,特种产品的社会化程度还不高,因而要素市场还很不完备。就劳动力市场而言,有些特种产品的生产采取"包买制",有的实行临时雇工制,有的干脆就是小农经济的一部分;笔者曾专文论述过的江南乡村金融市场也呈现出明显的前近代色彩。[4]这里我们着重讨论商品市场。

特种产品,不论它品类如何,毫无例外地都存在着广阔市场。绍兴腐乳,一佐餐风味耳,据考证,明嘉靖间就行销于东南亚[5];焦山石料"遍售江浙,自沪上洋商采办,销路益广";[6]惠山泥人,玩具而已,抗战前"非但销售于全国各大都市,而且它还构成国际贸易中的项目之一"[7],远销南洋各地;1922年,嘉定徐家行一镇出产织品,"行销全国外,美、加、英、德、法、意、日、澳、南洋等国,整数采办,供不应求,则订期分介(解)之"。[8]可以这么说,市场是特种产品的生命。平湖钟埭二村竹器以"竹木藤器为大宗……完全销售于本县"[9],此类产品虽有特色,但囿于市场,一直未成气候,流为一般土产。萧山萝卜干起源于19世纪90年代,最初产地在萧山县义蓬区杨汛桥一带,开始仅销于金华、兰溪、桐庐等地。20世纪40年代,运销上海、南京、江西等地,随着销路扩大,从事萝卜干生产的农户悄然增加,到1949年,萝卜干产量已近2万担。[10]

销场的大小与社区范围相对应,因而是相对的。天目笋干和鸷山草籽只

---

〔1〕 陈杰,枫泾猪与枫泾苗猪市场[J].金山文史资料(10):1991-03.

〔2〕 袁炳荣.枫泾猪形成的特定环境[J]//枫泾猪(内部资料),1992-11.

〔3〕 钱企伟,俞燕棠.浒墅关席公所及其钱币[J].吴县文史资料(7):1990-11.

〔4〕 小田.近代江南乡镇社会的金融格局与功能[J].苏州:铁道师院学报:1995(4).

〔5〕 严达三.绍兴名产咸亨腐乳[J],绍兴文史资料选辑,(2):1984-12.

〔6〕 张郁文.木渎小志(5)."物产".1928:重印本.

〔7〕 钱志超.无锡的"泥人街"——惠山镇[J].东方杂志,33(2):1936-01-16.

〔8〕 吕舜祥,武嘏纯编.嘉定疁东志·区域·市集[M].云庐油印本:1948.

〔9〕 平湖之土地经济[M].1925:平湖县档案馆藏.

〔10〕 浙江土特产简志[M].杭州:浙江人民出版社,1985:186.

局限于江南区域市场,但它的产地也仅有两三个乡十数个村范围。1950 年,平望丝网的年产量为 6000 条,[1]对于一村来说已相当可观。奉贤翁家塘村每家年销售大蒜五六担,号称“大蒜王国”,一直到新中国成立之初也未见颓势。[2]

特种产品的特殊品质是其占领市场的武器。首先,特种产品基本上是名牌产品。笔管为制笔必需,渔网是捕鱼最基本的工具,较小的替代性与品牌效应相结合使得余杭南乡的笔管和胜墩丝网有了稳定的市场。至于富阳土纸,“总浙江各郡邑出纸,以富阳为最良,而富阳各纸,以大源元书为上上佳品,其中优劣,半系人工,亦半赖水色,他处不能争也”。[3]1915 年,礼源乡山基村姜芹坡(忠记)生产的“昌山纸”获农商部嘉奖,并被确认为最高特货;是年,在巴拿马万国商品博览会上,富阳的“昌山纸”“京纹纸”获得二等奖;1926 年,在北京举行的国货展览会上,富阳的“京纹纸”和“昌山纸”分别获得二、三等奖牌。[4]名牌一旦形成,自有其威力。嘉定方志编纂者甚为感慨:“回思兴业创办时,申市盛销者为日本所制之柳条提篮、绿布衣包及纸皮拖鞋等,只卜当时美观,而兴业所制之黄草编物,韧而且坚,竟将日货压倒,使之绝迹沪市,可证工业如能精进,非惟民生得裕,实亦国计攸关也。”[5]

其次,特种产品适应了特殊需求。无锡“南方泉所产者多为草布与黄布,许舍则产丝经黄草居多”,随着“洋布洋纱等品用者日增,黄草织品之销路大减,因之农家之产量亦少”。[6]手工土布与机器洋布竞争,自然难以匹敌。嘉定黄草制品,则沿着另外一种思路发展。民国以后,“洋布盛行,黄草事业日见发达,徐行附近多改织黄草品”[7],其品种极多,“主要者为提包、拖鞋,次之为钱袋、书包、凉鞋、凉帽,运销国外者以提包及钱袋为多,提包极适于工人携带麦包牛乳等食品之用,因其价格低廉,分量极轻,携带便利,钱袋式样古雅,装制美丽,配以嘉定竹刻、流苏、仿古泉币,虽其价格较昂,但外国妇女以其新颖灵巧,多乐用之,至于运销国内者以拖鞋、书包为多。拖鞋顾客多浴堂、旅馆、轮船等业,书包则为学生之用,旧式商人亦有用黄草提包以代竹考篮及藤提夹者。”[8]从消费心理来说,消费者的购买心理分为求新爱美型、实惠型、廉价型。这里,黄草织品按照地区差异、人口素质、收入水平等因素进

---

〔1〕 朱明,等.(吴江)平望镇志[M].南京:江苏科技出版社,1992:71.
〔2〕 邢汉良.(奉贤)青村志(内部资料)[M].1984-8:39.
〔3〕 汪文炳,蒋敬时,等.富阳县志(15).1905:刻本.
〔4〕 富阳土纸风情录(内部资料)[M].1991-11:3.
〔5〕 吕舜祥,武嘏纯.嘉定疁东志·区域·市集[M].1948:云方庐油印本.
〔6〕 中国实业志(江苏省)(2).[M].南京:实业部国际贸易局,1933:69-74.
〔7〕 吕舜祥,武嘏纯.嘉定疁东志·物产·人造物[M].1948:云庐油印本.
〔8〕 中国实业志(江苏省)(2)[M].南京:实业部国际贸易局,1933:69-74.

行市场分割,根据市场目标,确定生产品种,适应多样需求,挖掘出潜在市场。

第三,寻求市场空隙。在西方资本主义对中国进行全面经济侵略的形势下,力图创造出能够在国内外市场占有一席之地的产品,无疑是具有相当难度的。尽管如此,特种产品还是找到了自身的地盘。一般认为,金箔只是用来裹制金钱,缝制龙袍、朝服、彩衣之用,事实上,建筑装潢、佛像开光、家具描金、书籍题签、图案设计等,都可派上用场。[1]就纸品而言,手工纸有机制纸无可比拟的优点。手工纸没有经过剧烈的机械研磨,也没有使用强酸、强碱、强氧化剂,从而离解纤维、漂白纤维的过程和缓,纤维受损伤小;纸张中很少残留破坏纤维的有害化学杂质,这就大大提高了手工纸的耐久性。过去许多书籍、文件多使用手工纸。富阳手工纸因而具有了广阔的发展前途。

寻求市场空隙的过程,实际上是发掘特种产品潜力、强化特质以增强竞争力的过程。惠山泥作物本来"在邻近各县推销的很普遍",但是 20 世纪 30 年代以后,"一则因为他们墨守旧法,而不知改良,所以成本较大,而制造品大都还是红面黑面的戏名;一则因为运输不便,不能尽量的推销到外埠去,同时外埠的儿童玩具却在大量输入,于是这种手工艺竟一落千丈了";[2]也就在这个时期,惠山泥作匠吸取了天津石膏作品的优长,拓宽作品题材,创新的品类以其分量轻、外观美、便携带、模型化等特质,重新占领市场。据新中国成立之初的统计,石膏制品约占全部产品的 75%。[3]

三、特种产品之意义

特种产品最明显、也最直接的经济效益,是扩大了农民就业机会,提高了农民收入。攸关社区经济命脉的特种产品以其特有的生命力重新组合了传统经济结构,由此也提高了社区生民的生活水平。时人估计,1906 年富阳竹纸一般约可博六七十万金,草纸可博三四十万金。[4]据 1933 年统计,每担天目笋干可换大米 10 担(当时大米价格每担 5 至 7 元);以个人计,从事拗笋的雇工常常免费享用酒肉,每天的工资相当于时价七八斤大米。[5]作为武康西南乡特种产品的竹子,与当地农民的生计密切相关,其利益超过了作为杭嘉湖地区重要经济作物的蚕桑业:"武康之竹,西南所盛产,利过蚕桑。"[6]新市农民为可观的经济利益所驱使,在 1936—1938 年掀起了一个宰杀胎羊的高

[1] 窦天语.江宁金箔光灿四方[J].江宁春秋(6):1987-08.

[2] 苏锡生.无锡农民副业之今昔观[J].东方杂志,32(10):1935-05-16.

[3] 章振华,王佩光.无锡传统风俗(内部资料)[M].1991-12:105.

[4] 富阳土纸风情录(内部资料)[M].1991-11:3.

[5] 吴志明.天目笋干[J].湖州文史(2):1985-04.

[6] 刘蓟植,颜彭年.安吉州志·风土志[M].乾隆十五年(1750)刻本.

潮,全镇每天上市量 500 头。[1]抗战前,沙洲凤凰乡的草籽,每两箩可卖到 1.5—2 元。由于价格看好,经济效益较高,人们对种植草籽特别重视。当时农户在安排秋播茬口时,种草头籽的面积一般不少于 30%,全乡种植面积不少于 8 千亩,每年销往外地的草籽有 1 万多担。[2]

近代中国许多传统的家庭手工业,在外国资本主义工业的竞争下,逐渐衰落,首当其冲的是棉纺织业,丝织业以其特别工艺抵挡一阵,亦力竭而退,江南其他许多农村副业也遭受了大致相同的命运,农民生活水平因此而急剧下降。棉农、蚕农不论,即以余姚农村从事草帽业的农民而论,他们的工资差额在 1931 年前后有如霄壤,每顶帽坯工资从 1.33 元下降到 0.4—1 元。[3]对此,费孝通先生认为"如果从衰败的家庭手工解除出来的劳动力能用于其它活动,情况还不止于如此严重"。[4]从事特种产品的生产农民避免了这一两难选择。浙西湖羊产区,"自蚕业衰落后,适逢小羊皮外销旺盛之时,故畜羊事业尤为地方人民所重视"。[5]在余杭南乡,"闻此乡竹山,价值倍于良田,每亩值银约一百五六十元,年可获利三四十金。故该处居民每家如有竹山十亩,即可生计裕如"。[6]经济分析的出发点和归结点应该在劳动者;大多数劳动者生活水平的提高,是社区发展的重要标志。以此为基点,特种产品的存在具有特别重要的意义。

江南乡村存在着特种产品的产业结构呈现高度化的态势,经济总量为之增加。产业结构的高度化,不但是指乡村由单一种养业向一、二、三产业并存,特别是二、三产业占据主导地位的发展过程,而且也意味着形成更高经济效益的种养业结构。

在"过密化"的农业里,存在着大量过剩劳动力,劳动的边际生产率大大低于其平均生产率。1930 年,有专家估计,缘于农业生产的季节性,中国"十五岁至五十五岁的农村人口中,每年至少有五千五百万人是失业的"。[7]这是一种隐性失业。特种产品的生命力增强了其劳动力容纳量,实现了农业劳动力的转移。据新中国成立初的调查,平望胜墩一村从事手工结网的人员就有 300 人,甚至八九岁的儿童亦谙此业。[8]号称"金箔之乡"的花园乡民,民

[1] 张春林.新市的羊行和养羊事业[J].湖州文史(8):1990-04.
[2] 谢金良.名扬沪杭的鹫山草籽[J].张家港文史资料(13):1993-12.
[3] 茅可人.余姚农村的续命汤——草帽业[J].东方杂志,32(12):1935-06-16.
[4] 费孝通.江村经济(1939 年)[M].南京:江苏人民出版社,1986:200.
[5] 彭起.浙西的胡羊[J].东方杂志,34(15):1938-08-01.
[6] 志余杭南乡之笔管[J].申报,1931-07-05.
[7] 顾毓泉.手艺工艺与农村复兴[J].东方杂志,32(7):1935-04-01.
[8] 平望镇志办公室.平望丝网[J].吴江文史资料(7):1988-06.

国年间“吃打箔饭”者90%。[1]光绪《富阳县志》载,“邑人率造纸为业,老少勤作,昼夜不休”。据统计,1930年该县从事土纸生产的人口占全县总人口的1/5。[2]浒墅关地方志亦言:“乡村妇女,织席十之八九……席草之肆、席机之匠唯浒墅有之。”[3]这些劳动力的转移,非但不影响农业产出总量,反而因劳动力转入特种产品的生产,还增加了社区经济总量。

这里所出现的产业结构高度化独具特色:其一,在传统经济结构中运作。在近代社会历史条件下,外国资本主义经济在中国肆虐,民族资本主义于夹缝中生存,在人口激增的乡村,要实现小农业与手工业相结合的传统经济结构的全面改造,是涉及一个更广阔范围的问题。于是,在传统经济结构的改造动力未能产生之前,江南乡村致力于发展特种产品,提高产业结构。20世纪20年代末,在吴县焦山乡镇社会的一个访问者了解到:

> 这些村子里的农人就向来靠着在农闲的时候,到石宕里去做工,当作重要副业。而沿山左的种田人,也都把到石宕里做工,当作一件赚钱的大事情。
>
> 他们只晓得这是祖上传下来的老规矩,只要田里不忙,一有空功夫,总想到宕里来赚几个外快,贴补贴补,尤其是现在米麦菜子,桑业丝绸样样都不值钱的时候格外想来多赚几文;而同时远至木渎善人桥,各处乡村里的农人,远远的都到宕里来,抢着做工。
>
> “铁椎班”(凿石头的雇工)由作头介绍去做工,他们家里都是种田的,还得照顾田里的事。他们常在上午十时去上工,午饭是带上去,或是家里送去的。[4]

诸如此类的亦工亦农家庭,依然处在传统的小农经济结构当中,但从社区发展的视角透视,产业结构已经提高到另一高度,其历史价值不容低估。

其二,在乡村社区中实现。城乡关系的改变,城乡差别的缩小,即乡村城市化是社会发展的必然趋势。许多学者,特别是国外发展学理论家,都自觉不自觉地信奉这样一条理论逻辑:乡村城市化必然伴随乡村人口的空间转移,这是一个乡村人口城市化的过程。但是,近代中国城市工业不发展,人口膨胀迅速,无法容纳更多的乡村人口。偌大的上海,竟没有乡下人的立足之地:

> 阿二本来是桐乡的佃农,因为近来收成不好,地方政府又厉行苛捐杂税,在他一年的收获,还不及一年的租税,那么他一家的吃食呢?他不

---

〔1〕窦天语.江宁金箔 光灿四方[J].江宁春秋,(6):1987-08.
〔2〕徐彭年.富阳的草纸槽户[J].东方杂志,33(8):1936-04-16.
〔3〕凌寿祺.浒墅关志·风俗[M].道光七年(1826年)刻本.
〔4〕张潜九.吴县焦山石宕访问记[J].东方杂志,32(16):1935-08-16.

得不趋向到繁华的都市来找食，去年便进入××亮工厂。

唉，不幸人碰着总是不幸的呀！去年年底，厂方亏本减少工人而被裁……到了现在足有两个月了，在这两月的中间，他极力地想法去找，可是哪里会有留下的位置呢？[1]

在乡村社会发生的产业结构高度化，实际上减轻了对城市的压力，缓解了城市社会问题。

其三，在乡土意识的轨道上运行。芝加哥经济学派的代表舒尔茨等人早在1962年就提出了人口迁移的成本一效益理论。所谓迁移成本，不仅包括货币成本，如交通、住宅、食物等方面增加的支出，而且还有心理成本，如迁移者在新环境中的紧张不适等心理损失。[2]在传统农业社会里，江南农民终年劳作于乡间，形成浓厚的乡土意识，富阳曾有"宁做故乡乞，不做他乡官"之说。在这种观念的支配下，他们就地取材，足不出户，一个农户便能生产手工土纸。

传统农民也是现实生活中遵循经济理性原则的行为主体，他们总是在权衡迁移成本和收益后，产生迁移意识。在原有空间中实现的产业结构高度化，减少了安土重迁的江南农民的心理成本。在这里，我们无意于为封闭的乡土意识作辩护，但从现代经济结构消融乡土意识的角度而论，这不失为一种现实选择；事实上，新的经济结构只能孕育于传统的乡土社会的土壤里。

特种产品的生发性，使其具有品簇拓伸的经济和社会意义。特种产品经济是一种品簇经济，表现在：第一，一种特种产品引发出另一种特种产品。作为枫泾特种产品的土种猪，皮肉细腻，肉质鲜嫩，里中丁义兴饭馆取其四只蹄子，配上上号酱油、细盐、砂糖、陈酒、茴香等佐料，以"三旺三文"的火候烧煮，创作出风味独特的红烧"丁蹄"。1910年，丁蹄获南洋劝业会银质奖，1935年又获德国莱比锡万国博览会金质奖章。[3]枫泾一镇肉庄的猪蹄远远不能满足烹制丁蹄的需要，远至平湖、嘉兴、乍浦的猪蹄源源而来。据老人回忆，民国时枫泾镇往来班船航线二十多条，几乎都曾代顾客代购代运过丁蹄。[4]余杭南乡的笔管与湖州善琏的毛笔，吴江黄草与无锡南方泉、许舍的黄草织物都是这样的"双胞产品"。系列特种产品繁荣了乡村经济。

第二，特种产品增强了社区节点的吸引力。安吉地域广阔，竹林似海，竹子缘何成为梅溪的特种产品呢？"盖缘安吉县梅溪地方，乃两县人民辐辏之地，所产布缕丝粟，竹木果栗之属，悉属是乡，以致买卖，乃生理出入必由之

〔1〕 陈燕章.失业后的阿二[N].时代日报，1934-07-20.
〔2〕 辜胜阻.非农化与城镇化研究[M].杭州：浙江人民出版社，1991：81.
〔3〕 袁炳荣.枫泾镇志[M].上海：汉语大词典出版社，1993：57.
〔4〕 朱春生，俞剑峰.枫泾古镇丁蹄香[M]//枫泾猪(内部资料).1992-11.

路。”[1]以竹林为依托,处于地理要冲的梅溪形成了对社区因子(如人口、物质、信息、能量)的特殊引力。吴县藏书乡的巙村,因为堆存集运焦山石料而被称为石码头,1932 年,石码头一带形成街市,百舟云集,石铺店肆林立,名焦山镇。[2]焦山石料又成为乡镇建设经费的重要来源。过去,镇“河边还有一个专门收石税的捐卡……直到现在地方假使有些要钱的事,却仍旧还要向石头身上来设法的”[3]。

第三,特种产品成为城乡联结的中介。新市镇的羊毛行几乎把所有的羊毛、羊皮、丝吐头等货物都销往上海,与在沪的羊毛行往来频繁。这样,有的羊毛行以上海老板为后盾做羊毛生意,有的则因为常在沪跑码头,靠着信息灵通,开设羊毛行。[4]从贸易方式看,不只在新市,以湖羊为特种产品的整个浙西,都以上海市场为枢纽。这些湖羊皮全数销往上海,再转运美国,其贸易方式有:(1) 由产地之皮毛业者收买小羊自己剥制或购买已剥之小羊皮,转售于当地之批发皮毛行;否则自行带至沪上售与洋庄皮号。(2) 由上海商人直接派人至产地收买。(3) 由上海皮庄或洋行委托产地之皮毛行,以规定之价格收进,洋庄皮号再转售与出口之洋行。[5]从上海对浙西的经济辐射过程,不难看出特种产品的重要性。

第四,特种产品形成相应的文化丛。在安吉天目笋干的产地(章村、报福、上市、山河等乡),山间设厂业主为祈求神灵保佑,开山之时,总要祭拜山神、土地、菩萨。[6]江宁花园、龙潭一带操金箔业者所供奉的祖师爷是葛仙。葛仙,本名葛玄,三国东吴道士。相传他曾隐居于方山石室中,修真炼丹,寻求长生不老之道。他在炼丹中发现了制箔之术,并把此术传给了他的弟子们。此后代代相传,转用于生产经营,以谋生计,流演至今。[7]元代以来,善琏湖笔驰名于世。其地有含山,山巅浮图其卓如笔,孤丘无从,乡民相传善琏笔因此而工。[8]清明时节,附近居民漫游含山,蔚然成风。[9]含山成为湖笔文化的自然物化。置身于泥玩具的消费环境,你会惊异地发现,那分明是在重演着创世神话中抟土造人的古老事迹。庞杂随意的中国民间信仰折射出传统文化历久相沿的祈福禳灾的功利目的和物我交融的哲学意境。

---

〔1〕 何显.奏改县为州疏[J]//湖州文史,第 8 辑.1985-04.
〔2〕 锦章先生.善人桥区政录[M].1932.
〔3〕 张潜九.吴县焦山石宕访问记[J].东方杂志,32(16):1935-08-16.
〔4〕 杨汝请.新市的羊毛业[J].湖州文史,(8):1990-04.
〔5〕 彭起.浙西的胡羊[J].东方杂志,34(15):1938-08-01.
〔6〕 吴志明.天目笋干[J].湖州文史,(2):1985-04.
〔7〕 窦天语.江宁金箔 光灿四方[J].江宁春秋,(6):1987-08.
〔8〕 樊树志.明清江南市镇探微[M].上海:复旦大学出版社,1990:260.
〔9〕 徐建新.练市镇志[M].香港:金陵书社出版公司,1992:382.

特种产品由于其特殊性常常成为现代乡镇工业和专业生产的历史依据，促成了社区产品的开发。在“金箔之乡”，1955 年就建立了江宁县金箔锦线厂，1987 年该厂金箔生产占全国年产量的 70%，成为江宁县的拳头产品。[1]在平望胜墩村，20 世纪 70 年代末成立了渔网厂，1979 年全村有 996 人从事该项副业，共生产 10100 条丝网，人均结网收入 100 元。[2]在吴县焦山，1984 年以来先后成立了藏书乡花岗石料厂、藏书联营采石加工厂和吴县花岗石标准板材厂。[3]在浒墅关，改革开放后，四乡草席专业户以专业市场为依托，大量生产“浒墅席”，盛誉空前。[4]历史悠久的富阳土纸，继承传统工艺，恢复传统特种产品的地位，在今天获得了巨大的发展，土纸产量居全国首位。1991 年底，全县共有土纸槽厂 5208 家，从事土纸生产和辅助造纸生产的农业人口达 13 万人以上，占全县农业人口的 23%。机制纸及纸板生产也遍及城乡，纸业在全县国民经济中占有相当重要的地位。[5]清末民国年间，嘉定徐行、澄桥一带草织品产销环节繁多，中间剥削沉重，所谓“蒲鞋老板发横财，籴米不够买糠菜”，反映的正是这种情形。1950 年成立了徐行草织供销社，以减少中间剥削。1955 年成立了徐行草织联营社，试行集体合作生产，农民得到了实惠。在地区合作的过程中，吴江县广种黄草，成为嘉定黄草业稳定的原料基地。到 20 世纪 90 年代，戬浜、嘉西、朱桥、嘉定镇都有人在从事黄草编织。随着外向型格局的形成，地区和人数还在不断地扩大。[6]

需要指出的是，对于历史上的特种产品在现代产品开发中的意义并没有引起人们足够的重视。民国年间，平湖城厢镇的大小竹行十多家，钟埭乡饭箩浜和沈家弄是有名的竹器专业村，沈家弄 17 家住户都是竹器世家。令人遗憾的是，这一很有发展前途的产品，在新中国成立之后逐渐萎缩，1973 年遂至销声匿迹。[7]20 世纪 20 年代末，一位有识之士在谈到开发武进焦溪特种产品白泥时说过这样一席话：

> (白泥)因为发现还没有多年，销路尚未普遍。可以做精细的陶器，细白有光泽，比宜兴县蜀山所出，要好得多……有的山主们懒于开掘，有的纵然发现了，又常常为了离水道路远，不肯出相当的运工，等待那不常来的收买者。以致良好工业原料，埋在土中，真很可惜，不如“蒲包出在

[1] 李荣潮，陈祖贻. 江宁县志[M]. 北京：档案出版社，1989：235.
[2] 平望镇志办公室. 平望丝网[J]. 吴江文史资料(7)：1988：6.
[3] 周土龙，金云良. 漫话焦山采石史[J]. 吴县文史资料(7)：1990-11.
[4] 殷岩星. 浒墅草席历古今[J]. 吴县文史资料(9)：1902-10.
[5] 王文治. 富阳县志[M]. 杭州：浙江人民出版社，1993：369-370.
[6] 杨于白. 嘉定县志[M]. 上海：上海人民出版社，1992：171.
[7] 屈济沧. 铁木竹业的演变[J]. 平湖文史资料(4)：1992-11.

焦溪”的尽人皆知了。[1]

鉴于此，致力于乡村发展的专家呼吁，要复兴农村，不能只注意农业本身的问题，“对于农村副业—手艺工业”，必须投以足够的关注。手艺工业与特种产品并不等同，但这种发展“手艺工业”的思路对我们当有所启迪。

〔1〕 成培诚. 焦溪镇[N]. 新闻报，1936-12-15.

江南乡村庙市与近代农家生计

【内容提要】 遍布江南的乡村庙市与农家生计息息相关。缘于特定的社群亚文化，传统庙市的消费偏好，构成农家消费结构的重要因素，阻滞着健康生活方式的生成。近代乡村庙市与世界资本主义市场相扣联，具有经济理性而又无助的农民在庙市上的交易行为，是其面对变幻莫测的市场所作出的艰难选择。以庙市来枢纽家庭手工业品的农家，深受此类原始短期地方市场之害，与其他既得利益阶层形成鲜明反差。

【关键词】 江南庙市；农家生计；消费偏好；交易行为；利益分配

依然存在于近代江南乡村社会的传统庙市，与农家经济生活的关系如何？史学界过去几乎没有涉及。笔者试图通过对这一问题的关注，以加深对江南乡村独特的经济、社会生活的理解。

一、内在理路：庙市消费偏好

在农民消费结构中，庙市消费占多大的比例？难以有一个精确的答案。在 1946 年 8 月一份材料中透露的吴县东山庙市所浪费的“有用的物资”比例，让人不敢相信：“迷信的风气还是如此般炽热；每年每个家庭中所耗费于迷信上的要估全年支出的百分之二十至三十，劳力的浪费更无从统计了。”[1]显然，这里的估测不具有普遍性。1927 年有人对江苏句容县农民的消费结构进行了一次调查[2]，其中，年收入在 17 美元到 28 美元之间的雇农，以个人计，敬神费约为总消费的 4.5%。这一数据可以作为我们的参考。制表者在“雇农之消费比例”表下注曰：“雇农非真为敬神而有如多之消费也，乃参与敬神之费耳。”所谓“参与敬神”，逛庙市费用当为“敬神费用”之一部分。依作者口气，似乎高估了敬神费用，其实，如果把与庙市相关的许多其他费用计算进去（其中应当算入的），可以肯定，这里的统计还是不完全的。在此仅列举两种：

其一，庙会交际费。时逢庙会，四面八方的亲朋好友，“从外祖母起一直

〔1〕 醒农.东山农村迷信问题之商榷[J].莫厘风，(2)：东联出版社，1947-01-01.上海图书馆藏.

〔2〕 巫宝山.各地农民状况调查·句容[J].东方杂志，24(16)：1927.

到自己的女儿,女儿的小姑,几世不走动了的亲戚,因此也走动起来"[1],为尽地主之谊,自当款待。奉化忠义乡的"灯会"在元宵节,是时,乡民们"虔备祭礼,张灯结彩,演戏于神庙,盖春祈岁稔意也",形成庙会,"亲属多因此时往观……(灯会)盛推松隩景祐庙,惟祀神而外縻(糜)费殊甚"。[2]1936年,一位记者去太仓璜泾采访猛将会,"踱出庙门,至亲戚家里去吃饭,知道此地的居户,几乎有十分之八,都在当'招待亲友'的差使"[3]。

既是待客,自不能"小菜一碟"。在经济状况并不算好的上虞南乡"素无夏戏",1930年盛夏也演起庙台戏,陈溪口、潘宅、背向等近二十个村落乡民,"俱至下管街购买鱼肉,以饷来宾",无论如何还算开心,因为"今岁稻禾丰收,乡人喜形于色",乐而为之。[4]在北乡,有所谓"小越神会","本街及上堰、长河港、眺头、顾家、石板弄等处,居民办盛馔款客,故数日中,鱼虾猪羊之价大增,且供不应求"。[5]所以顾颉刚先生的朋友王伯祥说:苏州乡村上演庙台戏,"乡民不费于戏资而费于请吃戏饭。每年演戏,邀请他乡村之亲友来看,杀猪设酒,费百余元不为奇也"[6]。穷苦人家把此项花费看作一项沉重的负担。遇有特殊情况,乡民更是叫苦不迭。1919年6月,常熟莫城镇赛城隍会,"原定于旧历初五六两日,届期适遇阴雨,遂顺延一日,乡人以鸡黍款客,因之大费,甚有典钗质衣,以尽地主之情者"[7]。仔细考察,这样的事例并不极端。据史料记载:江南一些地区的庙会活动曾造成"昨天取钱今取谷,春衣典却还卖犊","农民有失家产者"的结果。[8]

从家庭经济社会学的观点看,庙会交际费是一种双向的家庭资源转移,应该说是一种必要消费,但由于其即时性和攀比性,让缺少储蓄的贫困之家承受了很大的压力。庙会交际,既赔物力,还要搭上劳力。当时报载:在上海浦东社庄庙著名的"三百六十行赛会"期间,洋泾镇上其他商行(店)莫不利市三倍,"惟收买机织布之布庄市面完全停止,盖无论贫富之家,妇女大都招待亲戚之观会者,中馈忙碌,遂投梭辍织",记者为此感叹:"幸此会数年一举,否则将不胜其劳矣。"[9]

其二,施舍费。居住在丹阳窦王庙附近的人家,每逢庙会,总要给坐夜者

---

〔1〕 臧克家.社戏[J].申报,1931-04-17.

〔2〕 忠义乡志[M].光绪二十七年刻本。丁世良,赵放.中国地方志民俗资料汇编(华东卷)[M].北京:书目文献出版社,1995:771.

〔3〕 严洗尘.五月廿一的太仓[M]//中国的一日.上海:生活书店,1936.

〔4〕 南乡大庙演戏[J].上虞声.1930-08-20.上海图书馆藏.

〔5〕 小越神会之热闹[J].上虞声.1928-11-30.上海图书馆藏.

〔6〕 顾颉刚.苏州史志笔记[M].

〔7〕 赛会状况[J].常熟日日报,1919-06-08.

〔8〕 虞乡志略(8),(道光)璜泾志稿(1).

〔9〕 社庄庙迎神赛会纪[J].申报,1929-04-30.

送米粥、点心,就是一种施舍。[1]当然最常见的施舍是对乞丐的施舍。赶庙会的善男信女,此时尤其虔诚。庙堂内阵阵鼓号、缕缕香烟,或许让一个情感并不细腻的村妇也能平添几许对人间生灵的关怀,对受伤生命的关切,所谓“乐善好施”的心理,更容易在这样的气氛中生发。

那些缺胳膊少腿的乞丐,不是来进香的,他们也虔诚,不只是对神,更是对虔诚地信奉神的人。他们常常排列在山道两侧,大路两旁,根据进香者的不同身份,用“奶奶、大娘、姑姑、姐姐”之类的称呼,用有如捣蒜的磕头,用最能让人皱眉怜惜的身体部位的展示,用谁也听不懂的念叨、咒语,求得人们的施舍。据说,乞丐中鱼目混珠者不少,有的还能借机发一笔小财,但这种情况,广种福田的香客们并不去管它。浙东灵峰寺庙会期间,每天的乞丐多达一千多人,数百人是常事。[2]参加过苏州城郊上方山庙会的人们,一定不会忘记这一壮观场面:数百名体态各异的乞丐,蜿蜒于长达数里山径,有备而来的香客掏出“角票”一路洒过去。跟庙会交际费不同,这种家庭资源的外向转移,具有单向性和无交换性的特点。

作为乡村最重要的一项精神性消费,庙会花费的绝对数不能算高,但在当时温饱还成问题的情况下,人们还是感觉到了这种消费结构的不合理。身受现代文明洗礼的吴县东山旅沪乡亲指出:“赛会迎神是应做之事,烧香拜佛是必然之举,虽废时伤财在所不惜。但是对于公益有利地方诸事,要他们出一点钱,就非常吝啬,而其对于关系自身有密切之农业如何改良,果树发生虫害损失,还有鱼池为水患成灾等等,则反不闻不问,不之顾及,推之于命运委之于鬼神,墨守成法,不事改进,为时代落伍者,此实迷信所致也。”[3]以家庭为基础的社区消费结构亦大致不离。吴江黎里镇,一年中的岁时化费倒还有限,但在中秋之夜举行的“太平神会”,花样百出,“宿山”“接佛”“游河上殿”“夫人会”等,不一而足,故黎里一方,“别无靡费,惟此一节所需无算”[4]。

如果说这样的消费结构是不合理的,其实是其中的消费偏好的不合理,而这种消费偏好是受制于近代社会经济文化条件的。在当时的社会历史条件下,农民社会的亚文化决定了消费偏好的性质。这一点,只要听听吴县善人桥镇茶馆里农民的议论就很容易明白了:

——徐家场村好几家小孩,昨晚多在发寒热,一定老菩萨在不答应哩!我们要拿稳主义,一定要出的啊!

---

〔1〕 张昌龄.丹阳县志[M].南京:江苏人民出版社,1992:870.

〔2〕 沈志远,乐炳成.灵峰山“葛仙翁菩萨”信仰的调查.

〔3〕 醒农.东山农村迷信问题之商榷[J].莫厘风,(2):上海:东联出版社,1947-01-01.上海图书馆藏.

〔4〕 徐达源.黎里志[M].孚远堂刻本:嘉庆十年(1805).

——要晓得不出会,若是老菩萨显起灵来,我们七十二段的村庄,都要不太平的……从前木渎镇绅士姜桐青,新中举人,在出会的时候,冲撞道子,隔日就暴病而卒;唐冈头村民柳鲁山不赞成出会,后来子孙断绝。

在茶馆里劝止庙会的“农村改进会”成员闻此十分感慨:“乡民的中心信仰,只有泥塑木雕之偶像,这是中国数千年来相沿的迷信风俗,破除实非易事,恐怕不独善人桥是如此吧!”[1]

的确,不独善人桥如此!青苗会是旧时江南地区比较普遍的一种迎神赛会,大多在农历七月中旬举行,因为在这段时间里,天气干旱,病虫害频发,农民们指望通过这样的行会,使青苗返青,“青苗”之意存焉。在浙江慈溪乡村,人们相信,庙里的菩萨抬出来若不行会,“庙脚”所属村落就会有天灾人祸降临。预防灾难的青苗会自然就由受益的村落共同负担了。长期以来,形成规矩,行会经费,以庙脚村落为单位,按田亩分摊。[2]

要说农民的庙会花销完全心甘情愿,也不尽然。在这里,社区组织的影响力和一定程度上的强制性是明显存在的。

在湖州双林镇,做春社成为土地会的一个有机组成部分。“乡村必有庙,所祀者曰总管。正二月间必有社戏一二日,费则照田科派,虽孤寡贫乏衣食不给,亦必急切筹措。”经费的筹措为何如此急切呢?原来,“每年必举社村中人,聚而饮啖肉食等,有定式。稍不如式,司会者当其责,广众中大声以呵。社有余钱,则按户分存生息。临期有亏,负罚甚酷。此则各村皆然者也”。[3]“司会者”的权威来自于乡土“同意权力”,是草根力量的社区显示,其影响力绝不能小视。[4]

在苏州西南乡,主持“穹窿老会”事务的村落,“所认定之仪仗,亦有老账根据,不可轻易变更,如力不能负,虽借债卖田,亦所情愿”。真是情愿的吗?一位“段头”(即会首)坦言:“今年米只粜五块半钱一担,丝只卖三块多钱一斤,说句不客气的话,大家手头多很拮据,还有什么力量,来寻这种穷开心,此事都由各段头负责。”从事乡村建设的“农村改进委员会”了解贫苦农民的难处,力劝停止出会,深合他们的心思:“你们先生真是好心,能得发起不出,是再好没有了,现在米和丝都卖不起价钱,他们一定要出,真是拖人下水,叫我们穷人怎样受得住呢?”[5]

上海郊县一带的“钱幡会”是一种比较特殊的庙会集资方式:农历三月二

---

〔1〕 王洁人,朱孟乐.善人桥的真面目[M].苏州:吴县善人桥农村改进委员会,1935.
〔2〕 滕占能.慈溪青苗会调查[M]//中国民间文化(14):上海:学林出版社,1994.
〔3〕 同治双林镇志,“风俗”。
〔4〕 费孝通.乡土中国[M].上海:生活·读书·新知三联书店,1985:61.
〔5〕 王洁人,朱孟乐.善人桥的真面目[M].苏州:吴县善人桥农村改进委员会,1935.

十八日,载歌号游,礼于山岳祠。先是,东乡的巫师们,从元旦开始,舁偶神循门互唱索钱,结缕为胜,以奉岳神,谓之“钱幡会”。至是日,鼓乐骑盖送神上山而散。[1]对于这种方式,说它强制吧,并不是非要出钱不可;恐怕也不是所有的农民都乐意为之。无独有偶,浙东一带也有类似的方式:“有所谓闹龙灯者,数人执龙灯一,敲锣击钹,沿门索钱以备他日赛会之用,谓之‘抄化’。”[2]“钱幡会”也好,“抄化”也罢,它们都以神的名义在行动;由此,神的意志成了巫的意志,巫的意志成了农民的意志,所谓农民的消费偏好不过是对神的偏好。

二、个案分析:庙市交易行为

在桐乡乌镇,每年从农历三月初一到月半,土地庙照例有“‘庙会’式的临时市场”,称“香市”。[3]赶香市的主要是农民。乌镇香市也有一般庙市常有的生活日用品买卖,但桑秧的交易是其颇具特色的重要的交易内容。

桑秧,即桑树的幼苗。在蚕丝业发达的江南乡村,这是一种必要的生产资料。被称作“桑秧客人”的外路人看准了这个重要市场的存在,每年跟戏班子一同来到乌镇:“桑秧客人”来了,“香市”也就快到了,戏班子船跟桑秧船停在一处。“桑秧客人”提供的桑秧种类有很多“辈分”:排行“老大”的有“一人高,两叉儿的,通常一棵一棵散放着”;“差不多同样高,然而头上没有两叉儿的,那就四棵或者六棵并成一组,并且是躺在地上了……它们是桑秧一家子里边的老二。还有老三、老四、老五……自然也只有躺在泥地上叠‘人’堆的份儿了,通常是二十棵、三十棵乃至五十棵扎成一组。最末了的‘老么’们竟有百来棵挤成一把儿的。你远看总以为是一把扫帚”。[4]

在19世纪20年代初的乌镇香市上,即使是“老么”辈分的桑秧也都有相应的买主。那时,国内外蚕丝业市场运行相对稳定,一些“会打远算盘的人”,便可能进行土地经营的分割,决定中长期投资。“身家在村子里数一数二的”富裕农民黄财发就“特地”去“香市”买“老么”来种。种植“老么”就必然要分割出一块“搁上十年再收利”的空地,因为“要把这些‘老么’调理到能够派正用,少说也得十年!”他首先付出了这块土地的机会成本;“他有一块地,据说是用得半枯,非要让它醒一醒不可了;他花三毛钱买了两把‘老么’桑秧来种,就种在那块土地上”。

---

〔1〕 松江府志(清嘉庆二十年刻本),奉贤县志(清乾隆二十三刻本),金山县志(清乾隆十七年刻本)[M]//《中国地方志民俗资料汇编(华东卷).北京:书目文献出版社,1995:4、35、37.

〔2〕 陈训正,马瀛.定海县志[M].民国十三年铅印本.

〔3〕 茅盾.故乡杂记[J].现代,1(2):1932-07.

〔4〕 茅盾.桑树[J].申报月刊,3(9):1934-09-15.本节未注明出处者均来源于此。

十年树木。“这十年里头,他在那些小桑树身上灌了多少心血;不但是心血,还花了钱呢!他有两次买了河泥来壅肥这块用枯了的地。十年来,他和两个儿子轮换着到镇上去给人家挑水换来的灰,也几乎全都用在这块桑地。”不难看出,培育桑秧的家庭生产活动,消耗了黄家可以支配的多种资源:包括作为财政资源的“花了钱的壅肥”,作为人力资源转换形态的“给人家挑水换来的灰”,作为人力资源的“心血”,以及十年的时间资源。[1]十年之后,投入有了产出。1930 年,新桑地“已经给了他三十担叶”。

令黄财发始料不及的是,世界资本主义经济危机的恶浪袭向江南深乡小镇,1933 年“蚕熟”的时候,“人家买贵叶给蚕吃,黄家是自吃自。但是茧子卖不起钱,黄财发只扯了个够本”。不然的话,黄财发也免不了许多蚕农的折本命运。黄财发对市场信息很快作出了反应:“下一年就发恨不养蚕了,专想卖叶。”然而,急剧变化的叶市彻底“打翻了他十多年来的如意算盘”:叶价起先就贱到不像话;镇上的“叶行”是方圆二三百里范围内桑叶“买”“卖”的总机关,但这一年叫作“有秤无市”;最初一元两担的时候,黄财发舍不得卖,后来跌到一元四担,黄财发想卖也卖不脱手。

到这时,黄家再也没有长期投资桑秧的可能了:“他现在的光景也比不上十年前了。十年前他还能够‘白搁着’这块地,等它过了十年再生利。现在他却等不及。他负了债,他要钱来完粮缴捐呢!”于是,在乌镇香市上选购桑秧的,不见了专挑“老么”的黄财发们,而基本上变成了准备进行短期投资的自给性蚕农。

自给行为是蚕农对于市场风险的本能反应。早在明清时期,随着商业性农业的发展,蚕农中就分化出摆脱自给性、专门为市场而生产的桑农。植桑与育蚕分离的同时就产生了沟通两者的“叶行”。《乌青文献》云:“凡蓄蚕者,或自家桑叶不足,则预定别性之桑。”[2]尽管叶行交易存在着一定的风险,但逐渐发育成熟的乡镇叶行所采取的预购制,以期货方式交易,在某种程度上增强了叶农的风险承受力。[3]时至 20 世纪 30 年代前期,与世界资本主义市场密切相关的地方市场日益变幻莫测,江南叶市也进入无序运行状态。对市场信息了解甚少的蚕农们无法判断市场风险程度,便尽量减少与市场相连结的环节。桑叶自给的蚕农在这种情况下大量增加。“四五十人家的一个村坊,只有五六家养蚕,而且都是自己有叶的。”自给桑叶须有桑苗,香市上的桑秧交易异常热闹起来。

---

〔1〕 经济学家认为,时间这一稀缺资源的价值就是它的“机会成本”,即耗费的单位时间所放弃的收入。朱国宏.经济学视野里的社会现象[M].成都:四川人民出版社,1998:26.

〔2〕 乾隆《乌青文献》,卷二,“农桑”。

〔3〕 小田.江南乡镇社会的近代转型[M].北京:中国商业出版社,1997:183.

在古典经济学家亚当·斯密看来，消费者必定是追求最大利益的理性经济人，但是，在20世纪30年代初的乡村庙市上，蚕农的角色是相当被动的。面对众多的桑秧，优劣是一眼可以看出的，“两叉儿的‘老大’它们都是已经‘接过’……种到地里，顶多两年工夫就给你很好的桑叶了”，而“‘老二’以下那班小兄弟，即使个儿跟‘老大’差不多，天分就差远了……有时要这么五年，才能生叶”。“老大”当然是蚕农们的首选目标，“然而乡下人还了价钱，扪着自己的荷包，算来算去不够交结‘老大’的时候，也只好买了‘老二’‘老三’它们了”。

在这里，蚕农十分无奈：为了对付日益凶险的叶市，理应进行短期投资，选择“顶多两年工夫就给你很好桑叶”的“老大”，但在桑秧的不同价格和有限的支付能力的双重约束下，他们只能进行中期投资，选择“有时要这么五年才能生叶”的桑秧。这一选择行为实际上意味着企图自给桑叶的蚕农一时还无法绕开风险丛生的叶市。

在近代中国历史条件下，现实的市场行为所受到的社会文化的因素的约束，远比“理想”的市场行为费解，尤其是农民的市场行为；庙市为我们理解这种的市场行为提供了一个观照空间。

三、比较研究：庙市利益分配

仅仅从庙会经费来源上看，地主和工商业者负担较多，农民的贡献并不大。然而我们如果把庙市“利益既得者”进行一下比较，便不难理解，为什么有些人愿意为庙会慷慨解囊、甚至一掷千金！

先看一般商人。从经济交换关系上说，庙会也称为“庙市”。庙会期间，商业和有关的服务行业营业陡增。浙江上虞北乡的小越神会热闹异常，“自百官、马家堰、上塘、谢家塘来越之船纷集，船户利市三倍，缸甏摊设于上街九如堂门口，买者甚众。此外洋广货，衣服、鞋帽、笔墨、农器、无不齐备。本镇京货业如成丰泰、采生、采彰、泰生各号，顾客猬集，昼夜不绝”。[1]

19世纪70、80年代，随着近代工业在江南的出现，一批地主开始了向产业资本家转化的历程，但他们在榨取剩余价值的同时，又从事地租、商业和高利贷剥削，往往是地主、企业家、商人和高利贷者几位一体。这些人为庙会捐资，旨在通过庙市获得更多的补偿，如商业利润、服务业收入以及操纵庙市农产品市场中所获的高利贷性质的暴利等。

庙市也是庙董、特别是寺庙住持财源茂盛的好季节，他们实际上也是从事地租剥削的地主。据一些老人回忆：历时九天九夜的浙东灵峰山葛仙翁庙

〔1〕 小越神会之热闹[J].上虞声，1928-11-30.

会结束后,那些未燃完的蜡烛,成几担、十几担地挑往山下,烊化后重制卖出,成为灵峰寺“一笔小小的额外财源”。[1]据称,三月初三上巳节,常熟祖师山庙会历时仅一天,但这“一天的收入,可供众僧一年食用”。[2]其中的赚钱门道在哪儿呢?1929 年春,常熟老城隍庙发起庙会,“当时佞神者络绎不绝于途,闻每份收洋一元,并供以素膳……该庙羽士于此收入除开销外,尚多数百元”[3]。在太仓璜泾,赴“猛将会”的老太们,基本上是自带冷饭,潦水一淘,蚕豆下饭。庙里提供的茶担服务是有偿的:“每一桌供茶一壶,向每一个老太,征收铜板两枚。”[4]无锡的庙会节场,在 1925 年之前,是不收地场钱的,“可是现在(指 1934 年)地场钱是要收了,收地场钱的人除了地皮的主人外,其余都是寺庙里的和尚收去的。收地钱的多少,是看那物品所占据的地面的大小,临时酌定的。这是因为近来地价日渐加重,各种捐税增多。农村经济日趋衰落而破产,使他们不得不注目,转念头,将这负担转嫁到家庭手工业者兼小商人身上”。[5]

业主们为庙会出资不是没来由的。旧时无锡城乡庙会不断,但规模和影响最大的莫过于惠山东岳会。无锡自古便是全国闻名的四大米市之一,传统的商业、手工业极盛,进入近代以后,纺织、缫丝、造船等现代工业发展更快。各行之间竞争激烈。而庙会是轰动城乡、沟通八方的综合性集会,在传统社会,对于企业(业主)来说,像这种展示实力、赚取声望的机会并不多。在这里,它们以另外一种形式展开了竞争。参加庙市的行业,总是使出浑身解数,力求使各自资助的庙会更为“体面”,借助神的风采来展示行业的实力。所谓迎神赛会,就暗含着行业竞赛的意义。无锡北塘的米业和西门的缫丝业,历来势力最大,它们赞助的惠山东岳出会,场面自然壮观。[6]四月十五日府城隍诞,诸神赛会往贺。十六日之“谢酒会”为诸会之冠,“由北塘商贾所集,出钱易也”[7]。也许,企业捐助所获得的利益不是有形的,或者是立竿见影的,但在现代媒体未普及的时代,在区域市场占重要地位的时代,精明的江南业主们眼光一点也不“小农”。

承理庙会的会首们自然也不会错过这个敛财的机会。常熟白茆乡李王庙,“每次赛会经理者常有三百至五百金利益,每启攘夺风潮,所以一般视为

---

〔1〕 沈志远,乐炳成.灵峰山“葛仙翁菩萨”信仰的调查.
〔2〕 港口地方志·29[M].张家港地方志办公室藏.
〔3〕 市乡通讯·道士意外得款[N].常熟日日报,1929-04-11.
〔4〕 严洗尘.五月廿一的太仓[M]//中国的一日.上海:生活书店,1936.
〔5〕 叶宗高.无锡城乡的节场[J].新中华,2(18):1934-08.
〔6〕 朱海容,钱舜娟.江苏无锡拜香会活动[M]//中国民间文化(5).上海:学林出版社,1992.
〔7〕 黄印.锡金识小录.光绪二十二年(1896 年),王念祖活字刻本.

发财捷径，竭力运动”[1]。到了农历二月中旬，宜兴庙会的会头们就格外起劲。据传，香客烧香时丢进香柜里的钱，他们可以随便拿走，并说：“某某老爷，我活着为你办事，死后也为你做事呀！这点钱，我拿着用啦。”[2]这段文字有道听途说之嫌，我们可以把它看作是作者无法了解会首们的“规矩”和“程序”的记载，不过，其实质性的内容并没有遗漏。

江南庙市上还活跃着一群“临时商人”，所谓“商贾云集”，主要指的当是他们。“临时商人”的原来身份，通过他们所出售的物品种类推想，大体包括小商贩、独立手工业者和农民三类。[3]

小商贩和独立手工业者乘机可以分一点庙市余润。庙会一般在农忙之前或秋收之后举行为多，这时的农民正搁闲，手头也比较宽裕，往往利用逛庙市之际买回必要的生活用品，“庙场讯期间，摊贩云集，各种商品应有尽有，平时买不到的，卖不掉的东西，一般都能买到、卖掉，会上商贩们忙得不可开交，营业额为平时的几倍或几十倍”[4]。当然，小商贩和独立手工业者毕竟是小本生意，收入有限得很。但无论如何，总还是有小利可图的。

在“临时商人”中也有农民，这时的农民是作为商人的身份出现的，从理论上说，应该是营利者。他们借庙市之机，出售农副产品，购入生产和生活用品。乌镇香市期间，四乡农民，成群结伴，乘了航船，或摇着“赤膊船”去赶香市。他们或背黄布香袋，或拎竹编香篮，顺便捎带自己编制的竹器、芦帚以及各种农产品，去庙中烧香后，便出售自己带来的产品，选购急需的用品。[5]这样的庙市跟农民生活的改善有多少关系呢？茅盾先生把“香市”期间坐商与农民的利益进行了比较：“迎神赛会总共闹了一个月光景……听说也花了万把块呢。然而茶馆酒店的‘市面’却也振兴了些……市面上至少多做了十万元的生意……这点数目很可使各业暂有起色，然而对于米价的低落还是没有关系。结果，赛会是赛过了，雨也下过了，农民的收成据说不会比去年坏，不过明年的米价也许比今年还要贱些。”[6]从庙市就可以看出，工农业产品的

---

〔1〕 白茆乡·掉龙之索隐[J].常熟日日报，1919-03-07.

〔2〕 晓方.庙会[M]//宜兴文史资料(6)：1984-02.

〔3〕 叶宗高.无锡城乡的节场[J].新中华，2(18)：1934-08.按，“临时商人”所出售的物品是，农具类：铁耙、锄头、铁铲、镰刀、犁头、长短扁担、锄头铁耙柄、盎公、斗板、类桶、粪勺、土“大”、“大”篮、蓑衣、笠帽等；家具类：斧头、榔头、凿子、钻子、刨子、锯子、铲刀、菜刀、水桶、勺、长凳、台子、梯、蚕台匾、套栈、栈条、田出、畚箕、笤帚、“大”篮、苗篮、摇篮、手摇车、筛子、连枷、招耙等；渔具类：网、鱼罩、鱼叉、海斗、藏笼、虾笼、箩头、克篓、钓钩等；种子类：菜子、豆种、芋头种、韭菜子等；杂品类：食品、书、洋货等；其他：儿童玩具、西洋镜、出戏法、小热昏、卖拳头、赌摊、掷骰子担等。

〔4〕 潘泽苍.木渎庙会忆旧[M]//吴县文史资料(吴县工商史料专辑).1992-10.

〔5〕 童闻整理.乌镇香市[M]//桐乡县文化馆.茅盾故乡的传说(内部资料).1983：67-68.

〔6〕 茅盾.谈迷信之类[J].申报月刊，2(11)：1933-11-15.

剪刀差,仅仅通过市场是不可能得到调节的。

近代以来的江南乡乡村,伴随着自然经济的逐渐解体,农产品日趋商品化,农民与地方市场的关系更形紧密。一方面,他们为了获得货币,不得不尽可能地把剩余农产品售出,甚至把生活必需品的一部分乃至大部分投入市场;另一方面,尽可能地发展副业生产,增加收入。由于小农经营的普遍存在,国内统一市场的不发达,农民出售农副产品自然只能依赖产地市场。在江南农村,农民出售农副产品的主渠道即为集市和庙市。经济史家冯和法先生曾深刻地指出这种农村短期市场使农民蒙受的损害:“农民在市集庙会中出售其农产物,在形式上虽似直接售出,但是:第一,因这种短期市场不是每天举行,农民需要现款的时候不易一时把农产售出,每次举行以后,又须经过相当时候的距离,以致每到市集时日,农民即不得不忍痛把农产物在不利的条件下售脱;第二,这种市场举行的时间颇暂,范围不大,更使农民无法选择比较的条件;第三,这种市场的组织比较简单幼稚,全是中世纪市场制度的遗留,其间的卖买及市场价值仍多为商业高利贷资本者所操纵。”〔1〕

应该指出的是,冯先生的这段论述是就全国普遍情况而言的。在近代江南,市镇发展程度较高,小市镇的覆盖面较大,集市贸易更为普遍,庙市的经济功能就被具有同样功能的商贸场合所取代,因而呈逐渐减弱的趋势。〔2〕不过,就农民与庙会市场相联系的部分而论,其结论还是基本适用的。

〔1〕 冯和法.中国农村经济资料(续篇)[M].上海:上海黎明书店,1935:916.

〔2〕 赵世瑜.明清时期江南庙会与华北庙会的几点比较[J].史学集刊,1995(1).

江南村妇职业结构的近代变动

【内容提要】 晚清以来，主要基于生理和生态条件的江南村妇传统职业结构，随着外国资本主义经济势力的渗透渐趋分化。发生在生产方式、空间和行业等类别结构的外部参数变动，表明了它与传统村妇职业结构的异质性，而出现在经济报酬、文化资源和社会声望等层级之间的内部参数变动，反映了村妇职业结构的不平等程度。总体看来，江南村妇职业结构的近代变动在不同的地域、不同的时期、不同的行业以及不同的阶层呈现出不同的递度。江南村妇职业结构的近代演替其实也是无数小农寻求家庭生计的艰辛过程。

【关键词】 江南村妇；职业内部结构；职业外部结构；近代变动

一、传统乡村职业结构

在传统乡村社会中，男耕女织体现了职业类属的一般特征，这是一种基于生理的自然分工。丝棉纺织，是江南乡村妇女的两种主要职业，依地区而呈不同的分布状态。大体说来，环太湖流域的杭嘉湖绍地区，以及苏锡乡村，以丝织业为主；沿长江和东海的苏松地区以及杭州湾南岸的宁波地区，以棉纺织业为主。很显然，这样的职业分工是与地区经济作物类型相联系的。在吴县光福一带，“蚕事尤勤于他处……惟地无木棉，故纺织则不习也”。〔1〕

在商品经济发达的江南乡村，妇女职业在经济生活中的地位十分重要。明徐光启曾指出，江南乡村所以能“供百万之赋……全赖此一机一杼而已。非独松也，苏、杭、常、镇之币帛枲苎，嘉湖之丝纩，皆恃此女红末业，以上供赋税，下给俯仰。若求诸田亩之收，则必不可办”。〔2〕丝棉纺织业不仅是地主制经济稳定运行的必不可少的要素，也成为富足一方生民的利益驱动器。在丝绸业兴盛的吴兴南部诸乡，“岁有百十万之益。是以虽赋重困穷，民未至于空虚。室庐舟楫之繁庶，胜于他所。此蚕之厚利也”。

丝棉纺织只是江南乡村妇女职业的大致概括，事实上，还有许多特殊职

〔1〕 徐傅编，王墉，等.(光绪)光福志(卷一)“风俗”[M].苏州：苏城毛上珍铅印本：1929.
〔2〕 徐光启.农政全书(35).

业。如“光福一带山中妇女,隙时皆织席……今称浒关细席者即此”。[1]当然,苏州浒关才是织席最著声名之所在,“席出各乡村。吴中草席自昔著名天下。浒墅乡村妇女织席者十之八九”。[2]杭绍“堕民”的职业较为特殊,“妇女职业在堕民的发达,更非都市里的‘现代小姐’所能梦想;她们完全象男人一样,替妇孺们担任修面一类的工作”[3],“居民有吉凶庆吊,必雇用之,若他处之乐司喜娘然……业此者,以绍兴一县计之,不下一二千人,而尤以柯桥蔡堰,为之渊薮”[4]。

传统的乡村妇女职业结构一直维持到晚清时期,随着外国资本主义经济势力的不断冲击,才渐趋松动。

二、职业外部结构的分化

近代以来,江南乡村社会发生的妇女职业结构分化,可从内部和外部两个侧面加以透视职业的外部结构指的是生产方式、空间、行业等类别结构的变动,这些参数,表明了它与传统职业结构的异质性。

生产方式结构

19世纪末20世纪初,江南乡村社会相继出现了一批手工工场,其中一部分逐渐向机器工业过渡,当然为数更多的是作为工场手工业场外部分的资本主义家庭劳动形式。乡土工业的现代转型,为乡村妇女职业的结构性转变提供了条件。乡村妇女出现在各种不同层次的行业中。20世纪30年代,吴江震泽镇缫丝厂开工,“附近乡村妇女,多至该厂做工,故妇人数因之骤增矣!”[5]这是脱离了土地,进入现代工厂的妇女。吴县木渎镇,“四乡多织夏布。村妇以织绦为业者,朝市每集虹桥”。[6]这是等待手工工场雇佣的妇女。

传统农业的近代资本主义经营,也为乡村妇女提供了新的职业机会。居住在江苏省农场附近的松江农家妇女,“到场里有工做的时候,如播种呀,插秧呀,稻田拔草呀,耘田呀……她们多停了摇机,裸了腿,奔集拢来了!因为每天的工资是大洋四角,当然比摇袜好些”。[7]村姑们成为资本主义农场的季节工。

乡村职业妇女所置身的新的生产方式结构,具有两个明显的特点:一是形态的混合性。资本家根据利润最大化原则,结合乡村社会实际情况,以不

---

〔1〕 徐傅编,王墉,等.(光绪)光福志卷四“土产”。
〔2〕 凌寿祺,浒墅关志[M].清道光七年刻本.
〔3〕 唐强·堕民[J].申报,1934-06-29.
〔4〕 子予.蔡堰堕民游行请愿[N].新闻报,1930-02-25.
〔5〕 江苏省吴江县震泽镇经济概况[J].中央日报,1934-04-23.
〔6〕 张郁文.木渎小志·卷五“物产”[M].苏州:苏州观前街利苏印书社,1928.
〔7〕 更生.这一日在省农场[M]//茅盾.中国的一日.上海:生活书店,1936-09.

同的方式来组织生产。在20世纪30年代中叶的江阴华墅农村,一个拥有一百多架织袜机的老板,一般只留着20多架织袜机,雇佣二三十个工人在厂里工作,其余机子,则发给家庭妇女,由她们织成袜子。[1]前者是家庭手工业,后者是工厂机器工业。不同业主采取不同的生产方式更为平常。1913年前后,川沙顾少也发起仿制穿网花边,在曹镇设立花边厂,"而同业润昌号亦于龚镇分设公司,收发花边",他处亦"相继设立公司,传授女工"。[2]在这里,除工厂形式外,更主要的是包买商控制。

层次低是新的生产方式结构的另一个特点。资本主义家庭劳动盛行于江南乡村。黄草织物,是嘉定乡村的特产,1922年,丝绸业主朱石麟,首先在徐行镇集股开设兴业草织公司,"招致农家妇女编织",但是,"来公司编织草物者,初存学习之心,等学习完毕之后,即不肯整日来织,若辈以为在家亦可编织,不必受公司之拘束,且不必受时间之限定"。[3]从根本上说,这不是一个乡村妇女的生产习惯问题,而是资本主义劳动力市场未能形成的体现。在平湖乡村,多数家庭"因为无力自备袜机,所以只得被一般袜厂雇用,早出晚归",[4]被剥夺了生产资料的乡村妇女"自由地"走进了工厂。

行业结构

妇女外部职业结构的分化,从职业人口在新型行业之间的分布上可见一斑。

一部分乡村社会妇女,历经经济结构的重新组合,摒弃了既已败落的传统职业,出现在许多新兴行业中,略为示例如下:

地　区	新行业名称	资料来源	备　注
江南各地	保姆	《嘉定县续志》卷二	俗称"做阿婆"或"帮佣"
江南各地	针织业	小田《江南乡镇社会的近代转型》第58—62页	包括毛巾、衫袜等
江南各地	花边业	同上书,第72—73页	中国商业出版社,1997年10月
奉贤	糊火柴盒	《奉贤县志稿》卷十	1947年资料;奉贤地方志办公室重印
上海市郊	园艺业	《申报·花村》1934年11月24日	
湖州地区	自纺绒线	《申报·自纺绒线》1935年2月9日	

〔1〕 罗浑.江阴华墅的劳动妇女[J].申报,1935-06-02.
〔2〕 方鸿恺,黄炎培,等.川沙县志[M].卷五"工业".
〔3〕 中国实业志(江苏省)第二编[M].南京:实业部国际贸易局,1933-02:73.
〔4〕 罗正.平湖妇女的生活[J].申报,1937-05-01.

有些行业本身是传统型的，但对某个社区来说，却是新型的。上海法华乡，“近来丝厂林立……兴蚕桑之利，以济棉布之穷。谋生计者，不得不改弦易辙焉”。[1]

有这样一些行业，本来寄生于传统的社会生活方式之中，在近代新的历史条件下产生了变异。江南船娘名闻遐迩，历史悠久。传统时代的嘉兴是浙西通往江苏的水陆要道，一些走马王孙、富贾名士往来不歇，“自然少不来可以使人流恋忘返的点缀”，船娘应运而生，并一直绵延到近代；至1936年，那么一个小小的南湖里，“还残留着七十多条船！”[2]船娘们的服务被赋予了近代旅游业意义。

更特殊的情况出现在松江：“松城内外，一般贫家妇女及孩童，藉胶糊冥币而活命者，亦不下千余人，故冥币实可谓松江主要之实业也。”[3]这项“素负盛名”的实业，不但保持了昔日地位，而且发生了生产方式的变革，只是没有现代承袭意义。

空间结构

沪宁、沪杭铁路线上的大中城市，是乡村妇女就近转移职业的基本方向，说起嘉兴南湖“船娘的来历，大都来自当地的农村”。[4]另一则资料也说：“操船娘的，大都是本地乡村中的女子。”[5]

到上海做工是乡村年轻女性的一条出路。比如，20世纪20年代的上海祥经纱厂，女工大多来自吴江的乡村。[6]近邻上海的乡村妇女更是近水楼台，所以民国《川沙县志》编纂者说：“人民职业出路惟何？曰惟上海。”[7]

在绝大多数江南乡村，就地改变职业，是妇女们的首选目标；实行空间位移，则经历了一个过程。以无锡礼社小镇为例，随着自然经济解体，妇女们最初被纳入了资本主义家庭劳动的生产方式之中，只是在“过剩劳动”“连年灾荒”等多重压力下，“农民不得不打破其墨守乡土之故习，群集都市”。[8]不过，男女职业的空间位移，往往存在着一个时间差。在不景气的年头，“为了生活的维持，一般壮男就脱离农村走入大都市去谋生，然其一日所得，仍不敷家庭的负担；于是那些中年妇女就不得不也流浪到都市去加入共同奋斗”。[9]

---

〔1〕 王仲，胡人凤．法华乡志[M]．“卷三”“土产”．

〔2〕 南湖船娘私生活[J]．朝报，1936－06－23．

〔3〕 黄影呆．谈松江之鬼事业[J]．新闻报，1928－05－13．

〔4〕 南湖船娘私生活[J]．朝报，1936－06－23．

〔5〕 葺余．南湖的船娘．申报，1932－11－14．

〔6〕 YT．祥经纱厂的惨剧[J]．新黎里，1924－04－01．按，YT即柳亚子。

〔7〕 方鸿恺，黄炎培，等．川沙县志卷五“工业”。

〔8〕 余霖．江南农村衰落的一个索引[J]．新创造，2(12)：1932－07．

〔9〕 绮凤．缝纫妇[J]．申报，1936－11－14．

乡村妇女职业的空间位移，是乡村推力与城市拉力合力作用的结果。清末，在上海松江新浜小村里，诸姓某氏的经历提供了典型性说明。该村皆务农，诸家尤贫。有佃田十余亩，终年胼手胝足，不得温饱。某年值螟灾歉收，田中所获，除缴地租外，无粒米余剩，势将冻馁而毙，时同村妇女有赴沪上佣工者，辗转牵引，去者甚多，因沪地工资，较内地为优，故咸趋之若鹜，某氏闻而心动。〔1〕

城市拉力的根本源泉在于大中城市的现代化，以及随之而来的对产业工人和服务人员的需求："夫上海近年以来，人口日增，所需佣工亦日多，苏松常镇扬各地乡妇之赴沪就佣者，岁不知几千百人。"〔2〕有时，实际上的城市拉力，并不足以刺激起安土重迁的乡村妇女的迁移欲望，这时，通过各种渠道传播到乡村的"小道"信息起了决定性的作用。江南许多地方，有专门的航船来往于乡下与大中城市之间，航船主操着的"上海白"动人心弦："上海是遍地黄金，只要你高兴弯下腰去拾取。"于是，"那天真的农村女子，丢下了锄头，打好了青花布包裹，一批一批地往小航船里塞，她们脱离了眼前美丽的乡村，梦想着渺茫的黄金世界"。〔3〕

三、职业内部结构的分化

职业内部结构的分化，指的是经济报酬、文化资源、社会声望等层级之间的变动，这些参数，反映了乡村妇女职业结构的不平等程度。

经济报酬

被纳入了现代工业阶层，尤其是从事资本主义家庭劳动的村妇，收入增加明显。棉纺织业败落后，川沙"妇稚家居，无所事事。爰有先觉，另授女红……当全盛时，一邑岁入百万圆而未已。家家压线，夜夜鸣机，僻巷穷村，皆丝其衣，金其腕"〔4〕。语气似乎有些夸张，但另一则资料也说，川沙"地方妇女处在四十岁以下、十岁以上者，咸弃纺织业而习之(花边)。全邑出品价值，每年骤增到五六万元以上。妇女所得工资达二十万元以上。贫苦之户，赖此宽裕者数千家"〔5〕。

相比之下，异地就业的乡村妇女未必获得较高的报酬，尽管她们付出了高昂成本。据当时女工家属倪大龙等人的反映，上海祥经纱厂"到(吴江)乡间招工时候，是把每日半元的工资来骗工人去的，到了上海，悔约克扣，每日

〔1〕 松颠.去乡十八年之佣妇[J].时报，1927-02-13.

〔2〕 松颠.去乡十八年之佣妇(续)[J].时报，1927-02-14.

〔3〕 耕心.小航船[J].申报，1934-06-12.

〔4〕 方鸿恺，黄炎培，等.川沙县志·卷首"导言"；引文中所谓"别授女红"，据朱鸿伯《川沙县志》(上海人民出版社1990年，第273页)，当为花边业。

〔5〕 方鸿恺，黄炎培，等.川沙县志·卷五"工业".

只给一角二分”[1]。

技术性的职业,则是另外一种情况。在杭嘉湖地区,穿着丝绵十分普遍。翻丝绵向例由妇女承值,很有讲究;这项具有一定技术含量的手艺,伴随着空间位移,效益倍增:“在湖州一带,冬季内雇两个上下年翻衣妇,每天的工资,大约每人三角,在上海、苏州,翻一袭长袍,计工资约一元四角或两元。”“所以每年的冬季湖州开往上海的小火轮,总是每天带着十来个湖州妇人,到上海去当翻衣妇。”[2]

从事旅游业的船娘,收入一直可观。富春江流域的游船,“雕栏画槛,清覃疏帘,绝无尘俗,家厨饷客,另有风味,较胜于餐肆倍蓰。”[3]据载,1936年夏季游一次南湖,约需花费十五元[4]。不过,这项职业的收入具有明显的季节性:“好的时候,便是热天,来回一趟要一元,总有三四元的收入,冷落的时候,三四钱也要去。”[5]

文化资源

这里的文化资源,特指心理成本、教育训练等文化性的社会资源。

现代工厂所要求的纪律、生活方式、生活氛围,对于村妇来说都是一种心理负担。在江阴华墅,去布厂的女工们远不如居家织布的农妇来得从容,“每晨四点钟就得起身,慌慌忙忙吃一些隔夜剩下来的冷餐冷菜后,便飞也似的赶到工厂去,如果迟到一点的话,那么便会遭到厂方的一顿痛骂”。[6]船娘们的苦衷则是无法言传的:“伊们也一样需要用青春与笑去迎合游客,打动游客的心,当青春悄悄离去了伊们,而人老珠黄的时候,还有谁再会对伊加以青眼呢?所以,船娘们表面的生活虽然很安定,但实际上伊们内心的痛苦不会比一般卖笑的女人少的。”[7]

位移异乡的乡村职业妇女,离开的不是生存空间,而是社会网络。在农民社会中所积累的经验,不足以应付纷繁复杂、急剧变迁的都市社会环境;外部世界能够给乡村妇女提供的就业机会也十分有限。到都市寻找职业的乡村妇女常常以血缘、乡缘、业缘关系为纽带,结伴而行,力求依乡土观念营造一个亚文化环境,正说明了她们内心的恐惧。

教育机会的不均等,是女子职业不平等的一大根源。无锡乡村的“农民

---

[1] YT.祥经纱厂的惨剧[J].新黎里,1924-04-01.
[2] 春雨楼主.翻衣妇[J].申报,1934-12-17.
[3] 廉翁.九姓渔船述略[J].新闻报,1933-03-15.
[4] 南湖船娘私生活[J].朝报,1936-06-23.
[5] 葺余.南湖的船娘[J].申报,1932-11-14.
[6] 罗浑.江阴华墅的劳动妇女[J].申报,1935-06-02.
[7] 霞飞.初夏的嘉兴南湖船娘[J].申报,1937-06-01.

仍狃于重男轻女习惯，故女子之入学者，则较少于男”。[1]但她们一旦跻身于现代产业，便获得了提高自身素质的机会。20 世纪 30 年代，盛泽丝织业过渡到大机器工业阶段，迁入乡镇的织妇，文化和技术素质均较差，观点亦陈旧，“已知技能之落后，急欲力图自拔而苦无学习之地”。[2]1935 年秋，在盛泽丝绸业的资助下，成立县属初级丝织职业学校，进行文化和技术培训。

职业声望

在社会地位的等级评定中，职业声望是一个重要因素。一位初进乡镇丝厂的学徒，“骤然见着这样宽大的房屋，心里确实很高兴，在乡村的茅屋里栖息惯了的人，一旦到了这儿，真象由地狱进入天堂”。[3]在这里劳动的妇女，当然受到人们的尊重。

然而，一个不容忽视的现象是，乡村妇女所从事的许多职业，社会声望普遍较低。社会舆论常常把船娘与都市里的“享乐性职业”等而鄙视，认为：“其唯一换取生活的工具，也恰如都市里的歌女、舞女，甚至女向导一样，无非是一些青春和色相。自然伊们便因此而成了那些有闲有钱人们的消遣对象。”[4]

这是一种“地位相悖”现象：先赋的性别地位，决定了其职业报酬虽然丰厚，但社会声望低档。对船娘职业的歧视，在很大程度上缘于一种文化障碍。1936 年夏季，在南京玄武湖上，有游客戏称船娘“不规矩”，船娘立即正色道：“我们在湖里划船，你说怎样不规矩呢？我说，那些黑屋子里男男女女坐在一排凳上看影戏片子，也不规矩吗？”[5]

船娘的驳斥针对着支配着社会资源分配的夫权；堕民群体中的吼叫，声讨的则是阶级特权。绍属蔡堰村居户，大半堕民，“其对于寻常男女，均需称老爷相公、太太奶奶，人格上殊有欠缺”。职业声望的低下，影响到整个地区形象，“故绍人有问及家居蔡堰者，辄掩口葫芦，横加奚落”。1930 年，该村堕民游行，向社会宣称：“整容奏乐也是正当职业。”[6]社会就是这样，在各种集团的冲突中开拓前行。

四、职业流动的总体态势

从一定意义上说，近代中国百年史也是一部自然经济衰败史。在江南乡村，作为自然经济衰败起点和标志的，是家庭棉纺织业的没落，这一传统行业的没落，便宣告了近代妇女职业流动的开始。

---

〔1〕 江苏省农民银行．无锡县农村经济调查第一集[M]．1931－12．
〔2〕 苏州明报，1935－06－27[J]∥吴江文史资料(7)．134．
〔3〕 张昌平．丝厂学徒[J]．申报，1935－12－29．
〔4〕 霞飞．初夏的嘉兴南湖船娘[J]．申报，1937－06－01．
〔5〕 飞飞．船娘的话[J]．朝报，1936－06－01．
〔6〕 孑予．蔡堰堕民游行请愿[N]．新闻报，1930－02－25．

显著的变动首先发生在19世纪70年代以后的上海附近村落:“沪上纱厂林立,所出之纱洁白纤匀,远胜车纺之纱,于是纺织之利完全失败……穷则思变,自当于纺织之外,别谋妇女之生计。”[1]在无锡礼社,自然经济的解体迟至20世纪初年,以1908年沪宁铁路通车为起点[2]。在自然经济解体过程中,乡村社会的传统职业结构摇摇欲坠。

大致而言,晚清时期,乡村妇女职业结构进行着缓慢的部分的进化。从民国建立到20世纪30年代初这一时段内,是乡村妇女职业稳定有序的转换时期。30年代以后,世界资本主义经济危机的波及、接踵而至的战争,使乡村经济陷入了破产的深渊,乡村妇女职业变动不定,无序运行。这样,民初的中青年女性,在她的就业期内,一般都有多次职业流动经历。尤其是20世纪30年代之后,变动急剧。以无锡礼社为例:先是,资本主义家庭劳动形式的织布业,织机数目逐年减少,“继棉织而起之家庭手工业首推花边,始于民国五六年,七八年而极盛,至十三四年即趋消灭。织袜始于民国六年……十三年至十五年本镇有小规模之织袜工场一处,织袜机三四十架。此后亦逐渐衰微,目下(20世纪30年代初)在乡间从事织袜者已不满十人”。乡村妇女虽说不知世界资本主义市场的变幻风云,但经济理性促使她们迅速更迭职业。单说织布,“工资之高下亦依土布销路之畅塞而时有变更;民国十四五年棉纱每捆织成土布,可得工资一元五角,目下已降至两角左右,跌落百分之八十七”。[3]

以晚清与民国两个时期进行比较,考察社会对妇女职业期望的差异,可以反映妇女职业的代际流动状况。20世纪30年代的宝山妇女,根本无法想象,晚清时期的织布“工夫”对于确立自己在家庭生活中的地位是何等的重要:“农家平日常有机杼之声,如同常有小儿哭声般,视为兴旺之象。娶来儿媳,能从清早到午夜,手不停梭,便深得翁婆丈夫之欢心,和邻里之称道。”[4]

乡村妇女职业流动的行业差异是明显存在的。家庭手工业的败落,首当其冲的是棉纺织业,因此,从事棉纺织的妇女较早地进行了职业的转移。江南乡村的丝织业以其特殊工艺维持到20世纪20年代末,开始向现代工业过渡。于是,在丝绸业最大产地的盛泽,小农经营式的“现卖机户”,直到30年代初,才纷纷迁入乡镇,由家庭织女成为工厂女工。

从事特种行业的妇女职业呈水平流动态势。特种行业之特质,使从业者代代承传,在近代社会中,亦无淘汰之虞。湖州善琏镇为湖笔之乡,隋时便具声名,妇女为此十分忙碌。据方志记载:“善琏人多以笔为业,春前选毫俱妇

---

〔1〕 严伟,秦锡田,等.南汇县续志·卷十八“风俗”.

〔2〕 余霖.江南农村衰落的一个索引[J].新创造,2(12):1932-07.

〔3〕 余霖.江南农村衰落的一个索引[J].新创造,2(12):1932-07.

〔4〕 陈凡.宝山农村的副业[J].东方杂志,32(18):1935-09-16.

女为之。”延到20世纪30年代之后，该镇“还是以产笔著名，制笔作坊，鳞次栉比，触目皆是。近年来各地都高喊农村破产，生计灭绝，独有这笔业，还没现出狼狈情形。即以善琏镇一地而喻：每年届出货之季，各地庄家和小贩，纷纷而来采办，其市场胜(盛)况，比较从前，似无甚差别”。[1]

不同阶层的劳动妇女，职业流动状况也不一样。宜兴“附城乡村，颇有入城进工厂作工者，甚有往苏、沪、锡等埠在纱厂纺织者……统计全县由农妇为工人者，可达六千之数”，此系指自耕农家庭而言，至于“佃农与雇农之妇人，则仍在家中度其肮脏牛马之生活者，实不可胜数也！”[2]

为了不至于对前述职业外部结构的变动产生歧解，这里需要特别提出的是：一、总体上说，妇女职业还是以就地转移为主。比较频繁的转移从30年代初开始，“由于农村破产的影响，伊们为了生活所迫，便也走上了到都市里来帮佣的一条路”。[3]但是，劳动力的空间转移，男性占绝对多数。在青浦的黄渡，“许多男子都去上海谋生，每一家普通总有一二人离着家乡奔入都市。因此剩余在农村的劳力是妇女儿童和少数的男子”。[4]得地利之便的黄渡尚且如此，遑论他乡了。二、在完成近代职业转型后的乡村，生活水平都有不同程度的提高。抗战爆发前夕，在平湖乡村，妇女们的“唯一职业”便是织袜：“据说伊们收入，平均每只至多有十多元，但是十多元的收入在那儿是足够一个人的生活水平而有余了……为了生活的富庶，和生活的安定，尤其是乡风的开化，因此这里已充满都市的习气。”[5]

近代中国社会发展基本线索问题的讨论，和正在进行的伟大的时代变革，让我们更加清楚地理解了资本主义在近代中国发展的必然性和历史意义。然而，人们往往忽略了问题的另一方面：资本主义的孕育和诞生必然要经历一个难堪的阵痛过程，尤其是在外力冲击下被迫踏上近代之路的中国社会。对于这样一个具体的过程，历史理性要求我们摆脱感情纠葛，冷静认识。外国资本主义经济势力的侵入，加速了江南乡村自然经济的解体进程，促进了社会转型。在乡村社会转型时期，劳动力严重过剩，隐形失业剧增，生活水平下降，社会风习不古。面对转型期必然产生的社会问题，江南乡村社会的女性，在生存本能的驱动下，在乡村精英的指导下，进行了各种富有成效的探索，现代乡土工业由此应运而生。在当时的历史条件下，她们的探索无疑是十分艰难的；但是，没有这样一个悲壮的摸索，便没有她们的现实道路。

---

〔1〕 病鸳.湖笔[J].申报，1934-11-05.

〔2〕 徐方千，汪茂遂.宜兴之农民状况[J].东方杂志，24(16)：1927-08-25.

〔3〕 雅非.洞庭西山的妇女生活[J].申报，1936-11-14.

〔4〕 徐洛.黄渡农村[J].中国农村经济研究会会报，(1).1933-11.

〔5〕 罗正.平湖妇女的生活[J].申报，1937-05-01.

乡土生活

近代江南茶馆与乡村社会运作

【内容提要】 茶馆是近代江南乡镇最基本的物化人文景观，以此为视点，可以阐释乡土中国独特的运行规则。在乡村社会的运作中，江南茶馆是乡村市场的结点、社区政治的焦点和闲暇生活的热点。作为乡村市场的结点，茶馆交易主要采取贸易洽谈、直接成交和信息猎取三种形式，在这一过程中，交易主体呈现出完全不同的态势，反映了地方市场的落后性。作为社区政治的焦点，茶馆体现出暴力政治、契约政治和继替政治三种政治生活方式，反映了近代社区民间政治的特点。茶馆所以成为闲暇生活之热点，在于它满足了乡村人独具特色的社交、休闲和表意的需要，并呈现出阶级性、教化性和庸俗性等特征。

【关键词】 茶馆；江南乡村；社会运作

一、乡村社会之视点

茶馆，普遍存在于近代中国社会，而江南的茶馆以其独特的社会意义格外引人注目："江南，哪个较大的城市与集镇上没有这样中国的俱乐部？把吃茶看成一种了不得的罪恶，或者提到苏州人，就联想他们的游惰生活，上茶馆居其一。"〔1〕在江南，确实有许多城市"闲人"，终日孵泡茶馆，成为日常生活中的固定模式，"甚至于乡下人也把一半可以工作的时间，耗费在茶馆生涯"，〔2〕以至"友朋初晤，辄问何处吃茶"。〔3〕但是，如果仅仅把茶馆作为"游惰"的同义语，未免失之肤浅；本文以茶馆为透视点，从一个侧面刻画江南乡村在近代社会中的独特运行方式，阐释其运作规则。

江南乡村，茶馆林立。乡镇每条街上总有几家茶馆，俗谓"没有茶馆不成市"。湖州南浔镇，抗战前茶业最盛时，有五十家茶馆之多。据 1951 年商业调查资料，全镇尚有各式茶店、茶灶、茶馆、茶园、茶室 31 家，日供茶水高达

---

〔1〕 秋文.坐茶馆[J].盛京时报，1936-06-21.

〔2〕 陈醉云.姑苏散曲[J].东方杂志.1933，30(8).

〔3〕 沈云.盛湖竹枝词卷下[M].苏州大学图书馆藏，1918：7.

45900 多碗。[1]

江南乡村茶馆一般集中在乡镇上。乡镇茶馆的普遍存在，是中国地主制经济的特殊运动规律与江南社会特定历史环境交互作用的产物。战国以后，中国社会经济很快演变为地主制经济；地主制经济的特定形态，造成了自然经济必须以商品经济作为构成要素[2]。明清以来，江南社会的商品经济特别活跃，不断勃兴的各层次乡镇构建成网络。乡镇是市场的载体，为适应商品交换的需要，作为服务行业的茶馆亦随之兴盛，成为一个乡镇的最基本的物化人文景观。无锡茅塘桥，其镇之小，仅有 6 家商业行店，但茶馆却有 3 家。[3]近代江南乡村，在国内外现代化大工业产品的冲击下，作为主要家庭手工业的棉纺织业和丝织业渐趋衰败，但小农经济结构却表现出极大的韧性。生存的压力迫使农户改组家庭手工业，因地制宜地发展各种特色产品；被迫改组后的农民家庭手工业与市场的联系更形紧密。江南乡镇及其作为表征的茶馆也因此获得了新的存在和发展动力。嘉兴钟埭镇，原先"织布业甚发达，近年来一落千丈。篾席、竹器等类业为特色，商店以南货为主，茶馆三十家之多"。即使在死抱传统家庭手工业的新行镇，茶馆亦不稍逊："男女多以织布为生，茶馆和酒店合计在八十家以上。"[4]

林林总总的乡村茶馆，种类庞杂。从时间上看，除长年茶馆外，还有季节性茶馆，如暑天里的风凉茶馆、庙会时的茶亭；[5]一天之中，有早茶、午(中)茶、晚(夜)茶。依主人分，有夫妻、社团和帮头等各类茶馆。[6]从功能讲，可分为交易型、休闲型、社会型或综合型。此外，还有所谓清茶馆、荤茶馆之说。[7]

所有这些，只是乡村茶馆的表象，在简陋的设施和喧阗的人群背后，折射出乡镇经济的荣枯、社区整合的强弱、人情世态的炎凉。

二、乡村市场之结点

所谓结点，又称结节点，是具有结节性的地点。这里的结节性指的是，在

---

〔1〕 蒋琦亚.南浔镇志[M].上海：上海科学技术文献出版社，1995：124；张公鹏.闲话镇人喝茶与茶馆[J].南浔通讯(内部发行).(108).1996.

〔2〕 李根蟠、魏金玉等学者关于这一问题讨论.中国经济史研究：1988(3).

〔3〕 陈枕白.二十年代无锡见闻[M]//江苏文史资料选辑第 11 辑.南京：江苏人民出版社，1993：100.

〔4〕 嘉区一瞥下册[M].1936：嘉兴府城镇经济史料类纂(内部发行)1985－03：60.

〔5〕 顾友云，缪介夫.杨舍茶馆史话[M]//沙洲文史资料选辑(4)：1985.

〔6〕 社团开设的茶馆，如民国时期民众教育馆附设的茶室；常熟杨舍镇得仙园茶馆就是青帮头子陆瑞庭所开。

〔7〕 茶馆儿[J].盛京时报，1936－05－09.

乡村社会里，乡镇对其“乡脚”[1]的吸引力，这是集聚经济效益规律的作用。茶馆聚合了不同行业的社会角色，所谓“往来三教九流客，进出五湖四海人”。[2]这样，茶馆所拥有的顾客和信息成为农民和工商业者从事商业活动的资源，“茶棚酒肆纷纷话，纷纷尽是卖与买”。[3]这里是乡村市场的结点。

茶馆在乡村市场中具有明显的区位特征。明清时期，江南乡镇在镇沿通常设有栅栏，称为“市栅”。随着市场的推进，与农产品的征收和买卖关系密切的商行和租栈多设于市栅，如“桑叶行，开在四栅近处，以利船出进也”。[4]苏州乡镇市梢上，每每有地主征收地租的“堂栈”，“‘栈’的门前，又每有埠头，可以停泊粮船”。[5]商行和租栈的分布格局，使市栅茶馆洋溢着更浓烈的商业氛围：“茶店为乡人聚集之场，关系市面甚巨……西栅茶店都为乡农出市叙集之所，故只乡航到时座中客满……同乡人出市非至茶店息足，即在酒肆休息，市面因之热闹。”[6]

在茶馆进行的商业活动，大致有三种形式：

贸易洽谈　江南乡镇茶馆的交易依行业不同而具不同的交易内容。抗战前，在长兴城关镇的“三箬居”，掮客撮合破落子弟和地主富户，进行房地产交易，故长兴有土语云：“若打官司卖田地，请到衙门前面三箬居”。“四面厅”的主要顾客之一是绅缙文人，城区的裱装书店，如“翰墨林”“惜墨斋”“藏甘斋”的老板，也经常前去接洽业务。外来的书画家，来长兴展销作品，也都在“四面厅”会见当地名流。长兴的书画收藏家，不时前去购买作品。[7]这里成为长兴书画艺术交流和金石书画的推销场所。而盛泽茶馆业务的行业特点非常鲜明，贸易洽谈的主要是土丝、丝经、绸匹的交易。[8]

直接交易　昆山的茶馆类似劳动力市场，“茶坊亦各有以某行当相聚而饮早茶，以例于应事主之聘请召唤，如道士、鼓手、缝纫、泥水木工及当时称脚班之搬运装卸工等，此类人物，聚叙茶会，以应临时雇用，生活实赖之，饮茶者非优闲也”。[9]平湖的新镇南桥楼茶馆的底层茶台，上午都为渔民占去，出售

---

〔1〕所谓“乡脚”，是江南地方志中的特定概念，指的是乡镇所直接影响的周围村庄，其意义相当于西方人文地理学中的“经济影响的范围”(economic reach)。

〔2〕顾友云，缪介天．杨舍茶维史话[M]//沙洲文史资料选辑(4)：1985．

〔3〕温丰．南浔镇丝市行(道光)，转引自陈学文．中国封建社会晚期的商品经济[M]．长沙：湖南人民出版社，1989：74．

〔4〕濮院志卷十四“农工商”。

〔5〕陈醉云．姑苏散曲[J]．东方杂志，30(8)．

〔6〕乌青镇志(民国)卷二十一“工商”。

〔7〕严济勋．昔日长兴茶馆[J]．湖州文史(8)．1990(4)．

〔8〕吴江风情[M]．天津：天津科学技术出版社，1993：102．

〔9〕庞寿康．旧昆山风尚录(续选)[M]//昆山习俗风情(内部资料)．1994－01：37．

鱼、鳝、虾蟹，成为水产品交易市场。[1]

信息猎取 茶馆商业信息对农家颇为有用。江南农民散处四乡，为了克服分散性带来的规模不经济，一部分人利用定班航船进镇买卖，一部分人干脆就把交易活动托付给了航船主。航船制度“在太湖周围地区非常普遍”。[2]据记载：“大约每晨由各乡村开船来镇，中午由镇返乡。到镇后即步入茶馆。茧、丝、新米上市时，乡人即以此地为探听市价之所，因而经营茧丝米及其他产品之掮客，亦往往出没于其间，从事撮合，赚取佣金。”[3]乡人在此“探听市价”，掮客在此提供有偿信息服务，各取便利。

茶馆商业信息往往随季节的转换而转换内容。蚕茧上市，茧行开秤，茧价就是茶馆里的中心议题。[4]吴县洞庭西山盛产梅子，由镇夏街上的山地货行收购。每到梅子上市季节，“桥堍下那爿茶馆里已坐满了一屋子乡下人，在悠闲地喝着茶，高谈阔论一些山地货行市，农村新闻”。[5]

在茶馆交易中，交易主体呈现出完全不同的态势。江南米商特别注意市场粮价涨落和供需情况变化，开“茶会”是他们掌握市场信息的主要方式。抗战后，江阴澄江镇“茶会”设在北门外，每天上午，粮商聚集在这里饮茶，洽谈生意，从中获取信息，形成定例。这里是米业信息源。在盛泽这样的丝绸大镇，茶馆信息一般是丝绸贸易行情，俗称“临市面”。[6]有时，乡镇商行就利用这样的信息，翻云覆雨，操纵市场，使米价、叶价、茧价等涨跌靡居。濮院叶市凡三市，“每一市凡三日，每日市价凡三变”。[7]在乡镇茶馆中，人们经常看到，被抛入了市场旋涡的乡民为打听商业行情而削尖了脑袋：“中年的叔伯们，探听米价的贵贱，菜价的涨落，正像投机家做‘买空’‘卖空’般一样的关心。”[8]农产品的原始市场和商业资本相结合，肆虐一时，从一个侧面显示出地方市场的落后性。

三、社区政治之焦点

对于江南乡村的政治体系来说，乡镇构成一个基本单位。作为乡村社区权力结构主体的官绅和工商业家，以镇居者为多。[9]无锡梅村镇“有五分之

---

〔1〕 岳士明.平湖供销社志(内部资料)[M].1991：184.
〔2〕 费孝通.江村经济[M].南京：江苏人民出版社，1986：177.
〔3〕 刘大钧.吴兴农村经济[M].上海：上海文瑞印书馆，1939：133.
〔4〕 茧行[J].申报，1937-06-07.
〔5〕 方舟.山地货行[J].申报，1936-06-09.
〔6〕 周德华.绸乡话茶馆[J].苏州史志资料选辑.1992：1-2.
〔7〕 沈廷瑞.东畲杂记[J].嘉兴府城镇经济史料类纂：152.
〔8〕 苇余.小茶馆里[J].申报，1934-05-18.
〔9〕 苏南土改文献[M].1952：497-498.苏州档案馆藏.

三以上是几个大地主所有”。[1]近代,宗法封建专制政治已是强弩之末,但它的每一根触须还深深扎入乡镇。镇居各种势力,或各自为政,或几位一体,或相互勾结,织成复杂的社会之网。这些“乡镇上的人物”,活跃于茶馆,左右社区事务:

> 王太爷在亡清是位秀才……在本乡是个地主,拥有田数百亩。
>
> 镇上有爿茶馆,是王太爷的办公处。他镇日独据一桌,住在那里,高谈阔论:不是说捐税太苛,定是说人心不古……他憧憬唐虞三代之盛,他痛恨这用夷变夏之非。他无嗜好,喜吸皮丝恶卷烟。他骂外国货……他会断家务事、钱债。他的说话比法院里的判决书还有效,因为他能根据圣经贤传,亡清律例,正颜厉色地把人说得不敢不从。他又会替人家做状子,报酬看事情大小而定,虽然还说不上包打官司。
>
> 王太爷待人接物,是颇有分寸的:对催租委员是一种颜色,对乡警或乡长之类又是一副脸孔,至对佃农及有求于他的人则又是一副架子。[2]

这位颐指气使的乡绅在封建正统文化沉积的基层乡村,纵横捭阖,举凡家长制度、宗法规念、以权代法、腐朽愚昧,集于一身。在这里,茶馆政治实际上就是阶级的暴力政治。

“吃讲茶”是契约政治形式:它是社会冲突之一种,甚至还伴之以武力炫耀,但并不具有阶级压迫的性质,因为它是同一阶层的人们相互认可的解决民间纠纷的方式。“吃讲茶”是个切口语,“朋友”之间,略有纠纷而不能立时解决,就“吃讲茶”了。它含有“讲”开算数,“茶”以敬客之意。因为约定的地方,多半是双方常去的茶馆之类,故名。不难看出“吃讲茶”的原意并不坏,而且是极端和平的方式,要把大事化小事,小事化无事。[3]浙江德清的“吃讲茶”盎然着这种“古意”。凡民间纠纷,当事人约定于茶馆调解。众目睽睽之下,双方和风细雨,竭力申述,当众仲裁,理亏者付茶钱。[4]在晚清的上海罗店镇,“吃讲茶”也很合法式:“俗遇不平事,则往茶肆争论曲直,以凭旁人听断,理屈者则令出茶钱以为罚。”[5]

但是,“和平政治”后来并未延续下去。民国时期,在江南乡村茶馆里,这样的场面屡见不鲜:

> 有几个人围坐一张台上,放大了喉咙,你一句我一句的说个不休,这就所谓“吃讲茶”。乡人有一种脾气,有争吵的事,动辄上茶馆评理,一言

〔1〕 倪养如.无锡梅村镇及其附近的农村[J].东方杂志 32(2):1935-02.

〔2〕 拾玖.王太爷别传[J].申报,1936-06-02.

〔3〕 忻规方.怎样应付“吃讲茶”?[J].申报,1936-09-20.

〔4〕 蔡泉宝.德清的茶馆[J].德清文史资料(4):1993-02.

〔5〕 罗店镇志卷一“风俗”,铅印本,光绪十五年.

不和，大演全武行，拍台击凳，抛壶掷杯，没有旁人调解，战争决不停止。所以茶馆的台凳壶杯，有缺角的、跛足的，残破不堪，就是这个缘故。[1]

因为以武力相加的"吃讲茶"相悖于普遍的社会道德规范，常常让邪气甚嚣尘上。民国元年，昆山地方封建势力盛行苛税"庄书"，江苏省议员蔡璜力革弊改，废除庄书。一帮人以"吃讲茶"为名，对蔡璜大打出手。[2]

如果社会渣滓掺乎其间，事情更为复杂。胡川如先生对民国时江阴乡镇的"吃讲茶"描述道：

市镇上有些吃饭无正事管的人，遇到农民有什么争端，要请乡董判断的时候，总从两方游说，教他们这样说，那样行，趁此机会，就在点心店里大吃而特吃，鸦片铺里大吸而特吸。农民听了帮他的说话，那得不感恩，恩人吃的点心鸦片等费，自然一齐替他会帐。有时还要替他还欠帐哩……乡董的法庭，都设在茶肆里，泡茶没有几十壶，茶钱倒要三四块钱哩！这茶钱是理曲的人出的，羊毛出在羊身上，结果农民请市镇上一班人喝几口茶，抽几口鸦片，而于实在事情，仍没什么了结。[3]

这一幅乡镇社会风俗画，形象地向我们传诉：这就是乡村民间的政治。

茶馆政治的第三种形式，是继替政治，它发生在社会变迁的过程中。继1929年—1933年的世界资本主义经济危机波及中国以后，1934年江南大旱，1935年又是一个旱年。乡村人本能地感到恐慌，茶馆里忧心忡忡的表情和叹息，加剧了这一大众行为：

去年荒了一年，乡下人已经去掉了大半条命了，弄得到秋末还得掘山芋来吃。要是今年再一干，要是今年再一荒，要是这几天再没有雨呢……[4]

人们没有想下去的勇气了。路在何方？费孝通先生认为："当一个社会还没有共同接受一套规范，各种意见纷呈，求取临时解决办法的活动是政治。"[5]我们称之为"继替政治"。当是时，人们的生存环境受到了威胁，"继替政治"的表现形式是形成比较一致的公众舆论。社区"意见领袖"的出现是舆论形成的关键，于是，又是在茶馆中：

一个老年人，额上堆着乱草一般的皱纹，脸是枯瘦而黝黑的，仿佛念着可怕的咒语似地张着嘴唇，吐出不清楚的音节："田地吗？可真没有用啊！守着也是等死啦。年纪老了，要是我年纪还轻，也像你们那样的小

---

[1] 钟岳．乡茶馆[J]．申报，1936-08-31．
[2] 谷稼．地方劣俗[M]//昆山习俗风情．183．
[3] 胡川如．各地农民状况调查·江阴[J]．东方杂志，24(16)．
[4] 克明．村里迓鼓[J]．申报，1935-06-20．
[5] 费孝通．乡土中国[M]．北京：生活·读书·新知三联书店，1985：68．

伙子一样的,我老早就跟你们天南海北地浪出去了。横竖这年头什么都难做。浪出去,也许可以浪出一个局面来,顶少也可以多见识点世面呀!人连饭都难弄到手,还讲什么安逸,出去像水鸭一般地漂着,不也好吗?〔1〕

求生的,流浪的,中世纪海盗式的气氛笼罩着茶馆。当政府疾呼着"救济农村"的时候,乡村政治生活之轮就以这样的方式运转着。

四、闲暇生活之热点

茶馆所以成为闲暇生活之热点,在于它基本上稳定地满足了乡村人独具特色的闲暇生活需要。

首先,社交的需要,人的社会性决定了人际的交往。乡村社会,人口分散,交往圈子狭窄;乡镇,尤其是乡镇茶馆,人口相对稠密,信息相对集中,满足了乡民的交往需要。在乡村茶馆中,虽间或涉及诸如孙中山先生的民生主义、天下为公、棋琴书画等高雅话题,是为清谈;〔2〕有的讲昨天的赌局,打出了一张什么牌,就赢了两底;有的讲自己的食谱,西瓜鸡汤下面,茶腿丁煮粥,还讲怎么做鸡肉虾仁水饺;有的讲本镇新闻,哪家女儿同某某有私情,哪家老头儿娶了个十五岁的侍妾;有的讲些异闻奇事,说鬼怪之事不可不信,不可全信。〔3〕茶馆老板对此更为津津乐道,什么"东村李婶子,好轧野汉,昨晚给丈夫双双揪住。西巷的王阿毛,喝醉了烧刀,在坟头上睡了一夜,今天大发寒热,怕是被野鬼迷住了"。〔4〕

这些社会新闻的传播者,擅长使用非语言符号,特别是体态语言来吸引听众,称为"唱新闻"。〔5〕从语言的角度分析,这些社会新闻的叙说,推论和判断多,客观报告少,主观性非常强。茶客当然也是姑且听在耳里,随便传播开去。

江南乡村的人们,就在这种传播和交流中,获得了莫名的满足。有论者精辟地揭示了茶馆人际交流的社会意义:

类如这些不是一个人的,而愿合起众人的会聚,除却他们专有的因素,是音乐的激动,喜怒的表现,谈话的多方趣味,交易的需要,迷信等等之外,我仍然武断的说,他们都多少有点社会意义,假如一个人看戏,一个人在市上选购物品,一个人做赛会的观念,怎么样?……果有这等事,

---

〔1〕 克明.村里迓鼓.申报,1935-06-20.
〔2〕 乘黄.啜茗趣谈[J].申报,1929-05-10.
〔3〕 叶圣陶.生活[M]//叶圣陶文集(5).南京:江苏教育出版社,1988.
〔4〕 苇余.小茶馆里[J].申报,1934-05-18.
〔5〕 凤子.消闲[J].申报,1935-05-13.

他一定意味索然，赶快向回头跑。世间的一切，“独乐”两字能通用，即在独乐，也觉得有天地茫茫之感。[1]

其次，消闲的需要。农夫们平时胼手胝足，难得有喘息的机会。说到娱乐，除了常常举行的庙会之外，最普通的消闲去处就是茶馆：

家乡（桐乡乌镇）的茶馆，可称是民众俱乐部。不论是“乡下人”，是“街上人”，对于上茶馆，都感着极浓厚的兴趣。固然上茶馆的人，也有约会着谈正事的，也有相聚着谈生意经的，不能说完全是为消闲起见，然而并无目的，专以消闲为事的，却要占着大部分。有许多人，竟是一天到晚，度着茶馆中的生活。从这种地方，吾人可以见得乡镇人民确乎比较都市人民，来得闲适，可以占着一个“逸”字。[2]

显然，城里人把乡村茶馆作了理想主义的想象。实际上，茶馆给乡民们带来巨大快乐的，主要不是偶尔闲适，而是消闲娱乐活动。最常见的是听书。

在江南乡村，书场一般都设在茶馆，夜茶尤其如此。书场表演主要是苏州评弹，间唱滩簧。苏州评弹，本是江南城市市民的消费品，“历来苏州人有到茶馆喝茶的习俗，随着评弹的兴起，一些茶馆就兼营书场”；[3]20 世纪 20 年代，随着城市生活的近代推进，各种现代化娱乐手段次递出现，苏州评弹这种“带有大众色彩的地方艺术”，经历了一个由城市茶园向乡村茶馆的扩散过程：

近一二年来（20 世纪 30 年代初），无线电盛行，几位光裕社头儿脑儿，顶儿尖儿的人物，都舍掉了书场，改往播音台。只不过要有产有闲的阶级，才置备得起无线电收音机，至于乡下茅草屋的小茶馆里，聚集了许多黄泥腿的乡下人，静悄悄地恭候着说书先生上台，一块醒木、一只弦子，是安慰劳苦大众的恩物；那里的说书，才是大众艺术，说书先生的报酬虽然菲薄，可是价值却超出专在播音台上侍候有闲的太太小姐们的所谓说书名家。[4]

这一过程是艰难的，“据说那些不曾成名，或是新近出师的，才肯去到小码头上弹唱或者开讲，至于成了名的，是誓不肯再跑码头的了”。[5]苏州评弹的“下嫁”，提高了乡村人的余暇生活水准，因为，所谓余暇，虽被定义为能自由利用的时间，但在这里，人是处于用自己的热情实现自我、用创造性的方法表现自我的状况中的。

---

〔1〕 秋文.坐谈茶馆[J].盛京时报，1936-01-28.

〔2〕 独鹤.回家经后[J].新闻报，1929-08-07.

〔3〕 曹凤渔.百余年来苏州市书场设置概况[J].评弹艺术(9)：1988.

〔4〕 恂子.在乡下听书回来[J].申报，1935-01-29.

〔5〕 恂子.在乡下听书回来[J].申报，1935-01-29.

最后,表意的需要。乡村茶馆,为人们提供了感情的表达和释放机会,这在社会学中被称为表意。[1]农民们终日于温饱,生活枯燥而单调,同时又受着传统礼教的束缚,情感过于压抑。在茶馆中,则是另一番景观:

> 人一多,声音跟着嘈杂异常,面对面说话几乎不能听清晰,非把腔子提高不可,于是空气更加紧张而骚乱。人全像具有一颗来到此地需要尽情开怀,畅所欲言的心,人都是那样劲儿浓,愉快。[2]

按常情,表意群众的有些举动被认为不合规范,甚至是破坏性的。在这种场合,就给了人们一种感情上的松弛,这是在茶馆之外难以得到的。

江南乡村的茶馆闲暇文化表现了乡村社会的运作过程,凝结成如下规则:

其一,等级性。在苏州城里,整日消磨在茶室中的悠闲阶级有一个特具荣衔——茶博士。[3]在吴县乡下甫里小镇上,也有成天坐茶馆的上层阶级:

> 那伙人也曾念过点孔子遗教,守着祖产的田地,他们没有事情可干,就类集到那么一个适宜的地方,谈天说地的无为挨过一天……你能设想他们的人生观吗?要说他们的人生观那是不成话的。在那环境里像对于人生的意义是没有人追求过,人只要吃饭、游玩、娶老婆、生儿子,一直糊糊涂涂到死,就完了。[4]

这些乡下"茶博士",虽然大都与乡下老百姓共处一馆,但各级茶客,自觉地分流入座,不会僭越。平湖城厢镇的"易安居"有三进,第一、二进茶客以农民、商旅为主,第三进为雅座,有讼师、律师、新闻记者、富商、绅士等。[5]当然,一般的茶馆都有一些基本茶客,简陋的乡邦茶棚在"茶博士"眼里自然是一流的。

其二,教化性。在江南乡村茶馆里的评弹书目,无非是《珍珠塔》《杨乃武与小白菜》《玉蜻蜓》《英烈传》《岳传》《双金锭》《孟丽君》等,茶馆书场断档的时候,主人也邀请一些说唱艺人,演出"小唱""清曲"或"说因果"等,其内容不外乎"闺阁千金有宿缘,私订终身后花园;落难公子中状元,御赐结婚大团圆"之类,充满了轮回报应、因果循环等说教。

在近代中国社会中,农民阶级的思想也只能是统治阶级思想的翻版:统治阶级的意志通过乡村茶馆这块跳板,潜入农民的心田。士大夫精心设计的僵硬的纲常伦理,被融泡在"一杯一杯复一杯"的茶水中,滋养着乡村人:

> 农人见闻陋隘,感觉简单,受戏剧之潜化力为最易,豆棚茅舍,邻里

---

〔1〕 戴维·波普诺.社会学[M].沈阳:辽宁人民出版社,1988:159.
〔2〕 家人.茶馆及其主人[J].1936-02-22.
〔3〕 德邻.苏州的茶博士[J].申报,1937-01-19.
〔4〕 沈圣时.甫里通讯[J].申报,1934-06-04.
〔5〕 岳士明.旧时茶馆杂录[J].平湖文史资料(4).

聚谈，父诫其子，兄勉其弟，多举戏曲上之言词事实，以为资料，与文人学子之引证格言历史无异。[1]

其三，庸俗性。这里且不论茶馆里不时出现的淫邪儇薄的小曲艺，[2]最能说明茶馆余暇生活庸俗特征的，是炽盛的赌风：

乡村上设小茶馆，已经是奇怪了……为什么日夜雀牌声不绝，一切万恶事情，都从小茶馆里做出来，唉！好好几个农民，被小茶馆引诱得一丘之貉——店主人一定利市十倍，而一般好赌者，以为可以乘机鱼肉，如蝇蚋逐粪，影响所及，为害非浅……自从有了小茶馆，日以继夜的赌，有几个赌兴方浓，精神疲惫，不得不思抽筒大烟……[3]

类似的记载可谓俯拾皆是，民国地方政府多次严行取缔茶馆赌博，结果总是收效不大。其症结何在？直至今日，人们仍在苦苦思索。

五、余　论

近代以来，人们对乡村社会的理解常常走向极端：或者将其看作世外桃源，或者视为人间地狱。对江南乡村茶馆的实态考察，否定了这种绝对化倾向。在乡村，商行操纵与市场活力同构，自然隔绝与田野风月同在，暴力统治与和平契约并存，终日劬劳与社区娱乐互补。基于事实的这些辩证认识，启人深思："罪恶和纯朴，黑暗和光明，绝不是都市和农村固有的特征，而只是一种社会体制所造成的病态的现象。"[4]这就是近代民主革命的根本依据。

对乡村社会的正确认识，也启迪了当代人的思维。有论者认为，城市与乡村是两种不同的社区形式，从生产发展的角度和人类生存条件来看，城乡各有利弊，两者并不是人类理想的居住区。乡村城市化过程就是要求城乡两极同时向对方的优点转化。独具中国特色的乡村小城镇化道路，正是在这个意义上铺筑起来的。在建设现代化小城镇的过程中，乡村茶馆引发起人们思古之幽情。1996 年 7 月下旬，日本名古屋大学国际开发科研究员斋藤美和子专程到南浔考察乡村茶馆。她以为："南浔如果有一两家典型的江南茶馆，对经济和人际的作用都有好处，对近年建造的那些生硬的现代建筑材料堆砌的环境，也会起平衡作用。因为光有一些建筑群而没有不同层次的人际交流场所，一个城镇是没有活力的。"[5]茶馆，这是民族的文化，但是，唯其民族的，才是世界的。恐怕这不仅仅是历史的寻根，而是在摸索历史与现代的榫眼。

---

〔1〕 高劳.谈屑·农村之娱乐[J].东方杂志 14(3)，1917-03-15.

〔2〕 茶馆曲艺中的大部分，充满了乡土气息和农民情调，是为土俗，不是庸俗，但也确有迎合低级趣味之作。

〔3〕 焕文.乡村社会的目睹[J].新盛泽，1924-07-21.

〔4〕 麦浪.关于农村电影的一些偏向[J].申报，1924-07-20.

〔5〕 寇丹.异域口音说南浔[J].南浔通讯，(110).1996-08-31.

休闲节律与乡土本色

——以近世江南庙会为例案

【内容提要】 作为乡村社会最重要的休闲生活方式之一,庙会应和着特殊的乡土岁时节律。从年度周期、岁时节令和特定时段三个侧面,体现着社群民众的特殊休闲节律。在历史人类学话语中,近世江南庙会呈现出浓厚的地域社会生活本色。

【关键词】 庙会;休闲;岁时节律;江南乡村

与精英文化不同,在理解底层社会的文化存在时,美国学者保罗·康纳顿(Connerton P.)提醒人们注意:“这是一种其成员的生活史有不同节奏的文化”;他们的生活节奏呈现“不是简历,而是一个循环。基本的循环是天,然后是周、月、季、年、代”。[1]岁时,是中国普通民众特殊的时间体验;江南庙会所呈现的岁时节律,正反映了社群普通民众,特别是乡土社会生活本色;而两者之间的关系探讨,通过跨学科的对话将得以更好地进行。[2]

一

江南绝大多数庙会以年度为周期。[3]庙会的年度周期即庙会仪式以年

---

〔1〕 保罗·康纳顿.社会如何记忆[M].上海:上海人民出版社,2000:16-17.

〔2〕 这一论题的思想与方法论意义,在法国学者皮尔·波迪欧(P. Bourdieu)的论述中,得到进一步的证明:在传统社会里,农业村落的时间不仅是一种抽象的知识论体系。它包括了不同的社会文化体系,将生产实践中的年度周期与社会风格中的礼仪同认识论相结合。因此,通过研究农业村落的时间观念,可以证明文化不仅是象征体系,还是社会经济的体系,是象征与实践结合的产物。王铭铭.社区的历程[M].天津:天津人民出版社,1997:56.

〔3〕 极少数庙会具有特殊的社群整合意义,不在笔者的考察范围内。比如吴县东山穹窿会十年一次;吴江双杨会十年一次;宁波鄞县姜山礼拜会比较特殊,每逢闰年的二至五月间举行,赛会三四日。至于绍兴东关镇的武猖会往往数年、甚至二三十年方才迎赛一次,那不具有制度性意义。以上分别见王洁人,等.善人桥的真面目[M].吴县善人桥农村改进委员会,1935:35(苏州地方志馆藏);沈云.盛泽竹枝词[M].苏州大学图书馆藏;任根珠,任静芳.宁波市志[M].北京:中华书局,1995:2842;鲁迅.五猖会[J].莽原第1卷,第11期,1926-06-10.

为单位的循环操演。[1]年度周期是乡土社会的伴生物;春耕、夏耘、秋收、冬藏,在江南乡村由于生产样式的不同可能还有更具体的表现形式,但与乡土中国的总体特征大致不离;庙会也就附着于一年十二个月的岁序中。台湾学者对于岁时节日的分析同样适用于庙会生活:"农业社会,其生活方式在于某一范围内,为了调节生活,因而在耕耘与收藏之间,订了许多的节日来纪念、庆祝。这久而久之,许多节日成了传统的标准。"[2]然而,"调节生活"仅仅是庙会生活的一个侧面,作为休闲生活方式的庙会也应当从其信仰世界获得说明。对于日常生活与信仰世界的复杂关系,匈牙利学者阿格妮丝·赫勒(Agnes Heller)进行了简明提示:"宗教总是日常生活的组织者,而且常常是它的主要组织者。从根本上说,是经济活动决定生活方式和生活节奏,但是,除此而外,正是宗教塑造了为生存需要所支配的生活方式和生活节奏。"[3]

按照信仰世界的逻辑,庙会旨在复苏神圣存在。在生命的大部分时间里,神圣存在蛰伏在人们的思想深处,表现为常态的凡俗生活。神圣存在就具有这样的特质:"只有在人们的心灵将其表现为生活着的存在时,它才存在。当我们不再这样想时,它似乎就不存在了。"当日常经验的洪流逐渐湮没这些神圣存在的时候,如果我们无法把神圣存在重新唤回到我们的意识里,使它们得到再生,那么神圣存在便会很快陷入无意识之中。[4]从这里,人们得知,神圣存在需要人的帮助,正如人离不开神圣存在的帮助一样。每届庙会,人们便唤醒被弃置于意识角落的神圣存在,为其补充能量,加强对神圣存在的记忆;庙会结束,这一切又渐渐归于沉寂,直至下一次循环。神圣存在便以蛰伏—复苏的循环往复的方式存活于社会生活中。假使神圣存在亢奋不已,人们的常态凡俗生活便会受到干扰;但神圣存在无限沉默,长此以往便会离开人们的记忆。庙会就应和着这样的节律。庙会节律的根源何在?法国社会学家爱弥尔·涂尔干(Emile Durkheim)指出:

---

〔1〕 少数同一名称的庙会,一年出现次数,其特征都不一样,应视作不同的庙会:如城隍"三巡会"三次,南京汤山南七里之丁水庙每年正月十五、三月二十三、七月十五举行上次庙会(《农民教育(三年来之汤山农民教育专号)》第二卷,第4、5、6期合刊,第87页,1930年4、5、6月,上海图书馆藏);绍兴炉峰香市崇奉的是观世音菩萨,一年3次的确定,乃根据佛教的说法:二月十九为观世音圣诞,六月十九为观世音出家,而九月十九则为观世音得道之日(张观达.炉峰香市[M]//绍兴百俗图赞.天津:百花文艺出版社,1997.);太湖渔民在北昂平台山祭禹王,一年四次,每次六七天不等,以清明的一次最为隆重,邹明成.吴地的庙会[J].江苏地方志,1993(3);而丹阳窦王庙会一年中有七次,恐怕在全国也是绝无仅有的了。周志良.闲话丹阳庙会[M]//古邑史踪.上海:上海三联书店,1994.

〔2〕 王世祯.中国节令习俗.自序[M].台湾:星光出版社,1981:1.

〔3〕 阿格妮丝·赫勒.日常生活[M].重庆:重庆出版社,1990:101.

〔4〕 爱弥儿·涂尔干.宗教生活的基本形式[M].上海:上海人民出版社,1999:452-453.

> 膜拜的基本构成就是定期反复的节日循环。现在,我们已经能够理解这种周期性倾向是从何而来的了;实际上,它就是社会生活节奏所产生的结果。只有将人们集中起来,社会才能重新使对社会的情感充满活力。但是人不可能永远集中在一起。生活的紧迫性不允许人们无休无止地聚集,所以,人们只能分散开来,只有当他们再次感到需要这样做的时候,才会重新集合。正是这种必然的交替,才相应带来了神圣时期和凡俗时期的有规律的交替。[1]

涂尔干以宗教社会学的独到视角给我们的论题所提供的思想意义在于:(1) 人们从"集中起来"到"再次感到需要这样做"(再集中)的间隔长度,即庙会年度周期的根源虽然不是信仰,但信仰却赋予其以社会心理上的合理的逻辑解释;(2) 在作为民间宗教根源的"社会生活节奏",涂尔干把"经济生活"排斥在外,但社会生活,或者更具体地说,社区成员的集体生活,事实上克服了乡土社会的疏离感,成为既定庙会周期的固化剂。

年度周期只是一个原则上的规定,事实上,由于各种原因,庙会兴衰不居。以一个县域来说,年度总会次的多寡一般与年成的丰歉成正比。嘉定每岁冬令,城乡均借酬神为名,醵资演戏,年岁丰稔,演者尤多。[2]"尤多"之因,一是有些庙会不是年年举行,如定海东岳会间隔数年一行,逢到值年,总会数就增加了。二是有些庙会时逢丰年,花样翻新。如湖州南浔的东岳会,一般年月"士女集广惠宫及极乐庵烧香作会",只有座会,而遇年丰则"额外"增加了游会,"引线灯作绣球、凉伞等形,争新斗艳,为他处所无。击钲鼓随之,游行市上,迎神出观。或为藏头诗句,任人商揣,曰'灯谜'。旬余始罢,远近来观者甚众"。[3]三是丰年常有新的庙会涌现。1918 年,常熟"秋收较丰",次年,耿泾乡"农人于生计上稍减困苦,本年入春以来各村落之农人皆狂妄异常,以前数年之凄凉苦况陡然亡(忘)怀,于是有掉(调)龙灯焉,演剧焉,不一而足"。[4]就说沿海朱泾桥兴龙寺素未闻有演戏情事,不意亦如法从事,与某戏班预订承揽,择日开演。[5]四是有些庙会废而复兴。嘉定纪王镇向于七月三十日有网船会之举,自民国政府成立后,明令铲除一切迷信举动,故此后几年来渐形淡兴。1927 年纪王一带,年成丰收,于是由庙董凌春孙(七区区长)重整旗鼓,一则庆年成之丰收,二则藉振萧条之市面。事前凌区长亲赴苏州办理绣制神袍及皇命八旗等,以资点缀,所费

---

〔1〕 爱弥儿·涂尔干.宗教生活的基本形式[M].上海:上海人民出版社,1999:457-458.
〔2〕 陈传德,黄世祚,王焘曾,等.嘉定县续志[M].1930 年铅印本.
〔3〕 汪曰桢.南浔镇志[M].咸丰八年(1858 年)刻本.
〔4〕 预志连续演戏·掉(调)龙灯愈掉愈盛[N].常熟日日报,1929-03-14;常熟档案馆藏.
〔5〕 预志连续演戏·耿泾乡[N].常熟日日报,1929-03-14;常熟档案馆藏.

约两百余元。演戏四日，戏班为浙江田记大舞台，戏愿已由庙董四出捐募，拟从十六日晚起，逢三六九再将赛放花灯，预约至双十节前后，大放三天三夜。[1]

二

从理论上说，庙会是神灵的祭日，可以是一年中的任何时间，但是，纵观江南庙会，不难发现，庙会的举行具有很强的季节性。

太湖一带是蚕乡，农谚云："小满动三车，谷雨两边蚕。"每年谷雨一过，蚕农们就要投入到饲养春蚕的劳作中去了。所以，这里的庙会多在清明至谷雨这段时间里举行。蚕农们借此一方面祈神赐福，求菩萨保佑蚕花廿四分；另一方面，也可在紧张的养蚕季节到来之前轻松一下。苏州城西皠山有东岳行宫，三月二十八日庙会，参加者以乡人居多，因名"草鞋香会"。赴会者清楚"自是田事将兴，农家浸种，布谷催耕，无暇游赏矣"，因此，"是日，村民尽出游遨，看会烧香，摇双橹出跳快船，翱翔市镇，或观戏春台。其有荒村僻堡，民贫无资财，亦复摇小艇，载童冠妇女六七人，赴闹市，赶春场，或探亲朋谋醉饱，熙熙攘攘，以了一年游愿。田家雇工客作之夫，亦俱舍业以嬉"。[2]当凉秋八月，残暑初消，苏州城西的支硎、灵岩、虎丘、穹窿诸山，亦有"秋山香市"，"惟不逮春时香市之盛耳"。[3]绍兴地区是江南地域的另一个重要的蚕乡，那里的会期与太湖流域具有基本一致的特点。绍兴乡谚咏"禹王庙会"和"南镇庙会"云：

桃花红，菜花黄，会稽山下笼春光，
好在农事不匆忙，尽有功夫可欣赏。
嬉禹庙，逛南镇，会市热闹，万人又空巷。[4]

在"浙江棉仓"的慈溪，下半年的庙会称"拦街"，季节性非常明显，五至九月份基本没有大的庙会。[5]南京是棉区，汤山农谚有"三月上庙，四月种田"之说，根据 1930 的调查结果显示，庙会确系农历三四月间举行的多，秋天次之。[6]

---

〔1〕 赛会演戏举镇若狂[J].嘉定新声，1933-10-01；上海图书馆藏.
〔2〕 袁景澜.吴郡岁华纪丽[M].南京：江苏古籍出版社，1998：132.
〔3〕 袁景澜.吴郡岁华纪丽[M].南京：江苏古籍出版社，1998：264.
〔4〕 张观达.嬉禹庙和南镇庙会[M]//绍兴百俗图赞.天津：百花文艺出版社，1997.
〔5〕 徐长源.慈溪县志[M].杭州：浙江人民出版社，1992：904.
〔6〕 农民教育[J].1930(2)：87；上海图书馆藏.

1930年南京汤山(棉乡)庙会年度分布

地址	庙名	会期	距汤山路程	备注
汤水村	五圣庙	三月二十五日		
作厂村	作厂庙	四月十一日	南三里	
丁墅村	丁水庙	正月十五日 三月二十三日 七月十五日	南七里	每年举行三次
陈家边	扒灰庙	四月十七日	北七里	不属汤泉区
陈家庄	嬴秦寺	四月初六	西十二里	
坟头	坟头庙	四月十五日	西十五里	
小九华	九华殿	七月终	东十五里	不属温泉区
杨家庙	杨家庙	四月初一	南十五里	
东岳庙	东岳庙	三月二十八日	南十八里	
华树村	南宫庙	四月初七	北十八里	
东流	东流庙	三月二十九日	西二十五里	

蚕棉兼事的上海,四月之初,麦未登场,为农事间隙,浴佛会盛况堪比春节。青浦盘龙镇普门寺游人如织,有竹枝词咏其事:

四月初交人尚闲,游踪如海复如山。

不知客舫来多少,停遍龙塘水一湾。〔1〕

处于江南"边缘带"的浙西临安是山区,那里的会日同样应和着江南社会休闲生活的节律。县郊的东平会有两个会日:一是张睢阳的生日,七月二十二日,一为九月二十三日;比较而言,后者更为热闹,原因是"九月二十三,田稻已大都收割,是一个比较闲空的季节"。〔2〕

概括而言,江南庙会主要分布在春季和秋季;其季节性特征是与地域生态环境和经济模式密切相关的。江南鱼米之乡大致如此;太湖渔民的庙会时段亦与此一致。渔业生产,淡旺季泾渭分明,从清明开始,由旺转淡,成为渔业年度分界点,平台山祭禹会就在这段时间举行。庙会期间,一则重新组合搭档,组织生产;再则解除冬春捕捞的辛劳,探亲访友,集中消费。〔3〕

上述休闲式庙会依循着凡俗世界的社会经济规律,而笼罩着神秘气氛的

〔1〕 按,青浦盘龙镇旁边有水名龙塘。顾炳权.上海风俗古迹考[M].上海:华东师范大学出版社,1993:363-364.

〔2〕 艾芊.东平会日杂笔[N].临安武肃报,1946-10-21;临安市档案馆藏.

〔3〕 蔡利民,陈俊才.太湖渔民的保护神——夏禹[M]//中国民间文化.第18辑.上海:学林出版社,1995.

庙会所服从的，自然是神圣世界的时空制度。七八月份里的庙会总是具有特殊意义的。祈雨会常常在夏日久旱不雨的时候。为向菩萨求雨，拣个黄道吉日，把当地庙里的菩萨抬出去巡行，因为是临时叫差，既降甘霖，少不了要演戏相酬。按民间说法，农历七月里，各种怨鬼都从阴间出来扰乱阳间，所以要在这段时间为怨魂超度，祓邪求安。于是有城隍会、有盂兰盆会、有地藏王会、有敲锣会(青浦)等。[1]季节在这里显现出超乎寻常的特殊力量。如果说夏季是一个"鬼季"，那么，春季则是典型的闲季。同样是城隍会，在夏季举行，往往神圣而紧张；在春季举行，则常常凡俗而休闲。跟江南普遍的情况有些不同，苏州的城隍"三节会"(三巡会)以"清明赛会最盛"。《吴门画舫录》云："吴中清明赛神，祀孤魂于虎丘厉坛。舟子藉诸丽品，以昂其船价。画舫鳞次山塘，尽一日之欢。西舫东船，伊其相谑。"要说有些神圣气象的内容，大概就是"十乡城内外土谷神咸集"山塘，"诸神咸执手版，谒城隍神"，[2]有如凡俗官僚体制虚应故事罢了。是时，"各乡赛会都于此时会集"，成为清明城隍巡会的主体，而乡会则完全偏离了"致祭无祀孤鬼"的初衷。清人袁景澜《山塘观清明赛会》诗云：

东风绣陌吹香尘，莺花艳集苏台春。
冶游士女空巷出，山塘寒食看迎神。
重城雨过烟浮瓦，望里平芜绿盈野。
鹢舫争携映玉人，珊鞭轻试连钱马。
梨园嘌唱转新声，彩仗龙旂按部行。
肉雷几阵香衢轰，抬阁童装故事精。
骈肩观者屯千百，大道红楼窗尽辟。
十里珠帘笑语声，画栏咫尺闻香泽。
桁杨充罪免身炎，箫鼓神牌引路开。
酒垆阮籍醉眠去，粉黛刘桢平视来。[3]

完全是以"迎神"之名，行"冶游"之实；道子中"桁杨充罪"的囚犯算得上"神圣"之徒，但为了"免身炎"症，亦无"吊肉香"之举。以"神降日"或"神诞日"为会日的府城隍会也总是在"春阳"之日，"投充囚犯"者与山塘会相同，"别有粉墨面、僧尼容、乞丐相、遢妓态、憨无状，闾里少年所为喧哄嬉游也。"[4]

三

庙会总是在具体而确定的时段内进行的，实际上，这也是岁时概念的应

[1] 赵叔豪.记青浦之敲锣会[N].申报，1926-08-28.
[2] 袁景澜.吴郡岁华纪丽[M].南京：江苏古籍出版社，1998：98-99.
[3] 袁景澜.吴郡岁华纪丽[M].南京：江苏古籍出版社，1998：100-101.
[4] 袁景澜.吴郡岁华纪丽[M].南京：江苏古籍出版社，1998：116.

有之义。

庙会日期一般是确定的,以神诞日或神忌日为标准;人为确定的庙会,自然也是神的授意。正月里湖州“烧香塔”时间则由巫师择定;[1]诸暨九江山圣姑山于十月赛会,无定日,预期以珓问神;[2]吴县穹窿山出会日期,由段头与村民商议,计选三个好日,然后到偶像面前求签,择定一个,即作为出会开始日期。[3]尽管秉承的是神的意旨,但从实际情况看,大多数会日不是铁律。四月初二是吴县东山城隍出巡后山的日期,1946 年,天不作美,到了初一下午二时,下起雨来了,高高的莫厘峰,被白雾替代了翠绿,大家都担心着明天的会期改不改。[4]看来是可以更改的。四月初八的浴佛会,无锡许多村镇“尼庵神庙亦多为会”;从经典佛教看,会日凿凿,但民间竟以“农务将兴,有先期而举者”。[5]

人为确定会日的庙会,总有一个大致时段。无锡甘露镇的“老寄爷”庙会,每年大致于三月底、四月初举行,由乡绅等商议决定两天为会日。[6]嘉兴连泗荡“网船会”在秋季为八月十四日;春季总在清明前后,如逢二月清明,就在清明后三日;三月清明,则在清明前三日。[7]鄞县的“稻花会”无固定神祇和日期,于早稻朗花季节(六月间)举行;青苗会在五月稻苗转青时举行。[8]

有些会日完全服从于乡村需要,在空间上次第相接,余姚北部沿杭州湾一带的迎会日期,从东向西,依次例行。据《六仓志》载:“二月十三至十九迎观音礼拜,化龙堰以东,尽为斋地……三月十三至二十迎东岳礼拜,化龙堰以西,尽为斋地。”[9]定海秋间的乡间庙戏,“自夏徂冬,依地之远近次第演之”。[10]会日在空间分布上的这种特点,显然是适应农人“赶场子”的需要而出现的现象,这在一定程度上充实了乡村娱乐生活,减少了乡间单调生活的天数。

庙会会期平均 3 天。嘉善庙会活动时间至少 1 天,一般 2 至 3 天,最多不超过 7 天。[11]当然会期不是绝对的。定海“一庙之戏,如都神殿等往往多至十余日”。[12]1946 年夏天,吴县东山城隍会“一连有一个月光景;这些日子内,

---

〔1〕 钟铭.湖州水稻种植习俗调查[M]//中国民间文化.第 10 辑.上海:学林出版社,1993.

〔2〕 诸暨县志[M].清宣统二年(1910)刻本.

〔3〕 王洁人,等.善人桥真面目[M].吴县善人桥农村改进委员会,1935:36.

〔4〕 看会人.城隍出巡花絮[J].莫厘风.创刊号.上海:东联出版社,1946.

〔5〕 黄印.锡金识小录[M].清光绪二十二年(1896)刻本.

〔6〕 祝永昌.“老寄爷”的祭祀习俗[M]//中国民间文化.第 10 辑.上海:学林出版社,1993.

〔7〕 王水.从田神向水神转变的刘猛将[M]//中国民间文化.第 10 辑.上海:学林出版社,1993.

〔8〕 任根珠,任静芳.宁波市志[M].北京:中华书局,1995:843.

〔9〕 邹松涛.余姚庙会调查[M]//中国民间文化.第 5 辑.上海:学林出版社,1992.

〔10〕 陈训正,马瀛.定海县志[M].1924 年铅印本.

〔11〕 何焕,金天麟.庙会风俗与群众文化[J].浙江民俗,1983(1).

〔12〕 陈训正,马瀛.定海县志[M].1924 年铅印本.

街道上、田亩中所碰到的，大多是在谈论着出会的新闻。”[1]

细绎江南庙会时段的基本规律，我们对近世乡土社会生活有了更清晰、更实际的认识。总体说来，乡村社会在社会关系上表现出“孤立和隔膜”状态“人口的流动率小，社区间的往来也必然疏少”，但费孝通先生的结论是“孤立和隔膜并不是绝对的”；[2]实际的社会生活图景确实更为丰富。庙会是江南乡村(甚至整个中国)最重要的休闲方式之一，近世仍然如此。庙会期间，社区间的往来陡然频繁，空间距离的缩短，首属关系自然加强。庙会活动(如庙戏等)本身给人们带来的愉悦自不必说，就是其间发生的花絮新闻，大量而快捷的信息传递就让农人们兴奋不已；为了“发散”这种兴奋，江南乡村社会有许多独特的方式：会日的确定就可以成为一项有趣的活动；会日的分布技巧也可以增加一定区域范围内的实际会期；会期前的殷殷期待和会期后的袅袅余韵与会期心情相连缀，大大减少了人们的“孤立和隔膜”感受。

由此可见，作为休闲生活方式的庙会节律，明显地体现出传统农业社会的特征。农民靠天吃饭，各种农事周期的“节奏点”是根据节气来安排的；庙会便被纳入了这种节奏之中。在这里，神诞日期是人为确定的，人在指挥神。这也使我们能够理解，庙会为什么总以农历作标准，因为，“这些古历测量时间的方法与现代日历不同，后者把年代划分为长度相等的月和日。古历是通过一些使时间持续性中断的节日和重要日子来使时间‘具有节奏’”。[3]这是农民社会的生活规则。同时，我们对于近世以来知识阶层的艰苦启蒙，对于随着西方文化冲击而来的所谓现代性，对于中国社会的文化分层和城乡差异，也有了更具象、更准确的理解。

---

〔1〕 青.从迎神赛会说农民娱乐[J].莫厘风.上海：东联出版社，1947-02-01(8).但据邹明成称：“吴地赶会人数最多、会期最长的庙会是金坛境内的三官庙会，自十二月二十四日至来春三月二十八日，长达三个月之久。”参见邹明成.吴地的庙会[J].江苏地方志，1993(3).对此，我们作这样的理解应该比较符合实际情况：三个月是一个会期的绝对天数，但并不意味着与会者都是同一拨人，更可能是“你方唱罢我登台”式的轮流。

〔2〕 费孝通.乡土中国　生育制度[M].北京：北京大学出版社，1998：9.

〔3〕 H·蒙德拉斯.农民的总结[M].北京：中国社会科学出版社，1991：57.

社会史视野中的"俗例"

——以江南"抢亲"为对象的研究

【内容提要】 "俗例"是习惯法的民间—地方性表达。作为婚约俗例的一部分,抢亲现象发生和存在于特定的时代背景和地域人文环境之中。在社会史视野中,有着清晰的探究俗例的路径。通过跨学科的对话,俗例的本质属性得到相对准确的把握;立足于民间—地方世界,构成俗例(抢亲)存在的民间、社群和官府等环境要素,能够得到合理的认识;在历史的"长时段"里探寻,俗例(抢亲)发生的经济结构、消费观念和社会风气等要件,以及俗例显现的特定形态(抢亲),都可以得到比较贴切的解释。

【关键词】 社会史;俗例;抢亲

在传统民间社会生活的舞台上,"俗例"扮演着十分重要的角色,近些年来,引起社会人文学界的重视:在政治国家—民间社会框架中,俗例被当作"地方性知识"来解读,在大传统—小传统结构中,俗例被作为"小传统"受到关注。但在不同的学科那里,侧重点是不一样的。在"民族志"写作中,人类学家主要关心:俗例作为文化要素在社群生活结构中所处的地位和所发挥的功能;[1]在习惯法研究中,法学(史)家通常将杂多的地方俗例置于统一的时代和社会背景之下,从社会学的视角构建传统社会法律体系的多元格局,说明其间的互动关系,意在提醒人们重视法治建设中的本土资源;[2]在制度文

---

〔1〕 如著名人类学家林耀华先生在1944年的《金翼》(三联书店香港有限公司1990年)中涉及这样一些俗例:雇工和换工制度、婚约、对于村庄内偷窃行为和暴死异乡者的处理方式等,在1935年的《义序的宗族研究》(上海:生活·读书·新知三联书店2000年)中关于"变式婚姻"的俗例;费孝通先生在1939年的《江村经济》(南京:江苏人民出版社1986年)中社会及的俗例,仅仅关于婚姻方面的就有婚约、休弃、童养媳、杀奸夫等。某些历史研究者,不是以特定社群为关照空间,而是从族群或区域的角度来说明俗例的社会作用,就期旨趣来说,与人类学相类同。如卞利的《明清徽州乡(村)规民约论纲》、白正骝的《乡规民约与近代桂东南社会》等.

〔2〕 如梁治平的《清代习惯法:社会与国家》(北京:中国政法大学出版社,1996)、苏力的《法治及其本土资源》(北京:中国政法大学出版社,1996),比较集中的研究成果体现在谢晖,陈金钊的《民间法》第一至四卷(济南:山东人民出版社2002、2003、2004、2005年)中.

化史著作中,除了某些有影响的史学家已经注意到国家法律与民间习俗的相互作用,[1]不少文史研究者喜欢将某个俗例从特定的社群生活结构中抽取出来,冠以“中国”或“人类”,重新组合,以显示一个抽象的礼俗中国形象。鉴于此,俗例的研究如何在区域与全局、抽象与实证、案例与类型以及跨学科对话中寻求适度的平衡,以“整体性”为追求目标的社会史应当注意及此,并且在研究中显示社会史的独特视野。笔者以“抢亲”为对象的研究希望对此有所贡献。

一、抢亲:一个“俗例”

所谓抢亲,是指在已经存在婚姻关系的亲家中,一方违背另一方(女子或父母)的意愿,强抢成婚的行为。[2]近世,抢亲现象在江南经常出现。晚清以后,“沪上风气恶薄,动辄抢亲,致难悉数”;[3]时人“常常见之,不足异也”。[4]

抢亲不同于抢婚。抢婚,又称“掠夺婚”,“男子以掠夺方法娶女子为妻妾,而未得该女子及其亲属同意之谓也”。[5]抢亲因“与聘娶方法混合”,而有别于抢婚:抢亲中的双方,已经通过定婚确立了婚姻关系;而抢婚则不存在这种关系。在传统中国,“婚姻关系之成立,就其大体而言,须经过定婚与成婚两程序”,定婚,即男女双方为结婚而作的事先约定,“乃结婚要件之一”;在礼法上,“男女因定婚而取得一定身份”。[6]抢亲便发生在这种已经确立(定婚)、而未最终实现婚姻关系(成婚)的亲家之间:“其事(抢亲)要皆先已聘定……初非无中生有,肆行劫夺之谋也。”[7]

按常理,定婚与成婚前后相续,没有给抢亲留下过多的发生空间。抢亲之发生与民间社会中“童稚婚约”习俗密切相关,“男女订婚,普通多在提抱;

---

〔1〕 如黄宗智的《法典、习俗与司法实践:清代与民国的比较》(上海:上海书店,2003)和《清代法律、社会与文化:民法的表达与实践》(上海:上海书店,2001).

〔2〕 在全国一些地方婚礼中出现的“模拟抢亲”,作为一种仪式,并不违背当事人的意愿,亦冠以“抢亲”之名;后文对之略有涉及,不作专门讨论。

〔3〕 吴友如,等.点石斋画报·抢亲恶俗(大可堂版)第10册[M].上海:上海画报出版社,2001.

〔4〕 吴友如,等.点石斋画报·妇负新郎(大可堂版)第14册[M].上海:上海画报出版社,2001.

〔5〕 陈顾远.中国婚姻史(影印本)[M].上海:上海文艺出版社,1987:78.按,在某些资料或文章中,偶尔会出现作者不作区别,将“抢婚”与“抢亲”混用的现象,尤其是将抢亲说成抢婚。

〔6〕 “定婚”一词,兴于明清以后。此前,男女各别有称:在女方曰“许聘”,在男方,则有“文定”“聘定”“已纳聘”等;至明清,沿用旧称之外,在律令上,开始以“定婚”一词,作为男女双方的通称。民国以后,民法上称之为“婚约”(陈顾远.中国婚姻史,121.)另,定婚,又作“订婚”,两者的区别见吕廷君.关于民间定婚习惯的调查报告[M]//谢晖,陈金钊.民间法.第二卷.济南:山东人民出版社,2003.

〔7〕 李庆瑞.上海旧闻·抢劫闺女[M].苏州:古吴轩出版社,2004:126.

婚嫁之期则在十七八岁上下”，〔1〕故地方文史研究者断称：“旧社会所以发生抢亲风俗，大都与娃娃时攀亲有关。”〔2〕在中国，“童稚婚约”自古已然，近世以降，浸成为俗，〔3〕结果，“如果女孩订婚过晚，她就不能找到好的婚配对象”，因此，“婚姻大事，在孩子的幼年，经常在六七岁时就已安排了”。〔4〕“童稚定婚”企图以一个当前的契约约束数年乃至十几年之后将要发生的行为，其可靠性可想而知：“襁褓联婚不能尊重男女本人之意思，与指腹为婚者，其相去不能以寸……其后男女长成因不愿意而致悔婚兴讼者亦在所多有。”〔5〕其实，“个人愿意”倒在其次，在定婚—成婚过程中，亲家之间发生的任何变故都可能成为婚姻的障碍。面对一时无法实现的婚姻关系，如果一方（常常是男方）胶着于旧有契约，抢亲行为便可能发生。

抢亲之谓“抢”，首在渎礼。以礼仪而论，“六礼”是传统婚姻的基本实践原则。六礼者，纳采、问名、纳吉、纳征、请期、亲迎之谓也；前四个环节属于定婚礼仪，后两个环节属于成婚礼仪，故古来有这样的说法：定婚礼仪是“成妻”节目，而成婚礼仪是“成妇”节目。很明显，抢亲介入了成婚礼仪，简化了婚礼程序，颠覆了婚姻传统，是为渎礼：“古视婚姻意义深远，礼仪遂以庄重为尚，故意纡其进行之程序，藉示民情之不渎，于是六礼兴矣。”〔6〕以此观之，抢亲当然有失庄重，“抢亲者，均背古礼”，〔7〕所谓“婚姻之礼，首重媒妁，而后纳采请期，以至亲迎，方不悖乎礼文”。〔8〕因此，时人一面慨叹抢亲“风气恶薄”，一面重申传统礼俗的神圣性：“婚嫁失时，乃成怨旷；为父母者，宜早计之。毋望

---

〔1〕（河南）获嘉县志，1934铅印本[M]//中国地方志民俗志资料汇编（中南卷上）.北京：书目文献出版社，1991.本文县志资料未特别注明出处者，皆出于此汇编，后不赘。

〔2〕章振华，王佩兴.无锡传统风俗（内部资料）[M]，1991：54.

〔3〕（安徽）舒城县志（清康熙三十九年刻本）：“或有指腹割衫为亲者”；（河南）禹县志（1939年刻本）：“其普者，定婚多在幼小，名曰‘娃娃媒’”；（广西）来宾县志（1937年铅印本）：“男女订婚多在十岁以前”；前南京国民政府司法行政部编.民事习惯调查报告（北京：中国政法大学出版社，2000）第853页：（江苏高淳）“男女订婚，大率以十岁左右为标准，其二三岁者虽亦有之”，“甚至有指腹割衫、正名分者，江北此风尤盛行”；同书第989页称，湖南长沙县有“两姓于怀孕之先，一时情好，每有预定儿女婚姻大事，果造化偶如人意，婚约遂已造成”；同书第874页：湖北秭归、云梦等地“乡人，生子多在襁褓即订婚”；又，第1035页：甘肃正宁等处，“男女幼时即为论婚”；惠西成，石子.中国民俗大观[M].广州：广东旅游出版社，1988.第130页记载：孩子们长到七八岁时，父母早就给他们订下婚了。假使父母疏忽，以至于使孩子到十几岁还没订婚，那无疑的，会引起大众的物议；同书110页：浙江盛行早婚，因此在孩儿时就订婚的很多。

〔4〕费孝通.江村经济[M].南京：江苏人民出版社，1986：30.

〔5〕前南京国民政府司法行政部.民事习惯调查报告录.下册[M].北京：中国政法大学出版社，2000：974.

〔6〕陈顾远.中国婚姻史（影印本）[M].上海：上海文艺出版社，1987：151.

〔7〕（江苏）江阴县续志，1921年刻本[M]//中国地方志民俗志资料汇编（中南卷上）.北京：书目文献出版社，1991.

〔8〕李庆瑞.上海旧闻·抢劫闺女[M].苏州：古吴轩出版社，2004.

厚奁，毋索重聘，六礼既备，亲迎斯行。如是则子女之愿偿，而父母之心慰。”[1]

抢亲之有“抢”名，说明它违背了被抢一方的意愿，一般说来，指的是女方父母的意愿；至于女子本身，因为不愿就范，呼天抢地、寻死觅活者时常见之，然心属男方、行助抢之举者，亦不鲜闻。[2]上海松江西关外某甲，抢亲时与未婚妻一同登轿，“舆夫舁之而行，甫经秀野桥，轿忽如桶脱底，女乃谓甲曰：‘请君先行，妾可易轿相随’，遂得草草行合卺礼”。[3]未婚妻好像与抢亲者有约定似的；事实上，事先约定的情况确实存在。浙江嘉善有陆姓者，父母早亡，仅遗兄妹二人，均已定亲。1926 年秋兄弟结婚后，蛮悍的嫂嫂平日里多方虐待懦弱的小姑，“小姑怨愤莫抒，遂与夫家通谋，约其速来劫婚，订期内应，俾早脱藩笼”。[4]这里，以小姑和男方家庭为阵营，与以兄嫂为代表的女方家庭形成了意志对立的两造。

世俗抢亲，即指强抢新娘。作为特例，抢及新郎，也算是绝无仅有、别开生面了：

> 上海周浦西乡瞿(家)，本为农户，家颇温饱，生有一女，因无子嗣，由媒说合，赘附近沈某之长子为婿，现已男长女大，正宜诗赋桃夭。奈沈生有三子，家境拮据，无力措办茶礼，以致迁延未就。瞿知之，谅厥苦衷，婉告媒妁，谓只须择日送婚，过门一切费用均由坤宅自备，可不问也。讵料沈以长子年少力强，正在耕作得力之时，入赘之事已萌悔意，仍复托故迟迟。瞿知其意，乃与原媒密商，率强有力者十余人，乘沈不备，立将女婿抢之回家。[5]

至此，沈家只得默认了。在这里，强抢对象的不同，并不影响抢亲的性质。

在江南，抢亲者有一个冠冕堂皇的理由：依循俗例而行。俗例是社会心理的反映，无论是事件的参与者，还是旁观者都习以为常。抢亲发生时，常常听之任之。1927 年，在上海下塘镇的姜家，一批抢亲者不期而至，女主人“惊骇失措，狂呼救命。村人闻变，误为盗劫，急鸣锣集壮者数十人，持刀棒枪铳追来。未数武，遥见前队灯光辉耀，箫鼓齐鸣，且行且燃鞭炮高升百响，知非盗，趋前问故，始明真相，彼此粲然”。[6]安徽宣城、繁昌等地，男家“往抢之

---

〔1〕 吴友如，等.点石斋画报·抢亲恶俗(大可堂版)第 10 册[M].上海：上海画报出版社，2001.

〔2〕 章振华，王佩兴.无锡传统风俗(内部资料)[M]，1991：54.抢亲分两种情况：一是家长势利悔婚，女孩也不同意婚事；一是家长虽然赖婚，但女孩却不嫌夫家贫贱。

〔3〕 吴友如，等.点石斋画报·抢亲笑柄(大可堂版)第 8 册[M].上海：上海画报出版社，2001.

〔4〕 啜杏生.劫婚趣闻[N]//申报，1927-03-30.

〔5〕 吴友如，等.点石斋画报·抢亲奇案(大可堂版)第 14 册[M].上海：上海画报出版社，2001.

〔6〕 朱坦君.抢亲几成命案[N]//申报，1927-07-27.

时,先行抛撒求亲红纸贴于女家门外,其乡党乡里观此,即不出为干涉阻止”。[1]所以,在20世纪30年代的江南乡间,抢亲的人,“一定要带一面小锣,抢到了手,镗镗地敲了几响,表示不是绑票接观音。人家听了,就不用惊疑”。[2]在大多数情况下,女方家庭“格于俗例,事后无可如何也”。[3]就是说,接受了这样的俗例。

何为俗例?俗例首先是一种盛行于地方社群的习惯行为。在江南,近世以来,“抢亲之事,已等司空见惯”,[4]随着时间的推移,相沿而为积习之后:“不问其赖(婚)与否,而动辄一唱百和,怂恿为之,一似名极正而言极顺者。”[5]习惯成了自然。

作为俗例,抢亲不仅仅是一种习俗惯行,更重要的是,它还是社群习惯法。[6]这里表现为:(1)抢亲当事人之间存在着相互对立的权利和义务关系,且以外化的形式表现出来。通常的情形是,女方家庭“横索财礼,百计要求”[7]“紧索重聘,多方为难”,[8]而男方家庭“不能应命”,[9]这样,“男女两宅不相谅,各存奢望”,[10]以致“百年合好之事,变而成两造为难之局”。[11]婚约的履行陷入了困境。(2)抢亲以强制的方式进行关系调整。面对抢亲当事人之间彼此冲突的利益关系,一些人希望政府时申禁令:“俾生女之家勿索重聘,娶妇之家,勿蹈非礼,则两得其平矣。”[12]但事实上,地方政府对此无能为力。作为一种习俗,婚姻生活中的财礼多寡与区域传统和时代因素密切相关,没有一成不变的统一标准,其间出现的问题,历来是道德调整的范围,行政力量难以干预。如果任凭争索财礼的风气蔓延,“乡村间男子的娶妇,已成了十分困难的一件事了。假使长此以往,乡村将充满旷夫了”。[13]在这种情况下出现的抢亲行为,在地方

---

〔1〕前南京国民政府司法行政部编.民事习惯调查报告录.下册[M].北京:中国政法大学出版社,2000:863.

〔2〕烟桥.抢亲[N]//申报,1934-02-09.

〔3〕胡朴安.中华全国风俗志(下编)[M].石家庄:河北人民出版社,1986:182.

〔4〕吴友如,等.点石斋画报·抢媳奇闻(大可堂版)第15册[M].上海:上海画报出版社,2001.

〔5〕吴友如,等.点石斋画报·乱点鸳鸯(大可堂版)第1册[M].上海:上海画报出版社,2001.

〔6〕学术界从不同的角度对习惯与习惯法进行了区别,梁治平先生从社会关系的角度所作的区分更适合本文的议题:“普通习惯只是生活的常规化,行为的模式化,习惯法则特别关系权利与义务的分配,关系彼此冲突之利益的调整……更确切地说,习惯法乃由此种冲突中产生。”见梁治平.清代习惯法:社会与国家[M].北京:中国政法大学出版社,1996:165.

〔7〕吴友如,等.点石斋画报·新娘赤足(大可堂版)第13册[M].上海:上海画报出版社,2001.

〔8〕吴友如,等.点石斋画报·抢媳奇闻(大可堂版)第15册[M].上海:上海画报出版社,2001.

〔9〕吴友如,等.点石斋画报·妇负新郎(大可堂版)第14册[M].上海:上海画报出版社,2001.

〔10〕吴友如,等.点石斋画报·抢亲恶俗(大可堂版)第2册[M].上海:上海画报出版社,2001.

〔11〕吴友如,等.点石斋画报·抢亲胡闹(大可堂版)第4册[M].上海:上海画报出版社,2001.

〔12〕吴友如,等.点石斋画报·乱点鸳鸯(大可堂版)第1册[M].上海:上海画报出版社,2001.

〔13〕烟桥.抢亲[N]//申报,1934-02-09.

社会实际上带有自力救济的性质：依靠社群团体的力量，强制人们履行原有婚约。其基本的过程应该是：起先由某个社群自行创造，然后你效我仿，渐为地域社会所认可和接受，成为俗例。

应该特别指出的是，抢亲只是婚约俗例的一部分。抢亲不是孤立行为，它与定婚礼俗紧密联系在一起。民间社群普遍重视定婚环节，一经定婚，就意味着婚姻关系已经成立，不得轻易变动，其严肃性不亚于成婚。而且，地方越是僻处，态度越是严肃。直至 1934 年，在河南淮阳，定婚之后，“唯有等着举行结婚，中间无论发生何种变化，绝无变动可能”。[1]在广东潮阳，婚俗“最重结缡，有订盟后而男家零落至不能自存者，女家仍如前约。其悔婚，则众共斥之”。[2]为什么？来自 1918 年江苏北部地区的一则资料透露：“退婚之举，一般社会认为丑事。”[3]定婚的严肃观念和态度源自传统。湖北公安县的地方志编纂者对之倍加珍视：“男女在襁褓中即有戚友为之议婚。”其婚既定，“一诺千金，绰有古风焉”。[4]由此可见，信守定婚之约自古以来就是习惯法；对于违背婚约的行为，民间发展起一套地方俗例。近世以来，集中出现在江南地区的抢亲行为，便是其中之一。这种行为仅仅为某一地域人群所容忍和认可，表现出很强的地方色彩；抢亲者因为地域社会的认可而实际上获得了特许权。美国法人类学家霍贝尔指出：“法是这样一种社会规范，当它被忽视或违犯时，享有社会公认的特许权的个人或团体，通常会对违犯者威胁使用或事实上使用人身的强制。”[5]这样，抢亲从定婚“被忽视或违反”的意义上，以“可为模式”[6]构成了婚约习惯法的一部分。

二、“俗例”存在的社会环境

俗例一旦形成，人们便很少考虑其合法性问题了。那么，衡之以法典，抢亲的合法性如何呢？

抢亲是婚约俗例的一部分，首先得考察婚约的法典合法性。据婚姻家庭法学的研究成果，婚约分为早期型和晚期型：在中国，以清末作为分界线，此

---

〔1〕（河南）淮阳乡村风土集，1934 铅印本[M]//中国地方志民俗志资料汇编（中南卷上）. 北京：书目文献出版社，1991.

〔2〕（广东）潮阳县志，清光绪十年刻本[M]//中国地方志民俗志资料汇编（中南卷上）. 北京：书目文献出版社，1991.

〔3〕前南京国民政府司法行政部. 民事习惯调查报告录. 下册[M]. 北京：中国政法大学出版社，2000：853.

〔4〕（湖北）公安县志，1937 铅印本[M]//中国地方志民俗志资料汇编（中南卷上）. 北京：书目文献出版社，1991.

〔5〕E. 霍贝尔. 初民的法律[M]. 北京：中国社会科学出版社，1993：19.

〔6〕法所规定的三种行为模式之一，指人们可以怎样行为；其他两种行为模式是“勿为模式”和“应为模式”。

前,婚约具有法律效力,未经定婚的婚姻关系无效;一方不履行婚约,必须承担相应的法律责任。如《明律·户律》规定:“若许嫁女已报婚书及有私约而辄悔者,笞五十;虽无婚书但曾受聘财者亦是。”从清末“变法修律”之后,“订婚制度也当然地被排除在了国家制度法之外”。〔1〕其实,这样的划分只是反映了一个大概趋势,事实上,一直至1931年5月开始实施的《中华民国民法典·亲属编》,仍以旧律及习惯均重视婚约,特设专节加以规定。〔2〕至于“将来编纂法律能否容许此项习惯之存在,实属待决问题”。〔3〕这样看来,传统中国社会的婚约作为国家制度法一直是与民间习惯法是并存的,换言之,婚约亦具有国家法典意义上的合法性。

但是抢亲所依据的“童稚婚约”不然。传统国家法“只有嫁娶年龄之宣示,包括定婚与结婚而言,别无独立之定婚年龄也”,这样,婚龄应该理解为定婚年龄,即一般而言的男性不得早于二十、女性不得早于十五;但在民间,常常“破坏一定年龄之限制”,或者童稚许亲,或者指腹为婚。对于这样的定婚,法典持什么态度呢?据陈顾远先生的研究,此举“仅为世俗所有,在法律上每归否认”。所谓“法律上每归否认”,其根据不是明确的条文,而是法理推论:“其事存在之本身,亦正因为破坏一定年龄之限制而始然也”,〔4〕也就是说,童稚定婚违背了婚龄,应该理解为非法。不受法律保护。事实上,《大清律例》规定得也很明确:“男女婚姻各有其时,或有指腹、割衫襟为亲者,并行禁止。”〔5〕民国法律的规定亦大体如此。〔6〕

既然“童稚婚约”非法,抢亲更是非法。抢亲者以强暴的方式,迫使一个非法婚约的当事人接受其意志,不要说在民国,这在清代也是违法的。据《大清律例》:“凡女家悔盟另许,男家不告官强抢者,照强娶律减二等。”〔7〕由此可见,即使不考虑童稚婚约的非法性,抢亲也是“不告官(而)强抢”的“强娶”行为,其非法无疑。

现在的问题是:这种明显悖离法典的俗例何以能在底层社会通行呢?这

〔1〕 吕廷君.订婚制度的演变及其法理透视[M]//谢晖,陈金钊.民间法第一卷;王丽萍.婚姻家庭法律制度研究[M].济南:山东人民出版社,2004:65;杨大文.婚姻家庭学[M].上海:复旦大学出版社,2000:124-125.

〔2〕 谢振民.中华民国立法史(下)[M].北京:中国政法大学出版社,2000:798.

〔3〕 前南京国民政府司法行政部.民事习惯调查报告录.下册[M].北京:中国政法大学出版社,2000:974.

〔4〕 陈顾远.中国婚姻史(影印本)[M].上海:上海文艺出版社,1987:122-123.

〔5〕 大清律例.卷十“户律·婚姻”[M].北京:法律出版社,1999:305.

〔6〕 时人调查1916年安徽高等审判厅受理方裴成与徐友成婚姻涉讼案所得:“男女婚姻各有其时,指腹割衫襟为亲者,现行法律已有禁止之规定。”南京国民政府司法行政部.民事习惯调查报告录.下册[M].北京:中国政法大学出版社,2000:866.

〔7〕 大清律例.卷十“户律·婚姻”[M].北京:法律出版社,1999:305.

涉及俗例的效力泉源问题；从社会史的角度看，就是俗例存在的社会环境。

民间逻辑

作为俗例，抢亲存在的具体环境是民间社群，理所当然地沿循民间逻辑：

其一，抢亲是婚约的履行。尽管童稚婚约有悖于国家制定法，但在民间，它与成年婚约具有同等法效，“一经双方主婚者交换婚书，即发生婚姻效力，纵他日配偶者之一方有因事悔婚，亦难撤销婚约”。[1]这种法效来自于地方传统。在近世以来的江南社群，少数家庭对定婚的态度似乎不够认真，但从总体来说，定婚的严肃性依然不可动摇，如果有人试图逾越传统的界限，置婚约于不顾，常常受到舆论谴责。抢亲的合法逻辑就是依据这种传统的力量建立起来的，所谓“夫世惟有岳家之赖婚，而后有婿家之抢亲”。[2]在他们心目中，既定的婚约就是合法的，至于婚龄，则是无关紧要的事；倘若“赖婚”，抢亲就是可以接受的，“习俗如是，(底层社会)不知乃触犯刑律之所为”。[3]这里的“刑律”显然指国家法，而在民间俗例那里，抢亲则被视作履行婚约的行为，得到人们的理解和认可。绍兴俗语“抢亲不犯法”正是此意；如遇不知情者，男家只要鸣锣，人们便知是抢亲，承认它的合法性。[4]

其二，仪式是俗例的合法表征。人类学的研究成果表明，任何地方的婚姻关系都必须履行一番符合社群规范的手续方才成立，相应的婚姻仪式则是符合社群规范的表征，受到民间社会的特别重视。在传统中国，按照通常的婚礼程序，亲迎是实现婚姻关系的最后仪式，其中，“合卺”是最重要的环节之一，“合卺后，新娘获得了新郎之妻的身份”。[5]抢亲虽说僭越了礼法，但它总是尽可能披上传统的外衣，以表明其合法性，“合卺”之礼便是这样一袭外衣。抢亲的队伍突如其来，女家还未反应过来，新娘已然被抢夺而去，“追坤宅(女家)蹑踪追至，则已合卺礼成，生米煮成熟饭矣”。[6]事实上，从抢亲者的初衷来讲，他们也尽量想淡化这样的乖礼悖俗的形象。所以，上海罗家堰园丁邵金发至姜家抢亲时，不忘“雇彩舆一乘，唤吹打手二名”相随。[7]在安徽宣城等地，抢亲前先“择定吉日，预备花烛”，“将女抢归，再行正式婚礼”。[8]在江苏昆山，不知情者根本不知道这是在抢亲：“婿家侦女有所之，潜备采舆及鼓

〔1〕 前南京国民政府司法行政部.民事习惯调查报告录.下册[M].北京：中国政法大学出版社，2000：853.

〔2〕 吴友如，等.点石斋画报·乱点鸳鸯(大可堂版)第1册[M].上海：上海画报出版社，2001.

〔3〕 莺雏.中国婚俗奇谈[N].申报，1920-11-30.

〔4〕 裘士雄.抢亲[M]//绍兴百俗图赞.天津：百花文艺出版社，1997.

〔5〕 费成康.中国家族传统礼仪[M].上海：上海社会科学院出版社，2003：93.

〔6〕 吴友如，等.点石斋画报·抢媳奇闻(大可堂版)第15册[M].上海：上海画报出版社，2001.

〔7〕 朱坦君.抢亲几成命案[N].申报，1927-07-27.

〔8〕 前南京国民政府司法行政部.民事习惯调查报告录.下册[M].北京：中国政法大学出版社，2000：863.

乐伺于涂,婿先遮女,亲族助之纳于舆,鼓乐而归如亲迎。”[1]

强抢过门,在稠人广众、众目睽睽之下交拜成礼,“生米煮成熟饭”,女方家庭只能承认既成事实。在底层社会中(特别是在乡村),这样的“事实”比现时法律意义上的婚姻登记更为有效。在民间社会看来,新娘的“妻子”身份是通过特定仪式确认的,在公开场合宣示的,“新娘当此,其亦有不堪回首乎?”[2]如此就意味着新娘已经完成了从“人女”到“人妇”的转变,意味着一个个体被重新置于社群关系之中。国家法律也许可以恢复人际关系的本来面目,却无法逆转人们源自传统的观念;正是传统观念,使人们对仪式的意义达到一种不假思索的认同。抢亲就这样依赖民间仪式获得了合法性,契合民间逻辑。

团体强制

抢亲是集体行为。通常是,男方家庭“邀请戚族乡友多人,由本夫率领”,[3]在媒人的导引下,在女方居处,间或在庙会等公共场合,突然劫夺。所谓“戚族乡友”,是指血缘、地缘和业缘关系交错重叠的社群团体,本文多处资料中提及的“亲朋”“亲友”“亲族”等抢亲集团大抵相同。抢亲虽说以新娘为劫夺目标,但新郎未必在场,甚至在某些情况下,新郎并不满意这种做法。1928 年,在上海一家韩姓纸店里,店主二十开外的侄儿,尚未完婚,而“订婚手续,却早已做过”。按照侄儿的意思:“等到自己手里积蓄些钱,热热闹闹的娶了回来,岂非很有面子?”做婶娘的却等不及,她在侄儿并不知情的情况下,纠合一帮人,将侄媳妇抢了回来。[4]事实上,在许多情况下,抢亲是社群团体行为,新郎认可与否、或新郎是否在场并不是必要条件。认识到这一点,清末发生在苏州的“公公抢媳奇闻”便算不上“奇”了:

> 苏垣娄门塘有沈炳如者,开设灰窑生涯颇旺。前年为子文定阊门外某姓女为室,迩以男长女大,屡托冰人传言,择吉迎娶,而坤宅紧索重聘,多方为难。沈忿甚,不得已乃循俗例,纠合机匠(数)十人作抢亲之举。又恐其鸡肋难胜,不避翁媳瓜李之嫌,行所无事,代作新郎,毅然亲往。[5]

这是由以男方主人为首的业缘团体(机匠)完成的行为。面对“成群结队,突如其来”的劫夺,“被抢的姑娘,有的不哭不闹,以为自己命苦,完了心

[1] (江苏)昆新两县续补合志,1923 年铅印本[M]//中国地方志民俗志资料汇编(中南卷上).北京:书目文献出版社,1991.

[2] 吴友如,等.点石斋画报·新娘赤足(大可堂版)第 13 册[M].上海:上海画报出版社,2001.

[3] 前南京国民政府司法行政部.民事习惯调查报告录.下册[M].北京:中国政法大学出版社,2000:863.

[4] 凤.抢亲趣史[N].申报,1928-03-08.

[5] 吴友如,等.点石斋画报·抢媳奇闻(大可堂版)第 15 册[M].上海:上海画报出版社,2001.

愿”；[1]女家大多“束手无措”，[2]“虽见之不与争”；[3]即或追踪至男家，不是无功“默默而归”，[4]就是“自觉无颜，赧然而返”。[5]甚而出现如下情形：

杭人某甲行娶于王姓。王索聘甚奢，甲贫无所应，遂纠集多人，抢女到家，又恐被女家抢回也，于入门之际，即紧闭洞房，俾昼作夜。未几，王果登堂索女，大肆咆哮，甲怒其败兴，出而殴之。[6]

以血缘、地缘或业缘团体构成的社群力量，梁漱溟先生称之为“礼俗的强霸之力”。[7]

社群舆论

需要追问的是，如此赤裸裸的蛮横行为怎么能够轻易得逞？是女家屈于男家人多势众？显然不是。如果是这样，一般可能导致男女双方家族的武力相向，但事实上，由于抢亲而出现斗殴的情况，很少发生。关键的问题在于：男家得到了社群舆论的宽容，因而有恃无恐。从时人纷纷的议论中，可见一斑：

抢亲最为恶俗，然事多出于不得已，识者犹可原之。[8]

抢亲这件事……由于男家无力迎娶，妇家故意为难，不得已只得一抢了事，但求成就了百年姻缘，却不管什么叫做野蛮，什么叫做文明。[9]

宜兴……抢亲之事，时有所闻。盖婿家贫寒，而女家索财礼过奢（妆奁资至少亦须六七十元）无力应付，不得已而出此野蛮手段也。[10]

苏城阊门外南濠荡口乡有某甲者……作抢亲之举……一时观者莫不鼓掌。[11]

抢亲就出现在这样的社群环境中：旁观者“莫不鼓掌”；“不得已而为之”是人们对于抢亲之举的基本观点。这是俗例的另外一种力量，梁漱溟先生称之为“理性之力”：“人们因其公平合理，虽不尽合自身利益，却允洽舆情而乐于支持拥护。”[12]在民间社会，特别是乡土社群中，发生利益和关系纠纷时，

---

[1] 叶旭明，谢华东.古今中外婚俗奇谈.

[2] 吴友如，等.《点石斋画报·抢媳奇闻》(大可堂版)第15册.

[3] 吴友如，等.点石斋画报·抢媳奇闻(大可堂版)第15册[M].上海：上海画报出版社，2001.

[4] (江苏)昆新两县续补合志，1923年铅印本[M]//中国地方志民俗志资料汇编(中南卷上).北京：书目文献出版社，1991.

[5] 吴友如，等.点石斋画报·抢媳奇事(大可堂版)第14册[M].上海：上海画报出版社，2001.

[6] 吴友如，等.点石斋画报·抢亲胡闹(大可堂版)第4册[M].上海：上海画报出版社，2001.

[7] 梁漱溟.人心与人生[M].上海：学林出版社，1984：167.

[8] 吴友如，等.点石斋画报·抢亲笑柄(大可堂版)第8册[M].上海：上海画报出版社，2001.

[9] 凤.抢亲趣史[N].申报，1928-03-08.

[10] 胡朴安.中华全国风俗志(下编)[M].石家庄：河北人民出版社，1986：182.

[11] 吴友如，等.点石斋画报·妇负新郎(大可堂版)第14册[M].上海：上海画报出版社，2001.

[12] 梁漱溟.人心与人生[M].上海：学林出版社，1984：167.

是否得到亲属集团的支持是至关重要的，但这种支持却不是无原则的，“他们极不愿陷到遭受群队或村落里大多数人反对的境地。换句话说，争吵的人能得到他们亲属多大的支持，是受到公众舆论的影响的……血亲团体的支持者应当与舆论的倾向取得一致。”[1]

由此看来，男家与其说得到亲友集团的支持，不如说是获得了社群舆论的宽容；社群舆论原谅了这种僭越行为。

官府默认

社群舆论的能量，并不局限于一个社群之内，在上下层社会的联结和沟通中，也影响着地方官府的司法决断。

在法理上，抢亲是非法的，而这种“非法”的认定，根本不足以构成对抢亲行为人的威慑。一位日本的中国法制史学者注意到，“女家出现悔婚的兆头时，男家聚众抢婚(——指抢亲)的情况也曾举出不少。而法律认为，对于如此的自力救济，因未告诉官府，故只科以极其轻微的刑罚，婚姻本身据此完全有效地成立”。[2]在司法实践中，法典更加迁就俗例。

在江南，通常的情况是，一旦抢亲成功，女方家庭也“惟有听之而已，决不能控告女婿的非礼。就是控告，官府也原谅他们。相传即使当场就给官府看见，也假痴假呆，不问询，不干涉的”。[3]在1928年绍兴“余氏状告韩氏抢亲案”的判例中，人们很容易看出官府“原谅他们”的成分：

> 法官以韩某虽与余氏女(自幼)订婚，然抢亲系野蛮行为，殊不合理，况(余氏)女矢志不愿嫁韩，即强使成婚，亦无幸福可言；谕令亲族和解，由余氏退还聘金，并偿韩某结婚时费用，双方解除婚约。[4]

在这个案例中，不难发现，在司法实践中，法官更倾向于“童稚婚约”的合法性；而抢亲，只是“殊不合理”的“野蛮行为”，说不上是“违法行为”。这一点，通过与另外一宗性质不同的案件相比较，我们可以看得更清楚：

> (上海)浦东杨家渡地方，有卫阿华者，年近五旬，守鳏，滋戚鸩媒遍托，迄无良缘。今春二月间，经其友姚和尚窥得郁氏女，早失怙恃，姿色颇佳，方寄居姊氏家，遂慨然以撮合山自任，舌灿生花，为卫作伐。女之姊访知卫底蕴，已毅然辞绝。是卫(氏和)郁女因如风马牛不相及者也，乃卫胆敢于三月十四日，纠集五六十人，皇然以抢亲为名，雇备鼓乐喜轿，蜂拥而来，欲将郁女强抢。幸女先已避匿，计不得行。事为地保所闻，协同局勇，将一干

[1] 马文·哈里斯.文化人类学[M].北京：东方出版社，1988：197.
[2] 滋贺秀三.中国家族法原理[M].北京：法律出版社，2003：381.
[3] 烟桥.抢亲[N].申报，1934-02-09.
[4] 抱琴轩主.赖婚趣剧[N].申报，1928-04-11.

人拘获数名,送县讯究。[1]

卫阿华被拘的关键之处在于,其与郁女之间不存在婚姻关系(定婚),"固如风马牛不相及者",而他却"皇然以抢亲为名",实施强抢,此为非法:"光天化日之下,若辈竟敢聚众横行,强劫闺女,其目无法纪为何如乎?"[2]换言之,在已经存在婚姻关系的亲家之间,"皇然抢亲"与法典规定的"强娶"不可同日而语,不在惩戒之列;"此等案件,即经到官,亦难穷究根底。男家辄诬女家为赖婚,实则应行之礼数,亦何尝备也?"[3]几乎是难以裁断的家务事了,至多也就是民间纠纷罢了。

这是默认的态度;这一态度可以视为国家法典对民间俗例的反应:当国家法与习惯法出现冲突时,地方官员总是倾向于迁就习惯法,而地方官员的特殊身份在国家法与习惯法的联结中具有重要的意义。费孝通先生注意到:"在应用法律于实际情形时,必须经过法官对于法律条文的解释。法官的解释对象虽则是法律条文,但决定解释内容的却包含着很多因素,法官个人的偏见……以及社会的舆论都是极重要的。"[4]在处理抢亲案件时,法官遵循着大体相同的潜规则,尽可能地理解民间逻辑。在这里,左右其砝码的主要不是"个人的偏见",而是社群舆论。

至此,从民间和国家两个层面所再现的俗例存在的社会环境,已经回答了一个问题:俗例何以能够存在?但另外一个更费解的问题是:俗例为何会以抢亲这样的方式存在?它与区域社会人文环境存在着怎样的关联?探幽抉微,约略可见如下隐迹:

首先,近代抢亲是古代前期江南民风的反映。民间传说,或泛云抢亲"由来已久",[5]或称其为"古代遗留下来的掠夺婚俗",[6]总之,近代抢亲承古代前期抢婚遗绪而来。东晋之前,江南以民风强悍著称全国。《汉书·地理志》:"吴越之君皆好勇,故其民至今好用剑,轻死易发。"《晋书·华谭传》亦称,吴蜀"殊俗远境,风土不同:吴阻长江,旧俗轻悍","吴人易动也"。这与当时险恶的自然环境有关。《吴越春秋》记载春秋晚期吴国的情况时说:"东南之地,险阻润湿,又有江海之害,君无守御,民无所依,仓库不设,田畴不垦。"在这样的自然和人文环境中出现抢婚现象是完全可能和可以想象的。

其次,近代仪式抢亲遗存了古代前期野蛮抢婚的形式。近代江南存在着两种性质完全不同的抢亲:俗例抢亲和仪式抢亲;后者则是遥远抢婚遗风的

〔1〕 李庆瑞.上海旧闻·抢劫闺女[M].苏州:古吴轩出版社,2004:126.
〔2〕 李庆瑞.上海旧闻·抢劫闺女[M].苏州:古吴轩出版社,2004:126.
〔3〕 吴友如,等.点石斋画报·抢亲恶俗(大可堂版)第2册[M].上海:上海画报出版社,2001.
〔4〕 费孝通.乡土中国 生育制度[M].北京:北京大学出版社,1998:48.
〔5〕 抢亲恶习宜革除.[N].(绍兴)越铎日报,1918-11-04.
〔6〕 裘士雄.抢亲[M]//绍兴百俗图赞.天津:百花文艺出版社,1997.

程式化表演:事先由媒人安排好,然后再由媒人引导指明,于是新郎趋前把新娘抱起来走几步,然后交给一位孔武有力的亲友,背起新娘就跑,回到家中就此成亲。当时女家必邀集众人虚张声势地乱追一阵,绝不是要把她追回来。这其实是女方家庭故意安排的,借此既可免除男女失婚之苦,而女家也可因被抢亲而省却很多嫁妆。这实际上是一种特殊的婚礼方式。[1]在江苏吴江乡下,"也有所谓抢亲的风俗,大多因为男女家想避免正常仪式的耗费,而用的代替的方式。被抢的新娘,浓妆艳服在家等候",说是"抢","只表示一点意思而已,没有人认真的"。[2]据近代学者考察,一直至民国晚期,在一些乡村结婚仪式上,"仍有一部分保留了掠夺婚俗的遗迹"。[3]仪式抢亲隐现着些许"远古的野性"。

于是,俗例抢亲在仪式抢亲的掩饰下得以存在。对于仪式抢亲,社会一般的解释是:事情仓促,来不及准备,无可指摘。[4]颇有些自欺欺人的味道,但它为底层百姓提供了安身立命的社群环境。俗例抢亲就在这种有利的环境下蔓延开来;被抢者在争索彩礼无果的情况下,往往因为有仪式抢亲的解释作掩饰,既省却了妆奁费用,又保全了"面子",便就此作罢。

再次,地方俗信强化了抢亲行为。在抢亲风行的绍兴,不论是仪式抢亲还是俗例抢亲,人们都认为,此举是对女方家庭的尊敬,说明姑娘不是嫁不出去,而是被人家当作宝贝抢走的;于是女家脸面有光。反之,如果已被男方抢去的姑娘再被娘家抢回,那么,人们认为,此女终身不得吉利。对于男方来说,如果抢亲不成功,则会发生火灾。[5]这样的说法一方面削弱了女家争抢的勇气,另一方面却刺激了男家抢亲的决心。

三、"俗例"发生的历史条件

在考察清代习惯法的生长条件时,梁治平先生指出:"作为一种社会制度,作为所谓民间社会秩序的自动显现,习惯法的每一步发展都与实际社会生活与社会组织的变化有着密切关联。"[6]这是我们理解"小传统"应该遵循的基本思路。作为俗例,抢亲现象则是近世以来江南地域社会生活深刻变迁过程中的伴生物。缕析而论,约为如下数端:

第一,贫富分化日益加剧。门当户对是传统婚姻关系缔结的基本原则。在流动滞缓、相对稳定的时代,从定婚至成婚这段时间,男女双方家庭的经济

---

〔1〕 马之骕.中国的婚俗[M].长沙:岳麓书社,1988:281.
〔2〕 费孝通.乡土中国 生育制度[M].北京:北京大学出版社,1998:130.
〔3〕 吟生.我国掠夺婚姻的遗迹[M]//高洪兴,等.妇女风俗考.上海:上海文艺出版社,1991.
〔4〕 裘士雄,等.鲁迅笔下的绍兴风情[M].杭州:浙江教育出版社,1995:124.
〔5〕 裘士雄.抢亲[M]//绍兴百俗图赞.天津:百花文艺出版社,1997.
〔6〕 梁治平.清代习惯法:社会与国家[M].北京:中国政法大学出版社,1996.

条件和社会地位不致发生明显的差距，人生历程经过既定仪式代代重复下去。即便如此，宋代司马光还是担心：“及其既长，或不肖无赖……或家贫冻馁……遂致弃信负约。”[1]近世以降，这种情况在商品经济发展迅速的江南地区日渐普遍，众多的家庭在价值规律的作用下，逐渐拉开了距离。进入晚清，随着外国资本主义经济渗透的加强，自然经济渐趋瓦解，商品经济更加深刻地改变着社会经济结构，加之各种不确定因素，家庭的贫富分化日益加剧，十年八年便可能根本改变一个门户的命运。在这种情况下，门当户对对于时间的要求更加苛刻。小儿女时的门当户对，及至成婚，已不相匹，“家道中落”常常成为女家延宕成婚或悔婚的主要口实。1928 年，在绍兴发生的抢亲事件中，余、韩两亲家的情况变化在江南是比较典型的：

> 初，(绍兴)余氏以女字韩某。余、韩本姻娅，订婚时，男女均尚年幼；越数年，韩某家渐中落，余氏有悔婚意，女亦以韩某开设酒肆，不愿为酒家妇，因此韩某屡遣媒向余氏提议迎娶，均遭余氏拒绝……韩某察知余氏有意刁难，欲图赖婚，乃与媒人谋，实行抢亲。[2]

具体到每个家庭，“家道中落”的原因很复杂，无法尽列；上文提及的园丁邵金发便是一个赌棍：

> 祖遗薄田十余亩，以滥赌挥霍几尽，度日渐窘，乃佣于余家。当其未倾家时，曾聘相距九里之下塘镇农民姜某女为次子妇，姜某寻卒。其妻颇刁恶，嫌邵氏贫，托言女幼多病，延宕不允出阁。金发抱孙心切，既度对方无亲就理，遂于月之十二日，邀请亲朋多人……相率至姜家(抢亲)。[3]

因赌而败的邵家自恃定婚在先，要求姜家履约，实际上是在坚持一桩两个不同门户之间的婚姻；女方对此并不情愿，遂致抢亲。

婚姻的门户不能简单地视为外在因素的约束，在很大程度上，它也为男女关系的和谐营造了社会化环境；相当的门户以相当的经济实力为后盾，其子女生活于基本相似的家庭氛围之中，获得了大致相同的教育机会、彼此契合的生活志趣以及不相上下的社会修养。由于门当户对造就了太多的不幸，人们往往忽视了问题的另一面：在悬殊的门户之间更难婚姻美满；打破了门户之见，“门当户对”的原则仍然隐存于婚姻关系的缔结过程中。存在着结构分层的社会中大抵如此，具有很大的历史合理性。在社会流动缓慢的时代里，“童稚定婚”与“门当户对”大多不会在定婚—成婚这段时间内产生矛盾，“门当户对”的原则被不经意地贯彻于婚姻生活中，人们会因为它理所当然而

---

[1] 陈顾远.中国婚姻史(影印本)[M].上海：上海文艺出版社，1987：124.
[2] 抱琴轩主.赖婚趣剧[N].申报，1928-04-11.
[3] 朱坦君.抢亲几成命案[N].申报，1927-07-27.

熟视无睹。从近世至民国时代,社会流动加速,贫富分化日益加剧;“童稚定婚”难以经受时间的考验,“门当户对”也同时受到了挑战。

应当指出的是,真正因为门户之限而导致的抢亲行为并不在多数;许多抢亲常常发生在门户相当的亲家之间。一种情况是,“生女之家,或计培养,需索重聘,致男家无力筹措,酿成抢亲恶习;亦有女家并不需索,而男家悭吝或无行,不惜作此非礼行为者”。[1]这种争执不以悔婚为目的,只是借此生利,至少不至损失太多;另一种情况是,随着社会自由交往程度的提高,女家欲攀高枝,如:

> 苏州钟楼头农家子杨姓,自幼聘定东小桥王氏……女母素为喜嫔,出入贵家,于是,坠马公子、走马王孙,慕女貌美,恒托故往来,母遂隐有悔意……杨知其隐,仍于前日纠集亲友拥至女家,实作抢亲之举。[2]

这两种情况,反映了近世以来江南地域社会生活的另外两个显著变化:前者跟骄奢的生活消费相关,后者跟开放的社会风气相关。

第二,婚姻礼俗日渐骄奢。大致从明中叶开始,社会风尚由俭趋奢,而以江南地区的表现最为明显。张翰描述道:“至于民间风俗,大都江南侈于江北。而江南之侈,尤莫过于三吴……是吴俗之侈者愈侈,而四方之观赴于吴者,又安能挽而之俭也。”[3]流风所及,即如僻处江南山区的浙江上虞亦呈是象。以婚姻消费为例,上虞社会“好于孩提时轻结婚姻”;明万历时,“颇重信义,轻财货,故女家无朝诺夕更,男家亦不责荆钗裙布,亲属款洽”。至清季,情况完全不同了,“两家联姻必先遣媒行礼聘,用银钱、钗镯、绫缎,视贫富为差……惟富家嫁女备侈妆奁之丰厚,贫家许字尤索重金。”[4]在地方社群,贫富差距的存在乃为基本事实,浸染于奢靡风尚中的下层民众往往不能自已:“俗传靡,婚嫁之事,豪者辄费中人数家之产,窭人亦尤而效焉。”[5]究其原因,“人情”和“脸面”构成了一股无形压力,使得行为人在婚姻消费上你攀我比,互相效尤,下层民众自不能免俗。20 世纪 30 年代,上海川沙民间,“侈靡日甚,富厚之家黄赤无足奇,聘金等礼动至数百金,筵馔珍羞,无美不备。小康者竭力效之,甚至贫户亦以朴陋自惭……推原其弊,缘邻近上海,渐染所

---

〔1〕(上海)宝山县再续志,1931 年铅印本[M]//中国地方志民俗志资料汇编(中南卷上).北京:书目文献出版社,1991.

〔2〕吴友如,等.点石斋画报·新娘赤足(大可堂版)第 13 册[M].上海:上海画报出版社,2001.

〔3〕张翰.松窗梦语.卷四“百工记”.

〔4〕(浙江)上虞县志校续,清光绪二十五年刻本[M]//中国地方志民俗志资料汇编(中南卷上).北京:书目文献出版社,1991.

〔5〕(湖北)宜都县志,清同治五年刻本[M]//中国地方志民俗志资料汇编(中南卷上).北京:书目文献出版社,1991.

及,实为体面二字所误尔。”[1]

日渐骄奢的婚姻消费在下层社会所引发的一个现实问题便是婚姻失时。浙江上虞便出现了“因嫁女而荡产,缘娶妇而倾家者,以至穷苦小民老死而不能婚”[2]者。在河南武陟,“近俗贫家议婚多索聘金,数十百千不等,以故穷窭子往往婚姻失时”。[3]但人们不会坐视事态的发展,全国各地针对婚姻骄奢消费问题的俗例应运而起,其中之一:溺女。在清同治时的湖南醴陵:

婚娶浮靡颇甚,遣嫁者夸饰装(妆)奁,娶妇者侈陈肴馔,常有竟数载经营之力,博亲戚顷刻之欢,相尚以财,渐染成俗。苟不如是,彼此以为惭恧。故中下之户,动以生女难育,溺女之惨,率多由此潜移默化。[4]

“童养媳”在一定程度上似乎是可以缓解溺女之习的另一种俗例。[5]在清光绪的广东花县:

溺女之风,前数十年频有所闻。近因女子身贵,贫人生女于周岁可免乳哺,后则托媒嫁人为童养媳。在婴儿可保全其性命,而父母亦可得聘金二三十元,而溺女之风罕有所闻矣。[6]

近世江南,“童养媳”和“溺女”之俗并存之外,[7]抢亲行为更为惊世。抢亲更集中出现在近世江南,[8]时代和地方特色明显。1923年《昆新两县续补合志》的记载,清楚地显示出骄奢的婚姻消费与抢亲俗例之间所存在的直接因果关联:“婚礼皆如其俗之旧,惟币加丰,费加奢。乡居不能备礼,则有劫婚之事。”

---

〔1〕(上海)川沙县志,1937年上海国光书局铅印本[M]//中国地方志民俗志资料汇编(中南卷上).北京:书目文献出版社,1991.

〔2〕(浙江)上虞县志校续,清光绪二十五年刻本[M]//中国地方志民俗志资料汇编(中南卷上).北京:书目文献出版社,1991.

〔3〕(河南)续武陟县志,1931年刻本[M]//中国地方志民俗志资料汇编(中南卷上).北京:书目文献出版社,1991.

〔4〕(湖南)醴陵县志,清同治九年刻本[M]//中国地方志民俗志资料汇编(中南卷上).北京:书目文献出版社,1991.更详细的论述可参见冯尔康.溺女风习与育婴堂的建立[M]//清人生活漫步.北京:中国社会出版社,1999.

〔5〕“童养媳”和“溺女”当然并不自近世起。《三国志·魏书三十·乌丸鲜卑东夷传》已有“童养媳”的记载:“东沃沮……嫁娶之法,女年十岁,已相设许。婿家迎之,长养成以为妇。”而“溺女”,在《韩非子·六反》中称:“父母之于子也,产男则相贺,产女则杀之。”说明战国时期就有一定的普遍性。本文侧重这两种现象与奢靡婚俗相关的部分。

〔6〕(广东)花县志,1924年铅印本[M]//中国地方志民俗志资料汇编(中南卷上).北京:书目文献出版社,1991.

〔7〕费孝通.江村经济[M].南京:江苏人民出版社,1986:38-40.

〔8〕笔者所见江南之外的抢亲资料出现在陕西扶风县一带:“民间习俗,无论贫富之家,为父兄者,与子弟幼时,凭媒预定婚姻,虽有行聘帖之举,惟帖内纯系空白,并不书写一字,相习成风。其意总以媒妁为准,然女家因媒证已故,或男家渐贫,或女婿失教,常有昧婚另字者,男家若知,每有纠众抢亲、争讼到庭之举。”这里从婚帖的法效角度涉及抢亲行为,与江南抢亲似有不同。前南京国民政府司法行政部.民事习惯调查报告录.下册[M].北京:中国政法大学出版社,2000:1017.

且这样的俗例随着时尚的变化得到强化:“旧俗亦有之,今益甚焉。”[1]而“旧俗”的初始原因很清楚:“自世俗财礼之风盛,无力者始有抢亲之举。”[2]

奢靡婚俗对下层社会形成的压力更大,“婚姻费用,由数百金达数千金,中流社会以下,每视为畏途”,[3]抢亲发生的可能性为之增加。上海川沙,女家需索无厌:“曰茶礼若干也,时节若干也,门包若干也,有则嫁,否则不嫁。婿乃老羞变怒,致有纠众抢亲之举。”[4]所以,“沪俗抢亲之举,其事全出小家”。[5]晚清以降,江南乡间此风尤炽。在清末民初的浙江,报章杂志上时有所见,不过都是农村中贫困人家的举动,男子已到了结婚的年龄,而家庭经济困难,已定了婚,却没有钱“娶媳妇”,所以才用“抢亲”的方法。[6]绍兴“每有贫苦之家聘定妻室,无力迎娶,动辄纠集多人将新娘抢抱成亲”。[7]成了气候的抢亲,在“乡镇之间,屡见不鲜。”[8]

第三,社会风气日趋开放。芬兰人类学家韦斯特马克(Westermarck)注意到,“许多民族特别重视新娘的处女性”,同时又“危惧成长时难觅配偶”,常常将“童稚定婚”“作为保全处女性的手段。”[9]即使如此,还不能完全让人放心,所以在江南,已经经过定婚手续的“婿家见女子长成,渐近冶荡一流,邀人劫夺”。[10]前述韩姓婶娘之所以为侄儿的婚事着急,因为她“觉得侄媳妇一天不娶了回来,万一侄儿无形中竟戴了绿的头巾,岂不大大的对侄儿不住;而且侄媳妇年纪已大,情窦早开,心里一块石头,终于放不下”。[11]客观地说,随着社会风气的开放,男方家族的担心不是完全没有道理的,事实上,这样的事情就发生了:

> 会稽(绍兴)人某甲,操鲁班之技……有一妹妹字乡人某乙,春闺静守,待赋桃夭,迩来年届破瓜,一点芳心,不耐岑寂,与同业某丙有染,匪伊朝夕。一日,为乃兄所见,深以为羞……适值某乙以家计维艰,无力迎娶,亦于是时抢亲。甫至门,见人已蜂屯蚁集,疑已闻风准备。探诸邻

[1] (江苏)昆新两县续补合志,1923年铅印本[M]//中国地方志民俗志资料汇编(中南卷上).北京:书目文献出版社,1991.

[2] 李庆瑞.上海旧闻·抢劫闺女[M].苏州:古吴轩出版社,2004:126.

[3] 炎.婚礼奢侈之影响[N].申报,1923-03-26.

[4] (上海)川沙县志,1937上海国光书局铅印本[M]//中国地方志民俗志资料汇编(中南卷上).北京:书目文献出版社,1991.

[5] 吴友如,等.点石斋画报·翁婿皆非(大可堂版)第6册[M].上海:上海画报出版社,2001.

[6] 马之骕.中国的婚俗.[M].长沙:岳麓书社,1988:281.

[7] 抢亲恶习宜革除.[N].(绍兴)越铎日报,1918-11-04.

[8] 凤.抢亲趣史[N].申报,1928-03-08.

[9] 韦斯特马克.人类婚姻史(影印本)[M].上海:上海文艺出版社,1988:27.

[10] 吴友如,等.点石斋画报·翁婿皆非(大可堂版)第6册[M].上海:上海画报出版社,2001.

[11] 凤.抢亲趣史[N].申报,1928-03-08.

右，始悉颠末。乙自忖窭贫，安能再娶完璧，不若收拾残花，聊免春风抱怨，故拟将该女娶归。而丙与女反守白头之约，坚不允从……[1]

某乙可谓生不逢时，童稚定婚，却“无力迎娶”；循例抢亲，却已“红杏出墙”。时代的发展让抢亲者瞠目结舌。

四、“俗例”研究的社会史视野

以抢亲为案例的社会史研究证实，传统中国社会的法律体系，确实如不少学者所指出的那样，是一种“多元格局”。[2]作为与国家法相对应的地方俗例，在整个近代一直发挥着不可小视的作用，所谓“现代民族国家的建构”“中国法制的近代化”等过程并没有对地方俗例构成多少实质性的影响。面对杂多的地方—民间色彩浓厚的“俗例”，单一学科往往只能从某一侧面予以说明，其本质属性必须在历史学、人类学和法学的跨学科对话中，获得必要的认识工具，[3]从而得到准确的认定。当社会史将俗例作为考察对象时，正如我们在探讨其他底层—日常生活议题时所遭遇的挑战一样，非进行跨学科沟通不能济事。由此，社会史研究对传统史学在方法论更新方面所具有的普遍意义，略见一斑。

放眼俗例存在的社会环境，我们认为，一定的俗例是特定人文环境的产物；人文环境千差万别，俗例便可能迥然相异。每一个俗例便构成一种所谓“地方性知识”。对于“地方性知识”的理解，国家—社会框架成为一种有效的认识途径。但是，以“抢亲”为对象的考察让我们坚定了一个信念，包括“俗例”在内的“地方性知识”毕竟扎根于民间社群，涂抹了浓厚的地方色彩，它们的存在遵循着“不足为外人道也”的自身逻辑，它们的运作与社群人文环境息息相关，对其真正意义上的理解，首先必须立足于地方—民间社会，而政治国家只能作为一个观照背景。进而，我们便能明白，以“整体性”为追求目标的“社会史”之所以津津乐道于底层—日常生活，因为这是作为整体的传统中国社会不可或缺的组成部分，由此，社会史研究对于传统史学在视角转换方面所具有的革命性意义，自是不言而喻了。而一旦进行了这样的“视角转换”，无论在史料形式、认识手段，还是在史学观念方面都不可能固步不前。笔者

---

〔1〕 吴友如，等．点石斋画报·抢亲述奇(大可堂版)第6册[M]．上海：上海画报出版社，2001.

〔2〕 国内学者中，如苏力、梁治平、邓正来等都有专著(文)论及这种现象，但他们似乎大都受到一些外国学者著作的启发和影响，其中重要者如美国昂格尔的《现代社会中的法律》(中国政治大学出版社，1994年)，日本学者千叶正士的《法律多元》(中国政治大学出版社，1996年)，法国学者布律尔的《法律社会学》(上海人民出版社，1987年)。

〔3〕 习惯法所具有的“法”的意义是人类学和社会学所赋予的，而难以在传统的经典作家那里找到理论说明。田成有．乡土社会的国家法与民间法[M]//谢晖，陈金钊．民间法．第一卷．济南：山东人民出版社，2002.

认为,在在发生的变化从整体上说就是所谓的“史学范式”革命。

找寻俗例发生的历史条件,我们认为,俗例就是一种社会传统,所谓的与精英“大传统”相对应的民间“小传统”。作为一种被长久认可的生活规则,“小传统”构成时人生活的重要资源而被利用:“抢亲”只是婚约俗例的一部分,而“婚约”的合法性无论在国家还是民间层面上,都是无可置疑的;“童稚婚约”因为随意延伸了婚约的外延,而丧失了法典上的合法性,但它保留了婚约的基本内涵,从而仍然为民间社会所认可。

“小传统”也是变化的,变化的方式之一是传统要素的扩充,而不是对既往传统的全盘否定:“抢亲”在强化“童稚婚约”合法性的同时,从惩戒的角度,以“可为模式”给婚约附加了新要素,形成新的俗例。这种方式符合传统变迁的基本规律:新传统取代旧传统,从来就不是完全的,其结果或多或少是一种融合或融会。[1]

很明显,新的俗例无论是就“童稚婚约”而言,还是就“抢亲“来说,不但悖离国家法典,更重要的是,它违背了人性解放的现代精神。在这里,历史学者主要不是进行价值判断,而应当深入探究俗例发生的社会历史条件;这样的探究,需要我们凌驾于“小传统”之上,一方面,通过把握整个近世以来的时代变迁,索解“俗例何以发生”;另一方面,从近世以前的时代溯源中,思考“俗例何以会这样发生”。由此,我们就能明白,社会史在面临底层—日常社会中变化缓慢的“小传统”时,为什么特别强调“长时段”的概念;别无他,这就是“小传统”的存在形态。研究对象的特征更新了我们的思维方式。

---

〔1〕 E.希尔斯.论传统[M].上海:上海人民出版社,1986:346.

近代江南村妇的日常空间

【内容提要】 在近代农家生活中，为了满足生计和信仰，以及探访、休闲等生活诉求，妇女们需要与一定地域内的诸多经济结点（主要是市镇）和某些圣址（主要是祠庙）保持着经常性联系，家庭与边缘点之间构成相应的生计半径和信仰半径；村妇的日常空间就生成于这经常性的关联中，显现出日常空间的“理想类型”：以村妇家庭为中心的十里辐射范围及其常态。考虑到相关时地因素，近代江南村妇日常空间的实态当比理想类型更为具体而生动。日常空间关乎村妇生活的有效范围，先行的共同体和“××亮圈”理论有可供汲取的养分，但我们要沿着以村妇为主体的思路接着说。

【关键词】 村妇；日常空间；生计半径；信仰半径

作为乡村妇女生活共同体，日常空间意味着一种常态的生活范围，在此范围内人们通过比较密切的互动而彼此熟识；它由以家庭为中心的多种生活半径而延展。

以俗民大众为中心的人类学，特别关注作为日常空间的社区，理由很简单：以全盘社会结构作为研究对象，这对象并不能是概然性的，必须是具体的空间，因为联系着各个社会制度的是人们的生活，人们的生活有时空的坐落，这就是社区；而“社区分析的初步工作是在一定时空坐落中去描画出一地方人民所赖以生活的社会结构”；费孝通先生认为：“如果历史材料充分的话，任何时代的社区都同样可作分析对象。”〔1〕

事实上，不少中外学者早已注意到传统中国的日常空间，并进行了更具历史本位的界定，而有“集市社会”“市场共同体”“豪族共同体”“自治的小单位”云云。〔2〕应该说，学界关于祭祀圈（信仰圈或庙界）和婚姻圈（婚姻半径）

---

〔1〕 费孝通．乡土中国　生育制度[M]．北京：北京大学出版社，1998：92．

〔2〕 相关理论如美国学者施坚雅的著名模式（《中国农村的市场和社会结构》，北京：中国社会科学院 1998 年），费正清的“集会社会”（《美国与中国》，北京：商务印书馆，1987 年），西达·斯波科尔的“市场共同体”（黄宗智：《华北的小农经济与社会变迁》，北京：中华书局 1986 年），日本学者谷川道雄的“豪族共同体”（《中国中世社会与共同体》，北京：中华书局 2002 年），蒋梦麟的“自治的小单位”（《现代世界中的中国——蒋梦麟社会文谈》，上海：学林出版社 1997 年）。

等[1]问题的讨论也与村妇日常空间的论题相关。社会史当然不能满足于这些泛化的模型建构，而应该赋予相应的日常空间以更加具体的历史内涵。毕竟，这一空间里“总是存在着进行日常生活的人。正是他的日常生活结合着他的空间”；[2]特定时代特定群体的实际生活经历，界定着他们的日常空间。近代江南村妇的日常空间状态，主要通过生计和信仰追求得以呈现。

一、农家生计半径

在近代农家生计活动中，妇女们需要与一定地域内的诸多经济结点保持着经常性联系，家庭与结点之间构成农家生计半径；村妇的日常空间就生成于这经常性的经济联系之中。

依傍村市的简单商品交换是村妇们最经常的行为。晚清苏州光福山中，山农与渔民生计不同，但都离不开村市：“卖花挑菜踏歌连，村女邻娃袂共牵”；[3]“渔家生计太湖边，网得鲜鲜趁市廛”。[4]民国前期，来自上海枫泾的著名画家丁悚给我们留下了这样一幅写生：在“水流人外”的村落，一位少妇薄暮从村市转归，诗云：“沽酒摘花归去早，省教老父出柴门。”[5]江阴青阳村妇们常常将家庭日用品的购买安排在雨日：趁得空闲上街去，买点农具买点盐。[6]事实上，简单商品交换普遍存在于前近代乡土中国——小农家庭无法完全自给自足，而必须以商品交换进行周济。这样的交换在明清江南乡村获得了突飞猛进的增长，并催生出大量的专业性市镇。日本学者滨岛敦俊注意到，“农民们与流通过程经常接触，必然引起其生活空间的扩大”——超越了聚落或“社”的层次，并向以市镇为中心的领域扩展。[7]

19世纪50年代以降，伴随外国资本主义经济势力的渗透，江南乡村日益商业化，农家生计更深地依赖乡村市场的枢纽。清末时女子的“裹脚布”都可以在乡下市场买到了：“包脚布，的四方，卖来好包脚一双。”有人觉得奇怪：

[1] 相关理论参见林美容《由祭祀圈到信仰圈——台湾民间社会的地域构成与发展》(张炎宪《中国海洋发展史论文集》第3辑，台北：“中央研究院”三民主义研究所1988年)，以及(王建《利害相关：明清以来江南苏松地区民间信仰研究》，上海：上海人民出版社2010年)、张宏明(《民间祭祀中的义务性和自愿性——祭祀圈与信仰圈辨析》，《民俗研究》2002年第1期)等学者的学术回顾。

[2] 阿格妮丝·赫勒．日常生活[M]．重庆：重庆出版社，1990：255.

[3] 汪芑．光福竹枝词[M]//王利器，王慎之，王子今．历代竹枝词(四)．西安：陕西人民出版社，2003：3036.

[4] 何广生．光福后竹枝词[M]//王利器，王慎之，王子今．历代竹枝词(四)．西安：陕西人民出版社，2003：3084.

[5] 丁悚．民国风情百美图[M]．北京：中国文联出版社，2004：98.

[6] 江阴市青阳镇委、镇政府．青阳镇志[M]．苏州：苏州大学出版社，1999：461.

[7] 滨岛敦俊．明清江南农村社会与民间信仰[M]//朱海滨，译．厦门：厦门大学出版社，2008：177.

"如何(宁波)脚带竟出名,四乡八镇销场远?"晚清洋货毛巾取代了"揩面布","乡妇近来思想新,也能机上织毛巾,携来一并街头卖"。[1]诸多的家庭消费需求无法自给,村妇为此频繁奔波于庭院与市镇之间。这些日常需求在村市[2]就可以基本得到满足。在这里,庭院—村市构成村妇们的基本生活半径:庭院是日常空间的中心,村市是边缘点。

然而,市镇在村妇日常空间中的意义绝不止于简单商品交换;作为江南村妇最重要、最基本的活计,近代性女红[3]首先必须依赖市镇的周转而实现价值。以常熟为例,近代棉织女红需要的布机常常由工场主提供,俗称"放机":商人或工场主事先置备原料和工具,之后回收制成品。[4]花边出产程序与此类似:商人将已经印好花样的原料如竹或麻布、花线等分发给村妇,村妇逐日编织,完工后交花边商,领取工资。[5]从中不难发现,工场主或商业家在支配女红生产的同时,也导向着村妇的行踪。千年滨江古镇福山,向为防务要冲,也是鱼盐集散港市,同时满足着周边村落的日常生计所需。当地农家大多自备土纺土织工具,妇女们自种棉花,加工成絮棉,自纺自织;贫困之家少量自用,大部分销售给镇上商行"纱布庄"。从清末民初开始,镇西及西南各村妇女为棉织工场主所控制,盛行所谓"织交布"。福山镇规模最大的纱布庄是"吴大隆",稍后继起者有永丰、永盛、赵章记、谢宝泰、慎余、慎和、慎昌、洽和、曹芳记等。交还土布的村妇为此常常往返于村落与福山镇之间。福山南部村落的农妇则将花边刺绣就近交于王市镇,王市有代理花边商。[6]看起来,只有周边村落的花边刺绣达到一定数量,花边商才会在某一市镇设点收发;当然,花边商也可能先在市镇设点以鼓励村妇从事该项劳作。1917 年,以

---

〔1〕 图画日报·营业写真[M]//王稼句.三百六十行图集(下册).苏州:古吴轩出版社,2002:379、345.

〔2〕 樊树志先生在《明清江南市镇探微》(复旦大学出版社 1990 年,第 2 章第 4 节)中根据居民数对江南市镇进行过一个粗略的划分:数十家者为村市,千户以上市镇成为大镇,介于两者之间的市镇为大多数,一般在一百至三百家者之间。以此我们将江南市镇层次简单概括为:大镇—中型镇—村市。实际的情形,在费孝通《江村经济——中国农民的生活》(南京:江苏人民出版社,1986:181-183.)中有描画:开弦弓村市是"消费者直接购买货物的初级市场","村庄所依托的城镇,就是航船每天去的镇,叫震泽,在村庄以南约 4 英里的地方。其实,这个镇没有垄断这个村庄的全部贸易活动。在北面,还有一个镇,叫大庙镇,离村约 1.5 英里,在太湖边上"。大体上,开弦弓村—大庙港—震泽对应与村市—中型镇—大镇。

〔3〕 小田.论近代性江南村落女红[J].中国经济史研究.2010(3).按:19 世纪末 20 世纪初,在江南乡村,传统和新兴的女红与近代工业形式发生了重要联系,"变成了工厂、手工工场或商店的分支机构",从而具有了资本主义性质。马克思.资本论.第一卷(上)[M].北京:人民出版社,1975:506.

〔4〕 常熟之经济状况[J].中外经济周刊.1927-06-04(214).

〔5〕 华东军政委员会土地改革委员会.江苏省农村调查(未出版),1952-12:408.

〔6〕 (常熟)福山镇人民政府.福山镇志[M].南京:东南大学出版社,1992:197-198."交布"亦称"还娘布",即"放机布"。

浒浦村姑季根仙为先导、从上海学得的花边刺绣技艺迅速普及于常熟乡村,许多商人通过各自的关系与上海花边商联系,在市镇代发花边。据1921年的资料统计,邻近浒浦的白宕桥、西周、碧溪和周泾等4市镇,花边商达20多家。1922年,由王式金、王兴山为首集资2000银元,成立茂源花边公司。于是,花边女不得不经常与镇上花边商打交道,《担花边》谣:

> 中华民国十三年,条条巷埭做花边。头发梳得蛮光鲜,士林布旗袍罩外头,长统丝袜吊起点,鸭舌头鞋子丝沿边。扯歪扯歪担花边,一担担到花边店。俚块花边做末做得蛮光鲜,可惜摸勒黑则点!先生先生铜钿有处少鬠(扣)点?一鬠鬠则二三千,转去客煞、浮尸骂则三日三夜天。〔1〕

生计所系,尽管艾怨纠结,村妇们却不会轻言放弃。

与简单商品交换不同,市镇在此集散着手工业品。出于集聚效益的考虑,女红支配者一般以大中型市镇作为村妇交付点。在上述驻留花边商的5个市镇中,王市和碧溪当属大镇,而白宕桥、西周和周泾等则为中型镇。白宕桥位于碧溪镇域之西4里,辐射10个自然村;西周位于碧溪镇域之北约8里,辐射10多个自然村;周泾位于碧溪镇域之南6里,辐射2里左右,包括9个自然村。〔2〕散布于这些村落中的妇女,视女红为太平生计,纷纷趋附于大中型市镇。在这里,庭院—大中型市镇构成村妇们的重要生计半径:庭院是日常空间的中心,大中型市镇是边缘点。

一部分乡村女工在市镇上班。从19世纪末20世纪初开始,一些江南市镇出现近代工(场)厂,以棉织企业居多,多集中于上海、常熟、江阴、平湖等棉产地,一部分乡村妇女成为其间的雇佣劳动者。江阴华墅一个织袜机的老板,有100多架的织袜机,一般都只留着20多架机子,雇佣工人来工作,其余机子,完全发给一般家庭劳动妇女,听任她们织成袜子。〔3〕20世纪30年代,苏州震泽震丰缫丝厂开工,竟使全镇男女比例失调,“妇女之所以超过男子者,盖附近乡村妇女,多至该镇丝厂做工,故妇女人数因之骤增矣”。〔4〕近代乡村企业多设立于大镇,〔5〕庭院—大镇就构成乡村女工们的生计半径:庭院是日常空间的中心,大镇是边缘点。

---

〔1〕 殷业成.(常熟)碧溪镇志[M].上海:百家出版社,1995:191、50、360.按,歌谣中,担:交,送;光鲜:好;扯歪:走路声;有处:能否;克煞、浮尸:骂男人的贬语.

〔2〕 殷业成.(常熟)碧溪镇志[M].上海:百家出版社,1995:47-68.

〔3〕 罗浑.江阴华墅的劳动妇女[N].申报,1935-06-02.

〔4〕 江苏省吴江县震泽镇经济概况[N].中央日报,1934-04-23.

〔5〕 当然这不是绝对的;比如,著名蚕丝业专家费达生在苏州震泽开弦弓村(江村)进行蚕丝业改革,开办了“合作工厂”,部分女青年进厂。见费孝通《江村经济——中国农民的生活》第12章和余广彤《蚕魂——费达生传》(苏州:苏州大学出版社2002年)“租厂搞改革”部分。

需要注意到，为了家庭生计，村妇也会选择市镇以外的出行方向。近代经营性农场由于产业的性质显然不可能设于市镇，但它与丝棉工(场)厂一样，吸引着周边村落的妇女们。1936年5月21日，是邻近松江的经营性农场播种的第三天，周边"差不多四五里之内的妇女们，都成群结队的一黑早就奔往那里去……在农场附近的，到场里有工做的时候，如播种呀，拔秧呀，稻田拔草呀，耘田呀等，她们都停了摇袜，裸了腿奔集拢来了！因为每天的工资是大洋四角。"客观地说，经营性农场数量和规模有限，能够容纳的村妇也不会很多，就如松江农场，"因为每天工作的需要额是有一定的，自然不能无限制的来者不拒，因此，以工作的速度和熟练为标准，在上一天放工时预先选定额数，各给与'下田证'一纸，备第二天凭票下田工作。但是没有'下田证'的，往往也是奔来，希望侥幸获得工作"。[1]在这里，村妇们在市镇之外找到了生计半径的特殊边缘点。

更特殊的生计半径边缘点出现在苏州乡村。20世纪二三十年代，凡是游过苏州西部山水的，如天平山、灵岩山等，大都会对他处所不易看到的轿妇留下深刻的印象。她们来自左近村落，一俟"游客上山，都抢着来抬轿子"。[2]这里的"女子完全天足，除在家刺绣外，下田涉水，兼抬山轿，其耐劳苦甚于男子"。[3]从下文的论述可见，这种生计边缘点的出现其实跟特定地方的生态环境和文化传统关系颇大。

祠庙也是经营生计的村妇们经常光顾的地方，特别是在庙会期间。从经济交换关系上说，庙会也称为"庙市"。庙会期间，祠庙周边哄为市集。20世纪20年代，宁波上虞北乡的小越神会热闹异常，"自百官、马家堰、上塘、谢家塘来越之船纷集，船户利市三倍，缸甏摊设于上街九如堂门口，买者甚众。此外洋广货，衣服、鞋帽、笔墨、农器，无不齐备。本镇京货业如成丰泰、采生、采彰、泰生各号，顾客猬集，昼夜不绝"。[4]村妇们不但是购买者，同时也可能是出卖者。她们借庙会之机，出售农副产品，购入生产和生活用品。嘉兴乌镇香市期间，四乡农民成群结伴，乘了航船或摇着"赤膊船"去赶香市。他们或背黄布香袋，或拎竹编香篮，顺便捎带自己编制的竹器、芦帚以及各种农产品，去庙中烧香后，便出售自己带来的产品，选购急需的用品。[5]在这种情况下，祠庙失去了神圣性，对村妇而言，它是与市镇同样的商品交换场所。[6]从

〔1〕 更生.这一日在省农场[M]//茅盾.中国的一日.上海：生活书店，1936.
〔2〕 朱维明.苏州天平山下的抬轿妇女[N].申报，1934-08-11.
〔3〕 王洁人，朱孟乐.善人桥的真面目[M].苏州：吴县善人桥农村改进委员会，1935：4.
〔4〕 小越神会之热闹[J].上虞声，1928-11-30.
〔5〕 童闻.乌镇香市[M]//桐乡县文化馆.茅盾故乡的传说(未出版)1983-02：67-68.
〔6〕 所不同者，祠庙是"农村短期市场"。//冯和法.中国农村经济资料(续编)[G].上海：上海黎明书局，1935：916.

日常空间看，庭院—祠庙构成村妇们的又一生计半径，不过，祠庙这一边缘点的出现，根本上并不源自生计，而缘于民间信仰；而民间信仰在生发边缘点（祠庙）时依循着自身的理路。

特别需要注意的是，村庄与村庄之间经济交流很少，换句话说，即他村难以生发为村妇的边缘点。据费孝通先生的观察，我们可以看到，在太湖流域的乡村里，尽管村庄以大中市镇为经济生活的中心，但村庄"彼此之间都是独立的。这些村子，做的是相同的工作，生产同样的产品，互相之间很少需要进行贸易往来"。[1]这说明，在农家生计的意义上，庭院—他村无法构成村妇的生计半径。

二、民间信仰及相关活动半径

对于江南乡村妇女来说，与外部环境更必要的联系在于民间信仰。民间信仰常常与某个圣址[2]有关。

主要圣址是祠庙。村妇大致在两种场合赴庙：或者例祭，或者会汛。江南淫祀由来已久，乡村妇女佞神尤笃。苏州盛泽镇祠庙极多，东西两社庙外，有东城隍、西城隍庙、二老太庙、关帝庙、东岳庙、地藏庙，此外如刘王庙、路头堂、观音堂、圣堂等指不胜屈；婚姻疾病皆往祈祷。每届朔望，"烧十庙香"的村妇络绎于道，所谓"女流百事与神谋，十庙香烧心愿酬"；[3]正月十二日，是青浦金泽镇庙宇里的"阴官"开印之日，各庙大门上贴着"某某年正月二十日，开印大吉"的红纸，善男信女们至各庙烧"开印香"。[4]例行故事，此为例祭；更受村妇重视的是庙会，"三春无事，疑神疑鬼"，形如汛情，是为"会汛"。期间，"观者如堵，妇女焉得不出"？[5]余姚芦城庙会期间，乡村各个年龄段的妇女都激动异常：

> 二月十九芦城庙，黄花闺女都赶到。光棍老倌双脚跳，勤力媳妇饭勿烧。若有一个勿赶到，头痛痨发脚筋吊。二月十九芦城庙，礼拜社头真热闹。年轻老妊兴致高，胭脂花粉打扮俏。东约姑娘西约嫂，又借罗衫又借袄。庙前庙后都赶到，一世为人难得到。[6]

---

〔1〕 费孝通.江村经济——中国农民的生活[M].南京：江苏人民出版社，1986：81.

〔2〕 按，民间信仰总是伴随着某种传说，而"传说的核心，必有纪念物。无论是楼台庙宇，寺社庵观，也无论是陵丘墓冢，宅门户院，总有个灵光的圣址，信仰的靶的"。柳田国南.传说论[M]//连湘，译.北京：中国民间文艺出版社，1985：26.

〔3〕 沈云.盛湖竹枝词[M].苏州大学图书馆藏.

〔4〕 潘明朝.（上海）金泽志（未出版）[M].2003：500.

〔5〕 钱泳.履园丛话[M]//张伟，校点.北京：中华书局，1979：579.

〔6〕 按，民谣中，痨发，发烧；老妊，少妇，见余姚市政协文史编委会.姚江风情[M].北京：中华书局，2001.

至近代，劳动讲究张弛有节，庙会的现实价值受到一部分人的肯定，对于农民而言，“终年辛劳，并无一正当娱乐，调剂精神，尤以女子为甚。故于农闲时，则做戏、出会，一方面固为求神保佑，一方面则为农家乐事”。[1]从休闲的角度说，这乐事毋宁是旅游，春日融融，“春游更是一种适合人性的要求，这类的情兴结合了宗教的信仰，就成了春天的进香，所以南方有‘借佛游春’一句谚语”。[2]这样，家庭与祠庙之间构成村妇信仰半径；日常空间就成长于表达和实践信仰的持续活动之中。

村妇信仰半径与圣址覆盖面相关。祠庙覆盖面称“庙脚”，宁波奉化人的俚俗解释颇为形象：当地神庙的神，是各村信徒的保护神；村民们都认为自己是某神脚下的弟子，神能保障他们风调雨顺、五谷丰登，能为自己脚下的弟子排难消灾，永保太平。[3]庙神常常是在庙会中被唤醒的，[4]所以“庙脚”也不妨称之为“会脚”，即庙会的覆盖面。很明显，会脚的大小限定了与会村妇的信仰半径。

最小祠庙的庙脚可能仅及一自然村。湖州乡村每每建有社庙（土地庙），一村之公共机关而已，“平日庙中无甚大事。逢神佛诞日，乡村妇女，多往礼拜，不啻妇女之社交场所”。[5]此地东乡郑家汇，相传九月二十五日是土地公公的诞辰，组织者“每雇名优试演各剧，藉答神庥……居民扶老携幼，蚁聚蜂屯，图饱眼福”。[6]建德三都的“二月半庙会”，执事者率一村青年男子参加，规模甚小。[7]镇海县的祈雨节，也是以每一村落为单位，“公推大佃户主其事”。[8]因为祠庙就位于本村，村妇的信仰半径不过一二里。

绝大多数祠庙的庙脚在十里左右。这样的祠庙最普遍地存在于江南大中型市镇上，[9]它们的庙脚触及周边十里左右的村落妇女。著名作家徐迟的故乡南浔镇，“虽然不大，却有庙宇一百多座”。[10]这些祠庙的实际影响力当然是有差别的，经常出会的祠庙，对村妇的影响应该更大。在上海金泽古镇，宋元以来共建有四十二座祠庙，平日不少村妇前去例祭，但周边村妇津津

---

〔1〕 王洁人，朱孟乐．善人桥的真面目[M]．苏州：吴县善人桥农村改进委员会，1935：41．

〔2〕 顾颉刚．妙峰山（影印本）[M]．上海：上海文艺出版社，1988：11．

〔3〕 尹树民．从戏子拜庙说起[M]//中国民间文化．第18辑．上海：学林出版社，1995．

〔4〕 涂尔干．宗教生活的基本形式[M]．上海：上海人民出版社，1999：452－453．

〔5〕 刘大钧．吴兴农村经济[M]．上海：上海文瑞印书馆，1939：131．

〔6〕 吴友如，等．点石斋画报（大可堂版）第12册[M]．上海：上海画报出版社，2001：313．

〔7〕 程策荣．建德三都二月半庙会[J]．浙江民俗（未出版），1987－04(2)．

〔8〕 基隆客．祈雨和稻花会[J]．（台北）宁波同乡，1969(41)；田仲一成．中国的宗教与戏剧[M]．上海：上海古籍出版社，1992：313．

〔9〕 寺与镇的成长常常相辅相成：或者因寺成镇，或者寺借镇盛。小田．在神圣与凡俗之间：江南庙会论考[M]．北京：人民出版社，2002：190．

〔10〕 徐迟．江南小镇[M]．北京：作家出版社，1993：45．

乐道的庙会也就两个:三月“廿八汛”和九月“重阳汛”。[1]从中可以看出两者的区别:庙脚不同于会脚;会脚是动态的,在会汛中运动,显然,运动着的会脚对村妇更具影响力。既然祠庙的会脚在十里左右,那么,村妇的信仰半径一般在十里以内。在常熟支塘镇,正月十三日谓之杨公忌,是夜各庙试灯,“侠少舁花爆至庙场赌放,村女络绎来观十余里”。[2]

具有特殊影响力的一些祠庙庙脚远远超过十里。苏州唯亭之龙墩山,山中某庙于三月二十八、二十九两日演戏,“四围百里内各村妪佥赴会集,都十万众,舰舟千数百艘,河面为蔽”。[3]无锡甘露镇的列帝庙“管到十八图地盘的香烟”;[4]余姚陆埠永观东岳会有162个自然村落参与赛会。[5]西湖灵隐寺的庙脚踩踏整个江南,村妇们总盼着去那里朝山进香。20世纪40年代后期,丰子恺先生住在西湖的时候,每届春秋农闲,成批的村妇经过门口,很入画,便写生一幅漫画《不是急来抱佛脚,为乘农隙去烧香》;[6]20世纪50年代初,丹麦画家比茨特鲁普还速写过杭州庙内“村妇虔诚地拜佛”的情形。[7]这种场合,村妇的信仰半径依村妇所在地距祠庙的远近而各有不同。

庙脚的大小跟祠庙所在的聚落性质没有必然的关联。村落祠庙的庙脚未必只有一个村落那么大,它可以达到一个市镇祠庙会脚的规模。城司是苏州芦墟镇最大的自然村,村中城隍爷在四乡八邻中影响很大。[8]更大会脚的村落祠庙在湖州石冢村,是个村市,有庙曰南堂殿。四乡男女奔走若狂,每年七至九月,烧香船麇集湖滨,日数十艘。[9]其中就包括数十里外的盛泽村妇。

民间信仰半径所标示的不仅仅是空间距离,更重要的是活跃于其间的社会关系,而只有社会关系的演绎才能实际营造出村妇的日常空间。主要包括:(1)人神关系的沟通。上海金泽村妇每逢灾难病伤,就至寺庙求签拜佛,祈求神祇指点迷津,冀望逢凶化吉。[10]庙会时节通常的戏文搬演,也在神的名义之下进行:“乡间各庙,多有酬神之举,而观戏之风各乡若狂。”[11](2)隶

---

〔1〕 潘明朝.(上海)金泽志(未出版)[M].2003:533-535.

〔2〕 姚文起.(常熟)支川竹枝词[G]//赵明,等.江苏竹枝词.南京:江苏教育出版社,2001:761.

〔3〕 怀冰.三二八之龙墩山[N].申报,1931-05-25.

〔4〕 十郎.菩萨上了身[M]//茅盾.中国的一日.上海:上海书店,1936.

〔5〕 邹松寿.余姚庙会调查[M]//中国民间文化.第5期.上海:学林出版社,1992.

〔6〕 丰子恺,绘,丰陈宝,丰一吟,著.爸爸的画.第二集[M].上海:华东师范大学出版社,1999:144-145.

〔7〕 赫尔鲁夫·比茨特鲁普.一个外国人眼中五十年前的江南[M]//张中.江南读本.上海:华东师范大学出版社,2010.

〔8〕 俞前.时光里的温馨与惆怅——吴江古村落寻访[M].上海:上海文艺出版社,2008:142.

〔9〕 沈云.盛湖竹枝词[M].苏州大学图书馆藏.

〔10〕 潘明朝.(上海)金泽志(未出版)[M].2003:492.

〔11〕 刘大钧.吴兴农村经济[M].上海:上海文瑞印书馆,1939:133.

属关系的折射。庙会仪式多表现神明的种种进对揖让,其所折射的毋宁是现实社会的权力关系。江南庙会中常有的土地公向东岳帝解饷的仪式,正折射了其中的隶属关系。沪北江湾镇,乡人每至秋收丰稔,辄由好事之徒刷刊完饷单,挨户给发,每三年解天饷一次,用箔糊之大元宝、黄阡,共舁各乡土地,解至"东岳庙"焚化;又舁土地神像出游各村庄,哄动男女,闹热非常。[1]嘉善县西塘镇的金七老爷庙会,活动虽然都在镇上,但通过另一种方式表明了村庄对市镇的隶属性。庙会时,沿街搭有四十二个"社棚",七老爷以盛大的排场巡行这些社棚,并在各社棚前停驻,鼓乐齐鸣。[2]这里的"社棚"之"社"当指"村社";"社棚"之类,是为安置从村社来镇参诣的社神而临时搭建的小屋。众多"社棚"浓缩了西塘东岳庙的会脚。(3)亲属关系的粘洽。时逢庙会,四面八方的亲友,"从外祖母起一直到自己的女儿、女儿的小姑,几世不走动了的亲戚,因此也走动起来",[3]为尽地主之谊,自当款待,所谓"留戏饭"。1936年,一位去太仓璜泾采访猛将会的记者,"踱出庙门,至亲戚家里去吃饭,知道此地的居户,几乎有十分之八,都在当'招待亲友'的差使"。[4]苏州东郊的胜浦人相信,请了"留戏饭"可以避邪驱恶,祈福禳灾,保佑全村太平无事。[5]久而形成俗例:农历三月二十八日,凡新嫁娘,"均须偕新郎归宁,赴母家宴,以陪桌愈多为愈有面子,同时新夫妇由亲友辈伴乘快船,开赴龙墩山观剧。若新婚礼中之度蜜月然,视为紧要之礼节"。[6]余姚梁弄九姥山庙会前几日,家家忙着接亲戚,外嫁的女儿必须请回,故俗有"梁弄的囡女看一世"。[7]亲属关系就在"一世看会"中黏合得很紧密。

生计和信仰半径只是生活半径之荦荦大者,另外可能对村妇日常空间的营造产生一定影响的生活半径还有两类应当提到:探访和休闲;此二者常常与会汛重合。

探访的主要方向是村妇的娘家——村庄偶或镇上,[8]至娘家的距离即婚姻半径,大约10里。丰子恺先生有个妹妹雪雪,嫁在离镇四五里的南沈浜

[1] 吴友如,等.点石斋画报(大可堂版)第11册[M].上海:上海画报出版社,2001:282.

[2] 浙江风俗简志[M].杭州:浙江人民出版社,1986:323.

[3] 臧克家.社戏[N].申报,1931-04-17.

[4] 严洗尘.五月廿一的太仓[M]//茅盾.中国的一日.上海:生活书店,1936.

[5] 马觐伯.乡村旧事——胜浦记忆[M].苏州:古吴轩出版社,2009:14.

[6] 怀冰.三二八之龙墩山[N].申报,1931-05-25.

[7] 余姚市政协文史编委会.姚江风情[M].北京:中华书局,2001:219.

[8] 费孝通先生指出,在其说考察的开弦弓村,存在着"地方性外婚"的原则:不同村的人互相通婚更为经常,但各村之间在婚姻关系并无特殊的倾向,因而,姻亲关系并没有在同村人之中或在各个村庄之间保持密切的纽带关系。费孝通.江村经济——中国农民的生活[M].南京:江苏人民出版社,1986:65.

村。[1]这是水乡的情况;江南山村里的情况,在一本地方志书《龙井春秋》里记载:皖南绩溪宅坦村人受到社会环境和经济水平的制约,宋明以来,通婚半径局限在20里范围内。[2]从胡适叙述母亲的故事里我们知道,宅坦的近邻上庄村,通婚半径10里开外:母亲家在10里外的中屯,她有个姑妈嫁在上庄;14岁时,那是19世纪80年代,"轮着上庄做会,故她的姑丈家接她姊弟来看会"。这是皖南"秋天最热闹的神会","在上庄过了会场,她姑丈送她姊弟回中屯去。七月里天气热,日子又长,他们到日头快落山时才起身,走了10里路,到家时天还没全黑。"[3]山村山高水长,婚姻半径即探访半径略长于10里。

休闲多趋邻近镇村。元宵观灯是村妇休闲的好机会。正月十四日夜,宁波嵊县"各社庙悬灯,妇女结队同游,谓之'游十四'";[4]灯会与庙会合一。村妇游春未必在庙会汛期;出游多向山野。松江"男女游山率以三四月,村家居多",有竹枝词云:"姊妹同登放鸭船,柏枝棚下记山前。村妆不羡衔珠凤,只买荆钗数布钱。"[5]

探访和休闲,或者纯粹的,或者与会汛重叠的,在营造日常空间的意义上与会汛大致相同。

三、影响村妇生活半径的因素

基于以上基本生活半径的梳理,可以对近代江南村妇的日常空间做出初步结论:以村妇家庭为中心的10里为辐射范围及其常态。这个辐射距离跟几个因素相关:

其一,市镇布局。江南核心区的大镇间距平均为24里,因而对于四乡农家来说,到达邻近市镇的距离大致为12里。[6]而许多中型市镇就能满足村妇的基本生活愿望了,在这一意义上说,村妇的生活半径当在10里以内。

其二,交通工具。江南核心区的交通工具多为小木船。水网地带,"柳陌菱塘,板桥茆店……三里五里之往还,必藉扁舟以从事,否则近在咫尺,鸡鸣犬吠相闻,而带水差违,一如避秦桃源,可望而不可即。故生长于此者,不独丈夫能操舟,妇女亦能之"。[7]村妇平日到他方的可能距离,1930年刘大钧对太湖乡村

---

〔1〕 丰子恺.辞缘缘堂.丰子恺文集(6)[M].杭州:浙江文艺出版社,浙江教育出版社,1992:135.

〔2〕 胡昭璧.龙井春秋(未出版)[M].2000:171.

〔3〕 胡适.四十自述[J].新月.第3卷第1号,1931-03.

〔4〕 嵊县志.1935年铅印本[G]//丁世良,赵放.中国地方志民俗资料汇编.北京:书目文献出版社,1995:842.

〔5〕 陈金浩.松江衢歌[G]//顾炳权.上海历代竹枝词.上海:上海书店出版社,2001:11.

〔6〕 樊树志.明清江南市镇探微[M].上海:复旦大学出版社,1990:115.

〔7〕 吴友如,等.点石斋画报(大可堂版)第6册[M].上海:上海画报出版社,2001:127.

航船制度的描述可作参考:湖州市镇各有定班船,直通附近各村。船系木制,一二扳橹,可坐十余人,"大约每晨由各乡村开船来镇,中午由镇返乡……惟距镇市较远之乡村,开船赴镇,费时甚久"。[1]这是镇一乡间的固定线路,倘若趋于另外的生活半径指向,则常常自驾而往。南浔乡下姑娘至苏州震泽,虽已越省,亦不过10里左右的航程。南浔谣吟:"乡下姑娘春气发,未到清明游震泽。细钢钿,掐一百;冷粽子,塞两只。摇船无人摇,叫声东边三大伯。"[2]

其三,共同体关系。生活半径远远超过10里的活动不能独立构成常态行为,但加强了10里内的日常行为。远行的村妇大抵是去参加长途庙会的,[3]她们总会结伴而行,无论是路途聚首的,还是在庙会时交往的,大都为熟人,即在生活半径10里内空间中经常互动的人,处于同一共同体之中。清末四月的一天,余姚姜家渡姜家妇人到百里外的镇海灵寺峰朝山进香,在"烧香船"中遇到了与姜家渡一水之隔的邵家渡何家妇人,"在香船里(两个)老婆子说来说去总不脱各人的儿女事,于是,慢慢地提及(到)姜何两家的对亲来了,中间自然有不少的同伴吹嘘着……姻缘天定,一说就成"。[4]看起来出了远路,但交往者还是日常空间中人。

应该指出的是,以上所谓日常空间其实只是一种理想类型(ideal type),近代江南村妇日常空间的实态还应该在共同体之外,从整个地域范围考虑时地因素,以纠正可能的偏差。

首先是生态环境因素。作为整体的地域生态系统,江南地貌呈环状梯级分布:核心低地,中夹高地,外缘山丘。[5]不同类型的生态环境,适宜于种植不同作物。比如,棉、桑在水乡、高地和山村皆有生长,但很明显,棉花基本在滨江(湾)高地,而蚕桑主要在水乡。不同的作物布局,决定了不同地方村妇的女红类型,从而影响她们的生计半径,进而间接地作用于日常空间。平湖称为水乡,盛产稻谷,水稻区内只在零星高地种植棉花,不敷自给,"妇女燃脂夜作,纺织所成或纱或布,侵晨入市,易棉花以归"。[6]

处于不同生态环境中的村落,交通条件不同,经济发展水平迥异,历史传

---

〔1〕 刘大钧.吴兴农村经济[M].上海:上海文瑞印书馆,1939:132;费孝通.芳草茵茵——田野笔记选录."江村通讯"篇[M].济南:山东画报出版社,1999.

〔2〕 金江波.浔溪文苑[M].北京:当代中国出版社,2001:50.

〔3〕 在浙江嘉善西塘,村妇们的远足有两个基本去向:俗以二三月游杭州天竺寺,谓"烧春香",秋八月往苏州穹窿山,谓"烧秋香",所谓"春来天竺好烟囊,七日烧香往复还。秋棹吴门钟记里,声余单八到寒山"即指此;西塘村妇的远足方向代表了乡土江南的一般情形。倪以埴.斜塘竹枝词[M]//王利器,王慎之,王子今.历代竹枝词(四).西安:陕西人民出版社,2003:2031.

〔4〕 姚业鑫.姜枝先纪念文集[M].香港:天马图书有限公司,2002:138.

〔5〕 从西、而西南、而南一线缘饰着山丘;中部核心地带是苏南平原和浙北平原,地势低平,以太湖为中心,呈浅碟形;介于高低层级之间的是垄冈高地,从北部沿海,由东而西、而南、而东,连属成环。

〔6〕 张力行.平湖县志.卷六"风俗习尚"[M],乾隆四十五年(1780)刻本.

统各具特色,遂渐渐铸就村妇的特定生活模式。这样,在不同类型的村落,妇女的日常空间状态呈现不小的差异,虽说同处江南。上文所涉,苏州西部村落出现的轿妇生计边缘点,便与生态环境相关:"据云附近因为多山,土地生产力薄弱,山田是不值钱的,山上又没有出产。男子无所事事,整天都坐在茶馆里谈天",〔1〕"家中的开门七件事,不用说得,是完全由妻子们维持着的"。〔2〕人文生态加强了自然生态,共同作用于村妇日常空间。

信仰以及相应的休闲所构建的日常空间,在江南各处的差异也很显著。苏州盛泽与余姚梁弄,前者典型的水乡,塘浦纵横,丝绸之都,后者典型的山村,层峦叠嶂,竹茶满坡;村妇参与镇域庙会的频率、庙会活动内容、庙会类型、社会关系的演绎过程等,两者不可同日而语。〔3〕

其次是历时性因素。宋元以来,随着江南市镇的勃兴,乡村妇女的日常空间已经发生了很大的变化,并逐渐定型;笔者在"近代"共时性的前提下进行观察。事实上,村妇的日常空间在近代期内亦不是一成不变的,而以20世纪前后的变化更为明显,尤其在受西方资本主义经济势力渗透比较深的上海周边地区。如青浦盘龙镇,俗务纺织,晚清同(治)光(绪)年间,"里妪抱布入市,易木棉以归,明旦复然"。〔4〕在这同时,洋纱洋布逐渐盛行,女红被夺,村妇与市镇的联系被另一种纽带所取代。20世世30年代中叶后,嘉定近城一带如东门外、澄桥、徐行等处更有新兴之毛巾工业,农家妇女于农隙时前往工作。〔5〕在沪西"一个聚族而居的村庄"里,没有可供选择的女红,村妇们便进了工厂,"早上绝早就起床,工厂路远的得跑三五里,十二个钟头的劳动"。〔6〕至1936年,在上文所及"邻近松江的经营性农场""周边四五里之内的村妇们",便有了更多的生计选择:"平日除帮助父兄农作外,唯一的副业就是摇洋袜,有的直接到厂里去做,有的就拿到家里来做……到场里有工做的时候",又会去做工;〔7〕她们的生计半径方向为之增多。民国末年,嘉定新泾镇西岸有毛巾厂,以达丰棉织厂为最大,妇女得有工作,农村赖以挹注。〔8〕上海乡村的有利区位和相对发达的经济水平成为江南村妇日常空间变化的前沿指示器。

〔1〕 朱维明.苏州天平山下的抬轿妇女[N].申报,1934-08-11.
〔2〕 周贤.苏州女轿夫[N].申报,1936-04-11.
〔3〕 沈云.盛湖竹枝词[M].苏州大学图书馆藏.黄先迪.梁弄庙会;陈乾寿.元宵花灯[M]//余姚市政协文史资料委员会、余姚市政协梁弄委员小组.浙江省历史文化名镇梁弄(未出版),1994.
〔4〕 金惟鳌.盘龙镇志"风俗"[M]//姜汉椿,朱幼文.校点.上海:上海社会科学院出版社,2005.
〔5〕 吕舜祥,武嘏纯.嘉定疁东志[M].1948年云庐油印本.
〔6〕 华.沪西乡村妇女生活[N].申报,1935-03-24.
〔7〕 更生.这一日在省农场[M]//茅盾.中国的一日.上海:生活书店,1936.
〔8〕 吕舜祥,武嘏纯.嘉定疁东志[M].1948年云庐油印本.

考虑到这些因素，实态的村妇日常空间应比“理想类型”更为具体而生动。

四、结　　语

普通民众的日常空间应该成为一个独立的研究论题。先行的共同体和“××亮圈”理论叙述有一些养分可以汲取。从村妇活动指向看，其日常空间最重要的辐射方向是邻近的市镇，因为多条生活半径都指向市镇；这就是“××亮圈”的实质，它着眼于某种客观事物作用的边沿。而共同体更强调关系的互动，因此，所谓的村妇日常空间不仅是辐射范围，更指一定范围内的生活状态，是生活关系的动态显现。两种思路相结合，我们发现，由常态生活行为作用而成的日常空间，从距离上看就是对某些生活半径的经常性重复。

村妇日常空间的考察以不同的思路接着说。日常空间首先体现为辐射范围，也体现为社群关系的互动。然而，注目于社群或圈子里的特定群体，我们发现，实际的社群关系总是某类人的关系，圈子里事物的作用也只能依赖于人的互动，而以不同群体为中心产生的互动关系存在着很大的差异：地位不同，性别不同，劳作不同，年龄不同等，与他人的关系状态就会完全不同；以某类群体为中心的关系圈子，也无法以现成的“××亮圈”来概括。

我们无意于批评作为比照对象的相关理论和叙述：各有各的关照焦点；焦点不同，结论自然不同。对村妇日常空间的观照，首先源于庶民俗众的生活特点：她们没有惊天动地的丰功伟绩，只有日常生活，而“日常生活具有边界，它是我们行动和运动的有效辐射的极限。对一个终生从未离开她的村庄的村民而言，村庄就是她的边界。它包含双重含义：首先，她们从事的一切，都必然以她在这一范围内而不是别处所经历的东西为动机。其次，她的活动的有效半径，不会拓宽到这一边界之外”。原来，日常空间对于传统社会民众的影响是决定性的，日常空间“根本的是我们活动的有效范围问题”。[1]空间的本质恰在于此；一定时期乡村女性的生活体验、价值观念、活着的意义，等等，都与她们的日常空间密切相关。

---

〔1〕 阿格妮丝·赫勒.日常生活[M].重庆：重庆出版社，1990：256－257.

共同体关系

- 日常史所谓“地方”
- 庙会仪式：近世以来的社群记忆
- 民间记忆方式与社群关系成长
- 乡村共同体关系的传统构建

日常史所谓“地方”

——由蒋梦麟曾经的日常世界展开

【内容提要】 日常生活总是在地方环境中发生并与之相关。在跨学科视野里，日常史所谓“地方”，并非纯粹的地理空间，而是包含着源于空间的日常事件和日常时间，即地方、日常、经历（史）三位一体。从蒋梦麟先生曾经的日常江南铺展开去，我们发现，日常史的地方不仅意味着共同体及其类型和区位，更包含了特定共同体的关系生成和话语表达、某类共同体的地域特色赋予，以及共同体在整体世界中的区位转换。由不同的“地方”出发，便于解析“不足为人外道”的地方性知识和当地人观念，细究普通民众的生活样式，把握地方社会的时代特征。日常史的地方视角，多多得益于人类学以及社会学。

【关键词】 日常史；共同体；蒋梦麟；地方

日常史的丰富内涵或许还难以细致地认识，但它与“地方”的紧密关联则是显而易见的；“日常生活是由各方面的因素决定的”，德国社会史家格茨(Hans-Werner Goetz)认为，其中两个因素“非常重要”，一是一定社会群体的阶层归属性，二是有条件地制约居民的生活空间，而且前者取决于后者；因为，人是居民，是所居住的村庄或城市中的一员，所谓“地方”。如果说传统世界存在着各种各样的生活方式，“首先是因为(人们的)生活是在不同的生活空间中进行的”。[1]理由是如此的常识而充分，以至于社会史脱离了地方背景根本就无法成立，包括其中的日常史。然而，问题至此刚刚开始：究竟什么是日常史的地方？它跟传统史学意义上的事件发生空间有什么区别？从而，地方在日常史的构建中具有怎样独特的价值？在在引人深思。当我们走进

〔1〕 汉斯-维尔纳·格茨.欧洲中世纪生活(1986年)[M]//王亚平，译.北京：东方出版社，2002：5-6.

蒋梦麟先生曾经的日常生活世界，[1]依其所见、所闻、所思，并由此而铺展，一扇独特的“地方”之门渐渐开启，从他的蒋村到江南，而中国，而世界。

一、共同体的关系生成

蒋村是蒋梦麟早年生活和后来魂牵梦萦的地方，位于钱塘江南岸的冲积平原上，离杭州湾约二十里之遥。这是一个很小的村庄，只有六十来户人家，约三百人，三面环绕着河汊，南面一条石板路通向邻近的村庄。[2]与邻村牵连在一起的场合很多：“碰到过年过节，或者庆祝神佛生日，或者其他时节，活动的戏班子就到村庄上来表演。”最吸引人的要算庙会，“迎神赛会很普遍，普通有好几百人参加，沿途围观的则有几千人。这些场合通常总带点宗教色彩，有时是一位神佛出巡各村庄……迎神行列经过时，调狮舞龙就在各村的广场上举行。”某家有了喜事，邻村的亲友会来贺喜。1903年蒋梦麟中了秀才，“好几百亲戚朋友，包括妇孺老少，齐来道贺，一连吃了两天喜酒。大厅中张灯结彩，并有吹班奏乐助兴。最高兴的自然是父亲”。蒋父是位小地主，为人自奉俭约，“忠厚而慷慨，蒋村的人非常敬重他，同时也受到邻村人士的普遍崇敬”。蒋父声望所及，就是由蒋村及其邻近数个自然小村落构成的共同体，[3]是为日常生活空间。通常情况下，村人的“足步”不会“逾越邻近的村镇”。在童稚的蒋梦麟和邻人们看来，外面的世界或许很大，但只有蒋村及其邻村才是日常生活的所在。[4]为了叙述方便，我们以蒋村作为这一共同体

---

〔1〕 蒋梦麟(1886—1964)，浙江余姚蒋村人，著名教育家，美国哥伦比亚大学哲学、教育学博士。1928年成为国民政府教育部第一任部长，后执掌北京大学17年，1950年去台湾。笔者所依据的基本资料来自于蒋梦麟的《西潮》；这是一份难得的日常生活史研究资料：它“对于日常琐事也往往不厌其详地加以描写”，因为在作者看来，“日常琐事往往可以反映一个国家的重大变迁，希望读者多少能从作者所记述的身边琐事中，发现重大史实的意义”。罗家伦先生将这种“日常”笔法概括为“小中见大”：所谓“重大史实的意义”，正可“从生活的体验得来。”蒋梦麟：《西潮·新潮》英文版序(1943年)，(罗家伦)前言[M].武汉：岳麓书社2000年。

〔2〕 蒋梦麟.西潮(1943年)[M].天津：天津教育出版社，2008：12；按，鉴于本文的基本资料来自于《西潮》，一下引文随文标出页码，以免啰嗦，特别说明。

〔3〕 “共同体”概念是由德国社会学家滕尼斯(Ferdinand Tonnies，1855—1936)在其名著《Gemeinschaft und Gesellschaft》(《共同体与社会》，林荣远译，商务印书馆1999年)中发明的，着眼于社会联结纽带，被翻译成英文“community”后，突出了自然空间的涵义。目前，此词的中文翻译有三：社群、社区和共同体。考虑到这一概念的原意、翻译及其演变过程，笔者认为，在中文使用过程中，如果强调群体关系，使用“社群”较确切；如果强调自然空间，使用“社区”较确切；而“共同体”作为母词，更具包容性，含有自然空间、群体关系以及其间的生活意识等意义。

〔4〕 值得玩味的是，蒋梦麟的日常生活叙述总是直指蒋村，似乎世界上人人皆知蒋村。其实，在他看来，日常生活只属于蒋村。当徐懋庸先生回忆故乡的日常生活时，立刻声明：“这里的故乡不是指的绍兴府属，也不是上虞县，只是指我家所在的一个小小的乡镇而言——只包含一姓的小小的村镇。”按，此村镇指下管镇方山村。见徐懋庸：《故乡的事情》，原载1930年代《论语》半月刊，转自《吾乡风情》，上海：上海书店出版社，1997年。

之名。

在乡民们来说,共同体不仅仅是一种意识,更是实际的生活范围。"日常生活总是在个人的直接环境中发生并与之相关",由此而"具有边界",而"边界"云者,指由直接的生活环境所划定的人们"行动和运动的有效辐射的极限。对一个终生从未离开他的村庄的村民而言,村庄就是他的边界"。[1]这边界既意味着地理的界限,更指日常行动的范围;两者以及滋生其间的日常意识,共同界定着作为基本生活单位的共同体。关于传统中国民众的基本生活单位,不少学者受到德国地理学家克里斯塔勒(W. Christaller)"中心地学说"的影响,将其刻画为"市场共同体",尤其是美国学者。[2]以蒋村的日常经验为基础,结合着对传统社会生活的一般认识,蒋梦麟认为,"更切近事实"的日常空间可称之为"自治的小单位":

> 千千万万的这种单位,由几千年来累积下来的共同的语言,共同的文化和共同的生活理想疏松地联系在一起。这些或大或小的单位是以家庭、行业和传统为基础而形成的。个人由这些共同的关系与各自治团体发生联系,因此团体内各分子的关系比对广大的社会更为亲切。他们对地方问题比对国家大事了解较深……个人如非特殊事故与所属社会破裂,永远是小单位的一部分。

由于着眼点不一,名称或许不同;因为地理和交通的关系,范围也可能"或大或小"——与学者们概括出的标准模型有出入,但它就是民众生活的基本单位,意味着一种常态的日常空间,此间人们通过时常的直接互动而彼此熟识,形成属于一方的群体关系及其生活经验,或称为"地方性知识"。[3]日常史所谓"地方"首先就意味着共同体的关系生成:日常空间存在于特定的自然—人文生态环境,地方性知识内含于日常生活的逻辑之中,而关系的生成过程即日常生活的历史运行。蒋村便是日常史所谓的地方之一。从蒋梦麟的日常叙述中,我们发现,特定的人生理想和家族治理方式就这样生成于共同体的关系之中,演绎着实际的日常地方。

读书做官是传统士大夫普遍的人生理想,但对蒋梦麟这样一位局拘于蒋村的孩子来说,很小的时候便指望着读书而做官,就有些匪夷所思了:

---

〔1〕 阿格妮丝·赫勒.日常生活[M]//衣俊卿,译.重庆:重庆出版社,1990:7、256.

〔2〕 相关理论如施坚雅(W. Skinner)的"基层市场共同体"(参见1993年《中国农村的市场和社会结构》,史建云,徐秀丽.译.北京:中国社会科学出版社,1998),费正清(J. K. Fairbanks)的"集会社会"(参见《美国与中国》,1948年,张理京,译,商务印书馆,1987),西达·斯波科尔的"市场共同体"(参见黄宗智.中国农村的过密化与规范认识危机及出路[M].上海:上海社会科学院出版社,1992)。

〔3〕 此概念借用于美国人类学家吉尔兹(G. Geertz).地方性知识.1983年初版[M]//王海龙,张家瑄,译.北京:中央编译出版社,2000.

我幼稚的心灵里，幻想着自己一天比一天神气，功名步步高升，中了秀才再中了举人，中了举人再中进士，终于有一天当了很大很大的官，比那位县知事要大得好多好多，身穿蟒袍，腰悬玉带，红缨帽上缀着大红顶子，胸前挂着长长的朝珠，显显赫赫地回到故乡，使村子里的人看得目瞪口呆。

从中可以看出，蒋梦麟的生活理想，很大程度上受到一位县太爷的刺激，因为知县有一次来邻村办案，路过蒋村：

他乘坐一顶四人扛抬的绿呢暖轿，红缨帽上缀着一颗金顶，胸前挂着一串朝珠。四名轿夫每人戴着一顶尖锥形的黑帽，帽顶插着一根鹅毛。暖轿前面有一对铜锣开道，县太爷所经之处，老百姓就得肃静回避。

蒋梦麟自言自语：“他的权势怎么来的？读书呀！”因此，他对读书做学问的意义理解就是：“向上层社会爬的阶梯”；又闻：在士、农、工、商四个阶级中，士大夫居于统治地位，是最尊荣的一级。对于“听来”的阶级结构，蒋梦麟一点也不觉得陌生：

在我们村子里，农、工、商三类人，都不稀罕。种田的不必说了，商人也不少。好多人在上海做生意，从上海带回来很多好玩的东西……至于工匠，我们的一位族长就是木匠，他的儿子们也是的。一位远房叔叔是银匠，专门打造乡村妇女装饰的指环、手镯、钗簪之类。至于读书人，那可不同了。凡是族人之中有功名的，家庙中都有一面金碧辉煌的匾额，举人以上的家庙前面还有高高的旗杆，悬挂他们的旗帜。

儿时蒋梦麟对于职业结构的日常体验让我们注意到事物的呈现方式。许多抽象事物的意义，比如职业结构，或以学理的形态通过“阶级”概念呈现在文本里，或以日常的形态通过行为的演示出现在共同体中；前者科学却颇费思量，而为专门家所欣赏，后者生活却颇为随意，而为一般民众所理解。如果我们承认一定群体的生活理想部分渊源于职业—阶级结构，那么，普通百姓的理想追求则常常要到他们所在的共同体关系中去寻找，在那里，职业—阶级结构通过人们的日常互动以非常地方性的形态实际演示着，成为共同体关系的一个重要侧面。在这种意义上，作为一种地方性知识，民众的生活理想源于这种理想在一方共同体中具体而特殊的生成。

特定的家族治理方式也是地方性知识。与传统中国的许多共同体一样，蒋村实行家族统治，“村里的事全由族长来处理，不待外界的干涉。祠堂就是衙门”。家族治理其实就是家族关系在共同体中的生成和演示。言其治理规范，传统中国人可谓烂熟于心，说不上什么地方性：

“万恶淫为首，百善孝为先。”孝道使中国家庭制度维系不堕，贞操则使中国种族保持纯净。敬老怜贫、忠信笃敬也被认为善行。重利盘剥、奸诈谎骗则列为罪行。斥责恶行时常骂人来生变猪变犬。

在这里,由精英确定的普遍社会规范就是蒋村的善恶标准:以儒家思想为主糅合了某些释道信仰的成分,但普遍、抽象的教条却以非常地方性的形态出现在共同体:它或许是在蒋村"乡间到处可以看见的"贞节牌坊;或许是祖宗牌位前面点起的香烛,"使得每个人都觉得祖先在天之灵就在冥冥之中监视似的";或许是乡人的窃窃私语:"村中的舆论也是重要的因素,还有,邻村的舆论也得考虑。"蒋村祠堂成为家族治理的物态象征,所谓"开祠堂门"就是家族治理的实际运作,不过,"只有特别严重的案子才需要这样做。一般的纠纷只是在祠堂前评个理就解决了"。牌坊、烛光、舆论、祠堂……所有这些,通过家族治理过程将普遍性的社会规范转换成了地方性知识。

地方性知识是当地人、当时人、当事人才能实际理解的群体关系及其生活经验。应该说,蒋梦麟所展示的共同体关系并不十分费解,毕竟,它的关系性状还在人们通常的历史经验之内,但事实上,更多的地方性知识无法为人们所分享。在这里,古典人类学家将共同体知识的地方性推向了极端;图腾、抢婚、杀婴、割礼等知识之所以让他们兴奋,很重要的一个原因在于,它们具有"不足为外人道"的地方性,而现代人类学家更重视如何"为外人道"出这些地方性知识。埃文思-普里查德(E. E. Evans-Pritchard)的《阿赞德人的巫术、神谕及魔法》(*Witchcraft, Oracles and Magic among Azande*, 1937)写的是一个中非民族,在那里,巫术、神谕和魔法等地方性知识形成了一个复杂的信仰和仪式体系,只有将它们视作整体结构中互相依赖的要素,其意义才能显现;也只有深入该体系的逻辑结构之中,相关的假设、推理和行动的合理性才得以理解。普里查德强调,这个体系是与共同体关系和人们的日常生活相联系的,一旦将这些地方知识点置于该体系的逻辑及其背后的共同体关系和生活中,一切便豁然开朗。[1]人类学的这一转向提示社会史家,日常史涉及的地方性知识也许非常陌生,但共同体关系的结构性联系在日常生活中是真实可感的,因而其间的知识及其意义也变得可以理解:"一个特殊社区的社会生活的各方面,均系密切地相互关联着,或为一个统一的整体,或体系中的各部分。任何一方面,除非研究它和其他一切别的方面的联系,不易正当地明了……这样可以说,每一种社会活动都有一种功能;而且只有发现它的功能,才可以发现它的意义。"[2]

日常史致力于叙述往昔生活的常态,但对于缺乏相关历史经验的人们来说,这样的常态因其鲜明的地方性不啻奇风异俗,更多的情况是,日常事件本

[1] 爱德华·埃文思-普里查德.人类学与历史(1966年)[M]//论社会人类学.冷凤彩,译.北京:世界图书出版社公司,2010:69.

[2] 拉德克利夫·布朗.对于中国乡村生活社会学调查的建议(1935年)[M]//社会人类学方法.夏建中,译.北京:华夏出版社,2002.

身似乎并不太“地方”，就如上述蒋村的职业和家族结构，然而当这种结构实际运行于特定共同体之中，它们的地方色彩就非常浓重了；或者换句话说，特定共同体的结构性力量赋予日常生活以浓重的地方性。譬如，就在蒋村的邻县上虞，近代文学家徐懋庸曾经生活过的方山村，一个人生下来就由血缘关系决定属于宗族之下的那一“房”；因为各“房”向来彼此对立，所以每一“房”的子姓从小到死也必须跟其他各“房”的子姓对立。徐氏一个族兄的经历表明，共同体关系产生的神奇力量常常令其中的个体无法左右：

> 他(族兄)回乡以后，在最初的三天中，对于村中的种种纠纷，视为“蛮触之争”，绝对保持超然的态度，只将大义劝告双方；但是到了第四天，他不免渐渐地站到“蛮氏”的一边讲话，非难起“触氏”的一方面来；一星期以后，他就完全变成一个极端的氏族的宗派主义者了。

与这位见过世面的“族兄”不同，一直生活于方山的人们会觉得，徐姓房际之间的对立再正常不过，似乎村庄的常态应该是这样，只有“外人”才觉得这是个“奇迹”，[1]所谓“奇迹”，其实不过是共同体关系的地方表达而已。

从事实际观察的民俗学家指出，最易使人看作奇迹的是共同体中的禁忌(taboo)，因为禁忌由“不作为”支配，“因为不作为，所以外部是无法观察到的。比如在厕所不能吐痰，在灶沿上不能切东西等，再敏锐的观察者也很难注意到”。在20世纪30年代“文明的”日本共同体中，也“有无数这样的禁忌，都是外部人不知道的内部事实。而如果这些内在的心意现象不能理解的话，也无法理解有形文化和言语艺术”。因此，当时的民俗学家柳田国男提议，“民间传承的观察采集非本地人不可”，[2]理由很简单：只有当地人熟悉共同体关系。

对于日常史学者来说，共同体生活的实际运行已经无法直接感受，而只能间接地从文献中认识，但对于了解历史的空间，我们有可能直接去认识；“为了直接体验空间的历史，我们就亲自到文献中所记载的那些地方去做田野调查。那些文献上死的历史在田野中就变得活生生的，而且在田野中还会发现文献上没有记载的内容，并且看到它们原本就不是孤立存在的，而是与其周围的事物联系在一起，历史就变成立体的”。[3]历史学的田野工作其实就是还原共同体的关系，从而理解其中的知识意义。

---

〔1〕 徐懋庸.故乡的事情[M].原载1930年代《论语》半月刊，转自.吾乡风情.上海：上海书店出版社，1997.

〔2〕 柳田国男.民间传承论与乡土生活研究法(1934—1935年)[M]//王晓葵，王京，何彬，译.北京：学苑出版社，2010：55.

〔3〕 史克祖.追求历史学与其他社会科学的结合——区域社会史研究学者四人谈[J].首都师范大学学报，1999(6).按，上述间接引文出自刘志伟，直接引文出自郑振满。

二、当地人的话语表达

作为社会精英，蒋梦麟穿行于沿海和内地，来往于中国和世界，具有敏锐的时代洞察力。在叙述汹汹西潮中的近代中国时，他难以掩饰忡忡忧心：

西方商人在兵舰支持之下像章鱼一样盘踞着这些口岸，同时把触须伸展到内地的富庶省份。中国本身对于这些渗透并不自觉，对于必然产生的后果更茫无所知。亿万人民依旧悠然自得地过着日子，像过去一样过他们从摇篮到坟墓的生活，从没有想到在现代化的工作上下工夫。

这显然是一位历史观察家的立场和判断。不过，蒋梦麟并没有一味地自说自话，而是尽量让被观察者发声，同时忠实地将之记录在案。因此他对蒋村日常生活，保持了足够的冷峻，以村人的立场，留存了一段普通民众的话语。

1917 年夏季，蒋梦麟从美国回到蒋村。卧病的大伯母吩咐他坐到她的床边，她要告诉他十六年间"简直变得面目全非"的蒋村：

女人已经不再纺纱织布。因为洋布又好又便宜。他们已经没有多少事可以做，因此有些就与邻居吵架消磨光阴，有些则去念经拜菩萨。年轻的一代都上学堂了。有些女孩子则编织发网和网线餐巾销售到美国去，出息不错。很多男孩子跑到上海工厂或机械公司当学徒，他们就了新行业，赚钱比以前多。现在村子里种田的人很缺乏，但是强盗却也绝迹了。天下大概从此太平无事，夜里听到犬吠，大家也不再像十年前那样提心吊胆。

对于蒋村已经发生的这些变化，大伯母基本满意，甚至有些欣赏。但同时，对于一些"进过学校的青年男女"的言行，她认为"实在要不得"：

他们说拜菩萨是迷信，又说向祖先烧纸钱是愚蠢的事。他们认为根本没有灶神。庙宇里的菩萨塑像在他们看来不过是泥塑木雕。他们认为应该把这些佛像一齐丢到河里，以便破除迷信。他们说男女应该平等。女孩子说他们有权自行选择丈夫，离婚或者丈夫死了以后有权再嫁。又说旧日缠足是残酷而不人道的办法。说外国药丸比中国药草好得多。他们说根本没有鬼，也没有灵魂轮回这回事。人死了之后除了留下一些化学元素的化合物之外什么也没有了。他们说唯一不朽的东西就是为人民为国服务。

对于大伯母的这番牢骚，蒋梦麟的侄女不以为然，她说："婆婆太老了，看不惯这种变化。"侄女对大伯母的轻蔑态度，固然可以看作社会变迁中的代际差异，因为这种差异确实是存在的，但另一种差异更加启人思考：西潮澎湃下的现代变迁在不同的社会历史层面呈现出明显不同的速率。大伯母的话表明，对于物质生活的变化，"太老"的乡人与年轻人并没有什么不同；根本的不同产生在观念层面。以传统伦理道德观念为例，蒋梦麟记录下了两段当地人的看法；一段是在 19 世纪 80 年代：

在人伦道德上父亲却一直不大赞成外国人的办法。固然也认为“外国人倒也同我们中国人一样地忠实、讲理、勤劳”。但是除此之外，他并不觉得外国人有什么可取的地方……(私塾先生)说：“‘奇技淫巧’是要伤风败俗的。先圣以前不就是这样说过吗？”他认为只有朴素的生活才能保持高度的道德水准。我的舅父也持同样的看法。

另一段是在 1917 年蒋梦麟海外归来后，由一位“老太婆”给他叙述的故事：

“你记不记得那两位兄弟在父死之后分家的事？”她问我。两兄弟每人分到他们父亲的房子的一个边厢，又在大厅的正中树了一片竹墙，把大厅平分为二。一位兄弟在他的那一半厅子里养了一头牛，另一位兄弟气不过，就把他的半边厅子改为猪栏来报复。他们父亲留下一条船，结果也被锯为两半。这两位缺德兄弟真该天诛地灭！后来祝融光顾，他们的房子烧得精光。老天爷有眼的！

从清末到民初二十多年的时间里，尽管蒋村的物质生活发生了不小的变化，但村民们安身立命的道德原则却基本未变，事实上，近世“几百年来，不论朝代如何更换，不论是太平盛世或战祸频仍，中国乡村里的道德、信仰和风俗习惯却始终不变”。乡民面对西潮的态度令人深味：他们一方面享用着西方的物质文明，另一方面固守着传统伦埋道德；这可以称作日常生活的“中体西用”。为了实践这种“中体西用”，当地人为之营造了相应的话语环境。

重点看看传统观念生存的话语环境。在近代共同体中，传统伦理的规范功能特别依赖当地人的一套“报应”话语，这套话语常常与“轮回转世说”结合为一体，以舆论的形态在日常生活中发挥功能。在江南作家王西彦 20 世纪 40 年代的故乡回忆中，慈爱的“金妹伯伯”是个跛脚，他几乎对所有的小孩子都很喜爱，独有一个例外，那就是“黄杨木”。黄杨木整日里模仿金妹伯伯的腔调和姿势，瞎编他的跛脚故事：

我十八岁那一年呵，唉，他娘的那个小妹子可也真叫是刺丛里的鲜花，分外的香呢！我呢，怪只怪我这吃大虫的胆，两丈高的墙头呀，只一个不小心，脚一打滑，勃脱，鸡飞蛋打——花儿采不到，人儿翻下地，我的这条腿，唉，没说场，眼前报呀。[1]

金妹伯伯受不了这《眼前报》，劝诫无果之后，他毫无顾惜地断定，黄杨木将来“没出息”，并认为这“是上代祖宗未曾行善积德的结果”。几乎一“报”还一“报”！王西彦说：“我们从来没有见到过这个善良的老人会如此气愤，也从

〔1〕 王西彦.黄杨木(1941 年 6 月 23 日)[M]//王西彦散文选.南京：江苏人民出版社，1980：15.

来没有听到过他用这样的言辞去咒骂别人。"似乎只有回以同样的"报应"才能表达老人的愤恨。报应不仅是待人的咒语,也是律己的自觉。王西彦姑母是村子里"苦命的人","五年带了两次孝",老祖母叹息道:这"总是前世事啊!"姑母自己也这么看:"我是前世做大坏事,才今世来受苦的!"〔1〕

在共同体中,典型的当地人话语有两种表达方式:一是歌谣。与精英诗歌不同:"歌谣是以民众地方作单位的,不是以个人作单位的。所以歌谣的个性,应当从一个地方的人群看起,这一群人的歌不是那一群人的歌。"〔2〕这里的"一个地方的人群"即共同体,所谓"十里不同风"。吟唱者用特别的俚调表达特定的心态,从形式到内容,地道的当地。〔3〕

二是仪式。与歌谣的自说自话不同,仪式常常采取巫婆代言的方式。在蒋村,巫婆多半是自远地儿;被召的鬼魂来时,巫婆的耳朵就会连续抽搐三次。普通人是不能控制耳朵的肌肉的,巫婆的耳朵能够自己动,使得大家相信它的确有鬼神附体。蒋梦麟就曾经通过巫婆与其故世的母亲谈过话,他说,不管是真是假,"这办法至少使活着的亲戚朋友心里得点安慰"。巫婆只能召至去世的亲戚朋友的鬼魂,扶乩却能召唤神佛。做梦时鬼魂和神佛会前来托梦,比如,一位死了的母亲可能要求她儿子给她修葺坟墓。死了的父亲可能向儿子讨纸线。这样,活人的"希望、请求或警告"都可能由"神佛,死去的亲戚朋友或者精灵鬼怪"提出。在浙江诸暨的苎萝村,乡绅陈老先生20世纪30年代还保存着西施在乩盘开沙时的一段降坛自白,声辨"西施如何的忠贞两美,与夫范蠡献西施,途中历三载生子及五湖载去等事的诬蔑不通"。〔4〕说是西施的辩白,其实不过是苎萝村人借西施之口在表达他们自己的观念;这种观念既与精英思想不同,也与一般社会意识迥然有异:地方性强烈,民间立场,弥漫于日常生活之中。

这样,在其次的一层意义上,日常史所谓"地方"意味着当地人话语的表达:话语权属于当地民众,观念折射出浓重的共同体底色,历史的情境在日常表达的过程中显现。

三、地域生活的特色赋予

蒋村日常史留在蒋梦麟1943年《西潮》中。这是一部以个人经历为线索的叙述,但当那些心目中的景象一一展布在纸上时,他觉得那"有点像自传,有点像回忆录,有点像近代史"。看得出,在蒋梦麟的潜意识里,个体生活历

---

〔1〕 王西彦.黄杨木(1941年6月23日)[M]//王西彦散文选.南京:江苏人民出版社,1980:10-15.
〔2〕 卫景周.歌谣在诗中的地位[J].歌谣纪念增刊,1923-12-17.
〔3〕 小田.近代歌谣:江南村妇生活的凭据[J].江苏社会科学,2011(4).
〔4〕 郁达夫.达夫游记[M].上海:文学创造社,1936:12.

程隐约着整个社会大历史，同样的，蒋村的日常生活亦可看成中国社会生活的缩影：

> 中国有成千上万这样的村落，因为地形或气候的关系，村庄大小和生活习惯可能稍有不同，但是使他们聚居一起的传统、家族关系和行业却大致相同。共同的文字、共同的生活理想、共同的文化和共同的科举制度则使整个国家结为一体而成为大家所知道的中华帝国。（我们现在称中华民国，在辛亥革命以前，欧美人称我们为中华帝国）。

从民族一统性和抽象意义上不妨作如是观，然而，缩微的场景究竟替代不了繁复的地方生活，鲜活的历史不会在全息图里，而只能在各地生活的细节中。在这一点上，蒋梦麟与一部分偏执于“社会缩影法”[1]的人类学家明显不同，他不过试图在宏阔的“西潮”背景中把握个体与共同体的命运。在他看来，蒋村的生活依然独特，并因此而生动。在造成蒋村历史的诸多因素中，蒋梦麟非常敏锐地注意到共同体的自然生态及其人文环境的唯一性，所谓“大致相同”中的“稍有不同”者，主要指“地形或气候”及其“生活习惯”：

> 蒋村虽然小，水陆交通却很便利。河汊上随处是石桥，河的两岸则满是绿柳垂杨。河中盛产鱼、虾、鳝、鳗、龟、鳖。柳荫之下，常有人悠闲地在垂钓。耕牛慢慢地踱着方步，绕着转动牛车，把河水汲到水槽再送到田里。冬天是连阡穿陌的麦穗，夏天是一片稻海，使人生四季常青之感，麦穗和稻穗随着微风的吹拂，漾起一片涟漪，燕子就在绿波之上的蓝空中穿梭翱翔。老鹰忽高忽低地绕村回旋着，乘老母鸡不备的时候就俯冲而下，攫走小鸡。

这不是单纯的风景，蒋梦麟强调：“这就是我童年时代的背景，也是我家族的环境。”不过，这样的“背景”和“环境”似曾相识：鲁迅、周作人笔下的绍兴之里赵，丰子恺笔下的桐乡之六塔，吴冠中笔下的宜兴之北渠[2]……依稀同样的水乡风土。蒋梦麟自己也意识到了蒋村与其他共同体的环境相似性：

> 蒋村是散布在钱塘江沿岸冲积平原上的许多村庄之一，村与村之间常是绵延一两里的繁茂的稻田……围绕着它（蒋村）的还有无数的村庄。大大小小、四面八方都有，往南一直到山麓，往北到海边，往东往西则有较大的城镇和都市，中间有旱道或河汊相通。

在自然生态和人文环境同一性的意义上，我们将这些“无数的”蒋村定义

---

[1] 所谓“社会缩影法”是这样一种观点，认为可以在所谓“典型的”小镇或乡村中找到民族社会、文明、大宗教或任何总括和简化现象的精髓。克利福德·格尔兹. 文化的解释（1973年）[M]//纳日碧力戈，等. 译. 上海：上海人民出版社，1999：16. 按，格尔兹，即吉尔兹（G. Geertz）。

[2] 里赵出现在鲁迅的《社戏》、周作人的《村里的戏班子》等作品中，六塔出现在丰子恺的《癞六伯》等作品中，北渠出现在吴冠中的《水乡青草育童年》等作品中。

为“江南”，一个中观地域社会。地域社会一直是历史研究重视的空间单位。一方面，中国幅员辽阔，民族众多，环境复杂，地方差别巨大，另一方面，地域社会在生态环境、语言系统、风土人情、心理特征等诸要素之间存在着很大的相似性，自成一体，特色明显，于是在传统“地方史”语境下，以整个江南为对象的地域社会(历史)研究蔚为大观。然而，在日常史视野中的地域江南却存在多种类型。

日常史所谓“地方”从共同体开始，有如蒋村，一般学者都熟悉这样的江南。这确实是江南，居于江南的核心部位，并且“无数”。问题是，它们不是江南的全部，或者说只是江南的一种类型。事实上，江南不同类型的共同体分布于一个环状梯级的地理格局中：从西、而西南、而南一线缘饰着山丘，有宁镇山脉、天目山、黄山、莫干山、龙门山、会稽山、四明山、天台山，山体一般在700米以上；中部核心地带是苏南平原和浙北平原，地势低平，以太湖为中心，呈浅碟形，一般海拔2.5米。整个江南以太湖为枢纽，上纳山地之水，倾注入太湖，下泄至东海；海边南北错落着众多岛屿。太湖周边的长荡湖、滆湖、昆承湖、阳澄湖、澄湖、淀山湖等，与太湖气息相通。宁绍北部虽被杭州湾喇叭口与杭嘉湖切开，但同属浙北平原，呈现出与环太湖地区基本相同的水乡景观。

这种意义上的江南以自然生态为基本要素。施坚雅引18世纪菲利普·布茨(Philippe Buache)“独特的学说”称，地表由山脉分割的江河流域所构成，山脉是天然的分界线。就农业中国来说，以江河流域作为地域的要素特别适宜；以山脉作为分界线能够说明地域的地理范围。[1]在这里我们离开了许多江南研究者们奉行的诸如行政区划、历史传统等一些变动不居的因素，[2]而以少有变化的自然生态为地域界定的基本依据。这几乎说不上标新立异，只是觉得，唯有自然生态最便于把握，因为它变动极其缓慢，与民众生活形成一种固定的结构，[3]在它的参与下，许多历史现象归于历史的长时段。日常史就产生于这样的长时段之中。因之，蒋梦麟可以粗略地将整体中国视之为一，却无法忽视那“稍有不同”的生态及其人文环境。这正是蒋村日常史所以

〔1〕 施坚雅.中国封建社会晚期的城市研究——施坚雅模式[M].长春：吉林教育出版社，1991：152.

〔2〕 关于江南概念的多种界定，李伯重.简论“江南地区”的界定[J].中国社会经济史研究，1991(1).

〔3〕 法国年鉴学派史家之所以特别注意日常史中的自然生态因素，原因正于此：最易接受的例子似乎是地理限制。在几百年内，人们困守一定的气候、植物、动物和文化，以及某种缓慢形成的平衡，脱离开这种平衡，一切都会成为问题。例如在山区，山民有按季节易地放牧的习惯；在沿海地带，海上活动总是集中在某些条件比较优越的地点。城市的建立，道路和贸易的通畅，文明地域的范围，都是惊人地持久和固定。费尔南·布罗代尔.长时段：历史和社会科学(1965年)[M].顾良，等，译；衣俊卿.社会历史理论的微观视域[M].哈尔滨：黑龙江大学出版社，北京：中央编译出版社，2011：94.

值得专注的关键所在。

至此，我们可以确定日常史所谓“地方”的第三层含义：地域生活的特色赋予。其中，地域社会显示了日常史的地方身份，它体现了中观范围内的生活整体性；特色，则是由自然生态及其人文环境为基本要素塑造而成的基本生活样式，它体现了地域社会中共同体生活的类型性；地方身份与生活样式的赋予过程，则意味着日常生活的历史发生。

在此需要强调的是，地域社会仍然是日常史研究的必要空间单位。因为江南的任何一种类型首先从属于江南，是江南的类型之一。我们必须认识到，地方特色的赋予是以地域的某种类型、而非整个地域为单位的，也就是说，日常史过程其实是赋予地域中某种类型的地方特色。通过蒋村，我们认识了水乡生活样式，但它无法代替对于山庄、海岛和渔村等他种生活样式的认识，只有分别认识了这些类型，才能全面地认识整体江南，因为很显然，江南是由所有这些不同类型的自然生态及其人文环境共同作用而成的。

江南渔村共同体的生态环境及其生活样式便与蒋村大为不同。民国晚期，画家吴冠中先生的姑爹家住滆湖边的一个大渔村里：

> 村子很长，一家紧贴着一家沿小河排开。村里几乎家家有船，每家的后门口临河，船系在大柳村上。白天，船都下湖了，风平水静的时候，那垂柳笼罩下的渔村倒影是挺美的画境；傍晚，船都回来了，小河里挤得看不见水面，家家七手八脚从船里提鱼上岸，忙成一片。

船不仅是生产工具，也是生活家当，吴冠中回忆道：20世纪二三十年代，姑爹多次摇着渔船送他到宜兴和无锡投考、上学，也曾送母亲到武进县的寨桥镇上去找一位老中医看病，他搭船跟着去玩。[1]长年漂泊湖上的渔民，比如在阳澄湖，渔民以船为家，船居生活很是别样；当地渔歌唱道：

> 一条网船做世界，芦簏当瓦舱当床。
> 船头行灶烧饭吃，船艄吪处晾衣裳。
> 吪凳吪桌吪靠傍，半夜起风全家晃。[2]

跟江南其他地方一样，渔民的日常信仰也通过迎神赛会的方式来表达，但湖上庙会的运行明显不同于陆地。清末，在嘉兴北乡的连泗荡，有一座刘猛将庙，“浮家泛宅之流，平日烧香许愿，来往如梭，以故该庙香烟独盛”，成为北乡渔民共同体的信仰符号：

> 八月十三日，为刘王诞期，远近赴会者，扁舟巨舰不下四五千艘，自王江泾长虹桥至庙前十余里内，排泊如鳞。是日，奉神登舟，挨荡巡行，

[1] 吴冠中.水乡青草育童年[M]//沧桑入画.上海：学林出版社，1997：8.
[2] 苏州市相城区文学艺术界联合会，苏州市相城区阳澄湖镇人民政府.阳澄渔歌[M].北京：大众文艺出版社，2007：100.

午后回宫，俗名为网船会。[1]

可以想见，由于在自然生态、人文景观以及生活状态等方面的差异，其他类型的江南共同体生活将会呈现各有不同的特色，但它们同为江南人家生活。面对“无数的”共同体和有限的几种类型，费孝通先生“在半个世纪里通过实践找出来”一个“可行的”研究方法：

我们能对一个具体的社区，解剖清楚它社会结构里各方面的内部联系，再查清楚产生这个结构的条件，可以说有如了解了一只“麻雀”的五脏六腑和生理循环运作，有了一个具体的标本。然后再去以观察条件相同和条件不同的其他社区，和已有的这个标本作比较，把相同和相近的归在一起，把它们和不同的和相远的区别开来。这样就出现了不同的类型或模式了。这也可以称之为类型比较法。应用类型比较法，我们可以逐步地扩大实地观察的范围，按着已有类型去寻找不同的具体社区，进行比较分析，逐步识别出中国农村的各种类型。也就由一点到多点，由多点到更大的面，由局部接近全体……这样积以时日，即使我们不可能一下认识清楚千千万万的中国农村，但是可以逐步增加我们对不同类型的农村的知识，步步综合，接近认识中国农村的基本面貌。[2]

社区即共同体。某类型共同体→多类型共同体→地域→中国，从费孝通先生走过的社会人类学轨迹，我们可以清楚地看到，共同体与大社会就是个别与一般的关系。在“无数的”共同体与“抽象的”大社会之间，把握地域共同体的某种类型是一个很关键的环节。费孝通所指示的这样一个很关键的“地方”，操作性强，对日常史来说，无疑具有非常重要的方法论意义，值得我们高度重视。[3]

四、整体世界中的区位转换

蒋梦麟发现，清末民初年间蒋村的日常生活渐渐洋气起来，尤其在物质生活方面：

有人从上海带来了几盒火柴。大人们对这种简便的取火方法非常高兴。小孩们也很开心，在黑暗的角落，手上火柴一擦，就可以发出萤火虫一样的光亮。火柴在当时叫“自来火”，因为一擦就着；也叫“洋火”，因为它是从外洋运进来的……美孚洋行是把中国从“黑暗时代”导引到现代文明的执炬者。大家买火柴、时钟是出于好奇，买煤油却由于生活上的必要。但

〔1〕 吴友如，等．点石斋画报．第3册[M]．上海：上海画报出版社，2001：164．按，“网船会”的记载时间为1887年。

〔2〕 费孝通．《云南三村》序（1987年）[M]．费孝通，张之毅．云南三村．北京：社会科学文献出版社，2000：6－7．

〔3〕 小田．人类学方法在地域社会史研究中的应用[J]．史学理论研究，2008(3)．

事情并不至此为止。煤油既然成为必需品，那么，取代信差的电报以及取代舢舨和帆船的轮船又何尝不是必需品呢？依此类推，必需的东西也就愈来愈多。

这洋气就是西潮；位于潮头的洋货“先是破坏了蒋村以及其他村庄的和平和安宁，最后终于震撼了全中国”。蒋梦麟意识到，西潮冲击从而引发的共同体变迁似乎形成了一个地理递度；在这一递度中，蒋村首先直面西潮，很明显地与其所处的区位密切相关：西洋潮流不肯限于几个通商口岸里。这潮流先冲激着附近的地区，然后循着河道和公路向外伸展。五个商埠附近的，以及交通线附近的村镇首先被冲倒。

伴随着交通方式的现代变迁，蒋村与现代城市之间的联系日益频繁。蒋梦麟亲历了这一变化过程：

父亲把我送到离村约四十里的绍兴府去进中西学堂，我的两位哥哥则已先我一年入学。我们是乘条又小又窄的河船去的。小船的一边是一柄长桨，是利用脚力来划的，另一边则是一柄用手操纵的短桨，作用等于船舵。

这是清末的 1897 年；1903 年蒋梦麟参加郡试，要至绍兴去。那时渡过钱塘江可不是一件容易的事儿：

渡船码头离岸约有一里路，我小心翼翼地踏上吱吱作响的木板通过一条便桥到达码头。渡船上有好几把笨重的木桨，风向对时也偶然张起帆篷。船行很慢，同时是逆水行驶，所以整整花了两个小时才渡过钱塘江。

但到了民初 1917 年他从美国回来时，情况大大地变了：

从蒋村到火车站，大约有三里路……我步行至车站以后就搭了一列火车到曹娥江边……从此到杭州的一大段空隙由轮船来衔接，多数旅客都愿意乘轮船，因为橹船太慢，大家不愿意乘坐，所以旧式小船的（生意）非常清淡。傍晚时到达钱塘江边，再由小火轮渡过钱塘江，只花二十分钟。我中学时代的橹摇的渡船已经不见了。

至此人们发现，蒋村已经置身于一个相当现代的世界里。跟一般村人不同，作为学者的蒋梦麟清楚地意识到，村落生活的现代变迁应该从 1840 年代开始算起：

一八四二年的中英条约同时规定中国的五个沿海城市开放为商埠。这就是所谓“五口通商”。大批西方商品随着潮涌而至。这五个商埠以差不多相似的距离散布在比较繁盛的中国南半部。为中国造成了与外来势力接触的新边疆。过去中国只有北方和西北那样的内陆边疆，现在中国的地图起了变化，这转变正是中国历史的转折点。

西潮的冲击，一方面“造成与外来势力接触的新边疆”，江南率先以一个

"新边疆"的姿态，从"地域性的世界"渐次转换为"世界性的地域"，[1]而就传统中国来说，它因为新边疆的出现成为更广阔的现代世界的一部分。然而我们要说，鸦片战争构成中国历史的近代"转折点"，更多地体现宏观政治—外交的意义上。揆诸"新边疆"的实际生活情形，转折后的显著变化发生在数十年之后。蒋梦麟回忆，一直到中法战争"不败而败"的19世纪80年代，蒋村仍然"懵然不觉"："西南边疆的战争隔得太远了，它们不过是浩瀚的海洋上的一阵泡沫。乡村里的人更毫不关心，他们一向与外界隔绝，谈狐说鬼的故事比这些军国大事更能引起他们的兴趣。"蒋梦麟注意到："村里的人讲起太平天国革命的故事时，却比谈当前国家大事起劲多了……村里的人只有偶然才提到近年来的国际战争，而且漠不关心。"也就是说，直到这时，蒋村的整体世界仍然是传统中国：

现代发明的锋芒还没有到达乡村，因而这些乡村也就像五百年前一样的保守、原始、宁静。但是乡下人却并不闲，农人忙着耕耘、播种、收获；渔人得在运河里撒网捕鱼；女人得纺织缝补；商人忙着买卖；工匠忙着制作精巧的成品；读书人则高声朗诵，默记"四书五经"，然后参加科举。

然而，转折毕竟已经开始，西潮继续拍打着江南海岸，并顺着杭州湾一直向内灌注，日夜不停地侵袭着共同体。蒋村在19世纪末年蒋梦麟离开之后变化加剧，直至"简直面目全非"！像蒋村一样，江南许多共同体此时已经置身于一个更广阔的整体世界之中。这是一个包括西方资本主义国家在内的现代世界，最早迎面西潮的通商口岸城市成为沟通传统与现代世界的桥梁。通过这样的沟通，江南中心城市牵引周边的共同体进入一个扩大了的整体世界。[2]蒋村的区位随着外部整体世界的扩大发生了转换：从"共同体—传统中国"变成"共同体—近代世界"，伴随着这种转换而来的便是日常生活的现代变迁，"安定地在那里生活了五百多年"的江南"无数的"蒋村，再也无法保持日常生活的传统样式。

因此，日常史所谓"地方"的第四层含义便是：共同体在整体世界中的区位转换；区位意味着共同体与整体世界的空间关系，而转换表明这种空间关系的时代变化，随之而来的是日常生活的现代变迁。

19世纪40年代中叶以降，江南共同体的日常生活嬗变，依其与整体世界的区位梯度不同先后展开。上海及其附近的松(江)太(仓)乡村，棉纺织女红

[1] 王国斌.区域性世界与世界性区域[J].史林，2005(5).

[2] 徐铸成先生在谈到上海《申报》对周边乡村的深刻影响时说："中国之有现代报纸，大家知道，是始于上海的《申报》……在我的童年时代，江南一带的穷乡僻壤，也只知有《申报》和《新闻报》。经常可以听到这样的话，'拿张申报纸来包包'，'这个窗户透风了，快找张新闻报来糊糊。'它们已经成为报纸的代名词了。可见……它们的影响的确是深广的。"徐铸成.谈《申报》[M]//旧闻杂记.成都：四川人民出版社，1981.

向称发达，但随着1843年上海开埠，“洋布充斥，而女红之利减矣”。[1]更接近宁波的蒋村，日常生活的变动要到清末才比较明显。上海和宁波都是最早开埠的通商口岸，作为“与外来势力接触的新边疆”，它们与世界资本主义市场连成一片，形成近代意义上的整体世界；江南共同体的日常生活在新的整体世界中开始变化，但由于不同共同体与整体世界的区位关系存在一些差异，其日常变动的程度亦稍有不同。蒋梦麟意识到，蒋村共同体略显滞后的日常变动与其在近代整体世界中的区位关系存在着一定的关联：“蒋村离宁波不远，但宁波始终未发展为重要的商埠，因为上海迅速发展为世界大商埠之一，使宁波黯然无光。”受此影响，紧靠上海的乡村社会，其日常生活的变动明显快于江南其他地方。比如，上海杨树浦一村庄1928年便开始使用电力碾米机器，“附近各户口，凡有稻须去皮者，皆携就此机器，工作费时无多，每担出洋2角。至于以前，则此项工作，系用旧式农具，并用人工”。[2]在这里已经成为过去时的“旧式农具”，在江南许多地方当时还在普遍使用。与蒋村一(杭州)湾之隔的桐乡石门湾，是丰子恺先生的故乡，他的1934年《冬夜工毕》便是这一“旧式农具”使用的写实作品。农具称石臼，丰家的十多亩稻谷，由两个雇工用石槌你一下、我一下地在臼里“打臼”。冬夜里，寒冷、单调、吃力，工毕后，丰母总要提供热水让他们泡脚，去掉寒气，缓解劳累。[3]这是前工业时代日常劳作的典型写照。

需要注意的是，导致共同体在整体世界中区位转换速率差异的，不完全是共同体与某个中心城市的距离远近，共同体本身的自然生态及其人文环境因素其实也很关键。龙门坑东距杭州不过数十里之遥，已经是山区：

> 居民二百余家，十分之六是葛姓，村中一溪，断桥错落，居民小舍，就在溪水桥头，山坡岩下，排列分配得极匀极美。村的三面，尽是高山，山的四面，就是万紫千红的映山红和紫藤花。自白龙潭下流出来的溪水，可以灌田，可以助势，所以水碓磨坊，随处都是。居民于种茶种稻之外，并且也利用水势，兼营纸业……村中的蛟龙庙(或作娇龙庙)里的一区小学儿童的歌声，更加要使你想到没有外国势力侵入，生活竞争不像现在那么激烈的羲皇以上的时代去。[4]

此情此景，令1935年春季来到这里的郁达夫十分惊异：“小和山下蛟龙

[1] 博润，姚光发，等. 松江县续志，卷五“风俗”[M]. 清光绪十年(1884年)刻本.
[2] H. D. Lanmson. 工业化对于农村生活之影响——上海杨树浦四村五十农家之调查[J]//何学尼，译. 社会半月刊. 1934(1)：第1－5期.
[3] 丰子恺. 冬夜工毕[M]//(浙江省)桐乡市丰子恺纪念馆. 丰子恺乡土漫画(内部资料)，1996：118.
[4] 郁达夫. 达夫游记(1936年)[M]. 上海：文学创造社，1936：118.

庙,聚族安居二百家。好是阳春三月暮,沿途开遍紫藤花。”[1]这真是一个“外人不识,村人不知,武陵渔夫也不曾到过的一座世外的桃源”! 地近杭州的龙门坑共同体如此,处于江南边缘的其他山村情形也就可以想见了。

五、结　语

社会史的整体性体现在多个侧面,其中之一是社会维度之间衍生的自然谱系:日常—共同体—民众—长时段—非常规史料—跨学科理论—平民史观……从中不难看出,日常史只是以“事件”命名的社会史,在社会史的“日常”那里,必然存在社会史的“地方”。究竟什么是日常史的“地方”? 却完全不是通过传统史学的简单比划所能了事的。早在20世纪40年代费孝通先生就曾给我们以社会学的启示:

> 以全盘社会结构的格式作为研究对象,这对象并不能是概然性的,必须是具体的社区,因为联系着各个社会制度的是人们的生活,人们的生活有时空的坐落,这就是社区。
>
> 社区分析的初步工作是在一定时空坐落中去描画出一地方人民所赖以生活的社会结构。在这一层上可以说是和历史学的工作相通的。社区分析在目前虽则常以当前的社区作研究对象,但这只是为了方便的原因,如果历史材料充分的话,任何时代的社区都同样可作分析对象。[2]

几乎就在同时,蒋梦麟先生为我们提供了一个分析文本,七十年之后,这文本成了名副其实的“历史材料”,对于一个共同体来说,它已经相当“充分”;然而它还不够,因为它只代表江南共同体的一种类型,代表这一类型共同体的变动,于是,我们由蒋梦麟曾经的日常世界铺展开去,说明日常史所谓“地方”内含的种种。从纯粹空间上考虑有:共同体—共同体的不同类型—共同体区位;而从日常空间考虑应该是:共同体的关系和话语—某类共同体的特色—共同体区位;当然,唯有共同体的关系生成及其话语表达、某类共同体的地域特色赋予,以及共同体区位的时代变换,才能说明日常生活的历史性状。在这里,日常史的性状不仅表现为历时的事态变化,而更主要地表现为共时的常态互动。这样的性状取决于日常史的长时段,并以此明显区别于政治事件史。所有这些内涵的揭示非跨学科的对话无以完成,这其中,我们得承认,从人类学和社会学中获益最多。

---

〔1〕 郁达夫.达夫游记(1936年)[M].上海:上海文学创造社,1936:119.

〔2〕 费孝通.乡土中国　生育制度[M].北京:北京大学出版社,1998:92.

庙会仪式:近世以来的社群记忆

——以江南一个村落联合体庙会为中心

【内容提要】 作为社群关系整合的文化形式,民国时期南京西郊滨江平原的三个村社庙会,依其整合向度呈现两种整合方式:以特定村社为基点,指向自身的内向整合,通过独立的村社庙会,反映了社群内部关系的集聚,而指向他"会"的外向整合,通过东岳朝山庙会,显示出村社力量的均衡态势。在这里,复杂的社群关系及历史过程依然留存在庙会仪式中,通过对仪式进行历时性和共时性相结合的解读,可以恢复这段模糊的乡民集体记忆。

【关键词】 庙会仪式;社群记忆;村社联合体

也许是缘于社会史研究的直接推动,近些年来,作为社会历史主体的社群普通民众广泛地进入史家的视野,历史主角的社会活动空间也因为史家们的努力,在更大范围内展示出来。与此相对应,历史叙述的资料范围也大为拓宽了。如果说,对于承载文化信息的物质"遗留物"(remains)[1]的破解和利用,还属于史学界内部关系调整的话,[2]那么,随着跨学科对话的不断展开,可以享用的史料资源就更为丰富了。在社会学和文化人类学与史学的交融中,与档案文献资料明显不同的社群传承史料由此走进了史学领域。"口承资料"和"仪式话语"当属其中的两种类型。[3]

准确地说,我们只是在重新认定社群口传在历史叙述中作为材料的地位。跟着柳田国南回溯历史,人们发现,社区历史"在尚未触及记录者的笔端

〔1〕 中国学术界常常把这样的物质遗留物称之为"物质文化"。

〔2〕 由于文字资料的缺乏,对于人类早期历史的考察,主要依据的就是物质"遗留物",在传统意义上,我们称之考古学资料。

〔3〕 日本"民俗学之父"柳田国南将社区"民间传承"资料分为三类:第一类是能够观察,通过形体来认识的"有形文化",称为"行为传承";第二类是口传心授的语言艺术,称为"口头传承";第三类"信仰传承"。柳田国南.传说论[M].北京:中国民间文艺出版社,1985:3.按(1)柳氏承认,"行为传承"的名称"挺蹩脚";在中文里,就更容易产生歧义了。从其指称的实际意义看,即为"物质文化"。(2)如果进行操作性对比的话,本文所谓的"口承资料"和"仪式话语"大体上与柳氏的二三两类相符。

之前,其传授也是全凭着人们的记忆,经过从口到耳的途径,代代相传。"[1]在人类学者已经展示的几乎所有的原始社区,还遗存着人类早期记忆的另一块"化石":不断重复而缓慢演变的仪式构成了一条脉络,以其独特的方式叙说着社区的过去。所以,作为人类思维和行为方式的本质体现,社群仪式一直处于文化人类学关注的中心地位。

作为人类思维和行为方式的本质体现,社群仪式一直处于文化人类学关注的中心地位。但就连他们自身也承认,也许缘于结构功能主义学术传统的影响,"在处理社会变迁问题时,传统人类学的功能主义解释显得软弱无力;而单纯的功能主义立场亦无法解释半个世纪以来作为仪式活动背景的中国社会的剧变过程",因此,人类学认为,"历史与变迁维度(悠久而丰富的历史文献与尚可获得的口述资料)的引入,不仅有助于研究仪式活动本身,而且藉此可认识民族—国家的历史进程和社会与文化变迁的动态过程";[2]事实上,既然已经涉及"历史文献与尚可获得的口述资料",当然就不应当仅限于"半个世纪以来的剧变过程",半个世纪以前的近代也完全可以纳入这一研究范围。当然,历史在这方面当更有作为;跨学科的对话也就成为必需的。在这里,我们以江南一个村社联合体庙会为中心,尝试通过这样的对话,进行历时性和共时性相结合的社群仪式解读,以恢复一段隐藏的历史记忆。

一

民国时期,处在南京西郊滨江平原的江东乡,由沙洲圩、石候圩和棉花堤三个圩区构成。据考证,附近的滨江沙洲,都是最近几百年来,由沙洲和边滩逐渐成长的陆地,主要由长江带来的泥沙冲积而成。这里的大片平原圩田,大部分是明清以来相继开发耕种的。新编《江宁县志》在叙述江东一带的移民情况时这样表述,这里"原是芦苇滩,叫洫汀洲,土地肥沃,隔江的安徽无为、和州等地,因经常遭灾荒,灾民便陆续逃荒来到洫汀开荒定居,叫'一担挑'"。这样发展起来的村落呈"多姓杂居"的状态。[3]从家庭结构上看,家庭规模小,以一对夫妻和一两个未婚子女构成的核心家庭为其基本模式。[4]他们没有根深蒂固的家族传统,面临着同样艰苦的生存环境,各个不同的社群

〔1〕 柳田国南. 传说论[M]. 北京:中国民间文艺出版社,1985:28.

〔2〕 郭于华. 仪式与社会变迁[M]. 北京:社会科学文献出版社,2000:3.

〔3〕 李荣源,陈祖贻. 江宁县志[M]. 北京:档案出版社,1989:92、843.

〔4〕 据1929年的统计,南京西南郊滨江圩区的农家,每户平均人数不足4人,如时属江宁县的滨江区为3.3人,江东区为4人;据另一份1931年的资料,在南京当时所辖的23个乡中,与江东乡最近的西城乡,户均人数为4.45人,也是较低的。分别见张心一. 江宁县农业的调查."第二表,平均户数统计"[J]. 统计月报. 第1卷,第4期. 南京:立法院出版社,1929-06;社会特刊. 南京社会统计局,1931-04(2).

创造出三个功能相同的神灵:合兴菩萨、义兴菩萨和全福菩萨,据称,这三位菩萨都能驱病禳灾,佑民平安和丰足。由对三位菩萨的崇拜发展起来的三个民间神权组织——全兴会、义兴会、全福会,也体现出社群性的地缘信仰的特征。

在文化人类学者所调查的社群,人们的记忆完全忽略了“三会”本身的意义,而总是把三月十五日赴邻乡铁心桥朝山庙会作为“三会”存在的唯一理由。田野调查者认为,三会的发生,肯定不是这样。江东乡的“三会”当源起于民间社神信仰,“其会原先当为‘社’会”,大约在立春和立秋后第五个戊日分别做“春社”和“秋社”。[1]推论大致不离;遍布大江南北的“社”会,代表的都是类似的村社内部的整合形式。但是,“三会”的社神信仰并不强烈。因为在平时,菩萨并不是供奉在土地庙里,也不见土地会的记载。[2]“三会”的菩萨通常藏在神龛内,供奉在会首家的中堂墙壁上,只有至三月十四日,人们才开始举行迎神仪式,为第二天的朝山庙会做准备。邻乡的铁心桥,山上有一座东岳大帝庙。朝山庙会也就是江东乡的东岳会。跟一般东岳会的不同之处在于,它是继“三会”放弃了各自的“社”会之后兴起的三个社神会的合会。东岳合会的出现,形成了不同于“社”会自身的村社之间的整合形式。

二

作为社群整合的文化形式,“三会”依整合向度不同,反映出具有不同特征的社群关系。“三会”的整合向度表示了社群整合的方向:以一定的“社会”为基点,可以有指向自身的内向整合和指向他“会”的外向整合,前者反映的是某会的内部社群关系,后者反映的是“三会”之间的社群关系。内向整合,以某会“会脚”[3]所及的家庭为基本单位,通过社庙组织,使乡民平等无类地参与进来,在没有传统家族主宰力量的情况下,凝成一股特有的社群亲和力,表现出力量的集聚性。从组织形式上看,负责朝山庙会的组织、指挥和供奉事务的“会首”们,轮流任职,一年一换,根本谈不上世袭,也不采取选举的方式。在缺少优势血缘集团的社群,就难以产生社群绝对权威。会首平时对菩萨的掌握,依靠的不是家族权威,而是组织规章所赋予的权力;与其说是权力,不如说是义务:每年朝山归来,菩萨就供奉于新会首家

---

〔1〕 许苹.南京江东乡的朝山庙会[M]//东方文化.第1集.南京:东南大学出版社,1992;以下相关叙述,未注明出处者,皆见于此,为论述的连续性,不赘。

〔2〕 或者即使有土地会,当朝山庙会兴起后,也自然让位了。

〔3〕 会脚,又称庙脚,是江南庙会的专门名词;简单地说,就是庙会的辐射范围。尹树民.从戏子拜庙说起[M]//中国民间文化.第18辑.上海:学林出版社,1995.

中，直到第二年朝山后再转供于他家。这跟会首的产生制度具有完全相同的意义。[1]一个耐人寻味的细节是，三月十四日这天，会首早早起床后，打开家门，敬上三炷香火，奉上水果、五谷等素食供品，叩首三拜，乞求菩萨保佑本会平安丰收。这就意味着神灵已被迎进会首家中。换句话说，平时供奉在会首家中的菩萨只是象征性的法身，由会首代为保管，只有到这时，菩萨的灵魂才回到法身，是谓神灵。一旦获得神性，对菩萨的礼拜便成为全体乡民的共同事务：每户人家派一人代表到会首家烧香、磕头、敬拜，以表示家人的虔诚。

礼拜方式的全民性和平等性，在朝山"路祭"中又一次表现出来：路祭人家在门前放置一张摆满供品的桌子，当朝山队伍迎面而来时，他们马上抬起桌子拦放路心，全家人烧香磕头把菩萨迎入家门，以讨得全家吉利。这样的结交神灵的机会，平等地面向全体社群全体生民。因为路祭人家的确定是由会首事先轮流安排的。

内向整合中村社力量的集聚性，在经费的筹措和使用中也体现出来。各会有社群公有的土地，以地租作为朝山庙会的支出。三月十四日，村社家庭赴会首家礼拜神灵时，都随身带钱，交与会首，作为餐费。如此简单透明的操作过程，会首们恐怕也谈不上有什么小动作。乡民们为朝山庙会的举行所积聚的"功德"，在朝山"后拥队"中的"万民伞"[2]上一一载明。伞沿上的这些名字，是对功德的张扬，同时也表明了村社的整体性。

三

与内向整合不同，社庙之间的外向整合，通过朝山庙会的进行过程，显示出村社力量的均衡态势。三月十五日是朝山庙会的正日，"三会"出会的道子是由同样的三部分组成的：仪仗队、娱乐队和后拥队，但是仪仗队在其中占有特别重要的地位，每个道子都在仪仗队中极力显示本村社的整体实力。仪仗队无须鸣锣喝道，由标志"社会"名称的"头旗"首先亮相。这是关系到村社"门面"的旗，[3]重约六七十斤，由身强力壮的年轻人轮流交接。紧接着头旗的护神队，意味着"社会"以神力来表现村社力量的源泉所在。护神队三部

---

〔1〕 这大概是南京滨江圩区的普遍做法。在江东近邻的二圣庵庙会（二月二）和方旗庙会（三月初三）上，有抬"神亭子"之赛，散会后，神亭由村民轮流保管，并负责来年的出会。张乃荃.江宁镇志[M].南京：南京出版社，1990：284.

〔2〕 所谓"万民伞"是一种用各色丝绸制成的圆顶形伞，伞用一直杆支撑，圆顶周围挂着许多长方形绸带，写着捐赠者的姓名。

〔3〕 头旗的制作也十分卖力：用一根长约两丈的整根毛竹作为旗杆，杆内节节打通，灌入黄沙；把杆的表皮修整平滑后，缠上麻丝，加以油漆，绘上龙纹；旗杆顶端飘扬着丝绸质料的长方形旗帜，各社的会名就绣在上面。

分:背神者、黑探、白探。[1]据说,一路上菩萨不能背倒,否则对菩萨大不敬,全会在一年里将噩运临头。每个“社会”都用神话传说来支撑庙会仪式,村社一年的祸福系于一发、一时、一身。

“三会”朝山庙会的表演过程,真正体现迎神赛会“赛”的特征。“三会”汇集铁心桥后,以“抢地盘”拉开迎神赛会的序幕。各会派一名壮实小伙子手举头旗冲向山头,将本会头旗最先插上山头的,就算抢占了山头,为全会人讨得了头道吉利。“耍头旗”相当于杂技表演,耍者一会儿将头旗支于掌心,一会儿支于头顶,或者还置于膝盖、肩膀和脊背上。这是一场比力、竞技、斗智的比试。“跳香炉”是又一项竞赛活动。各会先派一名道义高深的人充当“被神扶持者”。他身穿红色绸缎裤,赤膊上阵,看上去似乎神志不清,意识已依附于神。三人首先围着香炉旋转,当炉中香火燃旺时,突然腾空一跃,立于香炉边缘,双手握剑,砍向自身的脊背,一般都安然无恙。参赛者如果功夫欠佳,也会掉进香炉或血溅庙场。

“跳香炉”的仪式意义是什么呢?这无疑是一种“地方性知识”(local knowledge),对此,阐释人类学家提醒我们,必须以“主位观”的视角进行索解。每年农历三月,附近居民还在铁心桥举行马匹会:

> 马匹会者,相传为草头神(乡间不列正祀之神,如五通等类)所附,乡人有疾病或患难,向神前许愿,愿充马匹,来年届赛会期,其人即状类疯狂,失其本性,而扮所谓马匹。

扮演马匹者即类本文所谓的“被神扶持者”:

> 袒其身而赤其足,下着及膝红布短裤一条,面涂彩色,状如戏剧中之恶鬼,手执极利宝剑,寒光逼人,形状极为可怖,导以乐器及仪仗等属,一路跳跃而行。

接着的表演其实就是“跳香炉”:

> 既至庙中,一跃而登院中铁鼎(即院中香烛,低者五六尺,高者丈余)之上。缘鼎沿作狂舞,不倾亦不坠。复引剑自砍其身,但见白痕累累,而体无纤毫之伤,鼎中香烛杂焚,火光熊熊。既而跃至鼎中,跳踉不已;最奇者,火竟不灼其肌肤,跳舞毕,即一跃而出,其跳跃仍如故。

这一系列行为给与会者以极大的震撼,“当马匹在鼎沿(或鼎中)跳踉时,善男善女以为神至,佥对马匹焚香燃烛,膜拜不已”;就连见多广识的与会记者亦不明就里:

> 神附人体之说,事属妄诞,但铁鼎之高,何以能登?宝剑之利,何以不伤?为光之烈,何以不灼?是真为理之不能解者。

---

〔1〕 背神者,大多是年轻人,将菩萨神龛扛在肩上,轮换前进,身穿白色老纺布的白探,紧靠菩萨两侧,身穿灰色老纺布的黑探,护卫在菩萨之前。

于是“当地人”只能把这一切归之于扮演者的虔诚:“其有扮马匹而心不虔者,每于引剑自砍或缘鼎跳跃时,辄发生皮破流血、火焚肌肤等事,甚且有生命之虞。”〔1〕

按照“当地人”的信仰逻辑,心诚则灵,就可得到神灵的护佑;正像在巫术世界里神力可以转换成人力(神附人身)一样,在这里,人的功夫被解释成神的力量,它们都基于“人神相通”的朴素原理。如果说“马匹会”表达的是家庭和个体的虔心,那么,东岳会代表的则是社群整体的虔诚,虔诚就能得到神的偏护,增强社群的力量。在整个表演过程中,各会在每个环节都在进行着力的较量;与其说是神力的较量,不如说是社群整体实力的显示。

四

令人深思的是,三个实力不相上下的村落在没有一个统一的祭祀组织的情况下,怎么会走到一起的呢?换言之,以朝山庙会为中心的松散的村落联合体是如何形成的呢?三会所崇奉的神灵是我们探寻这个问题的可能线索。前已提及,三个村落所信奉的实际上是一个共同信仰:驱病禳灾、佑民平安和丰衣足食。共同信仰源于圩区人民所面临的共同的生存问题。在圩区,几乎年年汛期都要受到洪涝的威胁,其中暴雨是造成洪涝的主要原因。据1910年《上元江宁乡土志》记载,圩区“淫雨不止,江潮泛溢,则防护为难也,是之谓泽乡之农”。洪涝灾害不但影响农业生产,而且引发许多疾病。“三会”都在寻求更强有力的神灵的庇佑。在一般百姓的心目中,东岳大帝是远远凌驾于土地神之上的。于是极可能的情况发生了:“三会”中的某一会首先至铁心桥朝拜东岳帝,让其菩萨与东岳帝建立起隶属关系,企图在信仰上驾乎其他二会而上,打破原来相对独立的均衡态势。可是后来,人们发现,另外两会也如法炮制,与东岳大帝建立了隶属关系。当这一过程结束时,均衡重新恢复。

推究圩区从均衡—失衡—均衡的演变过程,人们发现,它实际上是处于盘根错节的“权力的文化网络”(culture nexus of power)中的社群组织对于文化资源的争夺和重新分配过程。〔2〕在南京中华门外第一大圩的周岗乡,聚居着2万乡民。对于水利资源的紧张利用是他们赖以活命的根本。在地方政权涣散的清代和民国时期,周岗人自发盖起一座龙王庙,约定每年农历三月初

〔1〕 高尚纲.纪新都四乡之马匹会[N].时报,1928-05-18.

〔2〕 所谓“权力的文化网络”,美国汉学家杜赞奇说,它包括不断相互交错影响作用的等级组织(hierarchical organization)和非真实相互关联网(networks of inform relations)。诸如市场、宗族、宗教和权威的基础。“文化网络”中的“文化”一词是指扎根于这些组织中、为组织成员所认同的象征和规范(symbols and norms)。这些组织攀援依附于各种象征价值(symbolic values),从而赋予文化网络以一定的权威,使它能够成为地方社会中领导权具有合法性的表现场所。杜赞奇.文化、权力与国家.前言[M].南京:江苏人民出版社,1994.

三日,各方将龙王神抬至龙王庙受祭,谁先到,谁就负责主持这一年的水利工程。[1]在这里,市场、水利、信仰,以及各社村民之间的复杂的凡俗社会关系,最后通过“人神之际”的沟通,简化成神圣世界中的人神关系。

在松散的村落联合体形成的背后,人们不难想见,三个圩区的生民为了生存所进行的利益争斗和瓜分是何等强烈;但从根本上说来,它们之间并没有利害冲突,而只面临着与自然进行斗争的共同问题,正鉴于此,大约到清初[2]便形成了基本稳定的社群关系格局。这一段也许充满着不愉快经历的历史已经湮没,但朝山庙会的“化石”,却在社群生民的集体记忆中留存下来。

---

〔1〕 李荣源,陈祖贻.江宁县志[M].北京:档案出版社,1989:887-888.

〔2〕 该地明清才相继开发。

民间记忆方式与社群关系成长

——对江南芝村龙蚕会的考察

【内容提要】 庙会仪式存储了诸多社群关系的集体记忆,在跨学科的对话中解读这些记忆,是阐释近世以来社群关系的可能途径。在嘉兴桐乡芝村,将龙蚕庙"神圣事件"与地方文献相印证,可以提供关于芝村镇形成的相对准确的历史纪年。伴随芝村小镇的成长,社群关系呈现出新的场景,与之相对应的"樟树塑神"的庙会传说将社群意识和其内在关系样式以故事的形式保护下来,并在周期性的庙会仪式中被不断强化。龙蚕会信仰成为一定地域内可以为其他社群共享的文化资源,但是,该地域内社群关系的持续稳定状态,根本上倚赖其独享的区位、经济和社会生活资源。

【关键词】 社群关系;民间记忆;江南;龙蚕庙会

文字在乡土社群中的有限地位,大大减少了文献在社群内部的产生机会。与文献的分量形成鲜明对比的是,"典礼、节日、信仰、迷信……这些东西在普通大众当中,尤其是在农民当中"根深蒂固。[1]作为民众宗教观念的体现,传统庙会将"这些东西"整合为一体,存续于乡土社群。问题是,"这些东西"对我们来说有什么意义呢?更直接地说,它们可以成为历史资料吗?如果回答是肯定的,紧接着的问题是:怎么才能使"这些东西"成为历史资料呢?

幸运的是,在拥有田野工作传统的社会学、文化人类学、民俗学或者方言研究中,"社群传承"已经是相当流行的诠释社群文化的基本素材,虽然在史学界,它已经是一个久违的资料形式,娴熟地进行操作,还仰仗于其他学科的经验,以及与历史学资源的重新配置,实现"历史"的转换。这里,我们以一个江南社群的庙会活动为中心,尝试运用"民间记忆"资料,并与传统文本相结合,说明其近世以来社群关系的成长历程;当然要涉及与集体记忆方式相关的理论和方法问题。

---

〔1〕 莫里斯·哈布瓦赫.论集体记忆[M].上海:上海人民出版社,2002:145-146.

一

在浙江桐乡崇福镇西郊的芝村,旧时清明后三天,正值蚕忙前空闲,村中龙蚕庙年年出会。与一般庙会显著不同的是,龙蚕会基本在水上进行,俗称“水会”。光绪《石门县志》载:清明日,“农船装设旗帜,鸣金击鼓,齐集龙蚕庙前,谓之龙蚕会,亦击鼓祈蚕之意”。[1]以水上农船为行会手段是其最大特色。

在江南地域乡镇网络中,作为不完全经济中心的自然集镇,芝村的成长完全由周边村落发达的商品经济催生而来。芝村龙蚕会以蚕神的视域定格了江南水乡村镇之间动态的关系嬗变历程。

龙蚕庙,原名芝村庙;芝村庙仅有土地殿一间,一土地庙耳。这时的芝村是跟土地神的档次相对应的村落,一个在江南乡村十分平常的鱼米之村。芝村经济结构的变动从何时开始?《宋史·地理志》记,崇德有“布帛、粳稻之产”。新编《桐乡县志》称:“南宋(崇德)境内蚕业达到鼎盛时期。”[2]可以粗略地知道,变动发生在两宋之间,但关键性的变动时段和变动因素,却因为长达几百年的伸缩性给人们留下了随意想象的余地;司空见惯的是,许多论者所确定的时段,依其使用文本的不同,就在这几百年之间位移。事实上,据现有的资料,我们还可作进一步的时段收缩。江南蚕丝业历史悠久,浙江吴兴钱山漾新石器遗址中已有丝织品出土;北宋年间崇德有“布帛之产”不但毫不足奇,反而说明当时的蚕丝业并不发达。但据南宋淳熙《浯溪志》载:是时,崇德境内土地“无间,塘上下地必植桑……沃若连属,蚕月无不育之”。[3]此时距南宋之建不过四十年。据此,陈学文先生断言,太湖乡村经济结构的革命性变动(以蚕丝业为关键性因素)始于南宋初年,“宋室南迁又把北方种植桑树技术带来,结合江南固有种植经验,更有新的发展”,[4]惜无明确的文本依据。在这里,社群以口承形式为我们留下了一份记忆。据芝村70岁(1992年)老蚕农吴文祥回忆,他小时候听老人们说过,龙蚕庙中的马鸣王菩萨是宋朝皇帝敕封的;并且,他亲见过马鸣王神像左边曾立有一块敕封硬牌。其他老人的回忆在细节上略有不同:有人说,马鸣王为“宋(朝)敕清(朝)封”;也有人说,宋代敕封“马鸣大士”,清代加封“先蚕圣母”,龙蚕庙中的一副銮驾表示马鸣王是有圣旨龙袍的。另一则民间传说也为芝村的“发迹”史提供了辅证:宋康王赵构在临安登基后,鼓励蚕桑,特敕封蚕神马鸣王菩萨为“马鸣大士”,

---

〔1〕 余丽元,谭逢仕,等.石门县志[M].光绪五年(1881)刊本.
〔2〕 张冰华.崇福县志[M].上海:上海书店出版社,1994:5.
〔3〕 该志已佚,此处转引自陈学文.中国封建晚期的商品经济[M].长沙:湖南人民出版社,1989:14.
〔4〕 陈学文.明清时期太湖流域的商品经济与市场网络[M].杭州:浙江人民出版社,2000:13.

谕旨蚕乡立庙奉祀。芝村蚕农就在土地殿后面建起马鸣王神殿。[1]

这些来自低层社会民众的社会记忆,或者是直接个体的,或者是社群集体的,几者互相说明,互为补充,共同烘托了芝村兴起的社会特征和历史气氛。

在江南乡村,作为最基本的物化人文景观,庙宇在集聚一定范围内的人口、物质、信息等要素方面,发挥着独特的作用。在江南,寺庙和村镇的出现常常是接踵而行的;[2]从村落到村镇而市镇的发展是一个循序渐变的过程,这其中几乎没有什么值得大书特书的事件,能够在乡村人记忆中留下印痕的,莫过于跟庙宇相关的"神圣事件",尤其是在"事件"出现之初:

> 宗教记忆就在环绕在周围的社会环境中找到了见证、记忆,甚至新的事实,这些东西可以使之兴盛不衰,可以强化它而不是破坏它或严重改变它,因为社会与宗教记忆希望确立的事件之间具有非常紧密的关系。[3]

对于类似这样的事件,一位口述史学者的经验是:"记忆作为有关具体事件的裁断是非常容易出错的,但是在特征和气氛上,在文献资料不充分的事务上是非常有启发性的。"[4]在这里,启发我们注意的是,一份以民间信仰形式曲折说明村镇社群历程的材料,其主体构成竟然是有关社会上层的"行为和事件"。

跟传统的历史阐释焦点不同,我们对于"统治阶级和人民群众在思想意识领域内的相互渗透和相互争夺的痕迹"[5]不感兴趣;单方面看,可以明显地意识到,芝村社群记忆是有选择的,他们把朝廷"敕封"视为社群生活中的重要事件传承下来,这不是一般所谓的"争夺""渗透",而是别有深意的。对于民间社会的祭祀,中世纪以后,国家是有法度加以规范的。只有列于国家祀典的坛庙宫祠才是"官民之所宜春秋祭祀者。至若某土地神之为某王某侯某将某相,则不列于祀典",是为"淫祠"。[6]换言之,乡村社群祭祀的合法性常常受到质疑。芝村马鸣王庙会有硬牌,有龙袍,有銮驾,当然就是合法的了。这点,芝村是万万不会失忆的。正是在这一上下层社会的意识链接和互

---

〔1〕 徐春雷.桐乡芝村蚕花庙会调查[M]//吴越民俗.上海:复旦大学出版社,1992;顾希佳.东南蚕桑文化[M].北京:中国民间文艺出版社,1991;马新正.桐乡县志[M].上海:上海书店出版社,1996:1288-1289;张冰华.崇福镇志[M].上海:上海书店出版社,1994:379.以下相关叙述未注明出处者亦散见于此,为叙述的连贯性,不赘。

〔2〕 在江苏常熟,近代新成长起来的村镇中,许多都是沿着寺庙至集镇的路径发展而来的,凿凿可稽者就有:新苗头、西徐市、年丰镇、雁鸿镇、猛将堂镇。晨阳堂镇、盘阳镇、土地镇。沙洲县志."集镇志"[M].江南人民出版社,1992.

〔3〕 莫里斯·哈布瓦赫.论集体记忆[M].上海:上海人民出版社,2002:159.

〔4〕 保尔·汤普逊.过去的声音[M].166.

〔5〕 顾希佳.东南蚕桑文化[M].北京:中国民间文艺出版社,1991:133.

〔6〕 钱泳.履园丛话.第21卷[M]."笑柄",附"恶俗"。

动过程中，缺乏时间观念的乡村成长历程进入了上层社会的编年史框架中，芝村的“事件”由此而有了前后顺序，获得了“历史”的意义。

马鸣王神殿的崛起，意味着土地公（自然农业的象征）的主祀神地位为马鸣王所取代，暗含着商业性农业的发展，蚕丝业在农家经济结构中成为主业；芝村经济地位由此升格。村镇之成形，当在此前后，蚕丝业的发展在芝村成镇的成长过程中起着关键性的作用。明时乡人朱逢吉的《桐乡夜织》形象地描述了这一既已形成的镇乡关系：

桑柘绿阴肥，千村翳夕霏。机声交轧轧，灯火竞辉辉。贾客留金去，儿郎出市归。喜输官赋足，谁复叹无衣？〔1〕

蚕丝与农民的经济生活更加密切，蚕成为蚕乡的命根，马鸣王信仰就厚植于这一社会经济土壤中。直至民国晚期，马鸣王的名字还传唱于芝村一带的村落间：

马鸣王菩萨坐莲台，到侬府上看好蚕。马鸣王菩萨生在啥地方，生在东阳义乌县。马鸣王菩萨要吃啥素菜，要吃千张豆腐干……今年蚕花收成好，马鸣王菩萨上门来，恭喜发大财。〔2〕

事实上，在蚕神殿建立之前，马鸣王已经成为蚕农们的集体信仰。他们在每年的十二月十二日（蚕生日）、清明节（养蚕前夕）、四月三十日（采茧之后），买来马鸣王菩萨的马幛，在家中供奉求拜。以马鸣王殿的修建为起始，蚕农们对马鸣王的整体信仰由各个家庭的分散行为转变成统一的集体行为：岁时节日的家庭礼拜仍在进行，但更牵动人心的是一年一度的龙蚕会。芝村人在给马鸣王菩萨塑像时，就是两尊：一尊泥塑贴金，是驻庙之神，人称“座宫”；另一尊称“行宫”，木雕贴金，便于迎赛时搬动，为座宫的一半大小。

二

芝村镇的成长，从社群体系上，体现为村镇关系的互动和转换过程。村镇经济的互动促进了村镇关系的转换、镇级层次的递升，村镇之间的经济互动在新的关系层面上继续进行。而在整个龙蚕会“会脚”范围内，镇际之间的关系也呈现出新的场景。村落作为集镇的根基，提供基本的物质资源；集镇作为村落的依托，配置乡村资源。芝村社群的一份口承资料叙说了这一社群关系的变迁。据说，芝村塑造马鸣王神像的材料来自东邻仅一华里的合家桥村的一棵大香樟村。当时，邻近青石乡贵和庙（又名双庙渚）和永秀乡的富墩庙，也打算塑制马鸣王。于是，一根料子锯成三段：根部给芝村，中段给贵和庙，树梢给富墩庙。据此，人们就将这三尊神像称作姐妹仨：芝村的马鸣王是

〔1〕 马新亚．桐乡县志[M]．上海：上海书店，1996：1430.

〔2〕 桐乡县民间文学集成办公室．中国民间文学集成·桐乡县卷[M]．1989：520－522.

大姐,贵和庙的马鸣王是二姐,富墩庙的马鸣王是三姐;合家桥村被定为马鸣王的娘家。作为芝村集镇经济根基的合家桥,理所当然是马鸣王的娘家;有趣的是,其他两个集镇也把合家桥村作为娘家。这个现象向人们透露了一个事实:在江南乡村,周边村落对集镇母乳式的滋养是普遍存在的,只不过,由于特殊的自然和社会环境条件,有些村镇获得了优势地位,在一定区域内形成了镇际之间的主次关系格局。

这样的格局是通过传说来反映的;传说,首先必须接受历史客观性的拷问。从其流传的范围和涉及的内容来看,"樟树塑神"传说竭力陈述的是一个本土事实。这是一片社会关系颇具特色的乡土空间:"每个孩子都是在人家眼中看着长大的,在孩子眼里周围的人也是从小就看惯的。"[1]美国学者保罗·康纳顿(Connerton,P.)指出:

> 维持这个空间的是闲聊。村里一天发生的多数事情,有人会在这天结束之前加以叙述,这些报道依据的是观察或第一手介绍。乡村闲聊包括这样的日常叙述,加上互相间一辈子插科打诨。由此,一个村子非正式地为自己建构起一段绵延的社区史:在这个历史中,每个人都在描绘,每个人都在被描绘,描绘的行为从不中断。日常生活几乎没有给自我表现留下什么余地,因为个人在如此大的范围内记忆与共。[2]

在如此熟悉的社会里,"自我表现者"失去了"撒谎和欺骗"的舞台;其社群记忆在社群史的依据链条中,可信度亦大为提高。[3]

史料形式的差异也是后现代史学"考虑客观性时的一个关键因素":"口传历史几乎都是将往事反复重复的成果,每一位讲述者都在传播和改编着构成众人集体记忆的故事……书写的历史保存在经久不变的形态中,并且最终将某种说法凝固。"[4]柳田国南注意到这一差异,告诫人们"不应把传说同正史混同起来",但"同时,又必须从史料价值方面,对传说给以高度的评价",即"传说的要点,在于有人相信";[5]英国学者戴维·罗尔(David M. Rohl),另一位研究传说和神话的专家,在肯定了"重要的是讲故事的人本身相信"这一要点后,还强调了传说的另一要点:"他所描绘的事件其核心内容基本上真

---

〔1〕 费孝通.乡土中国 生育制度[M].北京:北京大学出版社,1998:9.

〔2〕 保罗·康纳顿.社会如何记忆[M].上海:上海人民出版社,2000:14.

〔3〕 或许有人觉得康纳顿的描述太过浪漫和概念,但在1935年,当一批来到浙江崇德乡村的经济学者,真切地置身于寺庙、航船和公园等乡村公共空间时,他们发现,只有在这里,"类能知穷苦之真相,盖任意谈话,实较正式调查为方便,农民无所考虑,信口直言"。这是一个具体而生动的乡村闲聊空间。行政院农村复兴委员会.浙江农村调查.序[M].上海:商务印书馆,1934:220.

〔4〕 乔伊斯·阿普尔比,等.历史的真相[M].北京:中央编译出版社,1999:249.

〔5〕 柳田国南.传说论[M].北京:中国民间文艺出版社,1985:9.

实的。”[1]

“樟树塑神”传说的关键不在于它所描述的偶然事件的史实，而在于传达了一个象征性真理：龙蚕庙会“会脚”腹地内的村镇关系格局。让人深味的是，口头传说以其特有的方式发挥了原先书写文献的历史记忆功能：

首先，芝村人将村镇关系形成之初的社群认同态度以传说的形式肯定下来；保尔·汤普逊指出了这种做法的妙用：

> 将更早的态度压缩在一个故事中是一种保护，这使得这些态度不太可能呈现出新近的重新阐述，并且因此成为特别好的有关过去价值的证据。而且，当叙述不仅依赖于对直接经验的重建，而且依赖于传奇和故事时——这在集体口头传说中相当普遍……这种情况仍然如此。[2]

其次，在社群关系格局这一比较抽象的领域，如果没有口头传说——这种形式注定是生动有趣的，那么，其内在的关系样式就不可能得到清晰的说明。

在台湾学者王明珂关于记忆的分类中，芝村的“樟树塑神”当称之为“根基历史”，其一般的叙事“主轴”是：血缘、地缘以及二者的“时间延续”。[3]用血缘纽带说明地缘关系或许是一个巧合，不过芝村人似乎也未跳出这一套路。马鸣王菩萨是神；为了“创造”血缘关系，通常的做法是“神的人格化”，类如“城隍娶妻”这种在江南家喻户晓的“神”话。芝村的做法有些奇特：菩萨有法身和肉身之分，抽象的法身当然是唯一的，但表现肉身的神像却可以是无限的，芝村人很自然地赋予几个神像之间以母女关系，由此具备了“根基历史”中必备的“血缘”要素。借助于这一“根基”，芝村人不断地向下一代说明：这一社群的共同资源是什么？芝村与所属村落的稳定关系怎样？芝村为什么成为更大范围内的庙会中心？这一格局从何时开始？集体叙说的特定过程和前后历程就构成了社群史。

在江南，庙会活动的“娱神”需要是一个普遍性的“地方性”解释；而局外人或研究者却常常从“本位观”出发，把“娱神”说成是“娱人”的借口。那么，谁更具客观性呢？在后现代史学所主张的“有保留的客观性”中，两者各有其独特价值。他们并不否认历史著述内含的主观、人为、语言影响等成分，把有“保留的客观性”定义为：发问主体与外在客体之间的互动关系。这样，作为“发问主体”的历史学家必须尽量理解历史参与者的内心意向：受什么动机驱使，对事件有何反应，其社会环境是由什么观念塑造的。[4]不难看出，后现代

---

〔1〕 戴维·罗尔.传说——文明的起源[M].北京：作家出版社，2000：11.

〔2〕 保尔·汤普逊.过去的声音[M].

〔3〕 王明珂.历史事实·历史记忆与历史心性[J].历史研究，2001(5).

〔4〕 乔伊斯·阿普尔比，等.历史的真相[M].北京：中央编译出版社，1999：242.

史学的这一精神与“主位观”的追求是基本一致的;而作为传统史学阐释方式的“本位观”,如今被理解为“发问主体”的权利,成为“有保留的客观性”思想的一个有机组织部分。在这样做的时候,历史学家必须注意文化人类学的重要提示:研究者必须摆脱自身的文化偏见,从“当地人的观点”(native's point of view)来诠释事物,亦即实现从“本位观”到“主位观”的转换。

三

马鸣王娘家近在芝村咫尺,大姐又居住芝村庙中,这样,芝村庙就成了龙蚕会的中心。周期性举行的庙会以仪式不断强化着村社对村镇的母女关系记忆。在宗教记忆中,与“事件”传递和“神”话传说明显不同的是,仪式在保存历史记忆方面更具稳定性:“仪式可能是宗教中最稳定的要素,因为在很大程度上,仪式是建立在物质性操作的基础上的,这些物质性的操作不断地再现。”〔1〕

庙会的神船由合家桥村专门提供,先在庙会开始前,在船上搭起形似庙堂的一座彩亭,停于庙前港中,以待蚕神栖息和巡游之用。龙蚕会结束的那天,马鸣王菩萨必须到合家桥的“娘家”去转一转,俗称“回娘家”,由娘家村坊组织队伍迎送。是日,从蚕神殿中请出的马鸣王,端坐神椅中,前面大锣开道,后面幛扇紧随,三档火铳鸣炮助威,一支乐队奏乐伴随。从陆路迎来,至合家桥桥头观音堂,以千张豆腐干供奉一番后,请上事先准备好的神船,在芝村港中盘转一圈,再回到龙蚕庙前停当,至下午抬回庙中,庙会才算结束。作为“娘家”,合家桥村在庙会上的风光是符合乡民的思维逻辑的,但在整个庙会的发起和组织中,并没有排斥其他村落的作用发挥。龙蚕会由芝村镇周围村坊共同组织,当年的发起组织者称“头家”。每年除夕,庙中的道士用红纸写好一张告示,宣告来年清明的盛会。最先揭得告示的村坊就是来年庙会的组织者,通告全镇。为此,每至除夕,附近村坊便争相去庙中索取告示,俗称“抢头家”。以芝村市场为中心的共同体各方,都可以在庙会中一展身手,体现着镇村、村村之间依存和竞争关系。

这样的关系需要借助神力来表达。清明是芝村“水会”的准备日,由头家安排,在庙中马鸣王神像前,放置两张八仙桌,点燃香烛,供奉水果,组织七八名善男信女,围桌而坐,敲起鼓、锣、铃,念起祝颂辞,参拜一天。《蚕花锣》的内容,主要介绍马鸣王菩萨的来历及养蚕过程等。在我们看来,清明这一天的“拜蚕花神”是人与神沟通的主要方式,最具神圣性,但在整个庙会中却显得无足轻重。庙会中延续时间最长、气氛最为热烈的活动是水上表演:摇快

〔1〕 莫里斯·哈布瓦赫.论集体记忆[M].上海:上海人民出版社,2002:196.

船,出台阁船,闹漾阁,出拜香船、打拳船、龙灯船、标竿船。在芝村人的逻辑里,这些在我们看来世俗化的竞技表演,完全出于愉悦马鸣王的需要。清明第二天早晨,由头家村坊来到蚕神殿迎神。他们将马鸣王行宫神像请至一张神椅上坐定,将马鸣王身边的神马也从佛阁中牵出,置于马鸣王身旁,在硬牌开道、鼓乐齐鸣中,由二人将神椅接出庙门。神马由一人抱着,尾随于后。至港边,请上神船。神船上的马鸣王端坐于供桌后面的佛台上,开始在庙前芝村港中巡游。神船所到之处,前来迎会的各种船只上的蚕农们,均向神船合掌躬拜,表示敬意。巡游一周,神船停定原处,观看与会船只的表演。

与此同时,作为其他市场联合体中心的村镇庙宇以及蚕花庙会,也在上演着属于自身的版本,尽管其影响不及芝村。据民国晚期的地方报纸报道:清明前后,"本乡十四堡双庙渚(又名贵和庙),与邻乡芝村交界地方,往往于每年清明节前后,必有人发起,伙同邻乡农民举行大规模之迎神赛会,以纪念马鸣王菩萨为号召,参加赛会,藉以祈求田稻蚕丝五谷的丰收。在赛会中有所谓的龙船、拜香船、打拳船等"。[1]说起来,近邻社会也并不否认"樟树塑神"的记忆,但他们"以纪念马鸣王菩萨为号召",显然更愿意表明,马鸣王菩萨是共同的信仰,谁也不能独享这份思想资源。

庙会仪式是行为传承,它与口头传承的重要区别在于行为,"藉仪式行为来表达其对人际关系的肯定"。[2]徐春雷先生是一位长年活动在桐乡的田野工作者,他告诉笔者,在具访谈过程中,从未听到过芝村近邻创造出与"樟树塑神"大异其趣的传说样式,然而,芝村周边起伏并举的蚕花庙会却以行为做出了另一份姿态。其中,颇蓄异志的青石乡双庙渚庙会在吸引会众方面尤为努力,以至于当地报纸称"清明前后,号召农民力量最大的,就是双庙渚的所谓'龙蚕会'之类的赛会"。[3]事实上,"双庙渚水会,所到会之放子船、拳船及拜香船、龙灯船甚多"。[4]在一个时段内,力图与芝村水会相抗衡。"双庙渚和芝村因有水会,附近搭了不少凉棚,预备作临时商场,小划船日来也身价百倍,此真所谓靠菩萨吃饭。"[5]其实,依靠"菩萨"资源,双庙渚庙会不但意想瓜分一部分社群市场,更持久的意义,是在社群关系格局中,周期性地表明自身的存在和不可小觑的地位。

坦率地说,传统历史学并不擅长于阐释此类"仪式行为"。习惯于缕析前后脉络的历史学家清楚地意识到:当"马鸣王回娘家"经过年复一年的同样的

---

〔1〕 新崇德民报,1948-03-24;桐乡县档案馆藏.

〔2〕 李亦园.田野图像[M].济南:山东画报出版社,1999:378.

〔3〕 新崇德民报,1948-03-17;桐乡县档案馆藏.

〔4〕 新崇德民报,1948-03-14;桐乡县档案馆藏.

〔5〕 新崇德民报,1948-04-05;桐乡县档案馆藏.

或相似的操演,被勒定为一种仪式,就不是具有历时性的“事件”,而是一种呈现固定程序的共时性操演行为。倘若要把它作为史料,首先必须进行转换:把仪式行为的解读,转换成说明事件的文本,正如我们已经尝试过的阐释;继而,结合对有限空间内的共时性操演行为的解读,用以说明仪式进行前后那个时段的历史“过去”,前后不同时段的连续性就构成了一个侧面的芝村社群史。

四

数百年来,芝村龙蚕会“会脚”内的社群关系,通过与庙会相关的人际传承和仪式话语,获得了一个独特的侧面表达。神是公正无偏的,在马鸣菩萨面前,社群内的任何关系一方都是平等的,谁都可以要求神明代表他们进行利益表达,因为,马鸣王是它们共同拥有的文化资源。但是,可以共享的不可能是社群资源的全部,社群关系的稳定状态实质上是依靠独享性的社群资源来维持的。

区位资源无法共享。芝村对合家桥“娘家”的倚重,不是它发迹的唯一原因,区位优势在其中起了十分关键的作用。江南水乡镇市多布局于河流两岸,成为商贾群集的水陆码头。大型乡镇往往位于两条河流的十字交汇处,像芝村这样的次级乡镇,则以“丁”字型呈现。上莫港是“丁”字之横向,芝村港为“丁”字纵线,芝村的小镇街市就沿芝村港排列街之南北两侧,港南一侧开设有百货、饮食、中药、印染等铺,港北一侧东西走向略有市面,东侧有茶馆和饮食小店,龙蚕庙伫立于西侧。放眼芝村与周边村落构成的乡镇社会,其境域之东,南临京杭大运河,小羔羊港、祝香桥港、大红桥港、马桥港都是横贯乡境的东西向河流,洲泉塘(菱长线航道)斜贯乡境。处于发达错落的水系结点上的芝村镇,成为一方生民经济文化中心。芝村龙蚕会所依托的与其说是龙蚕庙,毋宁说是整个芝村镇。比较之下,无论是二姐所在的双庙渚(贵和庙),还是三姐所在的富墩庙,都背靠着村落,它们的龙蚕会当然无法获得集镇内含的集聚效益。

在江南乡镇网络中,各类各级的市镇依据各自的区位,扮演着不同的角色,这样,即使同类市镇,也具有并不同等的影响力。桐乡西南部最具影响的3个镇,从东向西依次为崇福、洲泉、新市,[1]三者连成近乎一线的水道,是这一地区最重要的交通线路,而芝村就位于洲泉与崇福的中点上。时届清明,崇福的富贵人家常租用大客船至芝村看“水会”,[2]同时,“洲泉到芝村小划

〔1〕 新市属德清县,与桐乡一河之隔。

〔2〕 张冰华.崇福县志[M].上海:上海书店出版社,1994:94-95.

船”也蜂拥而至，蔚成胜会。[1]比较之下，介于芝村与洲泉之间的双庙渚，固然也是这条水道上的一座砥柱，尽管它号召甚力，但远处的崇福人流给芝村截住了，而近处的洲泉人却被分流出一部分至芝村，这样，双庙渚水会在芝村的压力下，总显得难以伸张。

需要特别重视的是，崇福镇对于芝村的资源意义并不简单地表现在地理区位上，更重要的体现在社会资源上。崇福是一座具有悠久历史和浓郁水乡特色的江南名镇，隋代随大运河的开凿，人口逐渐结集；自后晋天福三年（公元 938 年）崇德设县起至 1958 年，崇福作为县治长达 1020 年，在杭嘉湖平原的经济和文化发展中占有十分重要的位置。芝村人自然也很理解崇福的存在对于它们的特殊意义。农历二月初二早晨，获得主办权的头家村坊聚集十余人，高举庙中“圣旨龙牌”和红绿彩旗，在一片锣鼓喧天声中，进入崇福，直至县衙呈交迎会通告。有关官员发给每人免费面票一张，赠予庙会蚕花戏一本，以示支持。队伍再绕穿县城南门，过东郊往北，折西而返。如此宣张之下，邻县的德清、吴江蚕农也都知道了芝村水会的消息。侍芝村的特殊地位，马鸣王也自视甚高。据说，旧时每次水会之后，崇德城里的县太爷必定会亲自来接马鸣王菩萨到城里去看蚕花戏的，但有一年来了位二爷，菩萨居然不肯动身（抬不动）。说起来是神的傲慢，其实是人的傲慢。

龙蚕庙会现象，让我们对江南乡镇网络的整体功能有了更深的理解。在乡镇网络层次中，芝村所处的层面，其经济功能完全不能与东南的崇福镇和西北的洲泉镇相比。作为崇福县治的崇福镇，其经济辐射力自不必说，民国时期的洲泉镇也存在沟通传统地方性市场与近代资本主义市场的许多专业性商行，如丝行、叶行、绵绸庄、猪羊行等。[2]夹杂在崇福与洲泉之间的芝村，从经济功能上说，只是一个农家小商品经济的枢纽，但是，它却以盛大的龙蚕会影响和覆盖了包括周边崇福、洲泉、青石、羔羊在内的乡镇，其文化影响力超过了江南乡镇网络层次的一般划分。迎会期间，各村参加表演的会船，与外乡来的看会船算在一起多时达上百只，环绕芝村的河港为之断航，附近会众达万人之多。乡镇网络由于庙会的存在更为复杂，网络之间的功能互补由于庙会的存在进一步加强，乡村社会的社群联系由此更加丰富。

面对这样一个与庙会密切相关的社群关系存在，如何说明其变迁历程，传统史学不免捉襟见肘，但日益开放的学术前沿，在多种学科的对话和交融过程中，一个更为宽阔和坚实的理论平台正在构筑。

---

〔1〕 新崇德民报，1948-03-11；桐乡县档案馆藏.

〔2〕 李邦庆，金殿坤. 洲泉一带蚕桑生产忆旧[M]//桐乡文史资料. 第 8 辑，1989-11；金殿坤. 洲泉猪羊行忆旧[M]//桐乡文史资料. 第 9 辑，1990-11.

乡村共同体关系的传统构建

——以近代徽州仁里花朝会为个案

【内容提要】 近代乡土中国的节俗仪式及其活动，是构建共同体关系的重要因素，而徽州仁里乡村的花朝会，将传统花神与地方神信仰捏合为一体，向我们展示了近代共同体关系运作的生动过程。平日里，与花朝祭神相涉的祭品、圣址及其附会的传奇，已然被赋予神性，勾连起凡人与神灵之间的抽象逻辑关系，并在花朝仪式中集中而具象地显示出来。事实上，贯注于花朝会中的人神关系，只是现实社会关系的镜像，透过其间的家族祭祖和花朝老爷巡游，不难发现，在周而复始的不断互动中，亲缘关系为之连接并显现出来。以戏文搬演为主体的凡俗活动，更清楚地展示了共同体内部以及相互间鲜活的地缘关系。对共同体关系状态的揭示，有利于克服对所谓的乡土中国"孤立和隔膜"本色的误解。

【关键词】 花朝；徽州仁里；共同体关系

花朝节，又称花节，相传为百花生日，各地时间不一，[1]在徽州绩溪的登源乡村，花朝定为农历二月十五日，村社"各出花盆为赛"，称"花果会"。[2]不过当地人认为，是日亦为乡里先烈汪华的生辰，[3]花朝胜会不止于庆贺花神

---

〔1〕 清汪灏《广群芳谱》引《翰墨记》称："洛阳风俗，以二月二日为花朝节。"又引宋杨万里《诚斋诗话》："东京(开封)二月十二日曰花朝，为扑蝶会。"南宋吴自牧《梦粱录·二月望》：临安(杭州)"仲春十五日为花朝节。"

〔2〕 沈复.浮生六记.卷四"浪游记快"[M].天津：百花文艺出版社，1997：123.

〔3〕 据明弘治《徽州府志》卷七称：汪华(583—649)年少习武事，以勇侠闻于东南。隋末中原纷乱，汪凭临徽州休宁万安山之险，奄有歙、宣、杭、睦、婺、饶六州，带甲十万，奉隋为正朔，号称"吴王"。其"为政明信，远近爱慕"，一方百姓赖以平安者十余年。唐武德四年(621年)吴王上表于唐，高祖嘉勉，诏曰：汪"往因离乱，保据州乡，镇静一隅，以待宁晏，识机慕化，远送款诚，宜从褒宠，受以方牧"，封"越国公"，食邑三千户。唐贞观二十三年(649年)汪殁，永徽二年(651年)还葬歙(县)北之云岚山，"父老请于郡，建祠祀之"。

诞辰,更为纪念汪公大帝,是汪公大庙的庙会。[1]汪公大帝遂驾花神而上,成了“花朝老爷”。这样,两会二位一体,而庙会以此更具稳定性。[2]

在江南,以市镇为中心的共同体是乡村社会生活的基本单位。[3]如仁里共同体11.27平方公里,近五百户,周边环山,中有仁里古街,下辖七塔、耿川、辛田、闾坑、忠周和仁里等6个自然村落。[4]花朝会以社[5]为单位举办,共8社,涉及19个村落,大的村落自成1社,连续做会2或3年,小村落则2村、甚至3村合为1社,做1年;8社轮值,每社12年做1次。[6]年复一年,仁里共同体以及19个村落的花朝会,通过节俗仪式及其活动构建起乡村共同体关系。

一

花朝会的重要活动之一是祭神。祭品是1只猪和1只羊,轮值村子从12年前就已经在精心豢养着它们:猪是圈养的,必须让它吃得好,睡得香,以期硕大无朋;羊是放牧的,颈脖上挂着一块牌子,标明“××亮花朝羊”,无论漫游到哪里,都会有人照料,被视为“神羊”——据说某处庄稼被它吃过之后会比他处庄稼的长势要好一些,看到神羊的人,总会及时将之送回所属村庄,甚至有人说,临近宰杀期,神羊自己也会回去的。[7]此所谓神性。

与祭品具有同样神性的是圣址,即花朝会依托的汪公大帝庙。一地之人杰地灵,在乡彦们的口中和笔下,常常被敷衍为十景、八景之类,大都是些灵

---

〔1〕 乡人相传,为纪念汪华,明末于登水之滨建汪公大帝庙,亦称“大庙”,内塑大帝神像,奉祀唯谨,香火不绝。程卓山.八社花朝[M]//汪俊赓.千年仁里(内部资料).(安徽)绩溪县瀛洲乡仁里村民委员会,2009:181.

〔2〕 郑秉秀教授读到沈复《浮生六记》中有关仁里花朝会的记载,感慨不已:“这段文字写于二百多年前,竟与我当年(民国末年或20世纪50年代)所历之盛况雷同,可见仁里的庙会文化绵延久矣!”郑秉秀.千年仁里[M]//汪俊赓.千年仁里(内部资料).(安徽)绩溪县瀛洲乡仁里村民委员会,2009:16;程干桐先生在“十岁的年纪”(约民国晚期)所见花朝会,“同清朝沈复《浮生六记》中写的差不多”程干桐.仁里乡风乡俗拾取之一[M]//汪俊赓.千年仁里(内部资料).(安徽)绩溪县瀛洲乡仁里村民委员会,2009:204.

〔3〕 在十几年之前的学术体系中,我将称之为“乡镇社会”,仅仅从空间透视,是这样一个网状区域,它以中心结点(乡镇)为依托,从中心到辐射点(村庄)为半径所构成的完整社区。小田.江南乡镇社会的近代转型.“1·3乡镇社会”部分内容[M].北京:中国商业出版社,1997.

〔4〕 仁里村委会.仁里概述,程干展.仁里三街十八巷采风[M].汪俊赓.千年仁里(内部资料).(安徽)绩溪县瀛洲乡仁里村民委员会,2009:3、51.

〔5〕 社,为举办庙会而成立的组织。小田.在神圣与凡俗之间——江南庙会论考.“6·6·1地缘性庙会的组织结构”部分内容[M].北京:人民出版社,2002.

〔6〕 19个自然村落分别为半茶、杨树坑、云龙坞、周村、扁榨坦、蝎头、梧村、汪村、庙头、南川、忠周、仁里、幸田、七宅(七塔)、猫儿岱、耿川、闾川、上马石、长塘坞等;程卓山.八社花朝[M]//汪俊赓.千年仁里(内部资料).(安徽)绩溪县瀛洲乡仁里村民委员会,2009:181.

〔7〕 汪笙友.登源一带的花朝和烟火[M]//汪俊赓.千年仁里(内部资料).(安徽)绩溪县瀛洲乡仁里村民委员会,2009:183.

气的景观，其中以祠庙居多，神性更为浓郁。汪公大帝庙，当地人直接呼为“大庙”，从大殿里撞击出来的晨钟暮鼓，整日弥散在仁里山水之间。1912 年，程东屏（1891—1951）先生 22 岁，列村中思诚学堂讲席，时闻庙中钟鼓，心驰神往，欣然吟咏：

课余登高楼，神驰越王庙。钟声风送来，望古一凭吊。〔1〕

物化的庙、殿、钟、鼓……随着时光的流转慢慢沉积为传统，崭露灵光。

圣址是静态的，它的神圣性常常依赖流动的传说而强化。在这一意义上，日本学者柳田国男说：“传说的核心必有纪念物，无论楼台庙宇，寺社庵观，也无论是陵丘墓冢，宅门户院，总有个灵异的圣址、信仰的靶的，也可谓之传说之花坛、发源的故地，成为一个中心。”〔2〕这正如龙与云，“龙弗得云，无以神其灵矣”（韩愈《杂说一》）。“金銮殿”的传说就是大庙之云。

大庙坐落于绩溪生命之水登源河的下段；同饮一河水的同乡（瀛洲）龙川村，明正德、嘉靖年间出了一位大人物胡宗宪（1512—1565），官至总督，加爵少保，于是，登源之水便被借为连接大庙与胡宗宪的纽带。据说，胡宗宪任兵部尚书，长年在京，每次回乡省母，母亲总说：“你天天进出金銮殿，我却无缘得见。”孝顺的胡宗宪带上故乡的工匠偷窥了金銮殿的建筑结构，向皇帝请了假，三年之后在登源之畔筑成一座金銮殿，让母亲住了进去。但私造金銮殿可是杀头之罪，忐忑不安的胡宗宪回到朝中。皇帝见到他便问：“你在家都干了些啥？三年的时间，就是金銮殿也该造好了！”胡宗宪连忙跪拜谢恩：“正是在家建造金銮殿！因为娘亲要看神灵的大殿，臣特地在家仿造了一个；谢皇上恩准。”皇帝被胡宗宪巧妙接过话茬儿，玉言既出，无法收回，且念其一片孝心，只得作罢。〔3〕至此，时人已经在大庙与胡宗宪之间建立起思想上的关联——这就是传说（神话）的功能：它可以“创造性地应用和发现过去与现在、社团与个人之间契合之处”。〔4〕

传说的历史真实性基本是谈不上的，〔5〕然而它提供了另一种思想的真实：胡宗宪冤屈而死，自诉“忠魂绕白云”，近乎于神，而皇帝本来就是“天

〔1〕 程冬屏．仁里八景诗[M]//汪俊赓．千年仁里（内部资料）．（安徽）绩溪县瀛洲乡仁里村民委员会，2009：33.

〔2〕 柳田国男．传说论[M]．北京：中国民间文学出版社，1985：26.

〔3〕 程源峰．登源河畔汪村大庙（金銮殿）的传说[M]//汪俊赓．千年仁里（内部资料）．（安徽）绩溪县瀛洲乡仁里村民委员会，2009：193.

〔4〕 格里·菲利普森（Gerry Philipsen）语；转引自唐·库什曼，杜·卡恩．人际沟通论[M]//宋晓亮，译．北京：知识出版社，1989：136.

〔5〕 胡宗宪之母方氏逝于明嘉靖二十一年（1542 年）四月十四日，在此之前的嘉靖十八年（1539 年），28 岁的胡宗宪曾回绩溪探视母亲，此间恰好 3 年，他出任山东益都知县，治蝗、课赋、平盗，自然没有时间在家造金銮殿。至于在京为官，不过在刑部观政见习而已，并非什么兵部尚书。卞利．胡宗宪评传[M]．第一、二章．北京：中国文联出版社，2001.

子”;两神助成了仁里的金銮神殿——这就是大庙。因此,大庙之大不在于其规模大,而在于其神性。在当地人的心目中,它是个神圣的所在,所谓圣址。

由此我们不难发现,无论是神性的祭品,还是圣址及其附会的传奇,它们已经在凡人与神灵之间建立起了自然的思想逻辑关系,但是,这种联系此时是抽象的、沉寂的,具体而生动的关联要在庙会举办时节才会清晰显现。1788年(乾隆五十三年)来到绩溪的苏州人沈复“适逢”仁里花朝会,甫至庙,“锣声忽至,四人抬对烛大如断柱;八人抬一猪大若牯牛,盖公养十二年宰以献神”。同行者笑称:“猪固长寿,神亦齿利;我若为神,乌能享此?”沈复却不以为怪,认为此“足见其愚诚”![1]所谓心诚则灵。法国社会学家涂尔干(Emile Durkheim,1858—1917)指出,神圣的存在总具有这样的特质:“只有在人们的心灵将其表现为生活着的存在时,它才存在。当我们不再这样想时,它似乎就不存在了。”承平日子里的沉寂神性往往要通过特殊节日里的膜拜才被唤醒,这样,“膜拜的基本构成就是定期反复的节日循环”。[2]于是在仁里,共同体成员将平日里难以捉摸的神性集聚起来,通过花朝节俗的种种仪式,在焄蒿凄怆之中,建立起与花神和汪公大帝的神圣关系;不过,这里所构建的只是一种共同体关系:人神关系。

二

仁里乡人精心建构起这样的关系,很明显地具有现实的功利目的:保安护苗,人寿年丰。[3]《礼记》所谓:“有功德于民则祀之,能捍大患能御大灾则祀之。”事实上,贯注于花朝会中的人神关系,只是现实共同体关系的镜像罢了。透过其间的人神关系,我们很容易观察到,其间存在着另一种现实的社会关系,即家族关系。

江南社会的家族关系在徽州乡村体现得最为充分。[4]以仁里为例,全村虽有三十多个姓氏,但六成为程姓,[5]所以仁里七塔村的花朝会俨然成了程姓祭祖的家事。1946年是七塔自然村轮值之年。据程干美先生回忆,大庙里的汪公大帝早早地被接到程氏宗祠(支祠):一脸乌黑,身着崭新红袍,头顶华

---

〔1〕 沈复.浮生六记.卷四“浪游记快”[M].天津:百花文艺出版社,1997:123.

〔2〕 涂尔干.宗教生活的基本形式[M].上海:上海人民出版社,1999:452、457.

〔3〕 程卓山.八社花朝[M]//汪俊赓.千年仁里(内部资料).(安徽)绩溪县瀛洲乡仁里村民委员会,2009:181.

〔4〕 唐力行.明清以来徽州区域社会经济研究.第一编“徽州宗族”[M].合肥:安徽大学出版社,1999.

〔5〕 仁里村委会.仁里概述[M]//汪俊赓.千年仁里(内部资料).(安徽)绩溪县瀛洲乡仁里村民委员会,2009:3.

盖,端坐在上首龙椅之上。程氏家族的做祭在大帝面前进行。祭拜仪式由四十八名礼生,八名鼓手,一名大赞(司仪),一名陪赞操持。大赞和陪赞立于两张方桌之上,在鼓手伴奏下,向诸礼生发号施令,礼生分两组沿祠堂巡走参拜。祭拜在族长程怀康的琅琅祭文“伏惟尚飨”声中结束。[1]可以肯定,七塔村的家族祭祀一定不会仅仅在轮值花朝之年才举行,[2]但轮值年的祭祀非同一般:它让所有前来七塔参加花朝会的人见识了七塔程氏的家族势力,向共同体内外展示了七塔村盘根错节的家族关系,其中更关键的是,汪公大帝参与了关系的构建。事实上,七塔程氏也在这一堂而皇之的祭祀中更为清楚地了解了自身的根基和脉络,强化了程氏宗族意识,而且这样的意识经由隆重的节俗仪式渗入了家族集体记忆之中。

七塔花朝会的另一重要仪式是花朝老爷巡游。巡游从宗祠前的广场开始,四位健壮的小伙抬着汪公大帝(花朝老爷),由长长的游行队伍簇拥:四十名火铳手→二十面三丈高的大旗→四十面蜈蚣幡→二十具龙架,其间夹杂着三十面大鼓、十面金锣和二十名吹鼓手相伴而行。其中的一个环节特别引人注目:三十二名年轻人抬着一个特制的木架,上面放着十五头花朝猪和一只花朝羊,郑重奉祀给花朝老爷,前后有三十名香客相拥。队伍由程氏宗祠经耿家潭→猫儿岱→仁里戏台→桃花坝→新牌楼,回到程氏宗祠。这样的路线沿涉七塔的周边村落;巡游实际标示了七塔的村境,它用另一种方式告诉人们:村境之内主要是程氏宗族的活动范围;这是一方土地上的家族关系空间。以此血缘关系为纽带,花朝节一时会聚了程氏四方眷属。据称,花朝会期间,家家户户宾客如云,吃了一批又一批,村人忙得不亦乐乎。[3]这种情形不只在七塔村。一般地说,不管哪个村子轮值花朝会,商旅族人都会千里迢迢赶回故乡襄助盛事。[4]这与其说是神的召唤,不如说是程氏祖先的召唤,更是程氏族人对身处异乡的亲人的呼唤。程干桐先生记得,民国末年,在仁里举办的一次花朝会期间,“晚上亲戚朋友来看热闹都住得满满的,

---

〔1〕 程干美.七塔花朝盛会远名扬[M]//汪俊赓.千年仁里(内部资料).(安徽)绩溪县瀛洲乡仁里村民委员会,2009:185.花朝节的宗族祭祖似乎是一个惯例。在仁里自然村轮值的花朝会上,与汪公打的同时享祭的还有忠壮公程灵洗,仁里程氏的先祖。在程干桐先生记忆中的一次花朝会上,忠壮公的坐像也被抬着与汪公大帝一起巡街;程干桐.仁里乡风乡俗拾取之一[M]//汪俊赓.千年仁里(内部资料).(安徽)绩溪县瀛洲乡仁里村民委员会,2009:204.

〔2〕 汪俊赓先生称,包括七塔在内的仁里村子,宗族观念很强,冬至、清明,都要举行族祭,尤其在冬至的祭祖时节,各祠堂都要祭祖,谓之“做祭”;汪俊赓.仁里乡风乡俗拾取之二[M]//汪俊赓.千年仁里(内部资料).(安徽)绩溪县瀛洲乡仁里村民委员会,2009:205.

〔3〕 程干美.七塔花朝盛会远名扬[M]//汪俊赓.千年仁里(内部资料).(安徽)绩溪县瀛洲乡仁里村民委员会,2009:185.

〔4〕 程卓山.八社花朝[M]//汪俊赓.千年仁里(内部资料).(安徽)绩溪县瀛洲乡仁里村民委员会,2009:181-182.

还打地铺”。[1]在仁里，大概只有花朝会才有如此神力将家族的亲戚们吸引过来。待到亲戚们的村落做会，仁里人再至亲戚家走动。亲缘关系正是在这周而复始的不断互动中连接并显现出来的。

三

需要我们特别在意的是，花朝会之社毕竟是在地域基础之上生成的，在这一地域性节俗中构建的共同体关系，就不会只有神圣庄严的人神关系，或者只有亲情醇浓的家族关系，也就是说，花朝会同时也在共同体构建着邻里关系。

在花朝会中，邻里关系的联络更多地出现在凡俗活动中。酬神演戏是传统中国庙会的基本节目；要说酬神，当然只是一个由头，演戏娱乐才是初衷。在仁里，为方便看戏，许多人家自备了高凳，有靠背、扶手和踏脚，坐在上面的人可不受前面站立着的人遮挡，非常自在。民国有一年汪村演戏，一河之隔的梧村汪笙友与其淑琴姐一起去看戏，叔父家的高凳就被抬至汪村；“那戏演了三天三夜，晚上更是热闹非凡，周围几十里都来赶集”。[2]此情此景与清人沈复所见略同：“开场演剧，人如潮涌而至。”[3]赶来看戏的人显然不会只是亲戚，而绝大多数应该是共同体之内的乡亲，而且，越靠近轮值的村子，看戏的乡亲越多。花朝戏文的上演，将这些平日里孜孜矻矻于生计的乡邻集聚到一个村落，从戏文情节到男耕女织，从礼数教化到家长里短，总之，现实的邻里关系就在这走动中生成而生动起来。

其实，由于花朝仪式及其戏文的程式化，邻里们更感兴趣的是演戏过程中由人际交流带来的各种乐趣，至于戏文本身，常常倒被人忽略了。汪笙友老人说，那次汪村演戏给他“印象最深的是放烟火”：

> 在场地的中间竖根柱子，上面横钉几档木架，架上挂着一排排大小不同的纸盒，但都是扁形的。当戏演过高潮后，台上汽油灯用罩子套上，使台下一片黑暗，在烟火架下点燃火药线，燃烧到架上时扁形纸盒突然

---

〔1〕 程千桐．仁里乡风乡俗拾取之一[M]//汪俊赓．千年仁里（内部资料）．（安徽）绩溪县瀛洲乡仁里村民委员会，2009：204．按：关于江南山村庙会期间的亲属走动，来自绩溪的胡适先生给我们提供了非常情境化的叙述。胡适家居上庄村，母亲冯顺弟，娘家在十里外的中屯，有个姑妈嫁在上庄。顺弟 14 岁时，那时 19 世纪 80 年代，“轮着上庄做会，故她的姑丈家接她姊弟来看会”。会称“太子会”，这是皖南“秋天最热闹的神会”；“在上庄过了会场，她姑丈送她姊弟回中屯去。七月里天气热，日子又长，他们到日头快落山时才起身，走了十里路，到家时天还没全黑”；胡适．四十自述[J]．新月．第 3 卷第 1 号，1931－03．

〔2〕 汪笙友．登源一带的花朝和烟火[M]//汪俊赓．千年仁里（内部资料）．（安徽）绩溪县瀛洲乡仁里村民委员会，2009：183－184．

〔3〕 沈复．浮生六记．卷四“浪游记快”[M]．天津：百花文艺出版社，1997：123．

展开悬下成为四只花篮，装满纸花，篮内有蜡烛点着，再燃上一层又是四只不同的灯彩，再上去时忽然展开四个半米多高的小男孩，旋转着向四面迸射火花，叫做“洋鬼子撒尿”。灯架下人群顿时一片惊慌，忙着躲避又大叫大笑不止。再上去从灯彩之中出现两条一米多长的小龙，体内有烛光，摇摆着头尾向戏台游去，一条正好上戏台，一条不到一点落在人丛里，又是一阵骚动。

这不是汪笙友一人的感受，他发现，看戏的邻里散去时，“笑谈的是绚丽的烟火而不是戏剧的情节”。[1]

与烟火施放同样让村人感奋的是搭戏台。本来，现成的戏台在徽州乡村的祠堂、庙宇、广场等处并不鲜见，[2]所谓“万年台”。仁里忠壮公庙的对面有万年台，但是，乡人们觉得，花朝会的排场要大，“台下可容纳数千人看戏”的万年台也不敷应对了，做社的社主们都以搭“花台”演“对台戏”为荣。沈复只见：“庙前旷处高搭戏台，画梁方柱，极其巍焕，近视则纸札彩画，抹以油漆者。”[3]此俗迟至光绪年间还流行：

据亲自见过仁里“花朝”演戏的老人说，仁里花朝并排搭过两个“花台”，用几百匹细布妆饰，正台上下三层，彩壁画屏，十字花栏，两侧凉亭台阁，朱漆描金，极为富丽堂皇。请来的“彩庆”“长春”两大徽班，对台演戏，双方演员，都极卖力，比试高下。“黄鹤楼饮酒”一折便在三层楼上演出，真是盛况空前。这两座花台就不搭在村里了。南门外一片几十亩的花朝田，就是做花朝搭花台的场所。[4]

在这忙碌当中，人们没有并忘记花朝的原始意义。大庙内，“殿廊轩院，所设花果盆玩，并不剪枝拗节，尽以苍老古怪为佳。大半皆黄山松”。[5]一同看戏的花朝老爷神座前，村人们“摆出村中仅有的奇花异果、山珍海味数十种，作为神前献品”。[6]

一个在别处也许根本不受重视的花朝节，就这样被大张旗鼓的仁里人演绎得有声有色。村人们认为，“做花朝是件大事，须整个村庄所有人家出钱出

---

〔1〕 汪笙友．登源一带的花朝和烟火[M]//汪俊赓．千年仁里（内部资料）．（安徽）绩溪县瀛洲乡仁里村民委员会，2009：184.

〔2〕 陈琪，张小平，章望南．徽州古戏台[M]．沈阳：辽宁人民出版社，2002.

〔3〕 沈复．浮生六记．卷四“浪游记快”[M]．天津：百花文艺出版社，1997：123.

〔4〕 汪俊赓．漫话仁里老戏台[M]//汪俊赓．千年仁里（内部资料）．（安徽）绩溪县瀛洲乡仁里村民委员会，2009：200.

〔5〕 沈复．浮生六记．卷四“浪游记快”[M]．天津：百花文艺出版社，1997：123.

〔6〕 程卓山．八社花朝[M]//汪俊赓．千年仁里（内部资料）．（安徽）绩溪县瀛洲乡仁里村民委员会，2009：182.

力来共同举办才行”。〔1〕以花朝“大事”为理由，社主们实现了邻里总动员。

邻里之间的地缘关系固然在“共同举办”中鲜活起来，但事实上，共同鲜活的还有更广范围内的共同体关系——共同体内部和共同体之间的地缘关系。

除了轮值村落，村落所在的共同体以及附近共同体的相邻关系，主要是在乡邻接受款待的过程中体现的。在仁里，看戏之外，乡邻们还可以在花朝节欣赏到舞狮打狪的表演。舞狮是纯粹的娱乐表演，〔2〕因缺少神圣性而无法疏通人神关系，因其开放性也并不局限于沟通亲缘关系，因此，它主要在共同体内外发挥着黏合乡邻关系的功能。

打狪，与过年一样，不过是略带傩意的嬉戏。登源伏岭下、仁里等地山民称，狪是一种比狮虎更凶猛的野兽，能镇邪。清初至民国年间，正月十三至十七日的五天是仁里村正式打狪之日，而花朝打狪是为了展示村子的娱乐强项。从过年时的打狪看，所谓打，不过是由青少年演出京剧，流动摊贩闻讯而至，闹腾之间便夹杂着烟赌。老人们至今历历在目：“在打狪的日子里，仁里村如同‘小上海’……家家户户客满，村里村外人流不息。”〔3〕看得出，“狪”名之下并没有人神之间的沟通，“打”声之中主要也并非亲缘关系的交流；它是特定地域内人们的相互嬉戏，充斥其间的自然主要就是乡邻关系。

四

近代乡土中国是什么样子的？或者从学理上追问，其关系状态如何？抱持不同视角的学者聚讼不已。对此，社会学家费孝通先生有一段经典性的关于“乡土本色”的描述：“从基层上看去，中国社会是乡土性的。”乡土性从社会关系上表现为地方性，所谓地方性，“是指他们活动范围有地域上的限制，在区域间接触少，生活隔离，各自保持着孤立的社会圈子”，显得“孤立和隔膜”。他特别提示，“孤立、隔膜是就村和村之间的关系而说的”，紧接着他又补充：“孤立和隔膜并不是绝对的，但是人口的流动率小，社区间的往来也必然疏少。”〔4〕不少人以此为出发点，按照简单的线性逻辑往下推理，得出结论：乡

〔1〕 汪笙友. 登源一带的花朝和烟火[M]// 汪俊赓. 千年仁里(内部资料).(安徽)绩溪县瀛洲乡仁里村民委员会，2009：183. 按：花朝会的费用主要有三种方式：一是自由募捐，二是依丁口摊派，三是专置“花朝田”，以收获物积累资金；程卓山. 八社花朝[M]// 汪俊赓. 千年仁里(内部资料).(安徽)绩溪县瀛洲乡仁里村民委员会，2009：181.

〔2〕 程观信. 仁里的五彩狮[M]// 汪俊赓. 千年仁里(内部资料).(安徽)绩溪县瀛洲乡仁里村民委员会，2009：189.

〔3〕 程干美. 正月十五打狪忙[M]// 汪俊赓. 千年仁里(内部资料).(安徽)绩溪县瀛洲乡仁里村民委员会，2009：189－190.

〔4〕 费孝通. 乡土中国　生育制度[M]. 北京：北京大学出版社，1998：7－9.

土中国死水无澜。天哪！这还算是一个社会吗？

揆诸乡土中国社会生活的实态,显然不是这样;乡土节俗就是一个明证。清末外交官陈季同(1852—1907)在法国讲台上讲述“中国人的快乐”生活时,有一专门篇章就是“宗教节日和民众节日”。[1]当我们以徽州仁里的花朝会为个案,对这一在中国未必“重要”的节日考察过后,应当这么说,各种生动的乡土关系非但使人感觉不到“孤立和隔膜”,相反,倒让人觉得颇有些像费孝通先生在描述“差序格局”时的譬喻:把一块石头丢在水面所发生的一圈圈推出去的波纹。[2]问题出在哪里呢？

其实,费孝通先生“说中国社会的基层是乡土性的,那是因为(我)考虑到从这基层上曾长出一层比较上和乡土基层不完全相同的社会,而且在近百年来更在东西方接触边缘上发生了一种很特殊的社会。这些社会的特性我们暂时不提。”很明显,“这些社会”之一是在基层社会之上“长出”的上层精英社会,之二是在基层社会的边缘“发生”的近代工商社会,前者经横向的比较而析出,后者由纵向的观察而清晰。与西方工商社会相比,乡土中国由于近代性交易的阙如,许多地方世界成了“没有陌生人的社会”,因而“孤立和隔膜”,但这绝不意味着乡土社会没有人际关系的交流;就在《乡土中国》中,他明确指出:

> 我们把乡土社会看成一个静止的社会不过是为了方便,尤其是在和现代社会相比较时,静止是乡土社会的特点,但是事实上完全静止的社会是不存在的,乡土社会不过比现代社会变得慢而已。[3]

这样说来,面对近代乡土中国,我们至少需要注意三种社会关系状态:与近代工商社会相比而显示的“孤立和隔膜”状态,与前近代的农业社会相较有两种,一是由于“东西方接触”而“形成的变动方式”,一是由传统积淀的生活关系构建。这里所关注的则是最后一种状态,这样的关注,可以让我们不再只是感到“孤立和隔膜”。

---

〔1〕 陈季同.中国人的快乐[M]//韩宇,译.桂林:广西师范大学出版社,2006:8-45.

〔2〕 所谓“差序格局”,特指“中国乡土社会的基层结构”,而与西洋社会的“团体格局”相对称;在此格局中,“社会关系是逐渐从一个一个人推出去的,是私人关系的增加,社会范围是一根根私人联系所构成的网络”;费孝通.乡土中国 生育制度[M].北京:北京大学出版社,1998:24-31.

〔3〕 费孝通.乡土中国 生育制度[M].北京:北京大学出版社,1998:6-9、76.

日常意义

- 民众思想史的文艺支撑
- 社群心态的解读
- 晚清大众传媒的社会导向
- 流亡中的日常意义沉思

民众思想史的文艺支撑

——以江苏宜兴梁祝故事的流布为中心

【内容提要】 经典梁祝以其虚饰的性格,似乎天生地属于文艺,而与注重史实的历史无缘。其实,梁祝故事的流布、而非故事本身支撑着民众思想的表达,故事的破绽并不影响流布事实的存在。作为历史素材的梁祝故事不仅仅是传说,还包括文献和实迹。故事中的实迹(依附点)让我们发现了民众思想突出的地方特性,固定故事口传者及其地方生活空间成了揭示民众思想的关键途径;通过传说与地方文献的比勘,民众思想的历史脉络隐约可见,尤其是长时段的过程;普通民众将传说、文献和实迹杂烩为一体,在梁祝故事的流布中,消解着日常生活的负面状态,表达着他们的生活追求,凸显着特定群体活着的意义,从而与精英阶层表达思想的方式区别开来。在历史的意义上,梁祝属于所有流布地的民众。

【关键词】 民众思想;宜兴;梁祝故事;文艺

梁祝故事产生于江南,流布于全国乃至东南亚,〔1〕而以浙江上虞和江苏宜兴最为著名和集中。学者们几乎一致地认为,梁祝故事的巨大影响力在于其内含鲜明的异端思想,诸如反封建性,以及相应的人民性,等等。〔2〕从历史学的角度,毫无疑问的,这是民众思想史。史学的生命在于史实;当我们反向思考问题时,很容易发现,为这一思想史提供支撑的是所谓"梁祝故事",而在一般人眼里,故事云者,一段民间传说而已。问题来了:传说有时间刻度吗?

---

〔1〕 据谭先达先生的介绍:梁祝传说最初产生于江浙,后流传全国。河北、河南、山东、江苏、浙江、安徽、甘肃等省,均有关于他们的庙宇、坟墓、读书处保存下来。广西贺县的过山瑶和镇边黑衣瑶,也都争认梁祝是他们的祖先。它还流传到朝鲜、日本和越南,在国际上影响之大,远远超过《白蛇传》传说。谭先达.梁祝传说的渊源变考[M]//谭先达民间文学论文集.北京:中国友谊出版公司,1993.

〔2〕 何其芳先生的看法及其表达是经典性的:梁山伯祝英台故事反映了封建社会青年男女婚姻自由的要求,并且预言了这种要求最后一定会得到胜利(《人民日报·关于梁山伯祝英台故事》,1952-03-18)。谭先达先生的看法及其表达是流行性的:"英台她对封建婚姻作了有力反抗,这传说暴露了封建礼教吃人的罪恶。"(《梁祝传说的渊源变考》)

传说能作为思想史的素材吗？如果能，梁祝故事以怎样的方式反映了怎样的民众思想史？所有这些，都是民众思想史研究必须面对的基本问题，同时还涉及梁祝所属地的争论。在这里，我们以江苏宜兴梁祝故事的流布为案例，从一个侧面回答这些问题。

一、一般思想的地方表达

梁祝故事的主体部分就是传说，而“传说有其中心点”，日本民俗学家柳田国男认为，这是传说的一个重要特点：

> 传说的核心，必有纪念物。无论楼台庙宇，寺社庵观，也无论是陵丘墓冢，宅门户院，总有个灵异的圣址、信仰的靶的，也可谓之传说之花坛、发源的故地，成为一个中心。[1]

“中心点”其实就是“灵异的圣址”，或者叫作依附点。这一现象突出表明了民间传说的地方特性。在梁祝故事中，最初出现、也是最重要的依附点是“碧鲜庵”，祝英台读书的地方。从唐梁载言《十道四蕃言》可以推断，这一依附点至迟在初唐就有了：(宜兴)善卷(权)山南，上有石刻，曰：祝英台读书处。[2]

第二个依附点“祝陵”，最早出现于晚唐。唐大中十年(856)进士李郢有诗云：“祝陵有酒清若空。”[3]从清乾隆《国山碑考》所附《国山图》(见下页附图)，可见“祝陵”及其与“碧鲜庵”的关系。[4]

第三个依附点是“祝陵村”。清道光邵金彪“祝英台小传”：善权“寺前里许，村名祝陵”；[5]应是由墓名衍生而来。[6]从《国山图》可以看出村落的大体位置。

---

〔1〕 柳田国南．传说论[M]//连湘，译．北京：中国民间文艺出版社，1985：26．

〔2〕 从王海琴、路晓农．史实、传说、风物与宜兴“梁祝”[G]//(宜兴政协学习和文史委员会，宜兴市华夏梁祝文化研究会．宜兴梁祝文化——论文集[M]．北京：方志出版社，2004．)可知，梁载言《十道四蕃言》失传，但1935年金寿楣《阳羡奇观》(现由韩其楼先生收藏)有引用。按(1)梁载言，唐武则天统治(690—705)时人。(2)宋《太平寰宇记》：“善卷洞在宜兴县国山南，即祝英台故宅也”，此处称“故宅”；据[清]施惠等《宜兴荆溪县新志》(清光绪八年，1882年刻本)卷一：(善权)“山有碧鲜岩，为祝英台故宅，后改为寺，俗称善权寺”，又卷九：“碧鲜坛，本祝英台读书宅，在碧鲜岩。”综上，祝英台故宅，即“祝英台读书宅”，或“祝英台读书处”；又称“碧鲜庵”或“碧鲜坛”，位于权善山之碧鲜岩，后改为“权善寺”。

〔3〕 李郢．阳羡春歌[M]．全唐诗．卷五百九十．北京：中华书局，1960．按，此句前后有：“石亭梅花落如积，玉藓斓斑竹姑赤。祝陵有酒清若空，煮糯蒸鱼作寒食。”

〔4〕 吴骞．国山碑考[M]．吴氏拜经楼丛书本，清乾隆丙午年(1786)刻本．按，清乾隆《江南通志》(扬州广陵书社影印乾隆二年重修本，1987年)卷三十一：“祝英台读书处俗称呼为‘祝陵’，不确。”

〔5〕 施惠，等．宜兴荆溪县新志[M]．清光绪八年，1882年刻本．按，邵金彪，清道光时人。

〔6〕 宜兴歌谣《唱祝陵》：“祝英台玉体殉知己，感天动地举国惊。谢安洒泪奏皇上，敕封义女建墓陵。由此祝陵村名传，落叶归根在山村。”宜兴政协学习和文史委员会，宜兴市华夏梁祝文化研究会．宜兴梁祝文化——史料与传说[M]．北京：方志出版社，2003：297．

上述依附点与梁祝故事的关联在邵金彪“祝英台小传”中有完整的记载，大体分为两个片断：

祝英台小字九娘，上虞富家女。生无兄弟，才貌双绝。父母欲为择偶，英台曰：“儿当外出游学，得贤士事之耳。”因易男装，改称九官。遇会稽梁山伯，亦游学，遂与偕至义兴善权山之碧鲜岩，筑庵读书，同居同宿。三年而梁不知为女子。临别梁，(祝)约曰：“某月日可相访，将告父母，以妹妻君。”实则以身许之也。梁自以家贫，羞涩畏行，遂至愆期。父母以英台字马氏子。后梁为鄞令，过祝家询九官。家僮曰：“吾家但有九娘，无九官也。”梁惊悟，以同学之谊乞一见。英台罗扇遮面出，侧身一揖而已。梁悔念成疾卒，遗言葬清道山下。

以上片断可称为“生前共学”，下一片断为“身后化蝶”：

明年，英台将归马氏，命舟子迂道过其处。至则风涛大作，舟遂停泊。英台乃造梁墓前，失声恸哭，地忽开裂，坠入茔中。绣裙绮襦，化蝶飞去。[1]

〔1〕 施惠，等.宜兴荆溪县新志[M].清光绪八年，1882年刻本.

一般情况下,依附点的存在增加传说的可信度,但宜兴梁祝故事的依附点却让人将信将疑。因为传说中的某些情节过于生硬,比如,英台的墓地在哪里?"小传"不是明确地说英台"堕入(山伯)茔中"吗?也就是说,梁祝合葬于鄞县城西清道山下。如此说来,宜兴哪儿来的祝陵呢?吴骞《桃溪客语》就有疑问:"今善权山下有祝陵,相传以为祝英台墓……然英台一女子,何得称陵,此尤可疑者也。"[1]从邵文的逻辑,或许可以解释成:英台曾与山伯在善卷寺共读过,有个衣冠冢之类的亦在情理之中,因为仅是个纪念的所在,僭称为陵无非民间随意为之,示以仰止罢了;[2]祝陵附近成村,那是非常自然的。

另外,"碧鲜庵"真是梁祝共读的地方吗?这也生硬而可疑。如果是,上虞和会稽的一对小儿女会来宜兴读书吗?宜兴人坚称:确实来过的,因为地方文献明记着,但地方文献同时也有怀疑。南宋《咸淳毗陵志》考《善权寺记》后提出一说:南朝齐武帝(483—493)赎买英台旧产建寺,那英台"意必有人,第恐非女子耳"。[3]意即,此祝英台非彼祝英台。清吴骞《桃溪客语》持说相类:"似有其人,特恐非女子耳。"不是上虞女子祝英台,会是谁呢?吴骞的意见是"祝英台当亦尔时一重臣,死即葬宅旁,而墓或逾制,故称曰陵。碧鲜庵乃其平日读书之地",此祝英台乃"尔时一重臣",与宜兴民间流行的"俛妆化蝶"之祝英台"名氏相符,遂相牵合;所谓俗语不实,流为丹青者欤?"[4]事情变成这样:祝英台作为一个中介符号,让宜兴的老者变成了上虞的小女生。

这从根本上推翻了梁祝故事发生在宜兴的基础,当然是宜兴人万万不能接受的。为了使梁祝的宜兴读书更合情理,一部分人给梁祝改变了籍贯。明代冯梦龙云:

> 祝英台,常州义兴人氏,自小通书好学,闻余杭文风最盛,欲往游学……祷毕出门,自称祝九舍人,遇个朋友,是个苏州人氏,叫做梁山伯,与他(余杭)同馆读书,甚相爱重,结为兄弟。[5]

英台成了宜兴人;又产生了另外的问题:两人共读于余杭,自然跟宜兴无涉。这样,善权山与梁祝故事相关的所有依附点同时失去了价值。没有了依附点,故事的可信度大打折扣,所以宜兴人宁愿采纳邵金彪叙述的故事,而对

[1] 吴骞.桃溪客语.卷一[M];桃溪,善权寺附近张渚之别称。

[2] 根据杨宽先生的研究,汉魏至南北朝,陵亦可"出于民间流传的俗称"。杨宽.中国古代陵寝制度史研究[M].上海:上海人民出版社,2003:237.

[3] 史能之.咸淳毗陵志.卷二十七[M].清嘉庆二十五年(1820)刊本.台北:台北成文出版社影印,1983.

[4] 吴骞.桃溪客语.卷二[M].

[5] 冯梦龙.全像古今小说[M].上海:商务印书馆,1947.按,石史:《仙踪记略续录》(清光绪七年刻本)存《梁山伯与祝英台》文,所称梁祝籍贯与冯梦龙同:吴郡梁山伯,国山祝英台同学三年,不知祝乃女子,结为兄弟,寝食与俱。

吴骞等人的“祝英台当亦尔时一重臣”之说置若罔闻。依附点之于民间传说的重要性由此可见一斑。

宜兴后来的民间故事中有一种做法颇为彻底，将梁祝的籍贯落到了天上，说两人原是西天王母身边的侍奉童女，朝夕相处，日久生情，因为疏忽了职守，被王母娘娘发落下凡，投胎到国山（宜兴）县：侍女来到祝家庄，侍童来到梁家庄。[1]后来两人在哪里读书？祝家庄怎么变成了祝陵村？一切没了下文：他们只关心梁祝的籍贯，而不关心籍贯与依附点之间的逻辑关系。口传者一心要使梁祝与宜兴发生关系，或者说，要让梁祝变成他们宜兴的。其实，依附点与梁祝故事是否存在真实的关系并不重要，重要的是，宜兴使依附点与梁祝故事发生了关系这一事实本身，即是说，梁祝故事在宜兴流布过——这就是史实。

依附点不是孤立的点，它们构成共同体的要素，形成一个文化空间。[2]祝陵村人对这个空间了如指掌，他们生息其中，年复一年，通过彼此之间不断的沟通，一种充满认同感和归属感的共同体意识在其间潜滋暗长。梁祝故事的传承不过是人们进行沟通的媒介，许多情况下，口传故事常常就在说明身边依附点的来历，这让他们倍感亲切，依附点成了共同体关系的黏合剂。善权寺的山山水水早就存在于共同体之中，当它们与梁祝人物勾连在一起的时候，就变得神圣起来，成为风物清嘉的所在。依附点不断活化梁祝的命运；人们一直在叙说，也一直表达着自己的思想。柳田国男的话是有道理的：

> 生在当地，长在本乡，众位乡亲所共同信仰与传诵下来的东西，无论如何不能是毫无内容、空洞无物的。这一点，我们可以由多数的传说以某一神社为核心向四外扩展着，或总是讲了一些与特殊尊贵人物有关的事迹，而得到证实。看来，这是当时侍奉神明者或至尊至贵的人所持的一种严肃而恭敬的思想之反映。[3]

因此从起源上可以说，梁祝故事不过是一个共同体传说，能够说明共同体的历史，表达共同体的意识，换言之，这是民众思想的地方表达。然而，故事渐渐地扩展至共同体之外，被整个地域——江南社会其他共同体的人们所传承，梁祝随之成了地域共享人物，因为梁祝故事也可以用来表达他们的思

〔1〕宗震名．梁祝下凡国山县（1978年口述）[M]//见宜兴政协学习和文史委员会，宜兴市华夏梁祝文化研究会．宜兴梁祝文化——史料与传说．北京：方志出版社，2003：272－275.

〔2〕根据乌丙安先生的观察，祝陵村附近已经形成一个以梁祝口头传承为主体的、不停顿地用多种形式重复展演梁祝文化遗存的文化圈，是为“文化空间”，它并不仅指某（几）个地点，而是作为一个民间文化表达的整体乏味。乌丙安．“梁祝”口头遗产与“梁祝”文化空间——以宜兴“梁祝”文化传承为例．宜兴政协学习和文史委员会，宜兴市华夏梁祝文化研究会．宜兴梁祝文化——论文集[M]．北京：方志出版社，2004.

〔3〕柳田国南．传说论[M]//连湘，译．北京：中国民间文艺出版社，1985：46.

想和信仰;表达的空间由此从共同体扩展为江南地域。梁祝故事的江南扩张表明,在祝陵共同体意识中存在着可以为其他共同体所借鉴、利用和发挥的思想元素,或者从整个地域的角度说,江南社会文化圈存在着某些同质的一般思想元素。地域的一般源于共同体的特殊;梁祝故事的依附点集中在善权寺一祝陵村附近,这里为我们钩沉江南民众的一般思想元素提供了方便。

善权寺在宜兴之南五十里的离墨山,始建于南朝齐武帝时。在佛教的影响下,江南人的脾性渐渐改变。明人陈公益为善权寺新建之圆通阁作题记云:

宜兴于今吴分也,吴人轻生好勇,而奉佛尤谨。故释氏之教盛行。民有不惧王法而惧祸福之说者。岂其习然耶?……宗庙之中,未施敬而民敬;墟墓之间,未施哀而民哀。物固有感通之理,是阁之建,将使闻者生敬,敬者生悟,潜销剽悍之习,转为笃厚之归。独不在兹乎?[1]

祸福之说,就是"因果缘报",是佛教的世界观;其生命轮回的人生观依附于善权寺的"三生堂"而流播。清乾隆《江南通志》卷四十五:三生堂,乃唐司空李蠙、宋宰相李纲、学士李曾伯祠;柱联云:一姓转身三宰相;三生造寺一因缘。[2]因缘轮回为置身其中的普通民众所解悟。

很清楚,梁祝故事就诞生于这样一个佛光闪烁的圣地。可是人们对其中包含的儒家礼教与反礼教成分特别感兴趣——这是应该的,因为其中确有这样的成分;也有人注意它与其他民间故事(诗)的关系,比如,与南朝乐府《华山畿》的关系——这也是 个思路,或许它们之间确实存在着某种联系;[3]令人奇怪的地方在于,至今极少有人思考过梁祝故事与佛教的可能性联系。[4]

"梁祝化蝶"沾染着明显的佛意——此生的一对情侣变成了来世的一双蝴蝶,这转换不是生命的轮回吗?而且是符合佛理逻辑的转换:在人道,他们确有"邪淫"之业的造作,于是在生命的轮回中从人道来到畜道,由善道进入了恶道。

---

〔1〕 陈公益.圆通阁记;沈敕.荆溪外纪.明嘉靖二十四年(1545)刻本.

〔2〕 三人曾在善权山碧鲜庵读书,后皆官至宰相;相传其为前后转世而生。

〔3〕 宋郭茂倩《乐府诗集》引《古今乐录》有南朝宋少帝即位时(422—424)"华山畿"的故事:"南徐一士子,从华山畿往云阳,见客舍有女子,年十八九。悦之无因,遂感心疾。母问其故,具以启母,母为至华山寻访。见女,具说,女闻感之。因脱蔽膝,令母密置其席下,卧之当已。少日果瘥。忽举席见蔽膝而抱持,遂吞食而死。气欲绝,谓母曰:'葬时,车载从华山度。'母从其意。比至女门,牛不肯前,打拍不动。女曰:'且待须臾。'装点沐浴既而出,歌曰:'华山畿,君既为侬死,独活为谁施!欢若见怜时,棺木为侬开。'棺应声开。女遂入棺。家人扣打,无如之何,乃合葬,呼曰神女冢。"胡适先生在《白话文学史》(1928年初版,合肥:安徽教育出版社,1999:77-78.)中解释:南徐州治在现今的丹徒县,云阳在现今的丹阳县。华山大概即是丹阳之南的花山,今属高淳县。宜兴与此地很近,很可能收到了华山畿的影响。郑振铎先生也说,梁祝故事"也许便是从《华山畿》的故事里演变而成为这个故事的"。见《海燕·蝴蝶的文学》,新中国书局1932年。

〔4〕 笔者仅在叶聚森《六朝宜兴梁祝传说产生的时代背景》(《宜兴梁祝文化——论文集》)中发现了一段隐约的意思:超脱今生的苦难,追求灵魂的永生或羽化登仙,这种宗教思想同梁祝死后的精魂化蝶,似乎存在着某种渊源关系。或许,我们能从这种关系里,寻找到梁祝化蝶的某种思想脚注。

善良的人们当然不肯将这轮回观贯彻到梁祝身上:各种各样的传说从不提这善(道)恶(道)之别,而极力渲染蝴蝶的自由、洁净、恩爱。[1]在这里,民众思想是自由的,各种理论元素为他们所选择。选择就意味着删减和融汇,从而创造出符合其价值观的拼盘。对于蝴蝶,人们不再纠缠他们的属性,只称其为精魂。[2]灵魂不灭,这是自古以来的民间原始信仰,佛教也有所谓“无没”——历劫生死流转,永不灭坏。两种信仰几乎无需转换,浑然一体于民众思想之中。

在交代梁祝前世的宜兴民间故事中,王母娘娘似乎也受到释尊的影响,她说:“把侍女和侍童推落到祝家庄和梁家庄,降生人间,让他俩经历磨难,能否正果回天,就看他们的作为和造化了。”[3]在这里,王母娘娘被当地民众绑架了;实际应该说,王母娘娘与民众一道被佛陀绑架了。

佛教深入民间,对民众生活“最活跃最直接的影响为轮回转生之说”,另一方面,林语堂先生注意到,它还“替一般在俗的善男信女开辟了一条情感上的出路……它使得妇女们的礼教束缚不似前此之严密而较为可耐。妇人之常喜光顾庙宇,其心比之男性为热切,盖即出于天然的情感上之需要,俾领略领略户外生活……因此每月朔望或胜时佳节,姑娘太太们在深闺里十几天前就在焦急地巴望着了”。[4]从东晋句容人葛洪(284—364)《抱朴子》中,人们发现,在梁祝生活时代的前后,江南女子似乎已经获得了这样“一条情感上的出路”:

> 今俗妇女,休其蚕织之业,废其玄紞之务,不绩其麻,市也婆娑,舍中馈之事,修周旋之好。更相从诣,之适亲戚,承星举火,不已于行。多将侍从,暐晔盈路。婢使吏卒,错杂如市。寻道亵谑,可憎可恶!或宿于他门,或冒夜而返。游戏佛寺,观视鱼畋。登高临水。出境庆吊。开车褰帏,周章城邑。杯觞路酌,弦歌行奏,转相高尚,习非成俗。[5]

了解了江南女子的实际生活状态及其与佛教的关系,对于祝英台出门游

---

〔1〕 据郑振铎在《蝴蝶的文学》中的考察,蝶,被东方人视为较接近于美丽女性的东西。

〔2〕 在《蝴蝶的文学》中郑振铎指出,“蝶在我们东方,又常被视为人的鬼魂的显化,梁祝故事似也有些受这个通俗的观念的感发。”郑先生这里所说“通俗的观念”,其实就是民众的一般信仰。在宜兴农历三月二十八日的蝶节上,午时有一对大蝶比翼飞向蝶亭,观蝶百姓说,那就是梁祝的精魂。民众的这一信仰由士大夫们写了下来。南宋薛季宣《游祝陵善权洞诗》中有“蝶舞凝山魄”句,是比较早的视蝴蝶为梁祝之魂的文字。后人相袭此说。明彭大翼《山堂肆考》卷二百六十六(上海古籍出版社1992年):“俗传大蝶必成双,乃梁山伯、祝英台之魂。”清宜兴人任映垣《祝英台读书台》(清唐仲冕等《重刊荆溪县志》,清嘉庆二年刻本):“红紫秋花浥露开,读书台畔一徘徊。早逢木叶潇潇下,何处吟魂冉冉来。粉蝶双飞还似舞,罗裙五色未全灰。壁间剩有相思句,拂藓搜寻那忍回?”清邵金彪“祝英台小传”:“山中杜鹃花发时,辄有大蝶双飞不散,俗传是两人之精魄,今称大彩蝶尚谓祝英台云。”

〔3〕 宗震名.梁祝下凡国山县(1978年口述)[M]//宜兴政协学习和文史委员会,宜兴市华夏梁祝文化研究会.宜兴梁祝文化——史料与传说.北京:方志出版社,2003.

〔4〕 林语堂.吾国与吾民[M].北京:群言出版社,2010:110.

〔5〕 葛洪.抱朴子.外篇“疾谬”.

学行为的合理性解释,便有了一条思路,一条从故事诞生的时空出发的路子。之前,不少人热衷于从传统文献中胪列"女扮男妆"事例,以建立起与梁祝故事的逻辑关系,并以此佐证梁祝故事,但在地方性主宰日常生活的时代,这样的关系有多少真实性是颇值得怀疑的。

普通民众的思想就是这样的游离与飘忽,支撑其思想的素材又处处破绽,对此,固定证据就成了揭示民众思想特征的一个关键途径。说是固定证据,其实是固定证据提供者——口传者及其地方生活空间,而在这一点上,民众又是最容易确定的:他们占据的地方,就是他们思想产生的空间,体现思想的素材也来自这个空间——"日常生活总是在个人的直接环境中发生并与之相关"。[1]民众思想主要是通过地方来表达的。

二、民间意识的历史脉络

思想有关人的意识,时间脉络不明显,而民众思想的历史印痕更浅些。精英思想总是与特定的思想者相关联,思想者生活的时代已经告知了我们很多。民众不同,他们以错杂的群体面目出现,涉及的时间跨度长,牵涉的人物不特定,蹲守的地方社会常常又不太在意时间,在这种情况下寻找民众思想的演变脉络,可以依赖的主要依据就是支撑民众思想的素材了。梁祝故事没有明确的历史线索,这在意料之中,相反,其间不少的史实乖舛、牵强附会的解释倒使人有时间错乱的感觉。细想之下,事情的本来面目就是如此。当以传说为主要成分的梁祝故事成为民众思想的支撑时,时间的错乱是注定要出现的,因为在长达千百年的时间里,那么多有着不同心思的人在传承它,或者说参与了故事的再创作。这就是传说:流动的! 流动了数千年的梁祝故事已然成了经典,从艺术的眼光看,经典常常摆脱了"速朽性因素",正如莎士比亚的成熟作品,由于突破时空限制,不受历史掣肘,所以"长时间地留存于世"。[2]这样看来,作为经典的梁祝故事本身,以其艺术的性格总是趋向游离于时空之外。

然而,我们需要注意的是,作为历史素材的梁祝故事不仅仅是传说,还包括文献和实迹。[3]传说中的实迹(依附点)让我们发现了民众思想突出的地

---

〔1〕 阿格妮丝·赫勒.日常生活[M]//衣俊卿,译.重庆:重庆出版社,1990:7.

〔2〕 余秋雨.艺术创造论[M].上海:上海教育出版社,2005:18.

〔3〕 梁启超先生在《中国历史研究法》(1922年初版)中将史料按其来源分为两类,"一曰在文字记录以外者;二曰在文字记录者"。王尔敏先生按史料"实质之性质",将"文字记录以外者"别出"传说",而成三类:遗物、记录和传说;遗物包括器皿、遗迹、遗骸、服饰、绘画、雕塑、照片等,记录包括手稿、文书、信札、日记、书册、碑铭、录音、录影等,传说包括对话、口述往事、口传故事、说唱故事、戏剧、歌曲、谚语等。在梁启超那里,与"传说"相类的概念是"口碑":"躬亲其役或目睹其事之人,犹有存者。采访而得其口说,此即口碑性质之史料也"。这里的"口碑"内涵比较单薄,基本上等同于王尔敏先生"传说"中的"口述往事"。作为民众思想史的素材,王尔敏先生的史料类别与梁祝故事非常接近,即文献、传说和实迹。王尔敏.史学方法[M].桂林:广西师范大学出版社,2005:127.

方特性,而通过传说与文献(主要是地方史志)的比勘,民众思想的历史脉络隐约可见。

首先是梁祝故事流布的年代和地点。确定这个问题的直接证据两条,一条在宋张津《乾道四明图经》中:

> 义妇冢,即梁山伯祝英台同葬之地也。在(鄞)县西十里欢迎院之后,有庙存焉。旧记谓二人少尝同学,等到三年,而山伯初不知英台为女也。

张津紧接着按称:"《十道四蕃言》云:义妇祝英台与梁山伯同冢,即其事也。"[1]这《十道》是初唐的作品,梁祝故事的流布应当认定为在此之前。之前到何时呢?

另一条证据是明徐树丕的《识小录》:"梁祝事异矣,《金楼子》及《会稽异闻》皆载之。"《金楼子》为南朝梁元帝所作,不见原文,《会稽异闻》亦无考,但钱南扬先生相信其真实性,并判断:梁祝故事托始于晋末,约在西历四百年光景,当然,故事的起源无论如何不会在西历四百年之前的,至梁元帝采入《金楼子》,中间相距约一百五十年。所以这个故事的发生,就在这一百五十年中间了。[2]这个推断大致不离。如果对光绪《仙踪记略续录》等材料分析,可以得到更具体的年代:梁祝情事发生于东晋宁康(361—375)间,后,谢安奏封义冢;[3]谢安(320—385),东晋孝武帝时(361—396)时位至宰相。结论:梁祝传说发生于公元375年稍后。然而,这最早的流布地不在宜兴,而在会稽。[4]

接着是梁祝故事在宜兴开始流布的年代。迄今为止,有关这个问题的明显线索在南宋《咸淳毗陵志》中:"昔有诗云:蝴蝶满园飞不见,碧鲜空有读书坛;俗传英台本女子,幼与梁山伯共学,后化为蝶。"[5]这里把"共学"与"化蝶"两个主要片断都讲到了。作者既追"昔"日,想来远早于南宋咸淳年间

---

〔1〕张津.乾道四明图经.卷二"鄞县"[M].北京:中华书局,1990.

〔2〕钱南扬.祝英台故事叙论[J].民俗周刊(中山大学).第93、94、95期合刊,1930-02.

〔3〕原文:"东晋宁康间,吴郡梁山伯,国山祝英台同学三年,不知祝乃女子,结为兄弟,寝食与俱。梁为鄞县令。一日为书吏曰:此时正当天地相玄十六劫,帝君谓我诚笃,召入太室造册,定华夷劫运。遂卒,葬四明山下,祝往哭吊,墓忽开裂,祝坠下复合,仅露玄襟,从者褫之皆毁,旋化蝶飞去,晋总中书谢安,奏封义冢。"石史《仙踪记略续录》,光绪七年刻本.

〔4〕莫高《浙江梁祝传说流变考察记》提出几点理由:(1)全国几乎百分之九十的梁祝传说,都称祝英台是上虞人;(2)上奏朝廷的谢安与祝英台同乡;(3)历代上虞县志都将祝英台列为上虞人;(4)上虞尚有祝家庄、祝家祠堂等遗迹。周静书:《梁祝文化大观》(学术论文卷)。按,谢安籍贯为陈郡阳夏(今河南太康),梁祝情事发生时,应是寓居会稽,所谓与祝英台同乡,当理解为同处一地。

〔5〕史能之.咸淳毗陵志.卷二十七[M].嘉庆二十五年(1820)刊本.台北:台北成文出版社,1983.按:此志撰于南宋咸淳四年,即1268年。

(1265—1274);读到南宋薛季宣(1134—1173)的《游祝陵善权洞诗》,可以将“昔日”前推至南宋初年的乾道九年(1173)前,其诗上阕云:

万古英台面,云泉响珮环。练衣归洞府,香雨落人间。蝶舞凝山魄,花开想玉颜。几如禅观适,游鲔戏澄湾。[1]

将其中的“玉颜”“练衣”“英台”“蝶舞”“山魂”等词相连缀,差不多就是“英台化蝶”故事的雏形了。“身后化蝶”的片断是以“生前共学”作为前提的,即可以说,完整的梁祝故事开始流布于宜兴的年代不会晚于南宋初年。还会比这更早吗?没有材料证明,倒是有与之相反的材料。晚唐张读的《宣室志》明言梁祝为会稽人:

英台,上虞祝氏女,伪为男装游学,与会稽梁山伯者同肄业;山伯,字处仁。祝先归,二年,山伯访之,方知其为女子,怅然如有所失。告其父母求聘,而祝已字马氏子矣。山伯后为鄮令,病死,葬鄮城西。祝适马氏,舟过墓所,风涛不能进,问知有山伯墓,祝登号恸,地忽自裂陷,祝氏遂并埋焉。晋丞相谢安奏表其墓曰:义妇冢。[2]

其中的梁祝跟宜兴还是没有关系,也就是说,直至晚唐,宜兴还不曾流传梁祝故事,准确地说,还不曾有故事中的“生前共学”片断。“生前共学”之说且没有,遑及“身后化蝶”了。可是至南宋初年,两个片断却完整了。据此情形,大体可以推断:唐宋之际梁祝故事在宜兴逐渐流传开来。

历史的脉络有时代节点,表明显的转变;有长期演变,表稳定的过程;民众思想史的变化轨迹尤其表现为后者。梁祝故事的两个片断,在江南两个流布点先后起源,构成两个时代节点,在两个节点之间和之外,则是长时段的演变过程。

两个节点之间,即东晋宁康至唐宋之际是第一个长时段,梁祝故事从会稽流布到宜兴,或者说,宜兴在移植“共学”片断的同时,又创造了“化蝶”片断。两个片断在宜兴的合成,不妨看作对佛教与民间信仰的整合。事实就是存在的。在唐代大司空李蠙于咸通八年(867)的状奏里,我们发现,善权佛寺里竟有一块龙王的地盘:

山上有九斗坛,颇谓灵异,每准赦(敕)令,祭名山大川,即差官致奠,凡有水旱,祈祷无不响应……洞门对斋堂厨库,似非人境。洞内常有云气升腾,云是龙神所居之处。臣太和(827—835)中在此习业,亲见白龙于洞中腾出,以为雷雨。[3]

---

〔1〕 阮升基,等.重刊宜兴县旧志.卷九[M].嘉庆二年(1797)刻本.

〔2〕 翟灏.通俗编.卷三十七[M].乾隆十六年翟氏无不宜斋刻本;张读,晚唐人,公元834或835—882之间。

〔3〕 李蠙.请自出俸钱收赎善权寺事奏[M]//阮升基,等.重刊宜兴县旧志.卷十.嘉庆二年(1797)刻本.

龙王的信仰由来已久,官府承认,百姓深信,似乎牢不可破;在善权寺前:

良田极多,皆是此水灌溉。时旱水小,百姓将水车于洞中车水,车声才发,雨即旋降。[1]

善权寺对民间神祇的容纳,其实即是佛教的世俗化和地方化过程,“这个过程主要是在东晋南朝,在江南开始的”,[2]并一直延续。同一过程的另一方面是,地方信仰佛教化了。实际的过程充满着争斗,这其中既有上层政治的干预,更重要的是地方社会的选择,善权寺的命运随之沉浮:

会昌(按,841—846)中毁废寺宇(按,善权寺)之后,为一河阴院官钟离简之所买。宣宗(按,847—859)却许修崇佛寺,简之便于寺内所居堂前,造一逆修坟,以绝百姓收赎建立之路。其茔才成,忽见一大赤蛇,长数丈,据于坟前。简之惊悸成疾,遂卒于此。子息亦固吝,寺前良田竟葬简之于其间。万古灵迹,今成茔域,乡村痛愤,不敢申论,往来惊嗟,无不叹息……今以古迹灵境,恐游玩喧哗,居人亵渎,肸蚃无依,神祇失所,尚令官中收赎,复置寺宇。岂有此灵异古迹兼是名山大川之薮,今为墓田,理交不可……今(按,867)请自出俸钱,依元(原)买价收赎,访名僧主持教化,同力却造,成善权寺。[3]

当梁祝故事在唐宋之际出现的时候,时人也许觉得这是一个自然而然的过程,却无法想象这是数百年来儒家意识形态、民间信仰与外来佛教反复斗争的产物。

唐宋之际宜兴版梁祝故事产生之后,悠悠千年,又一长时段。故事的两个片断合璧于宜兴,此后基本定型,一直到民国时代终结。不同时代、不同地域的人们将之改编成曲艺、戏剧、小说、歌谣,等等,当然还有古老的传说,一遍遍地传承,每一个传承者都可以从中找到相关元素,借以抒发内心的爱憎,表达自己的价值观。千年的故事常传常新,历久弥新,这当然跟故事本身相关,但更重要的原因在于,情爱是人类永恒的话题,而它与传统社会普通民众的心灵更为契合,特别与传统江南社会的民众。这个传统久而厚:从汉唐到宋元,而明清,而民国;经济中心从北而南完全转移;从生计方式到生活形态,而社会阶层及其流动,而宗族世界及其治理,都未发生过太大的改变,更无论生态环境。梁祝故事因此成了传统社会的经典。单看佛教影响下的江南女子生活状态,明末清初与东晋葛洪时代何其相似:

---

〔1〕 李蠙.请自出俸钱收赎善权寺事奏[M]//阮升基,等.重刊宜兴县旧志.卷十.嘉庆二年(1797)刻本.

〔2〕 严耀中.江南佛教史[M].上海:上海人民出版社,2000:107.

〔3〕 李蠙.请自出俸钱收赎善权寺事奏[M]//阮升基,等.重刊宜兴县旧志.卷十.嘉庆二年(1797)刻本.

我们吴越的妇女，终日游山玩水，入寺拜僧，倚门立户，看戏赴社，把一个花容粉面，任你千人看，万人瞧。他还要批评男人的长短，谈笑过路的美丑，再不晓得爱惜自家头脸。〔1〕

如此漫长的岁月里，多少朝代更迭连同战争与和平，多少精英沉浮连同思想荣枯，都难以影响生活于社会底层的民众，他们依旧春耕冬藏，稻麦桑麻，不宠无惊地度着属于自己的日子，连同在那些日子里的梁祝故事，表达着他们的喜怒哀乐。这就是历史的长时段，一个为特定历史问题的需要所决定的历史概念，特定的历史问题很多，比如地域世界中的民众思想。

三、社群生活的日常消解

西汉武帝时代起儒家思想获得独尊，以此为基础，社会制度层面上的婚姻关系基本原则很快确立。在有关南朝社会(420—589)的梁祝故事中，人们已经可以发现这些原则：家长之命，门当户对，贞操节守，等等，与此相对应，民间社会实践着相传为孔子所确认的传统婚姻仪节，所谓“六礼”。汉初戴圣在《礼记》中从国家与社会关系的角度郑重阐述了婚礼的重要性：

昏礼者，将合二姓之好。上以事宗庙，而下以继后世也，故君子重之……所以成男女之别，而立夫妇之义也。男女有别，而后夫妇有义；夫妇有义，而后父子有亲；父子有亲，而后君臣有正。

质言之，“昏礼者，礼之本也”。通常情况下，民间社会是认可这些仪节的，而认可就意味着遵循，意味着秩序井然。然而，梁祝故事的主题却在有意无意地突破上述原则，且贯穿于故事的长期流转之中。它以其鲜明的民间态度不断叙说着普通民众的信仰和追求，体现了与民间—民众精神相一致的日常消解特性。

日常生活单调、压抑、凡俗、平淡，消解这些状态成为日常生活的另一面。从这个意义上说，梁祝故事承担着消解日常生活负面状态的功能。这与精英阶层消解思想困惑的方式不同，也与他们消解日常烦难的方式存在不小的差异。

梁祝故事流布以自然的本能消解着受抑的情欲。食、色，性也；两情相悦、男婚女嫁是人类的本能冲动和嗜欲，文明社会总是“用自己的思想所创立的社会习惯，作为使这些嗜欲在其中以习俗和道德所认可的方式而得到满足……”〔2〕社会依习惯和道德而有了秩序，冲动和嗜欲却因此而被压抑了。英国人类学家马林诺夫斯基从本能与文化关系的角度谈到过婚姻制度的压迫性：

---

〔1〕 酌元亭主人.照世杯[M].上海：上海古籍出版社，1956：63.
〔2〕 柯林武德.历史的观念[M]//何兆武，张文杰，译.北京：商务印书馆，1997：304.

> 结婚须有一种仪式认可底殊特形式……有一种殊特的文化的创造行为,那就是两人之间加上一种新的关系的认可或印记。这种关系保有一种势力,并不源于本能,而是源于社会的压迫。这是超乎生理系结的新的约束。[1]

梁祝故事承受着一定的制度压力:祝英台顺从家长之命,同意了马家的亲事,实际上在此之前却私订终身;梁山伯后来成了县令,与祝家也算门当户对,但早年的山伯却"自以家贫,羞涩畏行",未能及时上门提亲,至于愆期;梁祝同学三载,同居同宿,"实则以身许也",[2]本已越分,却称山伯不知英台为女子,而英台"衣不解带",[3]只当兄弟一场,"其朴质云云"。[4]在这里,梁祝故事故意设计了情欲与道德的两难,但两难只存在于故事情节中,存在于社会秩序的安危中,存在于统治者的要求与民众的恪守程度上。对于口传故事的人们来说,他们毫不犹豫地肯定了梁祝情事的正当性,并没有显示出什么为难之处。情有可原就是他们最终的辩解。平日里被抑制的情欲在故事传承的过程中得到一定程度上的消解,梁祝情事成为人们消解压抑情欲的一剂药方。此其一。

其二,梁祝故事流布以社会的神圣消解着个体世界的凡俗。宜兴带江襟湖,在东南为山水之邑。谷岩幽窅,流濑清激,昔人有乐死之愿。[5]这环境算不了特别,"人人尽说江南好,游人只合江南老",外人眼中的江南都这样,而宜兴人更让梁祝故事附着于江南的一方净土。考其颠末,善权古寺自齐武帝建立寺额,至唐李蠙在此读书出身,遂为名刹,成一庄严世界。[6]在这个世界里发生的故事,应该是洁净的,就如梁祝之间,哪怕在来世:善权山中,杜鹃花发时节,大蝶双飞不散,使人不敢亵渎。

真正的神圣来自于另一个场合。农历三月二十八,数万蝴蝶集于碧鲜庵旧址,是为"蝴蝶会";清史承豫《荆南竹枝词》:

> 读书人去剩荒台,岁岁春风长野苔。山上桃花红似火,一双蝴蝶又飞来。[7]

乡人聚观,称为"观蝶节";歌谣《唱祝陵》道;

> 每到那三月廿八观蝶节,双飞蝴蝶永长生。梁祝活在人心里,代代

[1] 马林诺夫斯基.两性社会学[M]//李安宅,译.北京:中国民间文学出版社,1986:190.

[2] 邵金彪."祝英台小传".

[3] 冯梦龙.全像古今小说.上海:商务印书馆,1947.

[4] 张津.乾道四明图经.卷二"鄞县"[M].北京:中华书局,1990.

[5] 文征明.善权古今录序[M]//沈敕.荆溪外纪.嘉靖二十四年(1545)刻本.

[6] 李曾伯.善权禅堂记[M]//沈敕.荆溪外纪.嘉靖二十四年(1545)刻本.

[7] 阮升基,等.重刊宜兴县旧志[M].嘉庆二年(1797)刻本.

相传岁寒心。[1]

这一天是节日,间断了日常的日子,也就使一种在承平日子里的沉寂神性被唤醒,或称神圣感。这神圣感其实并不神秘,社会学家告诉我们,它来源于社会聚集:

> 只有将人们集中起来,社会才能重新使对社会的情感充满活力。但是人不可能永远集中在一起。生活的紧迫性不允许人们无休无止地聚集,所以,人们只能分散开来,只有当他们再次感到需要这样做的时候,才会重新集合。正是这种必然的交替,才相应带来了神圣时期和凡俗时期的有规律的交替。[2]

不同的节日消解着不同的日常,这是一个特殊的节日,以社群的聚会所获得的神圣感消解着个体世界中的凡俗。

其三,梁祝故事流布以奇闻轶事消解着家长里短的平淡。人总是生活在具体的自然空间里,受到的最直接的影响,当然是在相互熟识、面对面接触范围内的关系,这是自然生成的共同体关系,或者地缘的,或者血缘的。传统社会中的普通民众,生于斯,长于斯,就在这两种关系之中。如此熟悉的社会,平淡是自然而然的。从老辈人那里传下来,自己所属的共同体曾经出现过不可思议的事情,可以设想,这将激起人们多大的兴趣!梁祝故事之所以一直在共同体中传承,很重要的一个原因是,它满足了人们猎奇的心理。一个乡下女子,"伪为男装游学";同学三年,"方知其为女子";英台过山伯墓,"地忽自裂陷,祝氏遂并埋焉",[3]这是祥异事件,总要涉及天,不是静态的天,而是通过现实的运行使之成为芸芸众生能够实际感知的状态,比如风雨雷电。意念中的天人合一,通过实际的事件在天人之间建立起联系,天人形成感应了,而梁祝故事简直惊天地、泣鬼神了。有了这样的感应,就产生另外的效应:事件更可信了。这些,自然是家长里短的日常生活所无法提供的。

至于祥异事件的真实性无关宏旨。文献载录这些事件,百姓口传这些故事,其旨趣并不在于其真实性,而在口传本身。通过口传,更多地可能还顺带一些评点,就表明了一种思想态度:对父母之命的态度,对门当户对的态度,对于女子贞操的态度,等等。口传当然是在日常交往中完成的,是日常行为,但它消解着日常及其平淡。

其四,梁祝故事流布以浪漫的幻想消解着乏味生活的苦闷。从民众对梁祝故事的口传中,或许可见不少的离经叛道,至少与主流的精英思想不会完

---

〔1〕 杨晓芳.唱祝陵[M]//宜兴政协学习和文史委员会,宜兴市华夏梁祝文化研究会.宜兴梁祝文化——史料与传说.北京:方志出版社,2003:298.

〔2〕 涂尔干.宗教生活的基本形式[M]//渠东,汲喆,译.上海:上海人民出版社,1999:457-458.

〔3〕 张读.宣室志.

全一致,尽管他们也接受了一部分精英教化。对此,研究者们往往给予高度的评价,称之为批判性。从精英与民众思想的差异来看,批判性固然是存在的,但在很大程度上民众并没有批判精英思想的动机,他们自顾自地描述一种生活的理想,而描述又未必意味着追求,只是将描述当作抒发情感的工具。所以通观这一过程,批判性未必,理想性也未必,称之为幻想性差强人意。幻想常常浪漫;梁祝故事的浪漫是一般民间传说所不能企及的,特别是化蝶,竟然将此岸的有情寄托于彼岸的无情,可人们却丝毫不觉得其中的矛盾和荒唐。这种情况,林语堂称之为拟想,"其幻象非若高翔九天之上,而将心上的幻影披以奥妙,予以人类之情感忧郁。它具有一种蛊惑的美质,使人信以为真,不求完全合理,亦不可明白地解释"。[1]全部的问题在于,只要挣脱了现实社会关系的束缚,其他的世界就是他们的世界,既是梁祝的世界,也是民众的世界,在那里,梁祝的命运是由民众安排的,按照他们的所思所想恣意安排。

普通民众将梁祝故事着上如此浪漫的色彩,完全来自于生活的冲动,只因为日常生活太苦闷,才需要幻想的调剂。"田家作苦,岁时伏腊,烹羊炰羔,斗酒自劳……酒后耳热,仰天拊缶而歌乌乌",胡适说,这才是说故事的环境,这才是弹唱故事的环境,这才是产生故事的环境。[2]有了这环境,日常的苦闷或许可以消解一些。歌谣传唱是梁祝故事的口传方式之一,乡村女子把她当作情歌放情而唱:

> 十二月蜡梅迎春开,碧草青青花盛开。彩蝶翩翩花丛来,双双飞舞对打对。历尽磨难真情在,家家传颂深深爱。千代万代不分开,梁山伯与祝英台。[3]

她们唱梁祝,也在唱自己:

> 她们的歌谣是哭的叫的,不是歌的笑的,是在呼诉人生之苦,不是在颂赞自然之美,是为人生问题中某项目的而做的,不是为歌谣而做歌谣的。[4]

梁祝故事的依附点又在善权寺这样一个清凉世界,香汛里乡村女子总要来,梁祝故事的口传成为香汛中的一部分,成为她们"日常乏味生活之后的一乐。"[5]嘘唏中的快乐,因为梁祝,更因为自己。

---

[1] 林语堂.吾国与吾民[M].北京:群言出版社,2010:78.

[2] 胡适.白话文学史(1928年)[M].合肥:安徽教育出版社,1999:64.

[3] 吴小春.十二月花名唱梁祝[M]//宜兴政协学习和文史委员会,宜兴市华夏梁祝文化研究会.宜兴梁祝文化——史料与传说.北京:方志出版社,2003:296.

[4] 刘经庵.歌谣与妇女[M].上海:上海书店出版社,1925:3.

[5] 林语堂.吾国与吾民[M].北京:群言出版社,2010:111.

四、结　语

梁祝故事及其流布，引起了学界广泛的兴趣，但这不包括史学界。对于梁祝故事，史家本能地认为，它归于艺术，或者文学，或者民俗，而那些领域常常虚饰，因此它跟史学无关。这不假，梁祝故事本身经不起推敲，曾经流布过的相关各地，谁都可以从中找到一些"依据"，但谁都没有足够的底气声称：梁祝是我们的。可偏偏有人要争这口气。张恨水先生有一个粗略的估计说，在所收罗梁祝故事中，提到会稽、上虞的要占百分之八十，而根据宋代以后的文字，都指明了埋葬地在宁波，也当然，梁祝生产地在浙江了。[1]另有学者以上虞人自居，理直气壮地说：祝英台是我们上虞的！理由是，按照现在的通俗习惯，神话和传说也是历史，因此，研究梁祝也可以说是研究历史。[2]问题是，其他地方，比如宜兴人，偏不买权威的账，同样说：祝英台是我们宜兴的！那么，祝英台到底是谁的呢？实际上，祝英台是所有地方的，但又不是任何一个地方的。说她是所有地方的，因为事实很明显，谁也不能否认，这些地方曾经流布过梁祝故事，普通民众依托她抒发情感、表达思想——这是史实；说她不是任何一个地方的，事实也很明显，传说中的人物本来就是虚构的人物，即使找到所谓"原型"，也跟传说人物不是一回事，因为传说是流动的，随着故事口传人而流播，而故事口传人分属许多地方。从这个意义上说，寻找梁祝人物的诞生地注定是没有结果的。

历史研究依据史实。宜兴的梁祝故事确是漏洞多多，但丝毫不影响这样一个史实的存在：这里曾经流布过梁祝故事；仅此就足够了，民众思想史的解释依赖于流布史实。支撑民众思想的，是梁祝故事的流布，而非梁祝故事本身。在历史的意义上，梁祝属于所有流布地的民众。

---

〔1〕 张恨水.关于梁祝文字的来源[N].上虞日报，2003-10-16.

〔2〕 名家眼中的"梁祝"[N].光明日报，2003-10-16.

社群心态的解读

——围绕1933年的浙江乡村调查而展开

【内容提要】 1933年夏,数名缺乏必要的“田野工作”训练和人文心理准备的学者,开始了在浙江乡村的经济调查,以为救济和复兴乡村之张本。但乡民们对于调查并不配合,学者们感到莫名委屈,认为“农民知识幼稚,头脑简单”,由此需要加强上下层社会的沟通。在对社群心态进行这样的“本位理解”之后,既已进入乡村的学者,利用社群关系和公共空间话语,完成了这次调查。应该说,学者们的经验性探索难能可贵,但与学理意义上的“田野工作”颇异其趣。以此调查为个例的研究表明,在社会史研究范式之下,“社群”理应成为被重视的研究单位;社会史研究对象的特质,迫切要求跨学科对话的充分展开。

【关键词】 乡村调查;田野工作;浙江乡村;社群心态

一、对于异文化的目标预设

1933年,国民党政府行政院设立“农村复兴委员会”。成立伊始,因“急欲粗知各省梗概”,由著名经济学家陈翰笙等总体设计,在浙江乡村进行了实地抽样调查;〔1〕担任实际调查工作的也是经济学者。〔2〕在7月和8月近2个月的时间里,调查的区域集中于龙游、东阳、崇德、永嘉等4县,计33村,1400余户;旁涉其他13县的许多村庄。〔3〕

从社区研究的角度说,经济学者的这次调查,虽说也是直接的实地工作行为,但跟人类学和社会学意义上的田野工作(field work)颇异其趣。在如此短的时段内,涉足那么多县份的村落;只可能是走马观花,而不会是“参与观察”;只可能蜻蜓点水,而不可能作个案研究(case study)。应该说,他们也没

〔1〕 行政院农村复兴委员会.浙江农村调查.序[M].上海:商务印书馆,1934.

〔2〕 他们是:中央研究院的刘怀溥,中山大学的杜岩双,武汉大学的贺渡人,杭州的万杰,绍兴的张德嘉,负责人羊冀成,来自南京,似任职于“农村复兴委员会”。行政院农村复兴委员会.浙江农村调查.序[M].上海:商务印书馆,1934:217,261.

〔3〕 浙江农村调查.例言。准确的实地调查时段为1933年7月1日至8月25日。

打算“参与”;其初衷是:“庶在极短的时期,调查少数的县分(份),而得到全浙农村的真相”,[1]以为救济和复兴乡村之张本。事实上,提供了人力、物力和财力的国民党政府,着急的是立竿见影的效果,而不是深入就里的理解。急功近利的态度是设定这次调查侧重点的基本依据:农村生产关系和阶级状况。[2]在浙江,主要是土地所有、田产转移、土地使用和租佃关系等土地分配情形,户口面积,田赋捐收,兼及乡村一般政治结构。[3]可见,它致力于化约为数字的定量资料和统计汇总,而非力图获得定性材料,后者通常服务于一般社区研究议题,诸如生活行为和情节,群体关系和互动以及角色、生活形态或亚文化等。[4]

从研究者与研究对象的关系角度说,经济学家将要与之进行的接触和互动,也应当看作是一种异文化。文化人类学者大半是研究异文化的:非本族的社群与文化;他们以此作为“最合宜的步骤”,旨在“发现一些特殊的、不为想当然所左右的东西”。[5]当然,经过这一学术训练,后来进入现代汉族社区的研究者不在少数。我以为,这次调查者面对的仍然是一种异文化:异于自身(知识阶层)生产方式和社会地位、文化脾性以社会氛围的民众阶层的文化样式。然而,来到浙江的这批经济学者却没有相应的文化自觉。他们怀疑“农情报告”,认为经过各级政权机关逐级上报的这些数据水分太多,期望通过自己的实地“计较”,获得一批准确的数据,至于枯燥的数据与生动的生活之间有什么联系,他们没有太多的兴趣,也无暇顾及。或许源于纯粹经济学的学术传统,经济学者认为,伴随着世界资本主义经济危机而来的中国乡村败象,自有其发生的内在经济理路,经济的停滞自然应当通过经济的手段来恢复。在这里,农民的生活进入了经济学者们的视野,因此,充满了“勇气、热忱及同情与怜悯的心理,来调查浙江农村崩溃的真相”(第 215 页)。但很明显,这种心理是乡村调查的实践动机;作为知识阶层对民众阶层居高临下式的“救世”义举,它只是一种调查活动的情感预设和静态背景,而不是以之作为沟通研究对象的情感贯注。正是以上的目标预设,后来在一定程度上,模糊了他们解读乡村社群的路径。当农民们不屑于、或者“亵渎”了他们的一腔真情时,他们委屈莫名,思之难解。应该说,这些经济学者缺乏必要的人文心

〔1〕 行政院农村复兴委员会.浙江农村调查.序[M].上海:商务印书馆,1934:218.本文基本材料来自该书中羊冀成的“到农村里去的一段日记”,为行文的顺畅,下文仅随文注明页码,不再赘行脚注。

〔2〕 曹辛穗,等.民国时期的农业[M].江苏文史资料编辑部,1993:53.

〔3〕 参见《浙江农村调查》序,目录以及实际调查情况。

〔4〕 艾尔·巴比.社会研究方法(上).北京:华夏出版社,2000:359-362.

〔5〕 李亦园.我的人类学观:田野方法[M]//田野图像——我的人类学研究生涯.济南:山东画报出版社,1999.

理准备。

二、社群心态的本位理解

人类学的研究一再显示,在许多传统的乡村社会,一个普遍的观点是:陌生人、异乡人、外来者都是“其用心难以捉摸的危险人物”。[1]这一观点源自乡土社会的礼俗性质。接续着滕尼斯关于社会性质的分析思路,费孝通先生指出,与法理社会不同,礼俗社会是“没有陌生人的社会”,人们“平素所接触的是生而与俱的人物,正像我们的父母兄弟一般”。[2]“被土地囿住”的生活环境天然铸就了他们对“外来人的敌意”。鸦片战争之后,最先踏上近代化之路的东南乡村社群与外部社会环境的互动逐渐加强,但过多的既往经历使他们对于“外来人”的态度一直小心翼翼,特别是涉及个人利益的问题时更如此。而另一方面,对于经济学者们来说,他们感叹民生之维艰,肩负崇高的社会责任,自愿来到生活条件颇为艰苦的乡村调查,既不是窥人隐私,亦不为一己之利,完全光明磊落;在与调查研究对象的关系上,他们觉得根本牵扯不到社区研究者所谓的“田野工作的伦理问题”,因此,所到之处,以实相告,“群述中央眕念民生之至意”(第222页)。为了缩小阶层距离,出发之前,他们还进行了“化装”:“均穿短衫裤;盖长衫西服,易启乡人之疑惧,不如和光同尘,可得真相”(第224页)。按照学者们的理解,他们与乡民之间没有互相阻隔的理由。在他们自认为心态和外相的调整已经比较到位情况下,意料之外的隔膜还是出现了。

7月5日,调查者抵达第一站崇德县。在石门湾许桥乡桑园村,“每至一家,辄有妇人露其惊愕之色”:

> 有一妇人当户而织,前往调查,则曰:“我家儿子死了,孙子死了,只有一把老骨头,你们还来做什么?”杨乡长曰:“政府为你们穷,故来调查,要救你们。”则曰:“你只别再同了警察来吓我们就得了,我也不想好处,有好处我也不要。”其悻悻之色,几拒人千里之外。(第224页)

崇德素以蚕业名闻遐迩,石门湾“其繁盛却在县城之上。抗战前,这地方船舶麇集,商贾辐辏”,[3]风气自应相对开通,然调查甫始,却遇此尴尬,令调查者颇为奇怪,打听之下,乡里“收门牌费时,确曾带警严催”,乡民便对政府政策的基层执行过程呜呼不已:“故知安石新政,未始不佳,办理不善,便成怨府,一般执政者,深处堂奥,宁复知之?”(第224页)在进入“田野”的学者们看

---

〔1〕 吉田祯吾.宗教人类学[M].西安:陕西人民出版社,1991:185.

〔2〕 费孝通.乡土中国　生育制度[M].北京:北京大学出版社,1998:9-10.

〔3〕 丰子恺.胜利还乡记[M]//丰子恺文集(文学卷二).杭州:浙江文艺出版社,浙江教育出版社,1992.

来，与“深处堂奥”的“一般执政者”不同，他们已经具备了对于社群心态和行为“知之”的条件。

在20天的调查后，经济学者们确实也掌握了一定的调查技巧，迎头拒绝的情况很少发生了，但掩饰、隐瞒现象让他们颇为棘手。7月22日，调查者羊冀成和一许姓区长来到义乌县的叶枫村，“一般农民，你推我让，连祠堂门口都不敢走进来……许区长看得没得办法，怕这样的调查，没有结果。又领我到了旁边的一个三余村，在他的亲戚家里休息，预备从他家开始。但是最初说明来意时，颇极首肯，以为从此可迎刃而解，孰意在全家人数及出外工作人数时，尚肯见告，至事业收入及所有田亩数，即诿称不知而须问其兄”。据侧面了解，此家以制火腿为业，收入尚丰，且受过高小教育，而畏惧如此：“报告时之迟回审慎，为难畏惧情形，诚不可以言语形容，故多不问其姓名，藉以稍减其恐惧之心”(第242页)；若一般百姓望而却步则固然了。经再三解释，调查始得峻事。

社区“殷实之家”的隐瞒不是第一次。调查进行至一个星期，7月8日，在桐乡县西京乡的五圣堂村，有一位外科医生，名沈步青，50多岁。据其报称，有田地13亩。近邻们都说他已经抵出，并且没有此数。沈家的隐瞒与上述“火腿专业户”的隐瞒不同，调查者分析，乡村医生，作为“一村之望者也”，虽说在乡村崩溃的情形下生活渐形狼狈起来，但他们“一般假装门面，来维持他的身分(份)”(第228页)。

其实，对调查拒绝或隐瞒的大多数是勉强度日的自耕农家。7月4日，在崇德县洲泉镇，庵河南村的情形让调查者记忆犹新：

> 时村中老幼，亦皆问讯来观，童稚挤于足前，面部呈露一种好奇的态度。妇女探头室内，现一种惊讶之色，以为官中人员下乡，又不知有何事故。青年男子，则赤脚着犊鼻裤，从田间来，强作解人曰：“此一行人，来催旧欠耳。”时省府严催旧欠，封屋拘人，雷厉风行，谈虎色变，故乡人咸以此相猜。(第222页)

在经济学者们看来，他们与村民之间的隔膜原因仅在于缺少沟通，中央的现行政策不为广大社区民众所了解和理解，故发生此等误解。所以，在地方官长的配合下，调查者们遍告“此次调查，实为决定救济农村对策之初步”之后，“一般闻者，或色然以喜，以为福音；或自作聪明，视为儿戏”(第222页)。但真正“理解”了政府意见的“一般闻者”究竟是些什么人呢？且不说其中还有仍“视作儿戏”的“不解者”，所谓理解者亦多为赤贫之家：“失望而不信者，固属不少；因贫而望救者，亦复有之，饥者易为食”；即如“贫而望救者”，仍持观望：“不识政府果将以何术抚绥我民也?”(第224页)。原来，赤贫者也不过是“死马当活马医”的想法罢了。

在20世纪30年代前后各地展开的乡村经济调查中，调查者与乡民之间的隔膜是一个相当普遍的现象，通常是："农民的答语往往非常含糊，或者故意隐瞒，不说实话。"[1]来自江南小镇、一生致力于乡村蚕业改革的教育家郑辟疆先生，对此深有体会：外来人常常"使农民不敢接近。故素不相识之人士，欲入农村调查，殊难获得真情"。[2]1930 年 2 月至 4 月，建设委员会浙江省立设计会，对临安乡村的经济状况进行了为期 43 天的调查，其"困难情形，亦有不能已于言者……农民中虽敢怒而不敢言，但冷淡和厌恨的态度，却已深深印入各调查员的脑中了"：

——农产物、田亩等数量，常以多报少；租税等之数额，常以少报多……

——此次调查临安农村，曾因言语的隔膜而引起农民反抗的风波……

——调查员曾跑到某农村进行调查田亩，问长问短。当时即有几个一知半解者口出谰言，说我们政府调查田产，是预备将来要实行共产的。诸如此类的谣言，实在是不一而足的呢。

所有这些，调查员归之于"农民头脑，比较简单，对于数字观念，本少兴趣，加上怀疑的心理、欺弄的恶意，以致所报告的，常有不合情理者"；对于政府政策，"农村中常有一知半解者"；再深究下去，他们认为：

中国农民的知识，幼稚得怪可怜，而又很守旧。临安县农民也大都如此，对于各种新设施、新法令，常有不快之感。尤其是像调查这一类的事情，表面看来，对他们是毫无利益，而反受了许多的麻烦。他们那有欢迎之理呢？[3]

这便是学者心目中的农民形象和社群心态。这样的理解基于学科自身的知识结构，并以一个局外人的视角对于乡村亚文化进行了概念式描画，相对于下文涉及的"主位理解"，在此不妨称为"本位理解"。

三、社群心态的田野探寻

隔膜起于精英阶层与民众阶层的沟通稀疏，而源于"农民知识幼稚，头脑简单"，经济学者既如此认定，倘若要使调查富有成果，则应当修改调查设计，针对村民，深度访谈，但作这样的修改，且不说需要训练有素的社群观察者；事实上，在行政干预之下的统计性经济调查本身，从一开始就缺乏弹性，因而

---

〔1〕 张锡昌. 怎样做农村调查[J]. 中国农村. 第 2 卷，第 3 期，1936-03-01.

〔2〕 郑辟疆. 浒墅关蚕校对蚕丝业改进的经过[M]// 苏州文史资料(1-5 合辑)，1990；费孝通. 做人要做这样的人[M]// 逝者如斯. 苏州：苏州大学出版社，1993.

〔3〕 建设委员会调查浙江经济所. 浙江临安县农村调查[M]. 杭州：正则印书馆，1931：5-6. 浙江临安县档案馆藏.

不可能设想它会随着实际行程，根据理解的需要，缩小战线和范围，长期蹲守，演变成社区研究性质的田野工作。

为了使调查得以继续，经济学者们在实践中逐渐摸索了一些行之有效的方法，大体可总为两端：

社会关系的利用 经济学者们一开始就意识到，在崇德县太平乡杨家村的调查之所以“尚称顺利……农民之竭诚见告者，以孙、沈为乡民所素识故”（第223页）。[1]故而此后每至一地，首先遍访地方官绅和朋友，“嘱其介绍当地人士，为调查之助”（第234页）。刘怀溥等人在崇德石门湾颜井乡陈家村的调查，惊动了自县政府指导员、督促员而乡长而闾长而邻长的帮助，故“调查尚称顺利”（第224页）。基层官员往往是社区人际关系的结点，像崇德许桥乡杨乡长“昔曾设塾课蒙，兼业堪舆”（第224页），“又归依于佛，亦所谓九流三教之人”（第230页），“村中情形，均颇熟悉，故各家均直言无隐”（第224页）。

后来的事实证明，“直言无隐”云云，是调查者们过于乐观了；官长力量说到底还是行政关系的体现，官民之间的微妙隔阂隐现不居；而民间业缘关系则呈现完全不同的状态。浙中东阳中学教员申屠君，“劳大毕业”，居南乡，当杜岩双一行来到里塘村调查时，便由他陪同。里塘村，距申屠家不远，“故乡中之人，咸认识之，职是之故，减少了许多惊惶恐惧的心理，而以真相见告”。杜岩双不但得到申屠的帮助，“村里一个绅士，亦一现宰官身……凡乡民有怀疑而嗫嚅其言者，经彼一言亦莫不爽直以告”（第239页）。为使中介渠道通畅，地方领袖成为经济学者们的注意对象。在缙云，为避免在东阳人为“增加的许多困难”，他们“多方觅取当地富有知识，具有声望之人以为助……类为一乡之优秀和活动者，既不患无人，又不患不熟，较县署中人被农民目为官而怀疑者，诚事半功倍矣”（第246页）。所以在东阳县调查的贺渡人颇有感慨：“区长的权力，赶不上熟人的交情。”（第239页）

公共空间的发现 公共空间（public space），从操作意义上可以简单理解为：一定社群的人们用于消闲活动的公共场所。对于乡村公共空间的存在，经济学者们是在最初的行程中不经意地感觉到的。7月3日，他们从海宁长安镇进入崇德途中，搭船而行，“舟中趁（乘）客颇类乡农，与杂语，虽不能知崩溃之原因，然类能知穷苦之真相，盖任意谈话，实较正式调查为方便，农民无所考虑，信口直言，实与直接设想时之遮遮掩掩，多方顾忌，诳言搪塞者，相去远甚”（第220页）。这一“舟中”空间的启发，形成后来调查的自觉行为；琢磨

[1] 据《浙江农村调查》第221页：孙是崇德县政府的指导员，沈是督促员，均“为崇德土著。故乡间情形，异常熟悉。”

之下,发现乡村竟有许多“不足为外人道也”的公共空间和空间话语。[1]

作为崇德四区具有典型性的调查样本,果子园村是由“区公民陈雅宜及区长陆庆恩所代选”的。村民“闻调查目的,为将来救济农村张本,故皆欣然相告”,至一时许,即已毕事。对于调查结果,调查者总觉得不踏实:“默揣四区情形,副产较二三两区为多,宜不若是之穷,心殊以为未当。”带着疑惑,他们来到“村肆”,“就一般顾客中,探其口气,果子园是否可为大通乡标准(代表)?”乡人“多数意见,均谓不能”;“贫富皆有”的适当对象原来在永宁乡(第226—227页)。

祠庙是乡间又一公共空间。以村民们神圣的“娘娘”信仰为支撑,永嘉上塘乡娘娘庙“朱栏碧瓦,颇极华丽”,调查者们便“招附近的村民,随便讨论”,以选择抽样村落(第257页)。在义乌叶枫村,羊冀成趁在祠堂休息之际,“预备先向农民解释,再行着手调查”(第241页)。经济学者们已对乡村公共空间相当重视。

从经济学者为消除社会隔膜而进行的技术处理过程中,我们发现,他们实际上已经接触到田野工作的一些方法。也许社区关系的利用在很大程度上还带有日常经验的色彩,不过,对于乡村公共空间的自觉意识,已经赋予其相当程度的学理意义,这样的意识来自、也只能来自田野。人类学、社会学等学科“唯田野说话”的法则在“田野”里得到再一次验证。正是在田野里,经济学者事实上已在进行着社会学者经常性的工作:

> (桐乡)五堂村较为殷实,贫农数目,不若他村之多。我们坐在庙的旁屋里,一般农民,到休息的时,都贪庙里的凉爽,前来“歇热”。因将表中各户,对甲问乙,对乙问甲,均尚确实(第228页)。

这便是社区研究者所谓的调查“信度”;而尤其值得重视的“效度”,随着实地调查的进展,学者们亦有所了悟。8月16日,调查渐近尾声,他们寓居于永嘉上塘乡娘娘庙内,“夜间由欧阳队长述娘娘庙之神话,以资谈助”(第257页)。只可惜这种“自由联想”(free association)式的访谈,总是因为紧凑的行程安排必须戛然而止;在新的一站,重新开始“联想”的自由。不断的“重新开始”构成了经济统计式调查的连续性,而无法达到社群研究意义上的思想驿站。

人类学的看家本领是“长久地做田野调查”,或谓“参与观察”,一般说来,“半年学语言,会说当地话”。[2]异地的经济学者不可避免地也会遇到语言问

---

〔1〕 在江南,除了这里所揭示的“航船”“村肆”和“祠庙”外,乡村公共空间还有诸如“乡镇公园”“茶馆”等,小田.近代江南茶馆与乡村社会运作[J].社会学研究,1997(5).

〔2〕 李亦园.我的人类学观:田野方法[M].田野图像——我的人类学研究生涯.济南:山东画报出版社,1999.

题。在浙江，刘怀溥、贺渡人的语言，“又大成问题，除杜君一人外，几全有格格不入之势，非有本地人协助，为之解说明白，恐所提结果，或且远离事实也”（第234页）。在“本地人”的层层中介下，距离“事实”还有多远呢？读一读羊氏8月17日在永嘉县的一段日记可知大概：

偕（贫民工厂）周君到霞碧村调查……访乡农会干事盛永寿君兄弟及小学校朱文元，先由周君以土语告之，再由余详细解释，始明其梗概，于是遣其先向农民按户通知，再往调查，故虽言语不通，尚未引起惊惶恐惧之状。（第257页）

他们大概接近了“数据事实”，但与“思想事实”相去依旧遥远。

四、社群心态的深度解读

那么，当地村民的“思想事实”究竟是什么呢？在这里，现代人类学宣称：“一般社会科学家常用的问卷与大型社会调查似乎都派不上用场”，唯一路径就是田野工作。田野工作要求研究者长期（至少半年以上）浸淫于某一社群生活：学习当地的语言，参与当地的活动，尽可能地将自己溶入当地人的日常生活中。借由这样的手段，使研究者摆脱先入为主的主观文化偏见，而以当地人的眼光看待事物，即所谓“当地人的观点”（native's point of view），〔1〕实现文化解读由“本位观”向“主位观”的视角移情。一旦作如是观，横阻于经济学者与村民之间的种种隔膜就从“始料未及”变成“意料之中”的了。

最初来到崇德的学者，在进行有关土地和人员状况的调查时，许多村妇猜测，此谓“将抽丁训练，（现正举办常备队）或征人口税，或征田亩税，故特下乡详细调查，否则，政府何不惮烦若是，于赤日炎炎之下，仆仆往来，为人民谋福利哉！”闻此一言，学者们痛心不已：此无稽之谈耳！而“调查障碍，亦同时发生，皆讳不以真相见告”（第222页）。经过反思，他们理解了农民：“盖北伐完成后，空头支票签出太多，一般人在失望之余，实已久不作此想矣。故在农民意见之中，但求无为之治而已。”（第222页）这已经是站在“当地人”立场上的理解了。乡村社会学家在对美国印第安农民与外部世界（主要是政府）的关系考察中发现，传统意义上的农民几乎都存有这种“无为之治”的想法；它是一种亚文化。据贝利报道：他们的“信念是如此坚定，一些显然不是剥削而是善意的行为被认为是伪善的，目的在于掩盖某些隐藏着的利益。总而言之，所有的马都是特洛耶（伊）木马”。究其原因，社会学家认为，长期被剥削的历史使农民习惯于对外界采取敌对态度。〔2〕

〔1〕 李亦园.人类的视野[M].上海：上海文艺出版社，1996：13.
〔2〕 埃费里特·M·罗吉斯，拉伯尔·J·伯德格.乡村社会变迁[M].杭州：浙江人民出版社，1988：327.

从国家与地方关系框架中解说“当地人观点”的成因并不难,得出的结论也难免浮泛;问题的关键在于,作为两者关系的“介质”或“递度”,与社区民众直接接触的乡里之官,在民国年间政治生活体系中,扮演了怎样的角色?发挥了怎样的作用?我们本能地意识到,乡官的作为与“当地人观点”的形成有着密切的关联。

中国历代地方行政,一般说来,以县为最下级的行政单位。县官与社区民众的互动频率存在着相当大的差别。据东阳县金县长言:“东阳面积辽阔,县府中人,素不下乡,故情形并不熟悉,且大半来自外县,语言亦格格不入。”(第235页)“素不出门”“不谙情形”的金县长,面对调查者当然“无以见告”(第237、246页)。同样,在永嘉,“据云县府中人,皆来自外县,以下乡为苦”,何苦之有呢?曰:“出产不多,交通不便,土匪充斥……时出剽劫。”(第256页)一般说来,乡区安全的维护,应当是作为县级辅助机构的乡里组织的职责。与县级政府的不作为或少作为相比,乡里之官的作为在塑造地方政权的形象方面更为重要。

赋税征收与乡民的经济利益最密切。近代以来,正税附捐极为繁重,江南尤甚。[1]调查发现,义乌农民“引为最苦者,即附捐太多,不胜负担”(第241页)。在东阳,“为了修公安局屋子的特捐,造区公所房子的特捐,捐助飞机的特捐,都是乡长与区长的事情。所以始终得不到完全的信任”(第239页)。这就把乡里之官置于农民的对立面了;而“对立面”的背后,隐约着国家政权的影子。因此,当以“政府代表”为旗号的知识人真实地出现在乡村中的时候,“当地人”该作何感想呢?他们会轻信来自上层机构的“救济”“帮助”之类的许诺吗?

在社区生活的实际运作中,基于剥削关系的“横暴权力”的体现,[2]往往并不是国家权力而是乡里官长。“普天之下,莫非王土”,在传统农业社会,笼罩于儒家权力话语之下的农民认为,“种田交粮”乃天经地义之事,而具体操作则是在乡里社会中进行的。在这一过程中产生的,乃是首属群体(face to face group)的冲突,这其中除了“封建专制主义的本质”,[3]以及近代以来不可避免的阵痛等原因之外,乡里组织机体的自身蛀蚀亦为不争的事实。20世纪30年代初渐起的“信用合作事业”乃是政府“复兴农村”运动的重要一环,以免除或减轻贫苦农民所受的高利贷剥削,并使涸竭的农村金融复活起来。但在龙游一地方银行,参观者发现:“试办货物抵押,凡衣服首饰,均可质值。因与同人前往参观,组织亦颇完备,第借款抵押,本为救济贫民,今所质之价值,平均总在三元以上,可见质户不尽是属贫民,而真正的贫民,实未受其利。”

〔1〕 小田.近代江南农民负担述论[J].中国农史,1997(1).
〔2〕 费孝通.乡土中国 生育制度[M].北京:北京大学出版社,1998:59-63.
〔3〕 赵秀玲.中国乡里制度[M].北京:社会科学的文献出版社,1998:294.

(第247页)[1]

民国政府为推进农村产业化、科学化而采取的一些措施,却倍使农民失望。在合作事业"已为成绩最好,数量最多之县"的崇德县,学者们被欺瞒了:"社会之狡黠者,每假借热心公益之美名,作剥削农民之利器,若今日者,彼固特引我侪至最苦之区,借我侪为幌子,推销蚕种,鼓吹合作(每张获利二角)。""黠者"之意"殊别有所在,而区长亦受其暗示";对此,学者们都有些失望了:"自治自治,如是而已。"(第227页)那么,我们不禁要问,在信息极不对称格局中处于弱势的农民,对于政府的"拯救"和"美意"产生怎样的理解才能符合我们的价值判断呢?

其实,经济学者只是在不经意间掀开了社群生活的一角,而乡村社区生活的实态运作过程绝不是"匆匆过客"所能了解的。在这里,人类学与社会学的田野工作理论显示出其实践意义。

五、结语:社群—社会

沿循上文的叙述路径,依稀能够看出,我们的落脚点将主要不在一般史学家所关心的诸如"某个事件是什么"(what)的问题上,而更加是"该事件如何会这样(how)"的过程里,具体到本文就是:社群心态的理解方式。在传统史学分类中,"社群""心态"之类,具有明显的边缘特征,而它们,恰恰是社会史所关注的焦点。我以为,在社会史学术群落中,关于社群心态的解读方式,牵涉一些基本的历史认识论和方法论问题的根本解决。与本文题旨密切相关的问题是:社会史范式中的社群—社会关系以及由此发生的跨学科对话。可以相信,对于这些方面的清晰认识,有助于社会史研究向纵深推进。

现代意义上的社会史与法国年鉴学派有着清楚的渊源关系;他们"所要求的历史不仅是政治史、军事史和外交史,而且还是经济史、人口史、技术史和习俗史;不仅是君主和大人物的历史,而且还是所有人的历史;这是结构的历史,而不仅仅是事件的历史;总之是一种总体的历史"。[2]从这里,我们不难明白,社会史所谓的"总体"(或称"整体")史观,在探讨领域上从"片面"拓宽到"全面",在考察主体上从"少数"囊括到"全体",在观察视角上从"要素"发展到"关系"。心态史学在这一革命性的转换中得以创立。与社会史的"民间"、"大众"和"日常"指向相一致,心态史学所研究的是历史上社会群众(或其中的一部分或集团)所共有的观念和意识,这种观念和意识在民间世代相沿,一般不因政权更迭而发生突变,因此不同于官方的意识形态(虽然这二者

---

〔1〕 龙游的现象当时在全国比较普遍;骆耕漠.信用合作事业与中国农村金融[J].中国农村.第1卷,第8期,1935-05-01.

〔2〕 雅克·勒高夫.新史学[M].上海:上海译文出版社,1989:19.

之间也存在着互相影响和联系),是人类社会精神文化乃至整个人类历史中最具稳定性的部分。[1]

可以说,心态史比较典型地展示了社会史的内在理路和学术特色。心态史不同于群体心理史,或者社会精神史,不能指望通过史学空间的扩张进入史家的视域,它的出现,是史学范式转换的结果:关注的主体不是"英雄人物",而是"社会群众";投注的目光不在官方,而在民间;引起兴趣的不是"突发的"事件,而是"稳定的"的日常;以"观念和意识"为深究对象,但离不开联系相关因素的综合考虑……所有这一切,都在试图以一种独特的框架或视角,即所谓社会史范式,揭示过去史学所忽略的某些社会生活维度。这些新的维度与传统维度一道,组成了全景式的社会生活场面。依据这种范式建构起来的往昔生活,便呈现出"总体历史"的显著特色。

需要强调指出的是,在新的史学范式之下,社会生活维度并没有被充分揭示。作为研究单位,"社群"之维便是其中重要的一个。"社群"是与"社会"相对而称的。吴文藻先生指出:"社会是描写集合生活的抽象概念,是一切复杂的社会关系全部体系之总称。而社区乃是一地人民实际生活的具体表词。"[2]过去,我们习惯于缕析社会主文化,关注"重大历史事件",自然也就以"社会"为研究单位,而在新的史学范式中,与日常生活、普通民众、功能结构、生活情境等维度相对应的"社群"之维,理应成为历史学重视的研究单位。以社群为单位观察人类社会是拥有田野工作传统的人类学赖以支撑的方法论基石,社会学、民俗学以及语言(方言)研究都有一些诠释社群文化的经验,这些可以共享的学术资源,"满足对所观察的文化具备深层知识的要求";这种"为理解所需的知识",[3]是解读包括心态在内的社群思想和行为的"他山之石"。

纵观现代学术的演进,地方社群话语的坚持并不是"后现代性"的时髦,而是现代性范畴中的应有之义;地方性不仅不是对全球化的反动,恰恰是全球化、特别是经济全球化的一个有机组成部分;人们应当关心的不是赞成或反对全球化,而是怎样的全球化?

20世纪上半叶的中国学者在现代汉族社区的田野工作表明,在幅员辽阔的中国,地方性不仅仅意味着民族性,而且还意味着乡土性,意味着乡土社群生活;从不同视角呈现出的地方性,对于我们清楚地认识国情,在世界经济、社会格局中发挥和保有自身的社会民族特色,从而跻身于相当的地位,有着十分重要的意义。而20世纪30年代经济学者们在浙江乡村遭遇的人文尴

---

〔1〕 罗凤礼.历史与心灵[M].北京:中央编译出版社,1998:112.

〔2〕 吴文藻.现代社区实地研究的意义和功用[J].社会研究,1935,总第66期.

〔3〕 华勒斯坦,等.开放社会科学[M].北京:生活·读书·新知三联书店,1997:23.

尬，提醒人们，地方性话语还没有成为纯粹经济学的“中心词”，换言之，如何认识和解决国家—社会关系过程中的社群文化问题，当时还缺乏自觉的理论指导。[1]已经来到田野的书生们，捧着一大堆事先设计好的“结构性”调查问卷表格，开始了他们的实地调查。在崇德县政府，调查者们访问毛县长时，“具述来意及调查方式，期于各个不同区域内，选择几个足以代表该区的典型村落，做一番挨户调查的工夫，庶几拿着这几个村落的数字，明了这几个村落的情形，便可以了解崇德的一般状况”（第220页）。既然如此，还用得着进入田野吗？恰恰是村民的冷漠和隐瞒让他们辨识到了田野的真实意义：那里的芸芸众生向每一位来到他们中间的知识者用各种方式（包括拒绝）伸出了求助之手，而不管其隶属于何种学科。经济学者的人文遭遇和困惑，传递着一个信息：跨学科之间的沟通和对话是一个时代课题。或许在这个意义上，我们才能深刻地理解，为什么费孝通先生一本名为《江村经济》的“农民生活”的“田野笔记”被人类学大师马林诺夫斯基预言为“人类学实地调查和理论工作发展中的一个里程碑”。[2]而20世纪90年代以来诺贝尔经济奖获得者的贡献也昭示了当代经济学的前沿趋向：严密的数理统计绝不意味着人文关切的淡化，跨学科的对话将在更高层次上展开。当然，历史学的跨学科对话并不限于经济史学对人类学的借鉴，社会史实践所昭示的当代史学发展的一个主要趋势是：“历史学家首先应当面向人类学和社会学去寻找新方向是毫不足怪的。在所有的社会科学中，社会学和人类学在观点上与历史学最为接近。”[3]

---

〔1〕 当时，从社会调查的实际需要出发，一些学者也零星讨论过相关的“技术问题”，如调查者向农民发问时，态度要和蔼而谦逊，“最好能用说当地土话”，调查对象最好选择“年青的雇农或手工业者谈话”，调查的场所最好是在“农民的家里”，等等。张锡昌．怎样做农村调查[J]．中国农村．第2卷，第3期，1936-03-01．

〔2〕 费孝通．江村经济——中国农民的生活．马氏序[M]．南京：江苏人民出版社，1986．

〔3〕 查弗里·巴勒克拉夫．当代史学主要趋势[M]．上海：上海译文出版社，1987：76．

晚清大众传媒的社会导向

——对《点石斋画报》中"祥异事件"的分析

【内容提要】　"祥异事件"在《点石斋画报》中占据相当大的篇幅。撇开事件的历史真实性,专注于事件传播者的社会导向性,不难发现:所谓"异兆"不过是"天人感应"的民间表达方式,《点石斋画报》因势利导,意欲在民间世界构建起与精英社会相通的自然认识论,并使之成为其他社会导向的依据;《点石斋画报》着意强调"异兆"中的凶兆,视之为社会罪愆的征兆,慨叹世道之陵夷、人心之陷溺,意在影响人们的时代认识,同时又以预示性吉兆粉饰太平世相,暗示皇权存在的合理性;《点石斋画报》喋喋不休于"异兆"的因果示戒之功,力图左右世人的人格取向并使之付诸生活实践。整体暗合于"祥异事件"中的命运观表达,让人们明显感受到《点石斋画报》浓重的传统底色及其沉重的现代步履。

【关键词】　"祥异事件";大众传媒;《点石斋画报》;社会导向

祥异事件,即兆应吉凶的特异事件,而以灾异事件居多。在佛教看来,就是善恶感应之事;感应者,古今得失吉凶之征验也。[1]传统社会中的人们常常视异兆为天对人的示警或惩罚。《汉书·宣帝纪》:"盖灾异者,天地之戒也";又,《汉书·龚胜传》:"灾异数见,不可不忧。"祥异事件充斥史籍,从官方正史到地方史志,以至各种小说家言,抱持救世为人之心者,莫不津津乐道祥异,而《点石斋画报》这部被称为近代中国"进入全球想象图景"的大众传媒,[2]同样对祥异事件充满着极大的兴趣。"大致而言,'奇闻''果报''新知''时事'四者,共同构成

〔1〕　聂云台,许止净.历史感应统纪.第一卷[M].浙江乐清雁荡龙湫院藏,1929.

〔2〕　据陈平原先生考订:《点石斋画报》创刊于1884年5月,终刊于1898年8与,积画计四千余幅,为"中国最早的画报"。(陈平原.晚清眼中的西学东渐[M]//陈平原.点石斋画报选.贵阳:贵州教育出版社,2000.)在大可堂版(上海:上海画报出版社,2001.)中,余秋雨先生有寥寥数言,述其大概:"1884年5月,上海《申报》的订户发现,送来的报纸间还夹着一本薄薄的画册,八页,封面为彩色纸,上写《点石斋画报》,内容有图有文,以图为主,用连史纸石印。从此以后,每十天都能收到一本这种随报附送的画报。"

了《点石斋画报》的主体……后期则因果报应的色彩更浓些。”[1]至于登载“果报”事件的目的，在“申报馆主”推介画报的文字中，曾有所披露：“书画，韵事也；果报，天理也；劝惩，人力也。本馆印行画报，非徒以笔墨供人玩好，盖寓果报于书画，借书画为劝惩。”又称，《点石斋画报》所登事件，“信而有征，其文浅而易晓，故士大夫可读也，下而贩夫牧竖，亦可助科头跣足之倾谈”。[2]此言手段；加之“画报以图画表现这些新闻，于是针对恶行的一些公众警告马上就出现了”。[3]《点石斋画报》对民间社会（尤其江南地方社会）的影响力可想而知。鉴于以上特点，结合考虑《点石斋画报》的传媒性质，本文拟以“传媒的社会导向”作为祥异事件分析的主题；相信这样的分析，不仅有助于认识近代媒体对于民间社会导向与教化功能的发挥，亦且对于民间社会一般思想的了解，以及对于晚清媒体的近代性判断，都会有所助益。“《点石斋画报》独特的长期性影响是一项艰难的课题；截至目前，这样的研究还几乎是空白”，为此，德国学者鲁道夫·G. 瓦格纳提示：“这份刊物对……社会类型如何被建构、现实如何安排自身进入图画场景和分期故事，以及反过来人们如何在自己的举止、活动连同对现实的叙述中模仿其中一部分……值得更细致的考察与调研。”[4]这样说来，本文所确定的主题应该是有意义的。

一、异兆：天人感应

> 新建人洪某，御人也，事母甚孝。母老且盲，洪每佣得钱，必市酒肉归，使妇作食。妇顾氏，性忤逆，尤好饶；每乘夫不在，辄先自啖，以少许食姑，姑无如何也。后妇产一男，已数月矣，而饶逾甚。迨洪市切面归，令妇熟以进母。妇尽食之，不以与姑。姑索食，妇欺其盲，烹蚯蚓进之，姑食而呕吐。时，天方晴霁，忽烈风暴雨，雷震一声，失妇所在。雨霁，洪御车归，过石山，见一裸妇，即之，乃其妻也。腰以下葬于石中。周身皆石，宛如熔铸，力拔不得出。问其故，喑哑不能言，亦不死。石旁雷书二十四字，深入石中，其文云：“埋半身以存孤，豁双乳以哺子，日一食以延生，期三年而击死。”洪日抱儿就乳，并挈饮食饷之，日止一餐，遵雷教也。观者如堵，三年雷复击，妇死，暴尸于外，遍体焦烂，蚯蚓嘬之，而缝仍合如故。[5]

此“雷埋逆子”之属，在《点石斋画报》所载祥异事件中，为数最多。天人之

[1] 陈平原.晚清眼中的西学东渐[M]//陈平原.点石斋画报选.贵阳：贵州教育出版社，2000.
[2] 申报馆主.第四号画报出售[N].申报，1884-06-07.
[3] 鲁道夫·G·瓦格纳.进入全球想象图景：上海的《点石斋画报》[G]//刘东.中国学术，2001-04.总第八辑.北京：商务印书馆，2001.
[4] 鲁道夫·G·瓦格纳.进入全球想象图景：上海的《点石斋画报》[G]//刘东.中国学术，2001-04.总第八辑.北京：商务印书馆，2001.
[5] 雷埋逆子[M]//点石斋画报（大可堂版）第15册.上海：上海画报出版社，2001:150.

际,交相呼应,是为“天人感应”,所谓异兆,可以说是“天人感应”的民间表达。世间忤逆晚辈不鲜,而逾顾氏者不多:欺婆婆失盲,竟“烹蚯蚓进之”。如此伤天害理,激怒了上天,将其雷击入石,不得好死。忤逆者的下场之惨不论,让“蚯蚓嘬之”作为顾氏的最终了断方式,其意味深长。顾氏之行与上天之惩暗合如此,令人惊异。天人感应的因果关系应该是清楚的,人是因,天为果,但这里,上天的干预和征兆是主动的、积极的,只要世间有“业迹”存在,上天便不会袖手旁观。既为天惩,便鲜有差池。在(江苏)丹阳出现的“雷误击人”事件不能不说是一个例外:

> 丹阳东乡馆师,某一日晨起,塾临大河,见过路二客熟睡岸侧凉亭中。一老者背负包裹,领旁插尖角小黑旗如钱,一少年枕伞卧。馆师戏取旗插少年颈,忽大雷雨,霹雳一声,少年死,懵然如梦,闻空中呼曰:“误矣,华先生速来。”有古衣冠者以药一盏,灌之入口,冷香沁骨,跃然而苏。又霹雳一声,老者击毙,馆师亦伤一手一目。[1]

上天的“失误”完全缘于世间“馆师”的游戏,馆师因此而“伤一手一目”。类似的事件似乎不只是“祥异”,几乎有些怪异,怪异到不可思议。在此情况下,《点石斋画报》常常声言“惟据所闻者录之,至其事之有无,则非予之所知矣”,[2]或者按语“此事颇涉不经,惟传者凿凿,故录而存之”。[3]也有人认为它“属于非常强调‘可见’因而也就‘可信’的那一类社会报导”,[4]涉及祥异事件,时间、地点、人物,叙事的基本要素,基本上面面俱到,甚至有时还出现目击证人。如苏州葑门内楚家巷汪氏妇与孙媳妇同谋杀人,光天化日之下,遭至雷殛,“是日适有某缝工在其家制衣,目击其事,言之凿凿”。[5]

其实,祥异事件的真实性无关宏旨;《点石斋画报》载录这些事件,其旨趣并不在于其报导真实性,而是事件背后的社会导向追求:通过祥异“奇”事的不断刺激,让人们感觉天的存在,进而在天人之际中追究;可感的祥异事件由此成为民间社会体悟和理解宇宙本体的依托。事实上,从初民社会开始,芸芸众生一直是以这样的方式来认识宇宙、自然和人类自身的。《点石斋画报》深谙这种民间认识方式,并发挥自身的图像优势,顺势利导,力图将传统的世界观传达给世人。在祥异事件中,所谓的天,并非静态的概念,它通过现实的运行使之成为人们能够实际感知的状态,并具体呈现为雷雨风火、草木虫兽、奇胎怪物等。

---

〔1〕 雷误击人[M]//点石斋画报(大可堂版)第12册.上海:上海画报出版社,2001:99.

〔2〕 天降红雨[M]//点石斋画报(大可堂版)第9册.上海:上海画报出版社,2001:296.

〔3〕 吞赈显报[M]//点石斋画报(大可堂版)第9册.上海:上海画报出版社,2001:291.

〔4〕 鲁道夫·G·瓦格纳.进入全球想象图景:上海的《点石斋画报》[G]//刘东.中国学术,2001-04.总第八辑.北京:商务印书馆,2001.

〔5〕 素谋天谴[M]//点石斋画报(大可堂版)第5册.上海:上海画报出版社,2001:159.

异兆示例

异兆类型		示例	异兆实迹摘要	资料来源
雷雨风火	雷殛	天诛逆子	距金陵城数十里东北乡，有某甲……家有老母，龙钟殊甚。甲恶其徒耗菽粟，事之不以礼，日惟妇言是听。妇则……往往助甲为虐……（一日）妪看守门户，偶一不慎，有小窃攫其茶盂而去。子妇查知，肆口交詈，继竟将妪推仆。邻人畏其凶悍，莫敢与闻，方谓天道无知，而不知丰隆君业已查悉。霎时大发雷霆，霹雳一声，已殛甲于阶下，而跪其妇于旁。则见甲脑后、足跟各一小孔，青烟缕缕，有硫磺气，两目突出，面焦如鬼。	《点石斋画报》第12册，第152页
	雨物	天雨黑粟	雨金、雨粟、雨豆、雨毛、雨钱、雨血，史不绝书，论者多谓由于灾异……（琼州）去三义坡里许，天雨黑粟……该处人以高州梅菉地方，去岁七月雨黑豆，今夏四月雨黑米，随即疫症流行。今海口时疫未消，复见此种异事，咸惴惴焉忧之。	《点石斋画报》第8册，第284页
	狂风	怪风毙孩	浦东高家巷四通桥某甲，家道小康，生有三子，长六岁，次三岁，幼者尚在襁褓中。前月中旬某日，两孩嬉戏门外，突有狂风一阵，卷地而过……长者失左足，而次失左手。邻女闻知入视，床上孩则满面血流，鼻亦不知去向。移时三孩，辗转毙命。该处邻人且谓，是风来时，有黄色小犬乘之而行，好事者遂附会为天狗星云。	《点石斋画报》第2册，第251页
	火灾	阴谴可畏	（杭州上皮市巷圆件公所里老妇徐氏）一日方就寝，披衣而坐，信手拈一火以吸旱烟，火星落而未觉。衣裤沿着，灼及肌肤……泣告曰："我平生媒人失节者十一人，现经诸妇之亡夫告准阴司；日受炮烙之刑，以抵生前罪恶。"	《点石斋画报》第10册，第69页
草木虫畜	花草	芝生于房	广东顺德人某甲，前数年于本村买得吉地一区，经营宅宇。落成后，园内忽生一芝……大如五斗栲栳，周身作五色晕，结顶葳蕤如流苏……识者观之咸曰："此瑞芝也。"然则汉武时，芝生于房，正不得独有千古矣。	《点石斋画报》第11册，第46页
	树木	桐生异状	湖南宝庆府邵阳县东乡，距桃花坪四十余里，有桐树焉……春季始华，数年来习以为常，毫无所异。本年正月初，勾萌未达之时，树忽生意欣欣，一夕之间葱茏茂密，所发枝叶，均作刀枪剑戟状……见者咸疑为刀兵之兆。	《点石斋画报》第10册，第134页

续表

异兆类型		示例	异兆实迹摘要	资料来源
草木虫畜	益虫	青蛙变幻	杭俗相传,金华将军即青蛙也,其小如钱,身旁金丝缠绕,往往降临人家。青色者吉,紫色者凶,灰色者有疾病死亡之灾。其应如响。近有某大家,于案头忽见此蛙,不知其为神也……玩弄良久,而色变紫,一转瞬而色又变灰,即持以示人,识者曰:"此金华神也。当以烧酒、香烛,送至金华庙,否则,必有灾异。"	《点石斋画报》第9册,第235页
	家畜	犬生异兽	犬生九子,皆为镇物之祥,由来尚已。近闻芜湖黄池镇某姓,家畜有老犬一头……生小犬九头,内有一头,声喔喔,善鸣善舞,绝不类犬。论者谓:"九犬中必有一吼,上应天星,下为瑞物。"	《点石斋画报》第9册,第270页
奇胎怪物	人类奇胎	生而有髭	湖郡北门外谢庄地方,甲妻某氏于某日分娩,一索得男,赤面长髯,哭声宏大,几疑伏魔大帝托生人家。举家惊骇,议论哗然,有谓为不祥者;有引灵王故事,卜为后日贵人者。	《点石斋画报》第12册,第82页
	动物怪胎	黔驴产卵	盱眙西乡仇家集有养牲者,家畜长耳公数头……一日,其牝者忽产卵三,色白、形圆,蠕蠕而动……未几,而大火起灾,至千余家。说者谓是火灾之先兆。	《点石斋画报》第12册,第144页
梦	异梦	以梦救梦	某叟曾于梦中见其子有凶险事,醒后惊疑不定,因往其子寝室窥之……忽见檐际有一黑影,或往或来,凝眸视之,则其子也,身如弱柳临风,仿佛欲坠檐端。距地数丈,脱一失足,则性命堪虞……叟疑其狂,疾声喝之,子始醒。问其故,哑然笑曰:"儿方梦登危楼。"说者谓:"此叟若无恶梦,则其子早已跌毙矣,谁谓妖梦无征哉?"	《点石斋画报》第8册,第250页

异兆主要是自然异兆,当然不排除极少数人体异兆,如梦。在人们的眼中,这些自然界的异常变化就意味着"天","异兆"成为天的存在方式。从思想史、特别是精英思想史的角度来看,这样的天,在文明时代渐渐不再是人们看到的"天象",关于"天象"的知识在长时期中也并不直接干预思想。但由于人们的经验与观测,天在传统中国的生活世界中成了"天道",暗示着思想的合理性,建构了知识与思想的"秩序"。所谓"天人合一",其实是说,"天"(宇宙)与"人"(人间)的所有合理性根本上建立在一个基本的终极依据上。[1]在这一意义上,"天人感应"可以看作是"天人合一"的动态表达。

〔1〕 葛兆光.七世纪前中国的知识、思想与信仰世界——中国思想史[M].第一卷.上海:复旦大学出版社,1998:46-47.

与上述一般性判断不同,异兆的观念表明,至少在民间社会,可感的“天象”与抽象的思想之间并不隔膜,两者建立起直接的关系。这说明民间社会遗续了初民社会的思维习惯,同时也体现了民间思维的固有特征,来自晚清民间的种种祥异事件,则从一个侧面反映了这种特征。应该说,《点石斋画报》对民间思维特征的把握是敏锐的,并以此为基础开始了社会导向。其实也毋庸讳言,由于晚清大众传媒对自然(异兆)的科学的认识水平有限,在许多情况下,它对异兆的解读实际上是对民间认识的一种认可。需要指出的是,这种认可绝不意味着《点石斋画报》就是民间思想的表达工具,相反,民间的思维能力和思维方式成为它利用的工具,并以此高屋建瓴,主导民间社会对宇宙、自然和生存环境的认识,并成为其他社会导向的依据。

二、祥孽:世道人心

“天人感应”思想暗示:自然界的异常变化是世道人心的映照,所谓“异由人兴”。作为异兆,《点石斋画报》中的奇胎怪物层出不穷:

> (上海)周浦西乡百曲村,有瞿姓十余家,聚族而居,皆农户也。族中某甲,娶某氏妇,怀孕数月,以为头角峥嵘,必有超乎人类者出焉。讵至十月初旬分娩,胎经下地,则见尖其头,长其尾,四足分开,毛茸茸然,遍身皆是。惊而呼曰:此非人之种,胡为乎出人腹而不具人形也。家人以为不祥,举锄击毙,悬于树巅,暴露三日,任人观看。然后以火焚之。[1]

面对“似人非人”之胎,一般皆视为不祥之兆,通常“毙之”:或淹、或杖、或弃、或绝乳;俗谓:产怪必如此,方免下次再来也。苏州小市桥张姓,一胎生下五子,竟各具奇形怪状,张亦以其不祥,弃之于野,“俾戾气所钟,不致常留于世”。[2]对于动物怪胎的处理方法亦大体如是:距汉口大智门外二十余里李家墩地方,有村民李某,一日发现鸡卵生出怪物:头尾毕具,生有四足,毛毵毵然,似鼠非鼠,似马非马。李以为不祥,立时击毙,弃之门外。[3]

至于这些奇胎怪物何由而起,言人人殊:

> 京师东直门外,有曹氏妇,身怀六甲,荏苒三年……今夏六月……瓜熟蒂落,见孩身竟是一龟,盘旋伸缩,曳尾悠然……说者谓:此必妇女深夜纳凉,被龟精为祟所致;或又谓:妇夫实有隐慝,故天生是物,以为写照。[4]

“然欤?否欤?则非君子所知矣。”《点石斋画报》的存疑态度,首先由于其缺乏科学的认识和解释工具,常常将动物(包括人类)的妊娠归为“钟气而孕”,所

[1] 似非人类[M]//点石斋画报(大可堂版)第12册.上海:上海画报出版社,2001:322.
[2] 卵生异状[M]//点石斋画报(大可堂版)第9册.上海:上海画报出版社,2001:230.
[3] 鸡卵生怪[M]//点石斋画报(大可堂版)第14册.上海:上海画报出版社,2001:234.
[4] 妇人生龟[M]//点石斋画报(大可堂版)第8册.上海:上海画报出版社,2001:189.

以，在上海，闻有初生小孩“人其身而猪其首”，则发出疑问：“特不知产妇于受娠时所感何气生而此怪物？”[1]无独有偶，天津也出现了“究不知所感何气而生此怪物”：某姓妇生下一孩，顶围青发一圈，旁生两角，巨口獠牙，牙出口外者寸许。数之得四枚，额后具耳四。[2]

面对民间关于妖胎来由的多种解说，“钟气而孕”的知识储备让《点石斋画报》有些无所适从。山西客民苏某之妻，产下一无头男孩。夫妇见而大惊，以为形作刀头之鬼。有人索解到一种原因：“苏妻当怀妊时，曾出外游行，偶经天字码头，适值骈戮数犯，弃尸于地，见而大惊，遂有此产。”《点石斋画报》不但相信此说，还据此谆谆诲人：“此古人胎教之说所以令孕妇不可妄视也，意深哉。”[3]真匪夷所思。

既无科学的认识工具，《点石斋画报》便将妖胎归咎于人，“异由人兴”在这里就是“妖由人兴”，《点石斋画报》告诫“局中人，所当深省”。[4]皖人某甲之妻，生下一只巨蛙，《点石斋画报》指为“好杀物命，专养口腹之报”：

> 某甲种秋田数亩……惟性好杀生，秋熟酿酒，必广取田鸡，或燔焉，或炙焉，日不下数十头。积而久焉，生命不可屈指计。[5]

类似的妖胎有福建晋江县古窑乡人蒋亚狗之妻产下的“鸽卵”；蒋夫妇自陈“此杀鸽之报”：

> 先是，蒋性嗜鸽，常豢千余头，不饲一粟，日放高飞，入山求食，附近农家晒稻于场，及有植物将成，每为群鸽所啄，咸深恨之。畏蒋凶悍，不敢撄其锋。更有向蒋购鸽豢之者，不一二日，即为群鸽引回，蒋遂呼妇宰而烹之。[6]

如果某人没有外显孽迹，那一定内敛了“慝迹”。“以人生人，事之常也”，倘某妇生下怪胎，“偏不与人同”，则被怀疑“别有为人所不齿者”。[7]闽地某考生在应试时为蛇缠绕而死，《点石斋画报》议论道：“其罹于厄也，偶也；不然，若而人者，其生平有无愆疚，本不可知，而概以孽报。”[8]追问直抵人心；甚至极端到：

> 温州大南门外，有七十二岁老妪，前月二十三日，馌于田，震而毙。邻人道其生平，茹素诵经，并无恶迹；不知何故，而上干天怒。[9]

---

〔1〕 弃置怪胎[M]//点石斋画报(大可堂版)第2册.上海:上海画报出版社,2001:329.
〔2〕 妖胎志异[M]//点石斋画报(大可堂版)第2册.上海:上海画报出版社,2001:64.
〔3〕 无头小孩[M]//点石斋画报(大可堂版)第10册.上海:上海画报出版社,2001:198.
〔4〕 似非人类[M]//点石斋画报(大可堂版)第12册.上海:上海画报出版社,2001:322.
〔5〕 杀蛙生蛙[M]//点石斋画报(大可堂版)第3册.上海:上海画报出版社,2001:121.
〔6〕 食鸽生鸽[M]//点石斋画报(大可堂版)第8册.上海:上海画报出版社,2001:206.
〔7〕 似非人类[M]//点石斋画报(大可堂版)第12册.上海:上海画报出版社,2001:322.
〔8〕 棘闱志异[M]//点石斋画报(大可堂版)第5册.上海:上海画报出版社,2001:149.
〔9〕 雷殛佛婆[M]//点石斋画报(大可堂版)第5册.上海:上海画报出版社,2001:123.

按常理,皈依三宝者,当非恶人,为何亦遭天谴?《点石斋画报》断语“天道诛心,决无误杀平人之理;今而知虔婆之命名,特其虔于奉佛耳”,即是说,佛婆虽口口声声阿弥陀佛,但内心一定有不可告人之事。当然,上天偶尔也会将“隐慝”以适当的方式示之世人。尝见小说家言:某农家豢养一牛,硕大肥腯,忽被雷殛,众大疑,俄而牛背忽现字迹谓:“此牛系秦桧转身,故虽堕畜类,犹难免天诛。”[1]几乎同样的事件发生在宜昌:某姓之牛为雷震死,牛背判有字,验之则曰:“雷公本姓刘,平生不打牛;因他前生为知府,错砍九人头。”《点石斋画报》按言:“事固荒诞不足辩,而判语更鄙俚而不文等之,妄言妄听焉可。”[2]话虽超脱,却并不能掩盖其对世道人心的倾向性判断。另一例:

> 今春三月初六日,天大雨,东瓯西门外潘某偕其伙在西溪凉亭坐谈,电光闪处,霹雳一声,竟将潘某殛毙。好事者察其项背间,隐隐有“宁台界抢洋害命”字样。

族人的疑惑终为上天所昭示:潘某家素赤贫。前年出门,云往台州宁波谋生,次年归,衣服丽都,气象大异,有问其何由致富者,则以赌博及中吕宋票彩对。[3]《点石斋画报》将此例题为“昧良雷殛”,偏正表达出的一因一果关系十分明确:昧良导致雷殛。

如果说大多数祥异为某人既往罪愆的征兆,那么,对于一些实在难以追溯来由的祥异事件,《点石斋画报》即使不以“隐慝”度测,一般亦不会视之为未来祥运的预兆。有一类异胎生而有髭;家住京师西便门外蔡公庄庙后之奚姓便遇此异胎,“奚姓以为不祥,绝其乳,数日而毙”。[4]而湖北某甲家,见此举家惊骇,议论哗然,有谓为不祥者,而甲“不忍伤天地好生之德,因留育之”。一存一留虽不同,但两地人视之为凶兆则同。其实,时人亦“有引灵工故事,卜为后日贵人者”,[5]《点石斋画报》对此论十分谨慎,不作评论;它的谨慎实际上是在慨叹世道之陵夷、人心之陷溺。在他们眼里,不仁不孝、盗杀奸淫充斥世间,“祥异”事件之异兆,自然也不应该是吉兆。本来,吉凶两在是一个事物的固有属性,而《点石斋画报》宁愿视作凶兆。应该说,此类事实不绝于史,近代以来,愈益猖獗,但同样不可否认的是,近代不但遗绪了传统礼法,而且平等文明的意识也在潜滋暗长之中。《点石斋画报》偏专注于前者而漠视后者,主要缘于祥异事件传述者和记录者的心态。他们特别关注世道人心的“阴暗面”,主要出于警醒世道、厌饫人心之心,同时也满足了世人关注同类、猎奇他方的心理。《点石斋画报》编辑祥

〔1〕 牛遭雷殛[M]//点石斋画报(大可堂版)第10册.上海:上海画报出版社,2001:211.
〔2〕 雷击耕牛[M]//点石斋画报(大可堂版)第2册.上海:上海画报出版社,2001:234.
〔3〕 昧良雷殛[M]//点石斋画报(大可堂版)第7册.上海:上海画报出版社,2001:163.
〔4〕 诞生怪物[M]//点石斋画报(大可堂版)第10册.上海:上海画报出版社,2001:189.
〔5〕 生而有髭[M]//点石斋画报(大可堂版)第12册.上海:上海画报出版社,2001:82.

异事件的初衷固然达到了,但在无形中影响了人们的社会观,时人所谓“世风日下”“一代不如一代”的慨叹由此而发。

与上述情况形成鲜明对照的是,如果祥异事件涉及的不是具体的生命个体,而是抽象的世相,则异兆基本上属于预示性的吉兆。[1]在《点石斋画报》中,这样的异兆有两类:

一是文兆。广东鹤山县坡山海口,有一文塔,某夜,忽有光芒一道,从塔顶斜出,望之如白练然,顷刻上冲霄汉,良久始灭。近处居人,见之目眩神摇,群相猜测,或曰:“是殆所谓云无心以出岫耶?”一耆宿曰:“非也,方今文运昌明,人文蔚起,国家宏开恩榜,以俾多士观光。然则此塔之瑞霭宣流,光华发现,度必有伟业文人高掇巍科,身应其兆者。谓予不信,请拭目俟之。”[2]在这里,《点石斋画报》述而不作,态度不甚明朗。在另一处:绅士黄君重修天津府学泮池,忽见有金鱼数尾,在池面以漾以游,大几盈尺,天机洋溢,文采斐然。黄君以前事证之,以为明年金殿唱胪时,必有大手笔。此曰“跃鲤呈祥”,《点石斋画报》提示道:“自来慧业文人,其将高掇巍科,必有嘉祥之兆。”[3]“仙蝶呈祥”与此颇成映照之趣:“太常仙蝶,夙著灵异,此固上苑之祥征,容台之瑞应”——在京师崇文门内东单牌楼水磨胡同贡院,官商马某忽见“至公堂”文光四射,瑞气腾霄,旋即天际有物飞至檐前,“第见采羽翩翩,忽现忽隐。一霎时,展翅向明远楼中飞去。据耆老云:前十年曾有见者,今届仙蝶重来,必有佳兆。明年适值举行恩科,可为赴试诸君预祝鳌头之占也”。[4]

与跃鲤和仙蝶示兆的方式有所不同,“竹放奇光”发生在广东南海县西樵山麓。据乡人言:“该处有竹,猗之成林。近于每晚忽发奇光,熊熊然,烛照遐迩。”居民疑祥疑孽,为此,《点石斋画报》引俚据谚,申论道:“粤谚有‘竹树开光,科名鼎甲’之语。闻数年前,曾有是兆,今当公车北上之际,又逢其奇。吾知七十二峰、二十四泉间,殆有探花上苑、兴宴琼林者乎,录之以征后验。”[5]

进行这样的申论,《点石斋画报》本身亦觉有附会之嫌,只是其有隐曲在焉。在江南“仙蝶征祥”事件中,绝大部分人“皆引为佳兆,预卜秋榜中人,必将有探花上苑者”;也有人据实辩称:“江南为人文渊薮,鼎甲之选,不绝于科,簪仙杏宴琼林,本意中事,彼小小飞虫,适逢其会,何必据以占科第哉?”《点石斋画报》在赞同后者“亦颇得体”的同时附言:“是论也,亦颇得体,特微嫌煞杀风景。”[6]这才是

---

[1] 在笔者所见到的以生命个体为对象的祥异时间中,《点石斋画报》明显倾向于“预示性的吉兆”,仅两例,一为第11册46页“芝生于房”,另一处为第11册第130页“竹报平安”。

[2] 文塔腾光[M]//点石斋画报(大可堂版)第10册.上海:上海画报出版社,2001:146.

[3] 跃鲤呈祥[M]//点石斋画报(大可堂版)第8册.上海:上海画报出版社,2001:309.

[4] 仙蝶呈祥[M]//点石斋画报(大可堂版)第9册.上海:上海画报出版社,2001:247.

[5] 竹放奇光[M]//点石斋画报(大可堂版)第12册.上海:上海画报出版社,2001:76.

[6] 仙蝶征祥[M]//点石斋画报(大可堂版)第5册.上海:上海画报出版社,2001:140.

问题的实质所在：吉兆云云，纯粹涂饰“风景”而已。

二是圣兆。光绪圣寿之年，圣兆迭现。先是在湖北省垣万寿宫，某日黎明，一大鸟长或丈余，毛羽纷披，光辉五色，栖止殿屋之脊，幽鸣者三，随北向翱翔而去。见此，一老儒曰：“是凤也；当兹庆祝圣寿之年，获观来仪之瑞，猗欤休哉。非甚盛德何以致此？”〔1〕凤凰来仪，犹未足书其瑞应，继之，在湖北罗田县境之天堂山，有入山采药者见一大白鸟，形状如雉，尾长数尺，光彩皓洁，高飞入云，后有数百彩雉从之，五色备举，采药者炫然惊异。〔2〕为此，《点石斋画报》毫不吝惜笔墨，引经据典，文采飞扬，极尽歌功颂德之能事：

> 凤为羽虫之长，备五德之全，致群鸟之从，居四灵之一；生于丹穴，翔于紫庭。其鸣锵锵，其羽翙翙。九苞六象呈其异，五文七德著其奇；非梧桐不栖，非竹实不食；必升中而降止，览德辉而下之。昔轩帝出而巢于阁，箫韶奏而仪于庭，文王生而鸣于岐山，类皆盛世之休征，非可幸致者也。〔3〕

《白雉献瑞》云：

> 《韩诗外传》：成王时，越裳氏……献白雉于周公。《后汉书》：明帝永平十年，白雉所在出焉，班孟坚作《白雉诗》以颂，汉德比拟周成，指为大瑞。自是而后无闻焉。今者圣人在上，白雉复应时而出，以为天下文明之兆。〔4〕

雍雍乎天庥荐臻，百灵效顺，几至海晏河清之盛！世道果真如此清朗？这里，我们根本用不着证诸清末社会史实，进而指责《点石斋画报》有意粉饰太平，而应当根据这些议论去判断《点石斋画报》的政治倾向，从而理解其社会导向的良苦用心。

三、示戒：人格取向

祥异事件所映现的世道人心是在认识层面上进行的社会导向，而《点石斋画报》更重视在实践层面上的社会人格养成。

祥异事件的哲学基础在于“天人感应”。在祥异事件中，“天人感应”之“天”被具体化为自然界的各种可感异象，而“感应”亦不过是各种因果报应的异闻。连篇累牍的异兆，喋喋不休于因果，实际上意在左右人们的人格取向并付诸生活实践。这与佛教所宣扬的因果报应异曲同工：

> 感应云者，即因果之谓也……若无因果，则善无以劝，恶无以惩，遑论明明德以止至善，断烦惑以证菩提乎？由其知有因果也，则必趋吉避凶，改

〔1〕 鸣凤呈祥[M]//点石斋画报(大可堂版)第10册.上海：上海画报出版社，2001：83.
〔2〕 白雉献瑞[M]//点石斋画报(大可堂版)第10册.上海：上海画报出版社，2001：131.
〔3〕 鸣凤呈祥[M]//点石斋画报(大可堂版)第10册.上海：上海画报出版社，2001：83.
〔4〕 白雉献瑞[M]//点石斋画报(大可堂版)第10册.上海：上海画报出版社，2001：131.

过迁善,闲邪存诚,克己复礼,冀入圣贤之域,期登极乐之邦。上焉者安而行之,中焉者利而行之,下焉者勉强而行之。〔1〕

在祥异事件中,受到天谴的劣迹昭彰之徒,人格无疑存在着严重缺陷;存有隐慝者,人格算不上健全,亦自会有报应显示。比如士人,入闱应试,变故多端:或登蓝榜者有之,或交白卷者有之,或卷忽遗失遍觅而竟不珠还,或卷自撕毁、心狂而不成只字。《点石斋画报》认为:"此其人,类皆小有隐慝,冥冥之中,不欲遽杀其身,特于棘闱中略示以报应耳。"〔2〕

强调报应的目的为了使人警惕向善,所谓善有善报,恶有恶报。做一个善人,这是《点石斋画报》所给出的人生信条。何为善?江西安义县某乡一老妪便是:乐善好施,数十年如一日。老妪的善行其实不过是传统文化着力倡导的邻里"救济";她得到了回报:

今春二月某日,忽烈风雷雨,天地昏晦,乡人相顾失色,不知所为。妪闻屋后仓廒有声隆隆,恍如千军万马乘势而来。惊骇之余,手足无措,呼其子令往探视,则见仓门大开,储谷累累,已有京坻之观。亟趋白于妪,妪以斛量之,得谷千三百余石。爰以手加额,向天祷告拜受所赐。及天晴,复邀集众邻,每家各赠谷一石,除散去外,尚余数百石。一时闻者皆谓为好善之报。

得到回报的老妪一如既往,继续着她的救济义举。这是一座活的牌坊,不仅仅留作人们的景仰,而更是景仰之后的效法。对于善行与雨米之间的逻辑关系,《点石斋画报》作者亦感到联系有些生硬:"果如所言,上天鉴观之道,毋乃烦乎?"无如他的解释更荒唐:"意者其有狐鬼,凭之裒多益寡,以报私惠欤?"语气颇不一定;但最后的结语却是一定的:理或近是!〔3〕

在这里,人们能够明显地感受到,"天人感应"是一股力量,或者说一种压力,驱使世人向善。老妪的善行固然令人感动,但这样的例证在祥异事件中可以说绝无仅有,《点石斋画报》着意的基本上是恶行的揭露与报应;这样的恶行令人发指:

福建南安溪仔尾,有甲乙二人,谊本同姓,居又比邻。甲有子五人;乙则只生一子,爱若掌珠。一日,甲之少子与乙子嬉戏,年幼无知,误率将剪刀断乙子势,痛极而殒。乙咆哮索命,甲百计哀求,许以其子立为嗣,不可;许以百金使自抱养,又不可,必欲杀甲之子而后快。甲畏其强不得已,以少子予之,乙乃持锄掘地,拟将甲子活埋。时观者如堵,无敢劝者。穴既成,

〔1〕 释印光.历史感应统纪.第一卷.发刊序[M]//聂云台.许止净.历史感应统纪.第一卷.浙江乐清雁荡龙湫院藏,1929.

〔2〕 鹰攫试卷[M]//点石斋画报(大可堂版)第8册.上海:上海画报出版社,2001:200.

〔3〕 福从天降[M]//点石斋画报(大可堂版)第11册.上海:上海画报出版社,2001:85.

乙执甲子欲瘗之，甲子畏死号呼跳跃，不肯入穴。正相持间，有兴化卖鸡雏者，观而笑曰：活埋不可，胡不以锄击毙？时白昼清朗，观者尚未散，忽迅雷一声先击卖鸡雏者，次殛乙。

作者评价道："残忍之报，捷于影响，天道岂真梦哉！"[1]天道是悬在恶人头上的一把利剑。《点石斋画报》特别关注恶行的惩毖，是别有深意的，这深意，从十分关注历史感应事件的许止净居士那里，我们能够明白一二："夫君子修善，未必僥福，而小人为恶，莫不畏祸，倘人人有畏祸之心，则恶业日减，善心日增，世道人心，不无补益矣。"[2]

在《点石斋画报》看来，世人首先需要修持的是孝行，在"祥异事件"所涉及的恶行中，不孝最为大宗。将这些不孝行为呈现在人们面前，无非是督促人们仁孝，所谓"善莫大于仁孝"。善行的其他表现由此一一展开，具体而微地例证了儒家善文化：友爱、忠义、救济、厚德、高洁、敬神、贞节、爱物……而在大量的祥异事件中，人们看到的却是相反的人格表现：不悌、不忠、虐民、叛逆、滥杀、淫德、悖德、淫邪、戕物……

需要引起我们注意的是，《点石斋画报》在祥异事件中所暗含的人格导向，并不简单地表现为静态说教，而是详细表现为一个动态向善过程，即通过活生生的事件说明上天对于人类既往经历的宽宥，从而促使人类弃恶从善。《雷警恶人》记：

松郡华邑亭林镇刘乾和南货店主某甲，性奸刁，善权，子母盘剥贫民，颇获厚利。家有老母，鹤发龙钟，不堪操作，甲待之甚虐，稍有违言，辄肆詈骂。上月某日，参横斗转，时在黑甜乡中，忽闻狂风怒吼，大雨倾盆，雷电随之，屋瓦震动。俄而霹雳一声，洞穿其屋。甲忽从床中惊起，两手高抬，望空矗立，一似被人束缚也者，痛楚难堪，矢天悔过，谓："从今后定当痛改前非，决不再干天怒。"誓毕天即宽其既往，启以自新，感应之机，捷于影响，果得运动如常。甲欲盖其迹，某日雇工修屋，而该匠之臂，又忽麻木不仁，事遂止。然而事亦奇矣。

《点石斋画报》设问："天将留此缺陷，以彰恶迹欤？"[3]在这里，《点石斋画报》敬告世人：异兆不能仅仅看作是"彰其恶迹"的"示戒"，在很大程度上，上天也参与了社会人格的塑造。祥异事件的高妙之处于此可见一斑：人假天威，"示威"人类，包括恶人；勉励世人，痛改前非，轨入正途。在这里，上天似乎具备了与人类同样的情感，在促使人类向善时尤其如此。在"五木有灵"事件中，上天派

---

〔1〕 天诛忍人[M]//点石斋画报(大可堂版)第8册.上海:上海画报出版社,2001:228.

〔2〕 许止净.历史感应统纪.第一卷.自序.[M]//聂云台,许止净.历史感应统纪.第一卷.浙江乐清雁荡龙湫院藏,1929.

〔3〕 雷警恶人[M]//点石斋画报(大可堂版)第14册.上海:上海画报出版社,2001:129.

遣一位白发老人前来示兆,更具亲和力:

> 闽垣安海中街有李益三者,向开棉花铺,生意鼎盛,克勤克俭,积蓄颇饶。因闻尔来花会盛行,遂动刘盘龙之心。不数月,所藏金几尽,极意罗掘,仅充孤注。(一日)夜半,一白发老人扶杖而来,衣冠甚古,谓曰:"闻汝欲求花会,特来示汝以兆;虽然,亦只能两次获彩,偿汝前负,不可多得也。"李大喜,老人即示以二字,飘然而去。迨李梦回,以言试之,果得恢复多金。自是不敢复博。[1]

"白发老人"不但没有追究前嫌,甚且天遂人愿,允其再博两彩,偿其"前负",但"不可多得";李某遵照天意,如愿以偿,"不敢复博"。去除了贪欲,磨砺了人格;是天意,也是人意。事实上,在祥异事件中,《点石斋画报》总是特意强调人们敬畏上天,并因之而改过自新的结果。前述晋江蒋家,食鸽生鸽,"既有此怪胎,乃翻然悔悟,誓不再杀,并将群鸽尽纵之,不复望其倦飞知还"。[2]祥异事件中的主人公受天示戒,找回了爱物之心,那么,类似之人,该作何打算呢?前述皖人某甲家,性好杀生,杀蛙生蛙,《点石斋画报》为之呜呼:"是殆好杀物命,专养口腹之报欤?"[3]

言下之意,上天在上,好自为之。祥异事件中的主人公改过了没有,《点石斋画报》并不太关心,它关心的是现实生活中的芸芸众生是否会改变。也许是"阴暗的"世道人心太让《点石斋画报》作者们失望了,对于社会人格取向的引导,他们的信心似乎不足:"世风不古,廉耻道丧,若辈之多,奚止恒河沙数,安得冥王震怒,一一穷其罪名而惩治之耶?"[4]可谓明知不可为而为之。

四、结　　语

以异兆对世人进行的社会导向,不论是自然和时代的认识,或者人格取向,最终都是一种命运观的导向,因为,所有的导向都建立在《点石斋画报》对异兆(天人感应)导读的前提之下。形而上地追问:谁掌控着人类(日常生活中体现为生命个体)命运?《点石斋画报》的看法可以归纳为二:一曰"冥冥中物"。某姓人家,有孝行可取,一屋坍塌,人不及难,则曰:"冥冥中殆有天意之数?"[5]二曰"不明之物"。面对异兆,常有:"然欤?否欤?则非君子所知矣。"[6]所谓"冥冥中物",明显指"天",是为"天命论"。而"不明之物",其实也是"天"。之所以"不明",因为缺少认识工具,无法提供科学的解释:天上雨物,不知道那可能是龙卷

---

〔1〕 五木有灵[M]//点石斋画报(大可堂版)第8册.上海:上海画报出版社,2001:242.

〔2〕 杀鸽生鸽[M]//点石斋画报(大可堂版)第8册.上海:上海画报出版社,2001:206.

〔3〕 杀蛙生蛙[M]//点石斋画报(大可堂版)第3册.上海:上海画报出版社,2001:121.

〔4〕 阴谴可畏[M]//点石斋画报(大可堂版)第1册.上海:上海画报出版社,2001:69.

〔5〕 雷殛侍者[M]//点石斋画报(大可堂版)第1册.上海:上海画报出版社,2001:34.

〔6〕 妇人生龟[M]//点石斋画报(大可堂版)第8册.上海:上海画报出版社,2001:189.

风所致;奇胎怪物,不了解那或许是病毒侵害、近亲繁殖,或者就是营养不良。《点石斋画报》似乎也意识到这一点,“天下之事,虽极奇极怪,其中必有所因,特人未明其故,则漫以为异耳”。〔1〕“未明其故”即“不明”,正如现代人也有许多“不明”一样,只是现代人有足够的自信:将来一定能够明白就里,并提供一种科学的解释。而《点石斋画报》坦陈“不明”。这种态度是危险的。民间社会的人们宁愿相信一种颠倒的解释,却不能容忍解释的缺失,因为解释的缺失意味着安全感的丧失,因此,《点石斋画报》的暧昧态度,马上给民间宗教留下了发挥的空间。对于异常之天的解释,我们想象不出,除了自然宗教中的“天”,还能是别的什么,事实上,所谓“冥冥中物”,可能用不着《点石斋画报》的提示,人们也很容易联想到“天”。因此,“不明之物”表面上看是“不可知论”,实际上也是一种“天命论”。晚清时代,这种“天命论”显然不能仅仅视为自然宗教,而毋宁是世俗的儒家思想,所谓“死生有命,富贵在天”的民间箴言,则浓缩了儒家的命运观。由此不难看出《点石斋画报》浓重的传统底色。

《点石斋画报》被认为是理解晚清时代“最具‘现代’倾向的中国人的内心精神生活的无比珍贵的原始资料”。〔2〕究竟“现代”到何种程度,则需要具体研究每一部分内容才能获得全面的认识和判断。聚焦其中的“时事”和“新知”,可以发现晚清“西学东渐”的清晰脚印;〔3〕如果专注其中的“祥异事件”,则可以感觉到现代脚步之沉重以及传统文化的力量。清末的《点石斋画报》尚且如此,遑论晚清其他大众传媒的现代性了。

《点石斋画报》的现代性受制于那个时代。遇到异兆,作者曾经坦言:“天下惟知天,才可与谈天;鄙人无识,不敢妄言休咎。”〔4〕传播者的现代知识不过尔尔,作为受众的民间社会当然更加有限了。撇开传播内容不谈,《点石斋画报》的传播方式在那个时代无疑是一流的。伴随着整个社会的现代步履,凭借着先进传播方式,大众传媒对民间社会的现代导向作用将得到更大程度的发挥。

---

〔1〕 天雨黑粟[M]//点石斋画报(大可堂版)第8册.上海:上海画报出版社,2001:284.

〔2〕 鲁道夫·G·瓦格纳.进入全球想象图景:上海的《点石斋画报》[G]//刘东.中国学术,200-04.总第八辑.北京:商务印书馆,2001.

〔3〕 陈平原.晚清眼中的西学东渐[M]//陈平原.点石斋画报选.贵阳:贵州教育出版社,2000.

〔4〕 天降红雨[M]//点石斋画报(大可堂版)第9册.上海:上海画报出版社,2001:296.

流亡中的日常意义沉思

——源自抗战时期丰子恺的经历

【内容提要】 在抗战时期的流亡生活中,丰子恺的日常意义思考,蕴含了诸多异于承平时代的元素。战争凸显了“活着”的价值;面对无可闪避的肉体灭失,丰子恺发展起个体生命的社会延续思想,并将“活着”的原始价值置于人类文明的坐标中进行充分估量和合理定位。战争将个体生存的方式汇聚于身外之物;在丰子恺眼里,日常生存之道不过是“本身之物”与身外之物的比较、身外之物的取舍与满足,而这一切与个体生存成本基本没有关系;战时外交关系触发了丰子恺的思维灵感:在不同的时空域中,私密的人际交往与社会交往具有不同质的意义。战争唤醒了共同体归依意识;背离世代植根的乡井,丰子恺获得了对共同体要素和时空特征的清晰意识,并将之在“家”的怀想中集中表达出来。

【关键词】 日常意义;丰子恺;抗战;流亡

自在的日常意义需要非日常的自觉方能获得。置身于日常时光中,丰子恺抱持着理性的问题意识,以艺术家的敏锐洞察力,对熟视无睹的日常生活时时进行意义追问。不过,“故国闲居,生活平凡悠逸”,打开日记本,“既无可记,亦懒于握笔。勉强为之,则虎头蛇尾”。[1]似乎不记也罢,缺乏意义追问的使命感。

进入20世纪30年代,日寇的炮声从华北渐逼江南,1937年11月6日石门湾小镇[2]被轰炸,丰子恺仓促辞别故园,率亲族十余人,辗转千里,流离不居。[3]流亡是战争年代日常生活的特殊表现形式。尽管丰子恺极力避开兵镝,但兵镝却如影随形,牵引思绪;到达桂林乡间之两江泮塘岭,丰子恺虽得喘息于西南山水之间,但“蛮夷猾夏不已,神州丧乱日甚……心岂能如故国平居时之悠

---

〔1〕 丰子恺.教师日记[M]//丰陈宝,丰一吟.丰子恺文集.第7卷.杭州:浙江文艺出版社,浙江教育出版社,1992:5.

〔2〕 时属浙江崇德县。

〔3〕 据丰一吟、丰陈宝《丰子恺年表》(丰陈宝,丰一吟.丰子恺文集.第7卷)述丰子恺之流亡路线:初,抵四川重庆,至1946年秋返回江南,居杭州;其间暂居超过两月的地方有:萍乡乡下暇鸭塘、桂林乡间之两江泮塘岭、广西宜山龙岗园、遵义狮子桥垅南坛巷、重庆沙坪坝。

逸哉?”从此感念“兴而不息”。[1]石门湾被炸的当天下午,从十里外的悦来村放来一只航船——平日里极平常地来往于镇乡的载货和代步工具,这时在丰子恺的眼里,“犹如救世宝筏,能超渡我们登彼岸去”。[2]1939 年 4 月 8 日在广西,丰子恺于一路旁草地坐憩;遥望屋宇稠密的宜山山城,静卧山脚之下,竟产生这样的联想:“仿佛赤子仰卧地上,静待虎狼之来食者。人间何世,有此景象?”[3]就连饮食起居,也笼罩在战争的阴影中:“盛筵当我前,良朋坐我侧。为念流离苦,停杯不能食。”(同名漫画)[4]碰见村民喂猪,就联想到汉奸,于是有漫画题为:“暴敌养汉奸,如人养畜生。今日给你吃,他日要你命。”(同名漫画)[5]战争时势及其流亡经历由此极大地影响到艺术家的思想;当日常生活的意义成为丰子恺思考的主题时,其间自然涵蕴了许多不同于承平时代的元素。

一、“活着”的原始驱动

丰子恺特别关注的“护生”主题,[6]撇开其宗教意味,在凡俗的意义上就是生命的维护,它是战争年代首当其冲的本能行为。需要我们首先确定的是,“生命的维护”所指何为?在唯物主义经典作家那里,“生命的维护”作为“历史中的决定因素”,被称之为“直接生活的生产和再生产”,包含两层意义:“一方面是生活资料即食物、衣服、住房以及为此所必需的工具的生产;另一

[1] 丰子恺.教师日记[M]//丰陈宝,丰一吟.丰子恺文集.第 7 卷.杭州:浙江文艺出版社,浙江教育出版社,1992:5.

[2] 丰子恺.桐庐负暄[M]//丰陈宝,丰一吟.丰子恺文集.第 6 卷.杭州:浙江文艺出版社,浙江教育出版社,1992:2.

[3] 丰子恺.教师日记[M]//丰陈宝,丰一吟.丰子恺文集.第 7 卷.杭州:浙江文艺出版社,浙江教育出版社,1992:126.

[4] 丰陈宝,丰一吟.丰子恺漫画全集.第六卷[M].北京:京华出版社,2001:39.按,本文涉及一个史料应用的基本问题:(丰子恺)漫画能否作为史料?漫画:在何种意义上成为社会史素材——以丰子恺漫画为对象的分析[J].近代史研究,2006(1).

[5] 丰陈宝,丰一吟.丰子恺漫画全集.第三卷[M].北京:京华出版社,2001:280.

[6] 1928 年,丰子恺为预祝弘一法师 50 岁生日,在上海与法师合作《护生画集》,丰之画,弘之字,共 50 幅;1938 年弘一法师 50 岁生日之际,丰子恺避居广西宜山,又与驻锡福建泉州的法师合作《护生画续集》。时值全国人民奋勇杀敌的年代,丰子恺的护生画遭到许多人的非难。说者大约认为:“抗战,正要鼓励杀敌;倘主张护生,就变成不抵抗。”丰子恺期期不以为然,指出《护生画集》之旨,是劝人爱惜生命戒除残杀,由此长养仁爱,鼓吹和平:“护生”就是“护心”——涵养“仁爱之心”(丰一吟.编.我和爸爸丰子恺[M].天津:百花文艺出版社,2008:63.)。以此观之,从日本方面言,“这么惨无人道的狗彘豺狼一般的侵略者……违背人道,荼毒生灵,所以要‘杀’”;在我方面,“为公理而抗战,为正义而抗战,为人道而抗战,为和平而抗战。我们是‘以杀止杀’,不是鼓励杀生。我们是护生而抗战”(丰子恺.一饭之恩——避寇日记之一[M]//丰陈宝,丰一吟.丰子恺文集.第 5 卷.杭州:浙江文艺出版社,浙江教育出版社,1992:656.)。丰氏的这种护生思想成为其思考生命价值的出发点和基础。

方面是人类自身的生产，即种的蕃衍。”[1]“生产”在这里其实就是维护，包括：生活资料的占有与消费；生命的蕃衍。然而，在更原始、更纯粹的意义上，生命的维护还应当内含“防范肉体的意外灭没或缺损”，或不妨正向表达为求生，即追求“活着”的本能。[2]

平居时的“活着”意识，通常以人类学所谓的“通过仪式”（rites of passage），规律性地楔入均匀流驶的日常时间中，人为地造成生命的“间歇”而得到提醒。作为通过仪式，祝寿是很特别的一种：不妨多次地进行；逢十年龄的仪式更为隆重；因为直接跟进年龄，其明显地包含着对“人活着”的警醒。但祝寿的自然依据毕竟是人的生理节奏，它的警醒性在自然规律的呈现中不经意地被削弱了。

民国二十六年，丰子恺四十岁；农历九月二十六日生日那天，祝寿按老规矩照常进行：“糕桃寿面，陈列了两桌；远近亲朋，坐满了一学堂。堂上高烧红烛，室内开设素筵。屋里充满了祥瑞之色和祝贺之意。”一切似乎都是往昔程序的重复与循环，但按另外一种纪年，此日为公元1937年11月17日，时在北平“七七”卢沟桥事变爆发后四个多月、在上海“八一三”事变爆发后三个多月，数年来不断出现在日常交谈中的“东洋人”已经打到了江南，“松江已经失守，嘉兴已经炸得不成样子”。前来祝寿的宾朋中，有从上海逃回来的，“谈话异乎寻常”：

> （在上海南站）忽听得飞机声，火车突然飞奔，顶上的人纷纷坠下，有的坠在轨道旁，手脚被轮子碾断，惊呼号啕之声淹没了火车的开动声……无数难民无家可归，聚立在民国路法租界的紧闭的铁栅门边。……法租界里的同胞拿面包隔铁栅抛过去。无数饿人乱抢。有的面包落在地上的大小便中，他们管自挣得去吃！我们一个本家从嘉兴逃回来。他说有一次轰炸，他躲在东门的铁路桥下。看见一个妇人抱着一个婴孩，躲在墙脚边喂奶。忽然车站附近落下一个炸弹。弹片飞来，恰好把那妇人的人头削去。在削去后的一瞬间中，这无头的妇人依旧抱着

〔1〕 恩格斯．家庭、私有制和国家的起源[M]．马克思恩格斯选集．第四卷．北京：人民出版社，1972：2．

〔2〕 从“生命的维护”中析出“活着”的本能，笔者受到两位思想家的启发尤多：一是中国哲学家李泽厚，他所建构的“人类学历史本体论”之出发点便是“人活着”这一原始现象（李泽厚．人类学历史本体论[M]．天津：天津社会科学出版社，2008：4．）。二是德国社会学家滕尼斯（Tonnies，1855—1936）在《共同体与社会》（北京：商务印书馆，1999：153．）中指出，在人的意志中，存在着天生的对某些事物或者某些活动的乐趣，他称之为“普通的、动物本能的本性”；这种意志可以“用三重属性来理解：(1)作为一般求生的意志，即肯定促进生命和否定妨碍生命的活动或感觉；(2)作为要求饮食以及与此相关的活动或感觉的意志；(3)作为要求繁衍后代的意志。”因为“与这些需要或渴求相适应的机能是一切相关的活动”和“繁衍”的对比中，专门提出来，应该对我们认识“活着”在生命维护中的重要意义有所启发。

婴孩危坐着，并不倒下；婴孩也依旧吃奶。[1]

按常规，生日只是简单的日常“间歇”：通过共同体内部的程序性安排给不宠无惊的生命流程着上标记，但个体的日常生活与整体的社会生活是同步的，此时，来自外部的非日常事件已经渗入日常生活；战火映照的生辰祝福，完全不同于曾经举行过无数次的其他家人和邻里的生日庆典，而且，作为负面事件，日寇侵华最足令人震撼的便是对百姓生命的威胁，唤醒起人们强烈的求生意识。丰子恺说：“炸弹杀人，我祝人寿。除了极少数的暴徒以外，世界没有一个人不厌恶惨死而欢喜长寿，没有一个人不好仁而恶暴。”他坚信“仁能克暴”。[2]仁与暴，即善待生命与践踏生命，本来同时存在于日常与非日常之中，但在这里，一者：仁—日常—长寿，一者：暴—非日常—惨死，系列对应，鲜明比照；祝寿仪式所隐含的“仁”义为之凸显。

当四十一岁生日到来的时候，流亡中的丰子恺一忆三叹：

> 过去一年中，艰苦、焦灼、紧张、危险，已经备尝。在他方面，侥幸、脱险、新鲜、快意的滋味，也尝过不少。所谓“山穷水尽疑无路，柳暗花明又一村”，用来比方我这一年间的生活，很是恰当。[3]

丰子恺在战争阴霾中历经的这一年，胜过之前的四十年，求生意识变得比过去任何时候都强烈。激发这种意识的，莫过于活生生的杀戮。1938 年 9 月 24 日，有族人自嘉兴来，目击其状云：“嘉兴吃炸弹，死伤甚惨。一女打去屁股。一母打脱头，手中犹紧抱襁褓。”[4]1939 年夏，丰子恺在广西宜山龙岗园，“几乎天天逃警报”，并遭遇了一次真正的轰炸：

> 警报钟响了，门前逃过的人形色特别仓皇。钟声也似乎特别凄凉……奔到一处地方，果然岩石屹立，连忙找洞。这岩石形似一个 V 字横卧在地上……我把身体横卧在石凹之内，羊齿植物之下……一颗炸弹正好落在 V 字的中心，“砰”的一声，我们这一群男女老幼在一刹那间化为微尘——假如这样，我觉得干干脆脆的倒也痛快……儿女们回来报告：车站旁、运动场上、江边、公园内投了无数炸弹，死了若干人，伤了若干人。有一个女子死在树下，头已炸烂，身体还是坐着不倒。[5]

---

〔1〕 丰子恺．辞缘缘堂[M]//丰陈宝，丰一吟．丰子恺文集．第 6 卷．杭州：浙江文艺出版社，浙江教育出版社，1992：130.

〔2〕 丰子恺．辞缘缘堂[M]//丰陈宝，丰一吟．丰子恺文集．第 6 卷．杭州：浙江文艺出版社，浙江教育出版社，1992：130－131.

〔3〕 丰子恺．教师日记[M]//丰陈宝，丰一吟．丰子恺文集．第 7 卷．杭州：浙江文艺出版社，浙江教育出版社，1992：31.

〔4〕 丰子恺．致陶亢德[M]//丰陈宝，丰一吟．丰子恺文集．第 7 卷．杭州：浙江文艺出版社，浙江教育出版社，1992：362.

〔5〕 丰子恺．宜山遇炸记[M]//丰陈宝，丰一吟．丰子恺文集．第 5 卷．杭州：浙江文艺出版社，浙江教育出版社，1992：712－715.

与自然凋亡不同,肉体的意外灭没或缺损因其突然,常常给人以生命脆弱和无常之感,而由于战争的疯狂杀戮,这种感觉既震人心魄,又特别异样。1938 年 10 月 30 日,丰子恺在桂林省立医院听女儿说,有人"腿被疯狗所咬,毒发不可留",被截。奇怪的是,护士领她去看所截之肢,"宛如轰炸后所见,但不觉可怕"。炸弹所断与疯狗所断,结果相同,感受却如此不一;丰子恺衍论道,"同是断腿,一因于仁,一因于不仁,给人印象当然不同"。[1]循着丰子恺的思路可以明白,存在于日常生活中的"仁",即对生命的善待,常常遮盖和淡化了"人活着"这一简单的事实。

头颅顷刻离身,生命转瞬即逝,战争的血腥给丰子恺提供了艺术表现的典型素材。1938 年 12 月 1 日在桂林师范,丰子恺给学生展示了这样一幅漫画:一母亲背负一婴儿逃向防空洞,婴儿头已被弹片切去,飞向天空,而母亲尚未之知,负着无头婴儿向防空洞狂奔。这是丰子恺耳闻目睹的场景,被形诸画面,意在以"敌机轰炸之惨状"烘托日常"活着"的价值,激发抗日的意志。[2]不料,漫画一挂上壁,教室里哄堂大笑:世间竟有无头婴儿! 笑声让丰子恺惊愕不已:

> 此画所写,根据广州事实,乃现在吾同胞间确有之惨状,触目惊心,莫甚于此。诸生不感动则已矣,哪里笑得出? 更何来哄堂大笑? ……那组人正在对着所画的无头婴儿哄堂大笑的时候,七十里外的桂林城中,正在实演这种惨剧,也许比我所画的更惨。四五里宽广的小城市中,挤着十八万住民。向这人烟稠密的城中投下无数炸弹和烧夷弹!

冷静下来,丰子恺推想:"诸生之心肠必非木石,所以能哄堂大笑者,大约战祸犹未切身,不到眼前不能想象。"[3]在日常生活中,"活着"的价值之所以被漠视,正在于此:自在的日常生活不会自我觉醒,日常生活的艺术表现也只是外在的唤起,非切身经历者难得真正的感受。但"活着"的价值倘然都要以现实的生命灭没来演示,代价未免太大了,于是,丰子恺愤然批评这些后方"眼光短浅、非亲见前线惨状不能感动的人";他以为,日寇"将他们的暴行演给后方到处的人看……他们在我国内所投炸弹,每一颗是唤起民

---

〔1〕 丰子恺.教师日记[M]//丰陈宝,丰一吟.丰子恺文集.第 7 卷.杭州:浙江文艺出版社,浙江教育出版社,1992:17.

〔2〕 丰子恺选择"无头婴儿"作为艺术典型,日常因素起了很大的作用。著名精神分析学家弗洛伊德(Freud)指出"说话或写作中一个人思想表达的微妙决定因素,是值得注意的"。弗氏举了一个与这里的"无头婴儿"非常相似的例子来说明:在某个特殊的时间,我听到有人重复一段话:"如果某物突然射穿一个人的头。"我恰好知道他最近得到消息说一个俄国人的子弹正好从他儿子头上戴的帽子中穿过。西格蒙德·弗洛伊德.日常生活的精神病理学[M].北京:国际文化出版社公司,2000:222.

〔3〕 丰子恺.教师日记[M]//丰陈宝,丰一吟.丰子恺文集.第 7 卷.杭州:浙江文艺出版社,浙江教育出版社,1992:45.

众抗敌的一架警钟”,[1]这警钟也应当唤醒麻木不仁的日常人,省思求生的价值。

无法讳言的是,在不同的时段里,日常意识中“活着”的价值其实是不同的。战争年代里,肉体灭没太过频繁和轻易,以至于灭没常常被纳入人们的意料之中而非意料之外。在这样的生活背景中选取怎样的求生路径?作为佛教居士的丰子恺颇为矛盾。1939 年 1 月 30 日,在桂林骝马山见“杭州流亡而来小难民”新坟,丰子恺“为流亡缘,不禁生吊慰之心”,默祝曰:

> 禽兽逼人,黄帝子孙无不震怒而奋勉者。墓中小女娃若夭殇,将来亦将效木兰之精神,捍卫祖国……青天白日之下,到处为乡。小女娃且安心于青冢之下,不久当有凯歌迎尔归葬于西湖之帝国也。

内心洋溢着入世的豪情。但紧接着与朋友信口谈及现代科学之发展与战争之惨烈,丰子恺即仰天而叹:

> 造物者作此世界,不知究竟用意何在?是直恶作剧耳。吾每念及此,乃轻视世间一切政治之纷争、主义之扰攘,而倾心于宗教。唯宗教中有人生最后之归宿,与世间无上之真理。[2]

言语之间,又流露出明显的宗教情怀。丰子恺的内心挣扎所反映的其实也是时人普遍的迷茫。丰子恺之伟大在于:肉体的灭失既然无法回避,便积极面对;他将这种灭失置于宏大的宇宙和社会时空中进行思考,由此而发展起个体生命的社会延续思想;延续方式有二:其一,通过血缘的纽带,生命在下一代得到延续。漫画《何日平胡虏,良人罢远征》非常写实:抱着婴孩的年轻母亲,闲谈中正打听丈夫的消息,盼望战争结束,“良人”归田;这样,妻子有丈夫,孩子有父亲,生活回归至没有战争的日常。[3]这应该是一幅历史群像图;与此形成对比的是另一幅历史群像:《征夫语征妇,死生不可知。欲慰泉下魂,但视褓中儿》。[4]“死生不可知”应当是战争年代更普遍地存在于日常生活中的焦虑心态;聊可慰藉“征妇”的是,哪怕“征夫”为国捐躯,他的生命之火仍然在下一代身上得到传递。

其二,通过民族的纽带,生命在另一个体身上得到延续。在具体物质的意义上,作为特定个体,其肉体的灭没就是生命永远的失去,但在抽象精神的意义上,作为想象的共同体,丰子恺认为,民族却可以再造生命。在流亡途中,丰子恺妻子怀孕,他给还未出世的孩子取名“新枚”;他没有沉浸在香火绵

---

〔1〕 丰子恺.警钟[M]//丰陈宝,丰一吟.丰子恺文集.第 5 卷.杭州:浙江文艺出版社,浙江教育出版社,1992:699.

〔2〕 丰子恺.教师日记[M]//丰陈宝,丰一吟.丰子恺文集.第 7 卷.杭州:浙江文艺出版社,浙江教育出版社,1992:82.

〔3〕 丰陈宝,丰一吟.丰子恺漫画全集.第 6 卷[M].北京:京华出版社,2001:307.

〔4〕 丰陈宝,丰一吟.丰子恺漫画全集.第 3 卷[M].北京:京华出版社,2001:382.

续、家族添丁的天伦之乐中,而产生了“希奇”之念:

> 一定是在这回的抗战中,黄帝子孙壮烈牺牲者太多;但天意不亡中国,故教老妻也来怀孕,为复兴新中国增添国民……(“新枚”)这两字根据我春间在汉口庆祝台儿庄胜利时所作的一首绝诗。诗曰:“大树被斩伐,生机并不绝。春来怒抽条,气象何蓬勃!”这孩子是抗战中所生,犹似大树被斩伐后所抽的新条。〔1〕

这不是一般日常生活中自然意识,也不是在一般社会生活中能够产生的意识,而是将人类作为自然界的一部分,在整个宇宙时空中的思想自觉。〔2〕这一自觉是如此强烈,促使他在整个抗战时期,一再表现“大树再生”的主题。〔3〕用被斩伐了枝叶的再生之树譬喻生命,只有在国家—民族的意义上是成立的。对此丰子恺十分清楚:人不行,而国可以;譬如,在前线,许多士兵被日本鬼子打死,后方能新生出更多的兵士,上前线继续抵抗;中国就好比这一棵树,虽被斩伐了许多枝条,但新生出来的比原来更多,将来成为比原来更大的树。〔4〕

灭没的个体生命在社会意义上延续,由此,人“永远活着”。这不是宗教彼岸的,而是人类此岸的;这不是太平日常的,而是战争日常的;这时产生的求生渴望是如此之迫切,以至于丰子恺对新生婴孩特别重视其生物机能:

> 倘他吃牛奶,住牛棚,将来力大如牛,可以冲散敌阵,收复失地。至少能种田,救世间的饿人。即使其笨也如牛,并不要紧。中国之所以有今日,实因人太聪明,不肯用笨功的原故!〔5〕

日常意识中对于新生命的种种社会性希冀在这里付之阙如,甚至成为讽喻的对象,几乎只留下求生本能。这样的本能,很容易产生于日常生活过程

〔1〕 丰子恺.未来的国民——新枚[M]//丰陈宝,丰一吟.丰子恺文集.第5卷.杭州:浙江文艺出版社,浙江教育出版社,1992:667.

〔2〕 古人所谓“所欲有甚于生(命)者”何?1938年7月在桂林,丰子恺承认,“这东西……平日难于说定,现在很容易说出,就是‘不做亡国奴’,就是‘抗敌救国’”。丰子恺.佛无灵[M]//丰陈宝,丰一吟.丰子恺文集.第5卷.杭州:浙江文艺出版社,浙江教育出版社,1992:708.

〔3〕 在1939年3月1日出版的《宇宙风·中国就像颗(棵)大树》(丰陈宝,丰一吟.丰子恺文集.第6卷[M].杭州:浙江文艺出版社,浙江教育出版社,1992:39.)中附漫画;该画略作修改,收入1940年2月《大树画册》(丰陈宝,丰一吟.丰子恺漫画全集.第6卷[M].北京:京华出版社,2001:37.);在1941年10月《丰子恺近作漫画集》(丰陈宝,丰一吟.丰子恺漫画全集.第3卷[M].北京:京华出版社,2001:286.)中,有题为“更生”的漫画;在1946年10月《毛笔画册》(丰陈宝,丰一吟.丰子恺漫画全集.第1卷[M].北京:京华出版社,2001:205.)中,亦有题为“更生”的漫画,但画面有很大的不同。

〔4〕 丰子恺.中国就像颗(棵)大树[M]//丰陈宝,丰一吟.丰子恺文集.第6卷.杭州:浙江文艺出版社,浙江教育出版社,1992:38.

〔5〕 丰子恺.教师日记[M]//丰陈宝,丰一吟.丰子恺文集.第7卷.杭州:浙江文艺出版社,浙江教育出版社,1992:15.

中:在桂林两江泮塘岭,丰子恺拟请工人修牛棚之漏,平牛棚之地,留给新枚居住。[1]但这是战时的日常,流亡中的日常,在这样的日常中进行非日常的省视,“活着”的价值得到充分的重视。

个体生命的社会延续原本是人类延续的自然方式,藏匿在人们的意识深处,一旦它被炽热的战火烘托,必然引发起人们对人类文明的认真审视,由此,“活着”的价值在人类文明的坐标中得到更准确的衡量和定位。在人类文明结构中,物质文明、制度文明和精神文明的非均衡发展最终所导致的严重恶果之一便是漠视“人活着”,睥睨“末日的审判”。纵观人类文明史,文明结构的非均衡成长最关键地表现为精神文明要素的滞后与残缺:一方面,确立起民族—国家等制度文明的至高无上性,便有了“醉卧沙场君莫笑,古来征战几人回”(同名漫画)[2]的无奈,便有了“马革裹尸真壮士,阳关莫作断肠声”(同名漫画)[3]的豪迈,便有了“寄语路人休掩鼻,活人不及死人香”(同名漫画)[4]的讽喻;事实上,这也是制度文明的历史合理性,丰子恺对此加以充分肯定——比如战争之际,为了大多数人的生命在场,在民族—国家的集体旗帜下,一部分人的生命灭没成为必须付出的代价;另一方面,奉行物质文明的自然优先性,便有了对人类生命的无情戕害,这就是通常所谓的物质文明的天然双刃。对此,流亡中的丰子恺,感触良多。1939 年 4 月 7 日,他来到广西“屏绝之于化外”的瑶民区,发现市中竟有“专售于瑶民”的火刀、火石及石绒等日常用品。在已经出现打火机的时代,“重见此物,殊觉新鲜”,因为“髫年时曾见故乡老农用此物”,于是,他买了一具,“取而用之,费力甚多,而火不易得”。他承认“物质文明,诚可宝贵”。[5]但是,“用科学治日常生活,岂非最幸福的人类生活么?”处于流亡情境中的丰子恺立即意识到物质文明进步的负面性:“古代的人从事侵略,用刀枪矢石来杀人。现代科学发达之后,侵略者都用炮火飞机和毒气,比以前便当得多,有效得多。”[6]结论是:“物质文明片面发达,实人世之大祸也。”[7]所谓片面发达,指物质文明决不可脱离了精神文明和制度文明而单独发达;“倘教物质文明单独发达,则正义、公理、人道都

[1] 丰子恺.教师日记[M]//丰陈宝,丰一吟.丰子恺文集.第 7 卷.杭州:浙江文艺出版社,浙江教育出版社,1992:15.

[2] 丰陈宝,丰一吟.丰子恺漫画全集.第 6 卷[M].北京:京华出版社,2001:235.

[3] 丰陈宝,丰一吟.丰子恺漫画全集.第 6 卷[M].北京:京华出版社,2001:53.

[4] 丰陈宝,丰一吟.丰子恺漫画全集.第 6 卷[M].北京:京华出版社,2001:181.

[5] 丰子恺.教师日记[M]//丰陈宝,丰一吟.丰子恺文集.第 7 卷.杭州:浙江文艺出版社,浙江教育出版社,1992:125.

[6] 丰子恺.物质文明[M]//丰陈宝,丰一吟.丰子恺文集.第 5 卷.杭州:浙江文艺出版社,浙江教育出版社,1992:701.

[7] 丰子恺.教师日记[M]//丰陈宝,丰一吟.丰子恺文集.第 7 卷.杭州:浙江文艺出版社,浙江教育出版社,1992:125.

要沦亡，而人类的末日到了。”[1]而作为人类精神文明的基本追求，正义、公理、人道不是别的，首先是美国人本主义思想家马斯洛（Malow）最重视的“生理的需要”，其次是“安全的需要”，这还是马斯洛的精辟揭示。舍此奢谈文明的进步就离开了基本的前提。这就是“活着”的原始价值所在。

综上，特别值得注意的是，德国思想家鲁道夫·奥伊肯（Rudolf Eucken）指出，在对生活世界进行的思考中，不管是以“宗教和内在论唯心主义为代表的旧有秩序”，还是包括自然主义和理智主义在内的现代“实在生活图式”，“凡涉及生活的意义和价值，它们便截然对立”。[2]然而，丰子恺张扬日常求生的价值，却克服了将人类生活动物化、本能化的自然主义，凸显人类思想结构中精神的力量和导向；他十分重视精神要素在文明结构中的重要地位和作用，却克服了片面追求抽象理想的理智主义，并设法躲避宗教光环的笼罩，从历史主义的角度，充分肯定以民族—国家为至上利益的制度文明，并从这种历史合理性中部分解决了“活着与灭没”的内在矛盾。这样，面对缤纷繁杂的现代思潮，丰子恺在历史和社会的纵横坐标中，对求生本能进行了相对合理的估量和定位，就此而言，流亡中的丰子恺对“活着”价值的思考更见真灼。

二、个体生存的方式

在个体与社会的意义对待中，日常生活进入了我们的视野；可以把“日常生活”界定为“那些同时使社会再生产成为可能的个体再生产要素的集合”，因为，“没有个体的再生产，任何社会都无法存在，而没有自我再生产，任何个体都无法存在”。[3]从个体自身的角度，个体再生产就是个体生存，就是日常生活。个体生存以其直观而弥散的样态，存在于任何时代的任何社会之中，很少吸引普通人的思考；而经典思想家的理性目光则常常将之作为“社会的基础”而悬搁一边。丰子恺的特别之处在于，他一直关注日常生活，而在战争年代，他对个体生存的思考，与平居时代相比又颇为别样：或者凸显潜在意义，或者演绎新的意义。

个体生存的特定背景在丰子恺流亡一年后的反思中变得非常清晰。经过一年的跋涉，“站在崎岖的丘壑中”回顾流亡前的日常生活，丰子恺觉得，那“犹如一片大平原，长路漫漫，绝少变化，最多不过转几个弯，跳几道沟，或是渡几乘桥梁而已”；因为“太过平坦，竟变成了平凡”。[4]日寇的铁蹄踩碎了这

---

〔1〕 丰子恺．物质文明[M]//丰陈宝，丰一吟．丰子恺文集．第5卷．杭州：浙江文艺出版社，浙江教育出版社，1992：701．

〔2〕 鲁道夫·奥伊肯．生活的意义和价值[M]．上海：上海译文出版社，1997：4．

〔3〕 阿格妮丝·赫勒．日常生活[M]．重庆：重庆出版社，1990：3．

〔4〕 丰子恺．教师日记[M]//丰陈宝，丰一吟．丰子恺文集．第7卷．杭州：浙江文艺出版社，浙江教育出版社，1992：31－32．

种平凡,改变了丰子恺惯常的思维模式;战争及其战争给予日常生活的"非常经验"成为丰子恺思考个体生存意义的浓重背景。具体地说,丰子恺的思考对象集中在两方面:一者生活资料的占有与消费,一者日常交往。

个体生存明显依托于身外之物。在日常生存之道中,与"活着"相比,作为生命维持的手段,生活资料的占有与消费永远是第二位的:前者是"本身"之物,后者是身外之物。身外之物常常是丰子恺表现流亡生活的道具:依依杨柳,呢喃春燕,负重流亡——"身"与"物"构成了一幅极不和谐的《流离之春》;大树下的流亡者气喘吁吁,行李成了逃命的累赘,这便是《流离》。[1]

1940 年向遵义逃亡途中,丰子恺一时滞留广西河池。清晨在车站,"手里拿了一大束钞票而找司机……有的问我有几个人,我说人三个,行李八件,……他好象吓了一跳,掉头就走,如是者数次";其实,丰子恺还有意将行李少说了:"其实是五个,十二件。"[2]这就是身外之物在流亡中的重要地位;流亡者不仅有人,还有物,物是流亡生活不可或缺的组成。但"物"终归在身外,战争的外力足以将之与"身"分离。1939 年 1 月在桂林,丰子恺向所"敬爱"的八路军总部随军记者舒群[3]赠画;来到南门内舒群的住处,但见"其屋半毁,仅其室尚可蔽风雨,但玻璃窗亦已震破。其室四周皆断垣颓壁及瓦砾场,荒凉满目"。丰子恺说:"倘深夜来此,必疑为鬼物。"从生存的角度,舒群已经近似"鬼物"了:上月大轰炸时,九死一生,逃得此身,抢得被褥。后来每天早晨出门,他将被褥放后门外地洞中,夜归取用,以防敌机再来炸毁。炸弹剥夺了舒群的几乎全部身外之物,只留下一条被褥。丰子恺唏嘘不已:"人生到此,天道宁论矣!"[4]他不过应景而发!实际上,此为真正的"天道":"本身"永远重于"身外"。在两者之间进行取舍,当然取"本身"而舍"身外",此其一。

然而,由此可以断言,物质的取舍仅仅出自人之本能吗?又不完全是这样。丰子恺认为,身外之物的取舍"惟心",此其二。1939 年初,丰子恺居萍乡鸭塘萧祠,"房间里四壁空虚,行物萧条";不久又有:一月初上海《新闻报》载缘缘堂已全部焚毁。消息传到,家人亲戚聚讼起来:

> 有的可惜橱里的许多衣服,有的可惜堂上新置的桌凳。一个女孩子说:大风琴和打字机最舍不得。一个男孩子说:秋千架和新买的金鸡牌脚踏车最肉痛。我妻独挂念她房中的一箱垫锡器和一箱垫瓷器。

---

〔1〕 丰陈宝,丰一吟.丰子恺漫画全集.第 3 卷[M].北京:京华出版社,2001:290、292.

〔2〕 丰子恺.艺术的逃难[M]//丰陈宝,丰一吟.丰子恺文集.第 6 卷.杭州:浙江文艺出版社,浙江教育出版社,1992:171.

〔3〕 丰子恺.教师日记[M]//丰陈宝,丰一吟.丰子恺文集.第 7 卷.杭州:浙江文艺出版社,浙江教育出版社,1992:58.

〔4〕 丰子恺.教师日记[M]//丰陈宝,丰一吟.丰子恺文集.第 7 卷.杭州:浙江文艺出版社,浙江教育出版社,1992:80-81.

但丰子恺超越了一般日常所想：

> 我离家后一日在途中闻知石门湾失守，早把缘缘堂置之度外，随后陆续听到这地方四得四失，便想象它已变成一片焦土，正怀念着许多亲戚朋友的安危存亡，更无余暇去怜惜自己的房屋了。况且，沿途看报某处阵亡数千人，某处被敌虐杀数百人，像我们全家逃出战区，比较起他们来已是万幸，身外之物又何足惜！〔1〕

由此不难发现，在本身之物与身外之物的比较和取舍中，人之本能只是其中一方面，当"活着"存在危险时尤其如此，但另一方面，一旦获得生命在场，紧接着就是个体生存，就是日常生活，就是在身外之物之内进行取舍，取舍的态度主要不是本能的意识，而是意识的能动。流亡之初在杭州拱宸桥，有两个"再也带不动的"包裹被丰子恺擅自放弃在船里。包裹里是两条最上乘的丝绵和几件较新的衣服。流亡中每逢冬季，家人一直埋怨丰子恺的孟浪："早知如此，拱宸桥上岸的时候无论如何也背了它走！"最初，丰子恺窃怪："缘缘堂中无数的衣服器具书籍尽付一炬，何以反不及拱宸桥抛弃的一些东西的受人怜惜？"从这"一件小事"里边，丰子恺认为"大有道理"：

> 缘缘堂所损失的虽多，其代价是神圣抗战以求最后胜利，是大家所甘心的。拱宸桥所损失的虽少，但由于慌张与无计划，因此足以引起长期的后悔……义之所在，视死可以如归，何况区区身外之物？情所不甘，一毛不肯拔，何况拱宸桥船里崭新的丝绵与衣服呢？〔2〕

这样的心态，是丰子恺在流亡途中逐渐形成的："沿路看见万众流离的苦况，听见前线浴血的惨闻，对自己的房屋的损失，非但毫不可惜，反而觉得安心。"〔3〕

其三，身外之物的满足往往在简陋生活中得到更强烈的体验。流亡的生活是简陋的，这是战争的造就。养尊处优的丰家人，不得不与无数流亡者一样，"扒车顶，宿凉亭，吃大饼，喝冷水"。〔4〕意想不到的是，餐风宿露、饥寒交迫的流亡给他们带来了从未有过的感受。在杭州逃往桐庐途中，大家饥肠辘辘，丰子恺拿出一些油沸粽子分送给"十余个饿人，就当作夜饭了"。这是在杭州六和塔下的一家茶店门口买的，先前已经吃过，但在这时，丰子恺感觉异

〔1〕 丰子恺．还我缘缘堂[M]//丰陈宝，丰一吟．丰子恺文集．第6卷．杭州：浙江文艺出版社，浙江教育出版社，1992：53－54．按：箱垫，即搁箱子的柜子。

〔2〕 丰子恺．桐庐负暄[M]//丰陈宝，丰一吟．丰子恺文集．第6卷．杭州：浙江文艺出版社，浙江教育出版社，1992：11－12．

〔3〕 丰子恺．焦土抗战的烈士[M]//丰陈宝，丰一吟．丰子恺文集．第5卷．杭州：浙江文艺出版社，浙江教育出版社，1992：698．

〔4〕 丰子恺．"七七"三周年随感[M]//丰陈宝，丰一吟．丰子恺文集．第6卷．杭州：浙江文艺出版社，浙江教育出版社，1992：41．

样:“这一只油沸粽子非常味美,为我以前所未曾尝到。我一粒一粒地吃,惟恐其速完。”就在欣赏米粒的过程中,丰子恺发现:

这美味,分明不在粽子上,而在我的舌上。可知味的美恶无绝对价值,全视舌的感觉而定。大饥大荒,则树皮草根美于粱肉;穷奢极欲,则粱肉味同糟粕,而必另求山珍海味。得十求百,得百求千,得千求万……

这奇怪的美味,次日在浙江富阳的面食里又一次产生了。清晨,大家肚子饿得很,便上岸去找食物。丰子恺带了两个孩子,到一家小吃店吃素面:“约有两天不得吃热食了,这碗面热辣辣的,味美无比。”[1]

流亡的日子里,丰子恺经常可以“享用”这种“过去没有的”美味。在 1939 年 7 月 28 日的《黔桂日记 · 宜山》中,他写道:

时已正午……吾等皆尚未进食。饥甚,向附近村中求食。无店铺,食物了不可得。忽见一老妪携竹筐行村旁,筐上盖白布,似是卖小食者。亟追及之,启其布,香气扑鼻,皆黄豆粉饽糯米团子,大喜……[2]

丰子恺的满足感固然不在粽子、素面和糯米团子里,其实也不全在舌头上,更重要的是在心里。这是在简陋生活里才能体会得到的。令人不解的是,在太平岁月所谓的“啰嗦生活”中,却没有这样的满足感。从经济学的观点看,简陋生活与“啰嗦生活”实际上生存成本的大小不同。而身外之物的满足与生存成本的大小基本没有关系。

个体生存的成本是平居时代的丰子恺曾经思考过的问题。1935 年 4 月的一天,丰子恺偶然来到莫干山“三家村”中的一户农家,“站在门口已可一目了然看见她的家里……一灶、一床、一桌和几条长凳,还有些日用上少不得的零零碎碎的物件……衣裳穿在身上了,这里所有的都是吃和住所需要的最起码的设备,除此以外并无一件看看的或玩玩的东西”。想起在杭州“打算暂住的”租房,有电灯、书籍、文具、书画……丰子恺感到“太啰嗦了”。这是阶级的差别:“农人、工人之家,除了衣食住的起码设备以外,极少有赘余的东西”;而丰子恺依旧在“在大多数简陋生活的人中度着啰嗦生活”。[3]最“啰嗦”的是家中炉香,“不惜费用。每月为香所费,比吃饭贵得多”。抗战军兴,丰子恺“弃家西窜,流离迁徙,深入不毛。有时连香烟都缺乏,谈不到炉烟。有时连

[1] 丰子恺. 桐庐负暄[M]//丰陈宝,丰一吟. 丰子恺文集. 第 6 卷. 杭州:浙江文艺出版社,浙江教育出版社,1992:16 - 19.

[2] 丰子恺. 荒冢避警[M]//丰陈宝,丰一吟. 丰子恺文集. 第 5 卷. 杭州:浙江文艺出版社,浙江教育出版社,1992:719.

[3] 丰子恺. 半篇莫干山游记[M]//丰陈宝,丰一吟. 丰子恺文集. 第 5 卷. 杭州:浙江文艺出版社,浙江教育出版社,1992:484.

吃饭都成问题,谈不到点香……(烧香)这癖好一直戒除了九年”。[1]流亡至桂林,丰子恺租到三间平房,家徒四壁;买竹器最合适,床、桌、椅、凳,皆竹制,仿佛回到了“竹器时代”。所有家具,“共费法币三十余元。在上海,这一笔钱只能买一只沙发,而且不是顶上的”。[2]没有了炉香,没有了沙发,日常生活依旧在过。由此可见,生活资料的消费水平,或者说个体生存的成本,其幅度非常之大,其中起决定作用的,不是生命维持本身,而是外在的社会因素。

以交通为例,1938年秋,丰子恺的暂居地距其所任教的桂林师范学校约五里,“若在平时,非坐黄包车”,但当时没有黄包车,况且当地“环境中的人都苦干,视步行五六里不但是应该,且是乐事……自己也不觉耐苦起来”。[3]更有趣的是排泄,丰子恺竟在离学校二三百步公路旁“矮而密”的松树林中,找到了专用的“野外厕所”;日记称:每晨赴校,行至此处,必一造访。先将围巾帽子挂(树枝)衣钩上,然后如厕。粪落丰草丛棘中,但闻其声,不见其形,有似抽水马桶然。[4]简陋一至于此,恐初民亦无法超越。唯习惯成自然;令丰子恺意想不到的是,“久不用抽水马桶,且常在野外大便”,一日在桂林乐群旅社“用抽水马桶两天,反觉不及野外之舒畅”。[5]

那么,抽水马桶在什么情况下是必需的呢?或者更一般地说,生存成本高低的决定因素是什么呢?人类学家通过对现存“野蛮”族群简单生活方式的观察,将时间置换成空间,以此估量初民社会的最低生存成本,从而发现,文明族群虚高的生存成本主要源于变迁的时代、有闲的阶级、优裕的环境和特定的文化。按照“田野工作”的要求,这一发现应当是“参与观察”的结果。丰子恺不是人类学家,他猛然撞见“三家村”的简单生活方式,以文化旁观者的身份在共时性社会结构中揭示了其中的阶级内涵。或许,丰子恺的社会身份决定了他永远只能是一个旁观者,但在战争年代的特定环境里,丰子恺实际“参与”到简单生活结构之中,真实扮演着这一生活的角色,体悟个体生存成本的实质。

与具有明显实际价值的生存工具相比,日常交往的意义何在?这是在关于日常意义中非常容易忽略和轻视的问题。流亡前的丰子恺已经注意及此。

〔1〕 丰子恺.我的烧香癖[M]//丰陈宝,丰一吟.丰子恺文集.第6卷.杭州:浙江文艺出版社,浙江教育出版社,1992:185.

〔2〕 丰子恺.桂林初面[M]//丰陈宝,丰一吟.丰子恺文集.第6卷.杭州:浙江文艺出版社,浙江教育出版社,1992:65.

〔3〕 丰子恺.教师日记[M]//丰陈宝,丰一吟.丰子恺文集.第7卷.杭州:浙江文艺出版社,浙江教育出版社,1992:15.

〔4〕 丰子恺.教师日记[M]//丰陈宝,丰一吟.丰子恺文集.第7卷.杭州:浙江文艺出版社,浙江教育出版社,1992:96.

〔5〕 丰子恺.教师日记[M]//丰陈宝,丰一吟.丰子恺文集.第7卷.杭州:浙江文艺出版社,浙江教育出版社,1992:81.

在漫画《张家长,李家短》中,两位村姑一边洗衣,一边闲聊;在许多人眼里,闲聊就是无聊:这些近乎本能的日常行为没有什么特别的意义。丰子恺借古诗云:不为无益之事,何以遣有涯之生;趣味就在于此:以“无益之事”,“遣有涯之生”;这样的“事”其实并非无益:“遣有涯之生”就是它的益处,它延续了个体生命的存在。从人类社会的整体存在来看,“事情是这样的:以一定的方式进行生产活动的一定的个人,发生一定的社会关系和政治关系……社会结构和国家经常是从一定个人的生活过程中产生的。”[1]个体的生存和再生产即是社会再生产的前提和基础。

这是在个体与社会的关系中抽象出来的意义;至于闲聊本身的意义,仍不甚了了。1939 年 9 月 5 日或 6 日《广西日报》有一篇论文,详叙德波英法之形势后定评:“此次欧战,大不利于倭寇,而能促成吾国最后胜利,无可疑议。”14 日在广西思恩,丰子恺读到此文,略时人普遍关心的东西方战事不论,“忽提神太虚,俯瞰万象”,觉得此番宏论,“犹乡间绅董之论事耳”。

> 此人熟悉全乡各家各户之底细,牢记过去种种事件之历史,而富有见识与胆量。乡中设有纠纷,则是非成败利害,早在彼洞察之中。故其论事,令人折服。一乡与全世界,大小不同耳,人情事理,无以异也。设视世界为一乡,则今报志所载各国军政情况,与“张家长,李家短”何以异哉?某某订立不侵犯条约,与“某某攀转折亲”何以异哉?“某某犯某”与“阿三打阿四”何以异哉?[2]

此论绝无鄙视作者论说之意,相反,丰子恺认为:“此君对国际形势具有精锐之眼力,此言令人欣慰。此人令人钦佩。”只是丰子恺独辟蹊径,以国际纷争譬喻日常交往,无意间揭示山口常生活的意义。特别值得注意的是,丰子恺的论述时空,完全超出了人类社会范围,更在宇宙“太虚”中纵横:一方面将日常交往与战争纷争等量齐观,另一方面将日常交往与微观世界中的“螟蚊之斗”同日而语:

> 白居易有诗云:“惟螟杀敌蚊眉上,蛮触交争蜗角中。应似诸天观下界,一微尘里斗英雄。”此人乃在一微尘里论英雄。[3]

出入宇宙时空的气魄和方法,让我们充分相信,这决非简单的日常类比;事实上,日常交往的意义揭示应当在一定时空域中进行;事物运动的意义是与一定的时空域相对应的。从这一角度说,共同体中日常交往的意义,既不

---

〔1〕 马克思,恩格斯.费尔巴哈[M].马克思恩格斯选集.第一卷.北京:人民出版社,1972:29.

〔2〕 丰子恺.病中日记[M]//丰陈宝,丰一吟.丰子恺文集.第7卷.杭州:浙江文艺出版社,浙江教育出版社,1992:164.

〔3〕 丰子恺.病中日记[M]//丰陈宝,丰一吟.丰子恺文集.第7卷.杭州:浙江文艺出版社,浙江教育出版社,1992:164.

比动物世界中的“螟蚊之斗”来得高深,也不比以地球为战场的人类战争来得低微;它们各有不同质的意义。

三、共同体的归依

流亡之前的大部分时间里,丰子恺生活在石门湾,——江南水乡平原上的一个典型共同体。他的日常生活就在这一“个人的直接环境中发生并与之相关……所有与个人及其直接环境不相关联的对象化(活动),都超出了日常的阈限。这并不是说,日常生活对象化的有效半径,在个人及其直接环境处陡然而止”,[1]相反,它以共同体环境为基础,通过各种交往超越共同体,并将之与其所抵及的整个世界联系起来。1914 年,17 岁的丰子恺来到杭州,1921 年东渡日本,当年回国后,奔波于沪杭甬以及绍兴的上虞等地,至 1937 年底离开石门湾。除了短暂的日本旅居生活,丰子恺主要在江南核心区域背景中观照石门湾,与其说是观照,不如说是欣赏和享受,因为对丰子恺来说,太湖平原和宁绍平原上的众多共同体似曾相识,不少就是石门湾的复制,无论从物化景观,还是在思想情感上,都不足以形成明显的反差,促使他特别地审视一直的生活共同体。

事实上,江南水乡人物千百年来就生活其中,归依于其间的地理和社会关系之中。这是江南共同体的一种类型——水乡共同体。[2]从日常生活角度看,共同体的归依意味着人的个体的普遍生活状态;在李泽厚的“人类学历史本体论”逻辑——“人活着”(出发点)—“如何活”(人类总体)—“为什么活”(人的个体)—“活得怎样”(归结)——中,“活得怎样”关注的是“个体的心”:你处在哪种心灵境界和精神状态里?这样的“心灵境界和精神状态”常常融汇于共同体,故而亦可诗意地称之为“故园情意”。[3]“故园情意”是一种由距离产生的日常意识,所以当丰子恺归依其中时一般无由而生。日军的炮火摧毁了繁华都市,打开了重门深院,将丰子恺从“化内”江南驱赶到“化外”边远,[4]眼界为之一开。在这广阔的视野中,丰子恺得以观察他者共同体和反

---

〔1〕 阿格妮丝·赫勒.日常生活[M].重庆:重庆出版社,1990:7.

〔2〕 在完整的江南地域社会中,山村、水乡和高地等不同类型的共同体(社群)以地势的形式加以呈现。考虑到地域江南的生态类型,社群史的研究,自然应选取不同类型的社群作为样本,以体现地域社会的整体性。小田.人类学方法在地域社会史研究中的应用[J].史学理论研究,2008(3).

〔3〕 李泽厚.人类学历史本体论[M].天津:天津社会科学出版社,2008:21-27.

〔4〕 “化外”旧指政令教化达不到的地方,“化内”与之相对应。1939 年 4 月 7 日,在广西修江,丰子恺赴当地市集,“见瑶民甚多,皆戴尖顶帽,衣绣花衣,言语颇可听。面貌人情亦与常人无别。不知缘何规定此种人为瑶民,而屏绝之于化外……然‘化外’生活,或比‘化内’生活自由幸福,亦未可知。”丰子恺.教师日记[M]//丰陈宝,丰一吟.丰子恺文集.第 7 卷.杭州:浙江文艺出版社,浙江教育出版社,1992:124.

观自身共同体，正如他后来回忆的：走过五省，经过大小一百多个码头才知道故乡石门湾，真是一个好地方。[1]话虽不无自得，但日常共同体意识确实是在流亡过程中逐渐清晰起来的。

首先关于共同体的构成。共同体的环境是其存在的物化空间，作为构成要素，它外在地体现共同体的特色。石门湾是水乡，“运河两旁，支流繁多，港汊错综。倘从飞机上俯瞰，这些水道正像一个渔网。这个渔网的线旁密密地撒布无数城市乡镇……石门湾就是在这网的中央的一个镇。”[2]一直生活在江南的丰子恺来到广西永福县城，不觉失笑：“城甚小，不过我乡五河泾，或杭州茅家埠。”[3]石门湾“离海边约四五十里，四周是大平原，气候当然是海洋性的。然而因为河道密布如网，水陆的调剂特别均匀，所以寒燠的变化特别缓和”。丰子恺“流亡之后，经过许多地方”，自然又有一番比较：

有的气候变化太单纯，半年夏半年冬，脱了单衣穿棉衣。有的气候变化太剧烈，一日之内有冬夏，捧了火炉吃西瓜。这都不是和平中正之道……这时候方始知道我的故乡的天时之胜。

在这样的天时之下，作为特产，“在石门湾成为普遍”的桑树和丝绵之价值，亦非他方可比：

乡村人家，无论贫富，春天都养蚕，称为“蚕宝宝”。他们的食仰给于田地，衣仰给于宝宝。所以丝绵在我乡是极普通的衣料。古人五十岁才得衣帛，我们的乡人无论老少都穿丝绵。他方人出重价买了我乡的输出品，请“翻丝绵”的专家特制了，视为狐裘一类的贵重品，我乡则人人会翻，乞丐身上也穿丝绵。[4]

在与“古人”和“他方人”的对比中，即历时件和共时性的比较中，共同体的特色通过地方特产体现出来。

坐落在江南水乡之中，丰子恺所在共同体的景观格局是，以石门湾小镇为中心，联结了方圆约十里内的数个村庄；在以航船为基本交通手段的时代，离镇稍远一点的乡下航船，总能在上午赶到镇上；[5]近的村子，步行上街。航船所牵系的不仅仅是有形的物产，更重要的是其间互动的人际关系。共同

---

〔1〕 丰子恺.辞缘缘堂[M]//丰陈宝，丰一吟.丰子恺文集.第6卷.杭州：浙江文艺出版社，浙江教育出版社，1992：119.

〔2〕 丰子恺.辞缘缘堂[M]//丰陈宝，丰一吟.丰子恺文集.第6卷.杭州：浙江文艺出版社，浙江教育出版社，1992：120.

〔3〕 丰子恺.教师日记[M]//丰陈宝，丰一吟.丰子恺文集.第7卷.杭州：浙江文艺出版社，浙江教育出版社，1992：57.

〔4〕 丰子恺.辞缘缘堂[M]//丰陈宝，丰一吟.丰子恺文集.第6卷.杭州：浙江文艺出版社，浙江教育出版社，1992：121-122.

〔5〕 丰子恺.四轩柱[M]//丰陈宝，丰一吟.丰子恺文集.第6卷.杭州：浙江文艺出版社，浙江教育出版社，1992：737.

体意味着"共同的关系和参与",正是这种"关系和参与",共同体"被理解为现实的和有机的生命——这就是共同体的本质"。[1]因此,"共同的关系和参与"是共同体最重要的构成要素。

安居乐业之时,这种关系通过由村落向市镇的集聚表现出来,而在战争年代,关系的流动则是反向的。1937 年 11 月 7 日的早晨,石门湾依旧喧阗扰攘,傍晚便水流云散;日寇轰炸之后,家家闭户,处处锁门,顿成死市。三四里外南沈浜村的蒋茂春,是丰子恺妹夫,听到炸弹声,立刻摇来一只船,邀丰子恺家人迁乡。登舟入乡的不只是丰家,"河中船行如织,都是迁乡去的……镇上的人尽行迁乡,疏散在附近各村中"。平日里,乡下的妹妹常与丈夫茂春回镇上娘家;战争临头,镇上的丰子恺流亡至乡下的妹妹家,"有许多平时不易叙首的朋友亲戚得以相聚"。丰子恺七十余岁的老姑母最初客居八字桥王蔚奎家,不久也来到南沈浜。丰子恺幼时业师沈蕙荪先生逃避在离南沈浜一里许的村中,派他的儿子来探询丰子恺的行止;丰子恺也亲去叩访、慰藉。丰子恺家的染坊店被炸弹解散,店员各自分飞,这时都来探望丰子恺。共同体中的亲缘关系、业缘关系,地缘关系……凡此种种,"皆有强大的力"系缠着丰子恺的心,使其"非万不得已不去其乡"。[2]这样的关系及其维系力在一般情况下自然是难以体会到的。

共同体中的文化意识,即由传统、风俗和观念等浑然而成的心理认同感和归属感,是比"共同的关系和参与"更难意识到的要素,但在"离乡五六千里,风俗多所乖异"的广西两江,流亡中的丰子恺欣喜地发现了它的存在:1938 年 11 月 23 日下午,闲步到两江圩,买得一种圆子,大如栗子,粉细,糖馅;糖是柳糖,味甚鲜。如此高度的评价,是非常难得的。因为丰子恺"到广西后,常嫌食物不合胃口",可"这圆子颇赶得上家乡滋味。统计起来,赶得上的不止这一种。还有大桔子、甘蔗,都是价廉物美的食物。大桔子形似吾乡之香橼……汁多而甜。大类广桔。六铜板吃一广桔,在吾乡不办"。[3]褒贬事物的唯一参照就是"吾乡",其间透露出无限的乡情。战争迫使丰子恺离开"吾乡",客在异乡,却发现了"吾乡"。

其次关于共同体的时空特征。

共同体时间伴随着两种基本节奏,或者自然的更迭:昼夜交替,春耕、夏锄、秋收、冬眠,或者生老病死的生命律动。人们生活于其中,遵循着自然尺

---

〔1〕 滕尼斯.共同体与社会[M].北京:商务印书馆,1999:65、52.

〔2〕 丰子恺.辞缘缘堂[M]//丰陈宝,丰一吟.丰子恺文集.第 6 卷.杭州:浙江文艺出版社,浙江教育出版社,1992:135-137.

〔3〕 丰子恺.教师日记[M]//丰陈宝,丰一吟.丰子恺文集.第 7 卷.杭州:浙江文艺出版社,浙江教育出版社,1992:36.

度;正常状态下的日常共同体呈现出循环往复、凝固恒常的时空特征;[1]而战争改变了这一切。

世界反法西斯战事进程时时敲击着日常生活,不断涌现的时来运转,让丰子恺感到,曾经的共同体的循环往复似乎恍如隔世,永远不再。1945 年下半年,在重庆沙坪小屋的晚酌中,丰子恺眼看东京被轰炸,墨索里尼被杀,德国败亡,波茨坦宣言,直至日本无条件投降,他觉得,"有生以来,从未吃过那样的美酒";它与在此之前石门湾老屋中的父亲晚酌不同:大家吃过夜饭,父亲才从地板间的鸦片榻上起身,走到厅上来晚酌。桌上照例是一壶酒、一盖碗热豆腐干、一盆麻酱油和一只老猫。[2]——这是一幅几十年如一日的《乡间举人晚酌图》;在此之后,丰子恺回到江南,"照旧每天晚酌,然而味道远不及沙坪坝的渝酒"。[3]沙坪的日常是战时的日常,特别在 8 月 18 日的那个狂欢之夜,"日常"似乎已经消失,"唐突"二字"已从中国词典里删去"。如若有人不唐突,倒是怪了;丰子恺发现了一个怪人:"照旧默默地坐在篱角里的小凳上吃他的烟……他的确不知道'胜利'的! 他对于街上的狂欢、眼前的热闹,大约看作四川各地新年闹龙灯一样,每年照例一次,不足为奇,他也向不参加。"[4]在这里可以明显看出,例行公事的日常,比如新年闹龙灯,在大多数人看来,不过循环往复的虚应故事,不足为奇。但日本投降那天的日常是千载一遇的日常,是明显唯一的日常,这是非常的日常,唯其非常,凸显出日常的平常。

突如其来的战事打破了日常生活的宁静,变幻无常的世事,让丰子恺对曾经置身的凝固恒常的共同体倍感珍惜。

江南的清明,例行扫墓,"借墓游春",岁岁年年,一切照例。[5]1938 年 4 月 6 日在广西修江的三江街,丰子恺宿小客栈,与人闲谈,被告知:次日有市集,瑶民贸易者甚多,可以一看。查过日历,他心中一惊:此日阴历二月十七

[1] 丰子恺说,日常闲居宛如音乐:如果把一天的生活当作一个乐曲,其经过就像乐章的移行。一天的早晨,晴雨如何? 冷暖如何? 人事的情形如何? 犹之第一乐章的开始,先已奏出全面的根柢的"主题"。一天的生活,例如事务的纷忙,以外的发生,祸福的临门,犹如曲中的长音阶变为短音阶,C 调变为 F 调,柔版变为快板。其或昼永人闲,平安无事,那就像始终 C 调的行板的长大的乐章了。丰子恺. 闲居[M]//丰陈宝,丰一吟. 丰子恺文集. 第 5 卷. 杭州:浙江文艺出版社,浙江教育出版社,1992:119.

[2] 丰子恺. 辞缘缘堂[M]//丰陈宝,丰一吟. 丰子恺文集. 第 6 卷. 杭州:浙江文艺出版社,浙江教育出版社,1992:123.

[3] 丰子恺. 辞缘缘堂[M]//丰陈宝,丰一吟. 丰子恺文集. 第 6 卷. 杭州:浙江文艺出版社,浙江教育出版社,1992:182-183.

[4] 丰子恺. 狂欢之夜[M]//丰陈宝,丰一吟. 丰子恺文集. 第 6 卷. 杭州:浙江文艺出版社,浙江教育出版社,1992:103.

[5] 丰子恺. 清明[M]//丰陈宝,丰一吟. 丰子恺文集. 第 6 卷. 杭州:浙江文艺出版社,浙江教育出版社,1992:705-708.

日,正清明也。回忆承平之年,此日此时,正当插柳栽花,踏青扫墓。不意今日流离,至于忘却![1]旅人怎能不为之断魂。

次年清明在宜山,遇上紧急警报。丰子恺“照故乡习惯,裹‘清明粽子’带着走。这时候老幼十人,连司机及几位搭客,都吃着粽子,坐着闲谈。日丽风和,天朗气清”。丰子恺说:下午真是幸福!从两岁到七十岁的,全家动员,出门游春,还邀了几位朋友参加。真是何等的豪爽、风雅之举!本来这一切就是俗例,几乎不值得一提;可这时竟成了奢侈的想象:因为他始终忘不了这是在宜山“逃警报”。[2]

在中国人最重视的除夕之夜,丰子恺的“无常”感变得无以复加。1938 年的除夕,流亡才两月,丰子恺居萍乡彭家桥萧祠,“环境荒寂,行物萧条,零丁孤苦,莫甚于此时”。至次年除夕,则大不然:“打年糕,吃年夜饭,席上更添一初岁娇儿,笑语满座。融怡之乐,且过于缘缘堂中。”从表面上看,一切似乎又回到从前,回到恒常的“照例”,但转念之下,悲从中来:“推想铁蹄蹂躏之下,必有家破人亡之同胞,饮恨吞声而度此除夕者。”[3]战时的日常,就是这般无常。

生活于喧嚷无常的共同体之中,最易触发人们对于凝固恒常空间的怀念。于是,作为战时共同体的对应物,桃源世界成为一种普遍向往。丰子恺最初曾有过逃往老家的意向;老家汤溪“地近金华”,丰姓数百家,自成一村。1937 年 11 月下旬的江南,“充满了硫磺气、炸药气、厉气和杀气”,丰子恺便想象汤溪丰村是桃源一样的去处,“起了出尘之念,想率妻子邑人投奔此绝境,不复出焉”,后因从未到过老家,未能成行。不久流亡到桐庐河头上,又一令丰子恺心醉之处:四周处处有竹林掩护,竹林深处,隐藏着精舍。竹林之外,是一片平畴。平畴尽处,是波澜起伏的群山。丰子恺但愿在这里“住到底”,但二十三天之后,“又被炮火逼走了”。[4]

现实中没有桃源,丰子恺只能将希望寄托在艺术里。“谁家寒食归宁女,笑语柔桑陌上来”,[5]这是太平日子里曾经的江南地域中的桃源;“天涯静处无征战,兵气销为日月光”(同名漫画),这是完全想象的桃源。[6]常态的时

[1] 丰子恺.教师日记[M]//丰陈宝,丰一吟.丰子恺文集.第 7 卷.杭州:浙江文艺出版社,浙江教育出版社,1992:124.

[2] 丰子恺.宜山遇炸记[M]//丰陈宝,丰一吟.丰子恺文集.第 5 卷.杭州:浙江文艺出版社,浙江教育出版社,1992:711.

[3] 丰子恺.教师日记[M]//丰陈宝,丰一吟.丰子恺文集.第 7 卷.杭州:浙江文艺出版社,浙江教育出版社,1992:90.

[4] 丰子恺.桐庐负暄[M]//丰陈宝,丰一吟.丰子恺文集.第 6 卷.杭州:浙江文艺出版社,浙江教育出版社,1992:1、25.

[5] 丰陈宝,丰一吟.丰子恺漫画全集.第 6 卷[M].北京:京华出版社,2001:102.

[6] 丰陈宝,丰一吟.丰子恺漫画全集.第 6 卷[M].北京:京华出版社,2001:130.

空,在战时如此值得珍视。

最后关于集中表达共同体意识的“家”。流亡意味着离乡背井,——离家;家是什么?就是《吾家》(同名漫画):大树荫蔽下的茅庐;多少流亡游子梦中的故园。[1]这就是让丰子恺魂牵梦萦的家:

> 运河大转弯的地方,分出一条支流,距今运河约二三百步,支流的岸边,有一所染坊店,名曰丰子恺同裕。店里面有一所老屋,名曰惇德堂。惇德堂的里面便是缘缘堂。缘缘堂后面是市梢。市梢后面遍地桑麻,中间点缀着小桥、流水、大树、长亭。[2]

家就这样与特定的自然环境和物化景观密不可分。不仅如此,丰子恺在石门湾的家,“窗外有故乡的天空,门外有打着石门湾土白的行人,这些行人差不多个个是认识的。还有各种负贩的叫卖声,这些叫卖声在我统统是稔熟的”。总之,丰子恺说,“这里是我的最自由、最永久的本宅,我的归宿之处。”[3]这哪里在忆“家”,分明在叙说其赖以生存的人际交往、历史传统、生活习惯和归宿感,亦即共同体意识。“家”便具有这样的功能,能够整合日常生活中的共同体意识:

> 向一般的日常生活中的整合是关于空间中的固定点,即我们由之“开始”(无论是每日的还是一个较长时期的),并在一定时期向之回归的坚实位置的意识。这一坚实位置是我们称之为“家”的东西。[4]

流亡以后,丰子恺每逢听说关于石门湾的消息,晚上就梦见故国平居时的旧事,梦的背景大都是百年老屋。因为“这是我父祖三代以来歌哭生聚的地方……好比是老树的根。”[5]亲戚、邻里、朋友常来缘缘堂闲谈平生,“清茶之外,佐以小酌,直至上灯不散。油灯的暗淡和平的光度与……建筑的亲和力,笼罩了座中人的感情”。[6]这样的家与共同体一样,被赋予了凝固恒常的时空氛围。战争迫使丰子恺离开了家,但“家”具有这样的功能:“可以仅仅通过自身,纯粹靠记忆来滋养自己,尽管遥隔天涯,相距万里,都感到或臆想到近在咫尺,在一起活动。”亲属和邻里之间的亲近和熟悉依然让远在天涯的丰子恺能够感到或臆想到共同体带给人的安宁。

---

〔1〕 丰陈宝,丰一吟.丰子恺漫画全集.第3卷[M].北京:京华出版社,2001:309.

〔2〕 丰子恺.辞缘缘堂[M]//丰陈宝,丰一吟.丰子恺文集.第6卷.杭州:浙江文艺出版社,浙江教育出版社,1992:122.

〔3〕 丰子恺.家[M]//丰陈宝,丰一吟.丰子恺文集.第5卷.杭州:浙江文艺出版社,浙江教育出版社,1992:521.

〔4〕 阿格妮丝·赫勒.日常生活[M].重庆:重庆出版社,1990:258.

〔5〕 丰子恺.辞缘缘堂[M]//丰陈宝,丰一吟.丰子恺文集.第6卷.杭州:浙江文艺出版社,浙江教育出版社,1992:122.

〔6〕 丰子恺.告缘缘堂在天之灵[M]//丰陈宝,丰一吟.丰子恺文集.第6卷.杭州:浙江文艺出版社,浙江教育出版社,1992:58.

流亡十年之后，1946 年秋的一天，丰子恺的脚重新踏上了石门湾的土地。然而，他所踏到的，并非客梦中所惯见的故乡！——“沿路都是草棚、废墟，以及许多不相识的人。他们都用惊奇的眼光对我看……石门湾是游击区，房屋十分之八九变成焦土，住民大半流离死亡。”物非人非，共同体的要素和特征丧失殆尽，于是，次日丰子恺就离开这“销魂的地方”，到杭州去另觅“新巢”了。[1]

太平年代模糊的共同体意识，就这样在战争状态中和战争造成的距离中清晰起来。这一过程开始于传统共同体的动摇。本来，中国“版图广大而山川险阻。故各地方言歧异，风俗乖殊，向来各地隔阂，乡土观念相当地深……多数的人，为了经济的限制，职业的牵累，还是足不出省，一口土白。大有鸡鸣犬吠相闻，至老死不相往来之风。”数百千年扎下的根基，形成了一道道天然的和心理的樊篱，阻隔着人们的交往。生活在各自共同体之中，既不了解他者，也不清楚自身。“但是不久，敌人又用一种方法来代替撤去这界限……其方法便是轰炸……城市乡村一切不设防区域，他们都投下几个炸弹，杀死几个妇孺，使一生足不出闾的土人也亲眼看见了敌人的暴行，使器量褊狭性情冷酷的人，对他方逃来的难民也深表同情。”[2]如此产生的意识属于另一种共同体——民族共同体。民族共同体是一种想象共同体，并不为日常生活所占有，但由此而萌生的民族—人文观念对人类的意义却非常深远：“我们的爱会无限地推广。始于家族，推及朋友，扩大而至于一乡、一邑、一国、一族，以及全人类。再进一步，可以恩及禽兽草木。因为我们同是天之生物。”[3]

应该说，作为思想精英，丰子恺对共同体归依的自觉意识，在一定意义上体现为对人类个体的终极关怀和人格理想的追问，但毫无疑问，作为日常生活者，他与普通民众一道归依于特定共同体，并共享共同体意识，而这正是我们更为关注的日常意义。

四、余　论

社会史所讨论的许多面目新异的论题并不具有天然的合理性，我们不但需要回应来自传统史学的质疑，而且，有些论题本身也确实少有理性的关照，日常生活的意义便是其中的论题之一。对此，社会史学者当然不能自以为是。

---

〔1〕 丰子恺．胜利还乡记[M]//丰陈宝，丰一吟．丰子恺文集．第 6 卷．杭州：浙江文艺出版社，浙江教育出版社，1992：196 - 198．

〔2〕 丰子恺．“七七”三周年随感[M]//丰陈宝，丰一吟．丰子恺文集．第 6 卷．杭州：浙江文艺出版社，浙江教育出版社，1992：43．

〔3〕 丰子恺．全人类是他的家族[M]//丰陈宝，丰一吟．丰子恺文集．第 5 卷．杭州：浙江文艺出版社，浙江教育出版社，1992：681．

实事求是地说，随着现代西方哲学向日常生活世界的回归，日常意义的问题已经进入包括胡塞尔、列斐伏尔、哈贝马斯、维特根斯坦、赫勒和许茨等在内的许多哲学大家的视野，他们在自身的日常生活理论体系中，多少不同地涉及了日常意义。但这些涉及无论是概念的使用，还是意义的界定，大都是在非常抽象的思维框架和话语体系中进行的；日常的主题采取了非日常的姿态。毫无疑问，这些理论是我们不应该怠慢的，但作为历史学者，如何立足社会史本位，借鉴其他学科理论，思考日常生活的意义，仍然是一个有待解决的问题。在这里，一些重视日常生活主题的本土人文学者的思想资源，散落在各种样式的表达之中，需要我们仔细捕捉和梳理，以贡献于社会史的理论建树。以丰子恺于抗日时期的流亡经历为背景，考察其对于日常意义的思考，除了彰显日常意义本身，还有意提供一种观察类似问题的角度。